A Europa Suicida: 1870-1933

Coleção Estudos
Dirigida por J. Guinsburg

Equipe de realização – Tradução: Hilde Teixeira, J. Guinsburg e Geraldo Gerson de Souza; Revisão de texto: J. Guinsburg; Revisão de provas: Plinio Martins Filho; Produção: Ricardo W. Neves e Raquel Fernandes Abranches.

Léon Poliakov

A EUROPA SUICIDA: 1870-1933
HISTÓRIA DO ANTI-SEMITISMO IV

Título do original em francês
L'Europe Suicidaire – 1870-1933

Copyright © Calmann-Lévy, 1977

Dados Internacionais de Catalogação na Publicação (CIP)
(Câmara Brasileira do Livro, SP, Brasil)

Poliakov, Léon, 1910-1997.
A Europa suicida : 1870-1933 : história do anti-semitismo IV / Léon Poliakov ; [tradução Hilde Teixeira, J. Guinsburg e Geraldo Gerson de Souza]. -- São Paulo : Perspectiva, 2007. -- (Estudos ; 66 / dirigida por J. Guinsburg)

Título original: Histoire de l'antisémitisme 4, l'Europe suicidaire : 1870-1933.
1ª reimpr. da 1. ed. de 1985.
Bibliografia
ISBN 978-85-273-0471-9

1. Anti-semitismo - História 2. Anti-semitismo - 1870-1914 3. Anti-semitismo - 1900-1945 4. Judeus - História I. Guinsburg, J. . II. Título. III. Série.

07-4533 CDD-305.8924

Índices para catálogo sistemático:
1. Anti-semitismo : História 305.8924

1ª edição – 1ª reimpressão

Direitos reservados em língua portuguesa à
EDITORA PERSPECTIVA S.A.

Av. Brigadeiro Luís Antônio, 3025
01401-000 – São Paulo – SP – Brasil
Telefax: (0--11) 3885-8388
www.editoraperspectiva.com.br

2007

Sumário

Prefácio XI

PRIMEIRA PARTE: 1870-1914

1. Os Países Germânicos: A Imagem do Judeu 1
   1. *Campanhas Anti-Semitas e Neopagãs* 14
2. França 29
   1. *Antes do Caso Dreyfus* 29
   2. *O Caso* 50
3. A Rússia 65
   1. *A Imagem do Judeu nas Letras Russas* 72
   2. *O Caminho dos* Pogroms 81
   3. *A Revolta* 92
   4. *Os Precursores* 99

SEGUNDA PARTE: 1914-1933

4. A Primeira Guerra Mundial 131
   1. *Os Países Germânicos* 131
   2. *A Loucura Exemplar de Erich Ludendorff* ... 146
5. O Império Russo 155
6. A Grã-Bretanha 177
7. Os Estados Unidos 207
8. A França 243
   Conclusão 293

Prefácio

Houve um tempo — que chamamos de bom grado *Belle Époque* — em que se tendia a crer, nas altas camadas européias, que um reino judaico, longínquo ou próximo, era bastante provável no Ocidente. Não tenho em vista a corte de São Petersburgo, ou o cenáculo de Bayreuth, mas homens tão diferentes e tão hostis ao anti-semitismo quanto Georges Clemenceau, ou Friedrich Nietzsche, ou o Conde Leão Tolstói. Os dados reais de onde provinham esta crença apocalíptica são difíceis de tirar a claro, sobretudo no que concerne ao domínio que, sem dúvida, impressionava os mais contemporâneos, ou seja, o domínio financeiro e econômico.

Encontraremos na presente obra indicações relativamente precisas sobre o papel que tiveram os judeus no estabelecimento e consolidação do regime comunista na Rússia: uma avaliação desta ordem, que Wilhelm Sombart tentou no caso da Alemanha guilherminiana, é muito mais árdua no caso de uma economia capitalista[1]. Esta, feitas todas as reservas a propósito da armadilha elementar, mas de constante eficácia, que consiste em atribuir fundamentalmente a banqueiros judeus — (ou a bolcheviques judeus) condutas dos judeus banqueiros (ou judeus bolcheviques) — ou seja, deixar-se iludir por lendas anti-semitas.

Parece-me que o estudo dessa obsessão de uma parte pelo menos das elites européias — obsessão ignorada, ou escondida nos porões do inconsciente, por seus bisnetos — apresenta um interesse real e múltiplo. E que um enriquecimento não menor pode ser conseguido através do estudo da popularização dessas crenças,

---

1. Cf. volume precedente, *De Voltaire a Wagner*, São Paulo, Perspectiva, 1985, pp. 333-337: "O Atalho do Anti-Semitismo Econômico".

em relação com o surto das técnicas de influenciamento ou de embrutecimento das massas, graças às angústias que se propagaram dos dois lados do Atlântico durante e após a sangrenta guerra de 1914-1918. Terei razão ao pensar que, visto sob esta luz, o anti-semitismo revela ser ao mesmo tempo um símbolo e um agente da desordem ou da decadência da Europa? E que uma confusão sóciopolítica cujas seqüelas diretas — problema dos judeus e dos "dissidentes" soviéticos, caldeirão do Oriente Próximo, condição internacional da Alemanha e outras mais — permanecem múltiplas e imbricadas entre si, merece ser amplamente conhecido e meditado, nesse último quarto do século XX?

O leitor julgará no final do livro. Espero que compreenderá ao mesmo tempo que suas lacunas e omissões merecem atenuantes. Os três volumes precedentes foram elaborados, como de regra, para assuntos de grande amplidão histórica, sobretudo na fé dos outros livros. Pensei que seria o mesmo para este livro. Para minha surpresa, tive de constatar durante o caminho que as paixões desencadeadas em agosto de 1914 não cessaram de falsear neste caso específico a historiografia. É assim que na esteira das ordens de união patriótica da Primeira Guerra Mundial, os temores judeófobos nos países da *Entente* vitoriosa continuam, mais de meio século depois, a não serem sequer mencionados, ao contrário do caso germânico, cuidadosamente estudado em inúmeros países. Mesmo os historiadores sionistas ou israelenses se dobram comumente a essa rotina historiográfica, cômoda para os de obediência comunista ou marxista. Para ver melhor a situação, tive (com exceção da Alemanha) de partir praticamente do zero e mergulhar desse modo na imprensa francesa, inglesa e russa desses anos, ou fazer uso de fontes ocasionais de toda ordem, inclusive alguns testemunhos orais. No final das contas, acredito que tenha sido esta sobrecarga imprevista que me fez deixar de lado o estudo de certas questões importantes, algumas das quais certamente serão retomadas, espero, em uma continuação.

Porém, para uma obra intitulada *A Europa Suicida*, o estudo da evolução das mentalidades árabes ou a desgraça dos judeus poloneses e romenos do primeiro terço deste século não me parece vital, já que era em outras partes que se fazia o jogo. Ademais, ao tentar compreender seu desenrolar, como podia eu não levar em conta os ensinamentos que podiam ser extraídos de minhas pesquisas precedentes? Tanto na Espanha católica do século XVI quanto na Europa laicizada do século XIX, o estilhaçamento dos guetos (a "emancipação", entendida em sentido lato) colocava tanto aos cristãos quanto aos judeus problemas angustiantes que não podiam ser resolvidos de uma maneira ou de outra senão no curso de gerações. Ao fim do século XIX, ou seja, na era do sufrágio universal, um confronto há muito esquecido na Península Ibérica parecia ter atingido seu apogeu na Europa Ocidental, instilando nos espíritos as esperanças de um reino judeu e agoniando os "cidadãos de confissão israelita" a ponto de fazer surgir dentro deles a centelha sionista. As esperanças de uma reconciliação próxima encontraram seu desmentido no espetáculo da Rússia imperial onde parecia encetar-se um processo da mesma ordem, e onde a inépcia dos últimos czares condenava cinco milhões de judeus a se conduzirem como súditos desleais, semeando assim nos outros a confusão entre a adesão à ordem estabelecida e à judeofobia.

Vemos, então, tanto antes quanto depois de 1917, profissionais e amadores exportar ao Ocidente a mentalidade da polícia russa e suas falsidades, o *Times* e o Intelligence Service fizeram bom uso dela para sabotar a política de após-guerra de Lloyd George, e a Igreja Católica para reativar o tema dos judeus deicidas a fim de atrapalhar o projeto sionista. Todas essas propagandas apoiando-se e imbricando-se entre si, em que medida contribuíram elas à desmoralização geral e especificamente à ascensão hitleriana?

As questões desse gênero encerram, além da dificuldade devida à sua desmedida, um escolho específico. Na medida em que o anti-semitismo apela, quando se propõe a ser homicida, ao argumento da conspiração mundial dos judeus, argumento político-policial e pertencente como tal à competência de serviços especializados em aspectos também conspiradores e em arquivos inacessíveis[2] — até que ponto o pesquisador que tenta esclarecer a trilha deixada na história mundial pelos complôs policiais que exploram a "teoria do complô" não se arrisca, por força de roçar ao máximo as seduções da lógica maniqueísta, a sucumbir por sua vez a um delírio interpretativo? No caso das fontes primárias da visão hitleriana, por exemplo, o perigo é patente, os adeptos de gnoses ultra-secretas e de filiações que remontam à Índia ou à Atlântida continuam, sem serem obrigatoriamente farsantes, a mistificar o público. Como quer que se diga, enquanto esquema explicativo, a teoria do complô é mais satisfatória para o espírito do que qualquer outra: em uma visão transcendente, ela parece mesmo inevitável como modo de leitura dos sofrimentos deste mundo, já que todas as culturas estão povoadas de divindades malfazejas (a suposição de que a crença nos demônios serviu de raiz ao conceito de causalidade remonta a Lévy-Bruhl e a Albert Einstein[3] ...). E esta teoria é igualmente onipresente ao menos em germe, nas suas versões imanentes: pen-

---

2. Somente os Estados Unidos "desclassificaram" — cinqüenta anos depois — os documentos pertinentes, como se verá neste livro.
3. Cf. as palavras de Einstein, quando de uma discussão sobre astrologia, em Berlim, em 1927, relatadas por seu amigo Kessler. (HARRY GRAF KESSLER, *Tagebücher 1918-1937*, Frankfurt am Main, 1961, pp. 520-582). Einstein, que acabava de ler *La Mentalité Primitive*, resumia em algumas palavras a quintessência.

semos por exemplo nos "Eles", nesse poder misterioso que sabe tão bem fazer surgir no tempo desejado os grandes crimes ou as guerras longínquas e outras catástrofes, para desviar as prevaricações e incapacidades dos regimes estabelecidos. Sob esta forma laicizada ou moderna, tal pendor não podia ser largamente explorado e um traçado direto parece conduzir os primeiros grandes mistificadores mistificados do século XVIII, Adam Weishaupt e o Abade Barruel — através das trocas e sobrelances entre Polícia e Conspiração, de Fouché a Lenin — aos maniqueísmos totalitários do século XX, que vieram restaurar os judeus, plenamente ou não, em sua função teológica inicial de negação e destruição. Porém o estudo dessa teologia foi apenas iniciado[4]. No que concerne a sua articulação essencial, a da redução às questões sublunares do Príncipe do Mal, acrescentaria que, ligada como está às grandes correntes do pensamento ocidental, deveria ser estudada no quadro mais geral da revolução mental, quando da era da ciência, "Luta de raças" ou "Luta de classes" vieram substituir a Providência divina em sua função-chave histórica[5]. A maneira pela qual posteriormente os *mass media* transnacionais vieram vulgarizar ou trair essas historiosofias concorrentes, exaltá-las como Santas Escrituras, ou ao contrário, elas próprias percebidas com o passar do tempo como sendo apenas ruído e furor, desacreditá-las até o niilismo, é outro assunto para reflexão[6].

Retornando a nosso propósito: se, como espero, pude no essencial respeitar as proporções no que concerne o papel histórico das obsessões anti-semitas, talvez seja porque comecei há alguns lustres minha pesquisa pelo estudo das autênticas fontes originais do mito da conspiração judia, contemporânea do cisma intrajudeu sobre o qual se abre nossa era, quando foram nomeados e repartidos seus valores supremos. O que por sua vez permite melhor compreender

---

4. Convém citar a obra esquecida de HENRI ROLLIN, visto que antes da invasão nazista, *L'Apocalypse de notre temps*, 1939; os trabalhos clássicos de nosso amigo NORMAN COHN, *The Pursuit of the Millenium*, Londres, 1956; *Warrant for Genocide*, Londres, 1967; JACOB KATZ, *Jews and Freemasons in Europe, 1723-1939*, Cambridge, Mass., 1970 (obra traduzida do hebraico); e enfim JOHANNES ROGALLA VON BIEBERSTEIN, *Die These von der Verschwörung, 1776-1845*, Berna, 1976. Creio não ter omitido nada do que é fundamental.

Os livros importantes consagrados ao estudo das teorias do complô podem ser contados nos dedos da mão; aqueles que, depois do invento da tipografia, tenham sustentado teorias deste gênero se contam certamente, compreendendo aí a literatura de inspiração religiosa, por dezenas de milhares.

5. A este propósito, remeto à longa digressão relativa aos "Construtores de Sistemas" de meu volume precedente, *De Voltaire a Wagner*, São Paulo, Perspectiva, 1985, pp. 111-126. Cf. também "A Cruzada dos Ateus", *idem*, pp. 346-363.

6. Esta reflexão subentende implicitamente as magníficas conferências sobre história ocidental de PIERRE CHAUNU e GEORGES SUFFERT, *La Peste Blanche*, Paris, 1976.

PREFÁCIO

XV

por que, entre a coorte dos inimigos designados, associados ou não à linha fundadora — templários ou cátaros, feiticeiros, mágicos e outros acólitos do Maligno, heréticos ou papistas, jesuítas ou franco-maçons, perigo amarelo ou pangermanismo, Moscou ou Wall Street — os judeus (seja tais como foram, seja transmutados pelo implacável mecanismo das profecias cumpridas por si mesmas) conservam ainda no século XX, semanticamente disfarçadas em caso de necessidade, sua temível prioridade.

Inúmeras foram as ajudas e sugestões de que me beneficiei durante a redação da presente obra. Minha gratidão volta-se em primeiro lugar para Roger Errera e a Patrick Girard que leram e comentaram o manuscrito em seu todo, e em seguida para Arthur Goldschmidt, Michel Heller, Pierre Nora e Jean-Pierre Peter, que examinaram e criticaram diversos capítulos. Graças a sua amigável atenção, pude eliminar inúmeros erros. Ademais, Serge Moscovici prontificou-se a ler, e aprovar, a digressão epistemológica da Conclusão. De maneira mais geral, o seminário e os colóquios de nosso "Grupo de Estudo do Racismo" do C.N.R.S. estimularam-me de diversas maneiras: gostaria de destacar particularmente as trocas, de viva voz ou epistolares, com meus generosos amigos Collette Guillaumin (C.N.R.S.) e Gavin Langmuir (Stanford University). Além do que, não tenho certeza que tivesse conseguido terminar o presente volume sem os encorajamentos que me foram prodigalizados em 1973 por L. T. S. Littman.

Paris, dezembro de 1976.

L.P.

C.N.R.S.

Primeira Parte: 1870 - 1914

1. Os Países Germânicos: A Imagem do Judeu

Em meu volume anterior, eu constatava (em 1968) que, "ao contrário do tema do judeu na literatura francesa ou inglesa, o do judeu na literatura alemã do século XIX, jamais atraíra o universitário à procura de tese, certamente porque os resultados de uma tal investigação teriam sido tão aflitivos quanto monótonos". Daí para cá, um trabalho desta ordem surgiu em 1973: mas isso graças a um universitário francês, Pierre Angel[1]. Na própria Alemanha, apesar da abundância de trabalhos de qualidade, publicados em intervalos, sobre a história dos judeus, a de sua imagem literária continua à espera de seus pesquisadores. Minha suposição parece, pois, ter sido confirmada. É que uma história social ou política trata de situações nas quais o judeu é, comumente, para a sociedade, um banqueiro, um político ou um ideólogo antes de ser judeu, ao passo que uma história literária é obrigada a tomar em consideração os desejos ou os fantasmas desta sociedade, principalmente através dos "tipos" delineados que podem ter apenas uma remota relação com a realidade (e foi exatamente o caso dos judeus), mas que permanecem modelos — tal como Natan, o Sábio — ou antimodelos — como Shylock. Ora, é notável que, após ter dado à luz a personagem "Natan", através do velho Lessing, as letras e o pensamento alemães se tenham acantonado principalmente na contra-imagem, na descrição malévola ou até ameaçadora.

Daí por que a imagem do judeu permanece de certa maneira maldita, tanto para os universitários quanto para os ensaístas

---

1. PIERRE ANGEL, *Le Personnage juif dans le roman allemand (1885-1915), La racine littéraire de l'antisémitisme Outre-Rhin*, Paris, 1973.

na Alemanha penitente de Adenauer, assim como vinte anos depois[2].

No que diz respeito à idade de ouro da literatura alemã, bem como ao discurso filosófico, de Kant a Hegel e a Marx, parece-me suficiente remeter a este propósito a meus trabalhos precedentes. No que se refere à segunda metade do século XIX, a atitude dos principais autores, isto é, daqueles a cujo respeito a posteridade conservou a lembrança, deixar-se-ia resumir pela fórmula *"aut male, aut nihil"*. "Nunca encontrei um só alemão que gostasse dos judeus", observava a este propósito Nietzsche que, por sua vez, fazia brilhante exceção à regra. Quanto a saber por que era assim, propunha no mesmo contexto um começo de resposta, apresentando como causa a instabilidade política e cultural dos alemães de seu tempo. "Eles são de anteontem ou de depois de amanhã — *ainda não têm hoje* (...). O alemão não é, *torna-se*, 'evolui' (...) Digere mal o que viveu, nunca chega ao fim. A profundeza alemã não passa no mais das vezes de uma 'digestão' penosa e demorada."

Sem dúvida, poder-se-ia acrescentar que a digestão era ademais retardada porque os judeus eram mais numerosos na Alemanha do que na Itália ou na França: mas é certo que, quando de um processo assimilador, os dados estatísticos desempenham apenas um papel subordinado, desde que se trata, em todos os casos, de uma ínfima minoria. O que importa são os complexos de perseguição e a megalomania compensadora que acarretam a imaturidade ou instabilidade. Tratei, em outras passagens, das racionalizações místico-políticas desses complexos: no plano literário e filosófico, eles se exprimiam, como de regra, pelo medo e ódio aos judeus.

Assim, tomemos o autor mais lido da Alemanha imperial, Gustav Freytag, cuja obra principal, *Soll und Haben* (1855), teve 500 edições sucessivas e figurava em todas as bibliotecas de famílias. Suas duas personagens principais, o alemão Anton Wohlfart e o judeu Veitel Itzig, cujos nomes já têm uma ressonância simbólica, encarnam respectivamente a virtude e o vício. Para melhor marcar suas intenções, Freytag cerca seu "Itzig" de uma meia dúzia de outros judeus que, com uma única exceção, são quase tão repulsivos quanto ele, ao passo que, entre a multidão das personagens

---

2. Sobre um tema correlativo — o fantasma da conspiração maçônica — uma tese de doutorado defendida na Universidade do Ruhr em 1972 por um jovem pesquisador não foi aceita pelos editores universitários alemães porque da conclusão ficam evidentes os empréstimos feitos sobre o ponto em apreço, tomados de uma já antiga polêmica católica pelos doutrinários do nazismo. No fim de contas, esta excelente obra teve de ser publicada na Suíça. (JOHANNES ROGALLA DE BIEBERSTEIN, *Die These von der Verschwörung, 1776-1845*, Berna, H. Lang, 1976.)

alemãs que povoam a sua obra, existe apenas uma só e única criatura dessa índole. Como observa P. Angel, cuja análise acabamos de resumir, esse perverso alemão, "Hippus", bem como o bom judeu, "Bernhard", foram introduzidos "para servir de garantia à boa fé e à imparcialidade do autor", e destarte melhor obter a convicção dos leitores[3].

Pedagogia simplista da mesma ordem caracteriza o *best seller* número 2 do romance burguês alemão, o *Hungerpastor* (1864), de Wilhelm Raabe. Aqui, Veitel Itzig chama-se Moses Freundenstein; tão ambicioso e ávido quanto ele, converte-se, muda de nome, e injuria seu amigo de infância, o bom pastor Hans Unwirrsch: "Eu tenho o direito de ser alemão onde me aprouver sê-lo e o direito de me despojar desta honra quando isso me convier... Desde que não mais nos levam à morte como envenenadores de poços e degoladores de crianças cristãs, nossa posição é bem melhor que a de vocês, chamados arianos!" Podemos acrescentar que as outras personagens do romance são caracterizadas de maneira menos maniqueísta do que em Freytag. Com relação a este propósito, P. Angel emite a suposição de que "o grande romance de Wilhelm Raab exerce ação no mínimo tão nefasta quanto o de Gustav Freytag, embora seja, ou precisamente porque é muito mais matizado"[4].

Depois dos escritores que povoaram de judeus seus proscênios, vejamos aqueles que se desinteressaram deles, pelo menos na qualidade de criadores. No delicado contista Theodor Fontane encontra-se periodicamente um professor de desenho judeu, descrito com simpatia; e num poema, evocava com amável condescendência os Abraão, os Isaac e outros Israel, flor de uma "nobreza pré-histórica" que vieram apresentar-lhe as homenagens por ocasião de seu 75.º aniversário: "Todos eles me leram. Todos eles me conheciam de longa data, e é o essencial. — Venham, pois, Cohn". Mas ao mesmo tempo, escrevia à mulher: "Quanto mais velho fico, mais me torno partidário de uma nítida separação (...). Os judeus entre si, os cristãos entre si (...). É enorme o mal feito por Lessing com sua história dos três anéis"[5]. Nas novelas "nórdicas" de seu contemporâneo Storm, não se encontra nenhuma personagem judia; contudo, na correspondência com seu amigo suíço Gottfried Keller, deparamo-nos com uma passagem característica: Storm insurgia-se contra o "judeu insolente" Eber, que havia qualificado a novela de gênero literário menor, e o cidadão da livre Helvécia viu-se obrigado a objetar:

A "judaicidade" de Eber, que eu ignorava, nada tem a ver com a história. Von Gottschall, cristão de pura raiz germânica, não cessa de clamar também que a novela e o romance são gêneros inferiores... Minha expe-

3. Cf. PIERRE ANGEL, *op. cit.*, p. 22.
4. *Ibid*, p. 207.
5. *Ibid*, p. 171.

riência ensinou-me que para cada judeu mal-educado e vociferante, encontramos dois cristãos que o são igualmente, sejam eles franceses ou alemães, e sem exceção dos suíços [6].

No domínio filosófico, as opiniões eram, se possível, ainda mais taxativas. Vimos como Kant, Fichte ou Hegel criticavam os judeus e o judaísmo no quadro de sistemas metafísicos que ainda permaneciam ancorados na teologia luterana, embora se distanciando dela progressivamente[7]. Vejamos agora como se sai Schopenhauer a este respeito que, tendo rompido as últimas amarras, associava a mensagem evangélica ao budismo, não passando Moisés de um legislador ou "tutor" estrangeiro e bárbaro:

> Como uma hera em busca de um apoio enlaça-se em torno de um tutor grosseiramente talhado, acomoda-se à sua deformidade, a reproduz exatamente mas permanece por nada com sua vida e seus próprios encantos, oferecendo-nos um aspecto dos mais agradáveis, assim a doutrina cristã, oriunda da sabedoria da Índia, recobriu o velho tronco, completamente heterogêneo para ela, do grosseiro judaísmo. O que foi preciso conservar da forma fundamental deste é algo de bem diferente, algo de vivo e verdadeiro, transformado por ela...

A seqüência da passagem sugere que o temperamento atrabiliário de Schopenhauer não podia suportar a idéia de um Criador que julga boa a sua Criação:

> [No Cristianismo], o Criador fora do mundo, que ele produziu do nada, identifica-se com o Salvador e, através dele, com a humanidade; é o representante dela, que é resgatado por ele, assim como ela decaíra em Adão, e desde então se achava nos laços do pecado, da corrupção, do sofrimento e da morte. É essa a maneira de ver do cristianismo e também a do budismo: o mundo não mais pode aparecer à luz do otimismo judeu, que julgara que "tudo está bem"; não, é antes o diabo que agora se intitula "príncipe deste mundo" ... [8]

O furor com que Schopenhauer investe contra o onipresente "fedor judeu" (*foetor judaicus*), isto pelo que entendia a crença na bondade do Criador e no livre-arbítrio, sugere que, para este depreciador da filosofia clássica, não importavam as idéias puras, mas que "os judeus" designavam para ele assim como para os teólogos medievais, todos aqueles que não estavam de acordo com ele. De fato, propunha que se deixasse a metafísica tradicional "às sinagogas e aos auditórios filosóficos que, no fundo, não diferem tanto entre si"; mas os judeus, afirma ele, eram bem piores do que os hegelianos[9]. Esforçava-se também por aprofundar por todos

---

6. Cf. *Der Briefwechsel zwischen Theodor Storm und Gottfried Keller*, Berlim, 1900, pp. 94-98. Agradeço ao sr. Georges Arthur Goldschmidt por ter me apontado esta correspondência.

7. Cf. O volume precedente, *De Voltaire a Wagner*, São Paulo, Perspectiva, 1985, pp. 156-162.

8. Para as referências, ver L. POLIAKOV, *O Mito Ariano*, São Paulo, Perspectiva, 1974, pp. 232-234.

9. *Ibid.*

os meios o abismo entre os defensores da Antiga e da Nova Lei: "Os judeus são o povo eleito por *seu Deus*, que é o *Deus eleito por seu povo*, e isso não concerne a ninguém mais exceto a eles e a Ele". E ainda mais lapidarmente: "A pátria do judeu, são os outros judeus"[10].

Resta que Schopenhauer vituperava os judeus colocando-se no terreno metafísico e espiritualista. Mas o que dizer de seu adepto "neovitalista", Eduard von Hartmann, também chamado "o amalgamista"[11], filósofo do inconsciente, citado com freqüência, muito erradamente como veremos, na qualidade de precursor de Freud? Após ter elaborado, por volta de 1875-1880, o programa de uma religião científica do futuro[12], Hartmann fez questão de publicar sua opinião filosófica sobre as campanhas anti-semitas que, na época, faziam furor na Alemanha[13]. Começava por observar que estas campanhas opunham-se lamentavelmente à assimilação completa, em outras palavras, ao desaparecimento dos judeus, e a descrição que fazia, em seguida, dos ódios populares contra a "corja parasitária" (*Schmartzerbrut*) não deixa de ter interesse; sem dúvida, não estava enganado ao proclamar que era aparentemente impossível fazer compreender aos filhos de Israel a precariedade de sua situação nos países germânicos. Por outro lado, desenvolvia longamente as banalidades costumeiras sobre a sua "negatividade", sua falta de espírito criador, e sobre sua ação insidiosamente corruptora, citando Heine como exemplo. Apenas menos banal era a comparação com as mulheres: "O que pode vir após essa literatura judaica só pode ser a literatura feminina, pois, quando se trata de trocar tesouros espirituais por um prato de lentilhas, as mulheres ainda levam vantagem sobre os judeus"[14]. A bem dizer, compreende-se mal como Hartmann podia agitar, nessas condições, o espectro do perigo judeu, indo a ponto de escrever: "Mesmo se os judeus dispersos se apossassem da dominação mundial, continuariam a depender dos povos subjugados nos campos da arte e da ciência, bem como nos da linguagem e da técnica"[15]. Mais notável ainda era o capítulo consagrado à "raça". Chegava a levantar aí a questão de saber se os judeus eram racialmente superiores ou inferiores aos alemães. A resposta, escrevia ele, dependia do comportamento sexual das mulheres (sendo os homens "naturalmente polígamos"): se as judias se sentiam atraídas pela virilidade germânica era porque sua raça era inferior — e vice-versa —, mas não se atreveu a concluir, sem dúvida porque não dispunha de maiores informações

10. Cf. *De Voltaire a Wagner*, pp. 163 e 222.
11. NIETZSCHE, *Além do Bem e do Mal*, § 204, e *Divagações de um "Não atual"*, § 16.
12. *Die Selbstzersetzung des Christentums und die Religion des Zukunft*, 1874 e *Die Religion das Geistes*, 1882.
13. *Das Judentum in Gegenwart und Zukunft*, Leipzig, 1885.
14. *Ibid*, p. 168.
15. *Ibid*, p. 164.

sobre o assunto. Porém, mesmo se as moças judias se achavam satisfeitas com os alemães, concluía Hartmann, "deduz-se apenas que é o tipo *atual* do judaísmo que é inferiormente marcado pelo instinto sexual. Ora, não se poderia duvidar que esse tipo definhou e degenerou em conseqüência das circunstâncias históricas . . ."[16].

Teria sido a propósito de Hartmann que Nietzsche exclamou: "Que alívio o de encontrar um judeu entre os alemães! Quanto embrutecimento, quantos cabelos louros, quantos olhos azuis; quanta falta de espírito..."[17] Somos tentados a parafrasear: que alívio o de encontrar um Nietzsche entre os filósofos alemães! Sem dúvida, ele também pagava tributo a propósito da "raça semita" às divagações científicas de seu tempo, mas era para logo em seguida tirar daí conclusões que não podem ser qualificadas de paradoxais somente porque eram contrárias à corrente da opinião comum: algumas breves expressões provocantes apresentam, a um século de distância, um som quase profético:

O que a Europa deve aos judeus? Muito de bom e muito de mal e sobretudo isso, que depende do melhor e do pior, o grande estilo na moral, a majestade formidável das exigências infinitas, dos símbolos infinitos, o romantismo sublime dos problemas morais, isto é o que há de mais sedutor, de mais inebriante, de mais original nesses jogos de cor e nessas seduções cujo reflexo cinge ainda hoje o céu de nossa civilização européia, um céu vesperal que talvez venha a apagar-se. Nós, que entre os espectadores, somos artistas e filósofos, sentimos com respeito aos judeus reconhecimento. (*Além do Bem e do Mal,* § 250.)

Em *Aurora*, Nietzsche chegava inclusive ao cabo de uma extraordinária análise em que tratava tanto das virtudes dos judeus, "ultrapassando as virtudes de todos os santos", quanto de suas péssimas maneiras e inextinguíveis ressentimentos de escravos insurretos[18], a atribuir-lhes todas as suas esperanças com vista a uma

16. *Ibid,* p. 10.
17. Cf. *La Volonté de puissance (A Vontade do Poder),* trad. Paris, 1937, v. II, p. 32.
18. No posicionamento de Nietzsche é possível distinguir uma nuança entre seus julgamentos a respeito do povo judeu da diáspora (que são do maior interesse para uma história do anti-semitismo) e suas idéias sobre o "povo sacerdotal" da Antiguidade. No que concerne ao segundo ponto, sua concepção, da qual os germes podem ser encontrados no *A Gaia Ciência,* 1882, III, 135 e 136, foi condensada no *Além do Bem e do Mal,* 1886, § 195, como segue:

"Os judeus — 'povo nascido para a escravidão', como o diz Tácito e com ele toda a Antiguidade — 'povo eleito entre todos os povos' como dizem e acreditam eles próprios — têm realizado esta miraculosa inversão de valores que emprestaram à vida terrestre por alguns milênios um novo e perigoso atrativo. Seus profetas fundiram numa única definição o 'rico', o 'ímpio', o 'violento' e pela primeira vez associaram a palavra 'mundo' à infâmia. É nesta inversão de valores (que tem feito também da palavra 'pobre' o sinônimo de 'santo' e de 'amigo') que reside a importância do povo judeu; é com ela que na moral começa a *insurreição dos escravos*".

No ano seguinte, Nietzsche desenvolvia mais pormenorizadamente essa regeneração do gênero humano. Assim, inopinadamente, ele estendia a mão aos visionários católicos de seu tempo, a Gougenot des Mousseaux e a Léon Bloy:

> Então, quando os judeus puderem mostrar, como sua obra, gemas e vasos de ouro que os povos europeus, com sua experiência menor e menos profunda, não podem nem puderam jamais produzir, quando Israel tiver transformado sua vingança eterna em bênção eterna para a Europa, então retornará aquele sétimo dia em que o velho deus dos judeus poderá regozijar-se consigo mesmo, com sua criação e com seu povo eleito — e todos nós queremos nos regozijar com ele (*Aurora*, § 205, "Sobre o povo de Israel".)

Resta que, evocando assim o velho Jeová e não Cristo, Nietzsche se abstinha de dar o último passo, isto é, de tornar-se de novo cristão frente aos judeus, à maneira de Voltaire e de tantos outros grandes espíritos que souberam evitar esse ponto de queda[19]. Porém ele não teria sido Nietzsche se também neste caso não tivesse *invertido o signo*.

Em *Humano, Demasiado Humano*, Nietzsche justificava o reconhecimento que a Europa devia consagrar aos judeus de maneira mais refletida e precisa:

> ... foram livres-pensadores, cientistas, médicos judeus que conservaram a bandeira das luzes e da independência de espírito sob o mais duro constrangimento pessoal; é a seus esforços que devemos em grande parte o fato de que uma explicação do mundo mais natural, mais racional e, em todo o caso, liberta do mito, tenha enfim podido retomar a vitória, e que a cadeia de civilização que ora nos liga às luzes da civilização greco-romana tenha permanecido ininterrupta. Se o cristianismo de tudo se valeu para orientalizar o Ocidente, foi, acima de tudo, o judaísmo que contribuiu para ocidentalizá-lo novamente: o que significa dizer, em certo sentido, para tornar a missão e a história da Europa uma *continuação* da história grega. (*Humano, Demasiado Humano*, § 475, conclusão.)

No que se refere ao presente, Nietzsche deixava-se levar por "alegres divagações" a propósito de cruzamento entre oficiais prussianos e filhas de Israel, que dotariam o Brandenburgo "de uma

teoria dos "escravos insurretos" em *A Genealogia da Moral* (7, 8 e 9), para modificá-la no sentido antijudeu no seu *Anticristo, uma Imprecação Contra o Cristianismo*, setembro de 1888, já marcado pela loucura ("os judeus são... o povo mais fatal da humanidade: através das seqüelas de sua influência, eles tornaram o homem tão falho que um cristão hoje pode experimentar sentimentos antijudeus sem compreender que isto não é mais do que a *última conseqüência do judaísmo* etc.).

É portanto possível observar que esta crítica dos hebreus antigos está contida toda ela na última e "negativa" parte de sua obra. É aliás extraordinário constatar que o oceano da *nietzscheanica* contém apenas *uma única* monografia sobre o tema "Nietzsche e os Judeus", datando de 1939, R. M. LONSBACH, *Nietzsche und die Juden*, Estocolmo, 1939; cf. o verbete "Nietzsche" da *Encyclopaedia Judaica*, Jerusalém, 1972.

Espero que a grande tese sobre Nietzsche que meu amigo Pierre Boudot está preparando, venha preencher esta lacuna.

19. Cf. meus volumes precedentes e especificamente *De Voltaire a Wagner*, p. 360.

dose de intelectualidade que faz uma falta cruel a essa província".
Ele percebia com excelente acuidade que, em sua maioria, os judeus
alemães só procuravam fundir-se no seio das populações cristãs:
sem dúvida superestimavam suas possibilidades — e, sobretudo,
sua coesão interna:

> É evidente que os judeus, se o quisessem ou se fossem obrigados a
> isso, como parecem querer fazer os anti-semitas, poderiam ter desde já
> a preponderância e literalmente o domínio de toda a Europa; é evidente
> também que não visam isso e nem fazem projetos neste sentido. Atualmente,
> o que pretendem e desejam, e até com certa insistência, é se deixar absor-
> ver e dissolver na Europa e pela Europa; aspiram a encontrar um local em
> que possam se fixar, fazerem-se reconhecer e respeitar, colocar enfim um
> termo à sua vida nômade de judeu errante. Dever-se-ia levar realmente em
> conta essa aspiração, essa tendência em que exprime talvez uma certa ate-
> nuação dos instintos; dever-se-ia favorecê-la. É por isso que seria talvez útil
> e legítimo expulsar do país os vociferantes anti-semitas ... [20]

Talvez não existisse categoria humana que Nietzsche despre-
zasse e detestasse tanto quanto os "vociferantes anti-semitas" (entre
os quais seu cunhado Bernhard Förster figurava em bom lugar).
Acontece que caía em dupla armadilha, já que atribuía ele próprio
aos judeus poderes quase sobre-humanos, e ligava esses poderes a
sua constituição hereditária, a seu "sangue". Com relação a esses
pontos, era um filho de sua época e também de seu país. Essas
obsessões germânicas que, como veremos, adquiriram formas politicamente virulentas quando da fundação do Reich unificado alemão e correspondiam portanto, em parte ao menos, à projeção
sobre os judeus dos novos apetites e sonhos imperialistas, se deixam melhor ilustrar por dois ou três escritos datando das vésperas
da Primeira Guerra Mundial.

Em 1911, o economista Werner Sombart publicava seu célebre
tratado sobre *Os Judeus e a Vida Econômica*. Atacava portanto
um domínio em que teoricamente os jogos da imaginação deveriam
ser um tanto refreados pelos números. Mas, na verdade, limitava-se
a retomar a tese fantástica, que remontava aos jovens hegelianos
Bruno Bauer e Karl Marx[21], de uma identidade entre "capitalismo"
e "judaísmo" — uma tese, seja dito de passagem, de duração es·
tranhamente sólida[22]. Um breve impulso poético de Sombart resume a quintessência de sua obra: "Assim como um sol, Israel se
levanta sobre a Europa: onde quer que apareça, vê-se surgir uma
nova vida, ao passo que nos locais que deixa, tudo o que havia
florido até então perece e se estiola"[23]. As refutações que logo se

20. *Além do Bem e do Mal*, § 251.
21. Cf. o volume precedente, *De Voltaire a Wagner*, pp. 353-363.
22. Essa tese sustenta ainda a obra de HANNAH ARENDT, *De l'antisémitisme*, Paris, 1973. A versão inglesa de *Die Juden und das Wirtschaftsleben* foi reeditada em 1965.
23. Cf. W. SOMBART, *Les Juifs et la vie économique*, Paris, 1923, p. 33.

multiplicaram não impediram que a tese ganhasse autoridade[24]. No ano seguinte, Sombart completava seu escrito com uma brochura sobre *O Futuro dos Judeus*, em que os problemas da economia capitalista davam lugar aos da cultura alemã. Afirmava aí que os judeus tinham em mãos, ou ao menos influenciavam de maneira decisiva, toda a vida cultural nacional: a arte, a literatura, a música, o teatro e sobretudo a grande imprensa; o que, depreende-se, devia-se ao fato de que eram, em média, muito mais inteligentes e mais industriosos que os alemães[25]. Superioridade que, para ele, também, estava enraizada no "sangue" judeu e que colocava um problema que era falacioso passar em silêncio pois se tratava do "maior problema do gênero humano"[26].

Como resolvê-lo? Uma expulsão geral, em sua opinião, correria o risco de acarretar uma catástrofe inominável para a vida econômica nacional: "Sabe-se sobejamente em que se transformaram Espanha e Portugal após o banimento dos judeus", sendo que a França também continuava a sofrer as conseqüências da revogação do Edito de Nantes, em 1685[27]. Quanto à assimilação e à fusão progressivas, ele pensava que fossem contrárias "às leis da natureza": os "casamentos mistos" não eram quase sempre estéreis? e, quando não o eram, as crianças não estavam ameaçadas de serem acometidas de neurose ou loucura? — "uma estrela má parece pairar sobre as misturas sangüíneas entre a raça judia e os povos nórdicos"[28]. A esta advertência para pôr-se em guarda acrescentavam-se considerações de ordem estética. Em um mundo prestes a se uniformizar, a "se americanizar", em que a Alemanha corria o risco de "sucumbir no final das contas devido a sua pureza e sua 'loirice' ", como dispensar o ingrediente insubstituível que eram os judeus? "Como se tornaria pobre este mundo, se nele não encontrássemos mais do que americanos gozadores; e até mesmo se não encontrássemos mais que gregos galhofeiros. Não queremos jamais nos separar dos profundos e tristes olhos judeus"[29]. Os filhos de Israel deviam portanto continuar a enriquecer a Alemanha com seu precioso toque de exotismo, contanto que soubessem se manter em seu lugar e, também, velassem, por seu lado, a pureza de sua raça: "Não queremos uma sopa meio-branca meio-preta". É assim que Sombart veio a preconizar uma política de *apartheid avant la lettre*, imposta por uma maioria "inferior" à minoria "superior" judia.

Talvez o leitor do último quarto do século XX terá alguma dificuldade em compreender como o brilhante erudito Werner

---

24. Cf. a este respeito minha obra *Les banquiers juifs et la Saint-Siège*, Paris, 1965, "Conclusão".
25. *Die Zukunft der Juden*, Leipzig, 1912, p. 83.
26. *Ibid.*, p. 6.
27. *Ibid.*, pp. 67-68.
28. *Ibid.*, p. 43.
29. *Ibid.*, pp. 57 e 71.

Sombart, que foi um dos fundadores da história econômica e sobre o qual as poucas citações trazidas acima permitem apreciar a amplitude de pontos de vista e a ironia sorridente, podia lançar sobre seus semelhantes esse olhar de zootécnico. Mas isso mesmo nos mostra até que ponto a "filosofia veterinária" convocada para servir de doutrina oficial ao III Reich já havia adquirido direito de cidadania entre as elites da Alemanha guilherminiana. Como a maioria dos autores admitia *a fortiori* uma diferenciação psicofisiológica entre "semitas" e "arianos", foi sobretudo a qualidade racial respectiva que constituiu o objeto das discussões, e inúmeros eram os judeus alemães a se relegarem a si mesmos ao nível de raça inferior. Tratava-se freqüentemente de um trágico patriotismo desdobrado, que na época foi definido pela fórmula "O patriotismo dos judeus consiste no ódio a si mesmos" (fórmula que completava, sem contradizer aquela outra, citada acima, de Schopenhauer). Tratamos em outra parte[30] de numerosos casos deste gênero; contentar-nos-emos em resumir o mais impressionante de todos.

Não é indiferente saber que Otto Weininger viera à luz em Viena, o foco germânico mais intenso da agitação antijudaica, e a única cidade européia em que o sufrágio universal levava ao poder, em 1897, uma lista municipal anti-semita. Weininger tinha então dezessete anos; pouco depois, empenhava-se na composição de um tratado psicofilosófico que lhe trouxe a notoriedade, mas não a felicidade; após ter procurado, em vão, consolo no batismo, suicidava-se aos vinte e quatro anos. Sua obra intitulava-se *O Sexo e o Caráter* (a tradução francesa data de 1975). Tratava aí, ao longo de quinhentas páginas, da inferioridade moral e intelectual da mulher: para terminar, firmava aí uma condenação ainda mais cruel contra o judeu, sendo que a diferença era que a mulher, pelo menos, acreditava em algo, ou seja no homem, ao passo que o judeu era absolutamente desprovido de crença. Se Weininger especificava bem que o judaísmo não era a seus olhos "senão uma orientação do espírito, uma constituição psíquica, que podia manifestar-se em qualquer homem, mas que encontraram no judaísmo histórico sua manifestação mais grandiosa", isso não abalava o princípio de contraste que ele colocava entre o infinito dos germânicos e o zero de Israel. Seu livro terminava numa invocação apocalíptica:

> O gênero humano espera um novo fundador de religião, e a luta aproxima-se de sua etapa decisiva, como no ano Um de nossa era. De novo, a humanidade tem a escolha entre o judaísmo e o cristianismo, entre o comércio e a cultura, entre a mulher e o homem, entre a espécie e o indivíduo, entre a nulidade e o valor, entre o nada e a divindade; não há terceiro reino...

O Messias que assim anunciava testemunhava-lhe o reconhecimento. "Ele foi o único judeu digno de viver", dizia dele Hitler, nos tempos da "solução final".

---

30. Cf. *O Mito Ariano, op. cit.*, pp. 218-222.

Pode-se ainda citar o jovem germanista Moritz Goldstein, que retomou igualmente por sua conta essas concepções correntes de um conflito germano-judaico, mas reagia a ele de outro modo, ainda que de maneira um pouco menos suicida.

> Parece que cada vez mais [escrevia ele em 1912 em um artigo de repercussão] que a vida cultural alemã está em via de passar às mãos judias. Não era isso o que esperavam e que quiseram os cristãos quando deram uma participação na cultura aos párias que viviam entre eles... Temos portanto de fazer face a um problema: nós outros judeus tornamo-nos administradores dos bens espirituais de um povo que nos nega os direitos e as capacidades requeridas para este fim.

Seguia a descrição de uma influência, ramo por ramo ou musa por musa, descrição semelhante àquelas a que se entregavam Sombart, Hartmann e tantos outros, isto é, estufada até um ponto impossível de precisar, em um domínio onde o subjetivismo reina como senhor e onde é ademais exasperado pelos jogos da paixão contraditória, por este *Hassliebe* ou ódio amoroso cujas relações entre Richard Wagner e seus intérpretes ou admiradores judeus permanecem como o exemplo supremo[31]. De seu lado, Moritz Goldstein sucumbia também aos miasmas wagnerianos, sobretudo em sua conclusão, em que infectava um problema bastante real lançando um desafio em redor, tanto aos alemães, sendo eles pró ou antijudeus, quanto aos judeus assimilados que "tapavam os ouvidos":

> Combatemos em duas frentes. Nossos inimigos são, de um lado, os imbecis e os invejosos germano-cristãos, que fizeram da palavra "judeu" uma injúria, para qualificar como "judeu" tudo o que vem dos judeus e desse modo sujá-los e desacreditá-los. Não subestimamos seus chefes e seu séquito; eles são mais numerosos do que eles próprios se dão conta e todo alemão que não quiser ter nada em comum com eles deveria examinar com cuidado se, contra sua vontade, ele não tem nada em comum com eles.
> De outro lado encontram-se nossos piores inimigos, os judeus que não querem notar nada... São eles que é preciso desalojar de suas posições demasiado marcantes, onde representam um falso tipo de judeu, são eles que é preciso fazer calar e pouco a pouco exterminar, para que nós outros judeus possamos gozar da existência da única maneira graças à qual um homem pode se sentir confiante e livre: entregando-se abertamente ao combate com um adversário de sua classe.

Comentando cerca de meio século mais tarde seu artigo provocador, Goldstein escrevia que foram os costumes universitários alemães e principalmente a recusa freqüente em se bater em duelo com os judeus que o haviam inspirado.

> A recusa implicava, e devia implicar, que o judeu era uma criatura sem "honra". O estudante alemão que eu era não achava graça nenhuma nesta concepção infantil de honra. Sentia-me profundamente ofendido. Sentia que era necessário fazer algo para mudar nossa situação mas não sabia o quê...[32]

31. *De Voltaire a Wagner*, especialmente pp. 372-376.
32. Cf. MORITZ GOLDSTEIN, "German Jewry's Dilemma. The Story of a Provocative Essay", in *Leo Baeck Institute Yearbook*, II (1957), pp. 236-254.

Vê-se que se tratava bem, quanto à inspiração do artigo, de um duelo imaginário, na verdade de um suicídio. Goldstein relatava, também, que após sua publicação[33], que provocou reações violentas e diversas, voltou-se de início para o sionismo, mas não pôde se decidir a ir até o fim tentando a difícil experiência do retorno à terra. Resignou-se portanto a dirigir em Berlim uma coleção de autores clássicos, germanista eminente que era — até que a história decidisse de outro modo a questão. Pouco após seu licenciamento, teve a penosa surpresa de ver seu ensaio de 1912 integralmente reproduzido em uma das primeiras obras oficialmente anti-semitas do III Reich, *Die Juden in Deutschland* (1935), sob o título: *Os Judeus na Qualidade de Administradores da Cultura Alemã*...

1. CAMPANHAS ANTI-SEMITAS E NEOPAGÃS

Duas obras, publicadas respectivamente em 1871 e em 1873, precedem o início da agitação anti-semita na Alemanha e na Áustria; tanto uma quanto a outra serviam-se de argumentos já conhecidos mas que, retomados pela imprensa, discutidos nas reuniões públicas, puderam beneficiar-se desta vez de uma audiência muito mais vasta do que todas as publicações anteriores do século XX.

O *Judeu do Talmud* (*Talmudjude*) do Cônego August Rohling, centrado principalmente no tema do assassinato ritual, nada mais era do que um plágio do clássico *Judaísmo Desmascarado* (1700) de Eisenmenger[34]. Porém os títulos de Rohling, professor da Universidade Imperial de Praga, conferiam a seu escrito melhor autoridade. Sua ignorância mesma do Talmud servia-lhe, pois seus erros crassos ou suas falácias, denunciados pelos teólogos mais sérios, multiplicavam as polêmicas e asseguravam uma grande publicidade a seu livro. Em 1885, perdia um processo por difamação de maneira tão escandalosa que teve de deixar sua cadeira universitária; isso não impede que conservasse adeptos por toda a Europa católica a ponto de que na França três traduções de seu *Judeu do Talmud*, devidas a três tradutores diferentes, fossem publicadas em 1889[35]. Os doze processos de assassinato ritual que, entre 1867 e 1914, foram encetados contra judeus na área germânica (e que, com uma única exceção[36], terminaram em absolvições), podiam ser

---
33. Sob o título "Deutsch-jüdisher Parnass", na revista *Der Kunstwart*, III, 1912.
34. JOHANN ANDREAS EISENMENGER, *Entdecktes Judentum*... (cf. para esse tema nosso v. I: *De Cristo aos Judeus da Corte*, São Paulo, Perspectiva, 1979, p. 207, Estudos 63).
35. As traduções de Victor Palmé, Paris, de Albert Savine, Paris, e do Padre Maximilien de Lamarque, Bruxelas; cf. R.F. BYRNES, *Antisemitism in Modern France*, Nova Jersey, 1950, p. 91.
36. A exceção sendo constituída pela condenação de Leopold Hilsner, Boêmia, 1899. No entanto, o júri conservou a acusação de assassinato, e não a de assassinato ritual.

atribuídos em grande parte à sua agitação, autenticada em Roma pelo órgão oficial *Civiltà Cattolica*[37].

Se o católico Hohling, epígono do antijudaísmo cristão sob a forma mais sanguinária, representa o passado, o ex-socialista Wilhelm Marr, que transpôs o debate ao terreno racial, anuncia o futuro. Atribui-se-lhe a invenção do termo "anti-semitismo", que se impôs internacionalmente em alguns anos; soube também fazer vibrar a nota apocalíptica que já se discernem em Gobineau ou em Wagner; mas seu escrito apareceu em hora mais propícia. Um apanhado sobre o estado dos judeus na nascente Alemanha guilherminiana impõe-se nesse sentido.

As vitórias militares, seguidas pela unificação do país, inauguraram uma era imperial que prometia ser também uma era de prosperidade. As novas esperanças ou os apetites da burguesia alemã são ilustráveis com uma cifra: o número de sociedades por ações de toda ordem, fundadas durante o ano de 1872 unicamente, era duas vezes mais elevado que o número de sociedades fundadas entre 1790 e 1867. Os judeus, que formavam apenas 1% da população, formavam uma parte notável (mas impossível de quantificar com precisão) neste movimento especulativo e participavam dela tanto mais alegremente quanto sua emancipação foi rematada, em teoria ao menos, pelo próprio ato de fundação do Reich alemão. Sem dúvida, sua situação material era, em média, bem mais próspera do que a dos cristãos, facilitando a seus filhos estudos universitários, em que estes se empenhavam com o ardor costumeiro dos libertados; como resultado, entre os judeus, os estudantes (proporcionalmente, bem entendido) eram dez vezes mais numerosos que entre os protestantes, quinze vezes mais do que entre os católicos; nas universidades alemãs, por volta de 1885, um estudante entre oito era judeu. Mais chocante ainda parecia o caso das universidades de Viena ou de Praga, povoadas por um terço de estudantes judeus. Porém, o grande tema da "invasão" alimentava-se também em outra fonte, pois um outro dado parece ainda mais significativo: em Berlim, os pais cristãos mandavam aos liceus duas vezes mais meninos que meninas, ao passo que entre os judeus a diferença era apenas perceptível — como é o caso geral em nossos dias nos chamados países industrializados. Por este viés, entrevemos um estilo de vida diferente do dos cristãos, e antecipando um futuro bastante longínquo; com o desprezo pela mulher marchando correntemente lado a lado com o desprezo pelo judeu, compreendemos uma das molas características de um antagonismo que se deixava penosamente lançar à conta da exclusiva diferença religiosa (tanto mais que do ponto de vista da condição feminina, protestantes e católicos alojavam-se mais ou menos sob a mesma divisão[38].

37. Cf. CHARLOTTE KLEIN, "Damascus to Kier, Civilta Cattolica on Ritual Murder", *The Wiener Library Bulletin*, XXVII, 1984, pp. 18-25.
38. Os dados estatísticos acima são tirados do excelente estudo de P.G.J. PULZER, *The Rise of Political Antisemitism in Germany and Austria*, New York, 1964, pp. 11 e s.

Daí o recurso a outros esquemas explicativos. "O judeu tornou-se símbolo da modernização e da sociedade moderna e era odiado nesta qualidade." É assim que o historiador Dirk van Arkel resume o problema[39]. O que, apesar de tudo, nos recorda como o "progresso, no século passado, podia parecer obra do diabo, revestir a máscara do progresso, para o inconsciente dos cristãos ou ex-ristãos.

No mais, Wilhelm Marr — retornando a ele — tomava a dianteira nesses pontos, qualificando de idiotas (*blödsinnig*) as polêmicas religiosas. Os argumentos dessa ordem, escrevia ele, são alegados "toda vez que os homens querem cometer idiotices ou infâmias"; e proclamava a intenção de tomar a defesa dos judeus contra qualquer perseguição religiosa.

Seu pequeno livro, intitulado *A Vitória do Judaísmo sobre o Germanismo*[40], vinha tanto mais na hora quanto o *boom* dos anos 1871-1872 foi seguido, em 1873, por uma *débacle* que arruinou inúmeros pequenos especuladores. Os novos hábitos financeiros eram sem dúvida hábitos judeus; e os judeus, explicava Marr, acabavam de ganhar a partida graças às suas "qualidades raciais" que lhes haviam permitido resistir a todas as perseguições.

> Eles não merecem nenhuma censura. Lutaram dezoito séculos inteiros contra o mundo ocidental. Venceram este mundo, eles o dominaram. Somos os perdedores e é natural que o vencedor clame *Vae victis*... Estamos tão "judaizados" que nada mais pode nos salvar, e que uma brutal explosão antijudaica só pode retardar o desmoronamento da sociedade "judaizada", sem poder impedi-lo [41].

(Nenhum anti-semita preocupou-se em explicar por que os arianos se deixavam "judaizar" tão facilmente ao passo que os judeus não estavam dispostos a se "arianizar"[42].)

> Vós não detereis mais a grande missão do semitismo. O cesarismo judeu — eu o repito com a mais íntima convicção — nada é mais do que uma questão de tempo e será somente depois que este cesarismo alcançar seu ponto culminante que um "deus desconhecido" virá talvez nos ajudar...

Há ao mesmo tempo Gobineau e Marx em tal visão (lembremos que este último anunciava também em 1844 que o judaísmo que ele identificava com a burguesia atingira a "dominação universal"[43]).

39. DIRK VAN ARKEL, *Antisemitism in Austria*, Tese universitária, Leyden, 1966, p. 46.
40. *Der Sieg des Judentums über das Germanentum*.
41. *Der Sieg*..., ed. Berna, 1879, pp. 30 e 46.
42. O racista francês Vacher de Lapouge tentara invocar a lei monetária de Gresham neste contexto, segundo a qual o dinheiro ruim expulsa o bom. Cf. *O Mito Ariano*, p. 260.
43. Sobre *La question juive* de MARX, bem como sobre sua posição em geral, cf. nosso volume III: *De Voltaire a Wagner*, pp. 356-363.

É a desgraça de um povo subjugado que fala pela minha pena [concluía Wilhelm Marr, fingindo endereçar-se aos judeus]; de um povo que geme hoje sob vosso jugo, como vós gemestes sob o nosso, mas que com o correr dos tempos vós conseguistes colocar sobre nossos dois ombros. O "crepúsculo dos deuses" começou para nós... Vós sois os senhores... nós somos os servos... Finis Germaniae [44].

Em alguns anos, este funesto escrito teve uma dezena de edições; nos fatos, seu autor deu prova de um certo otimismo, já que fundou, em 1879, uma "Liga Anti-semita".

Em 1874, uma argumentação análoga, mas com ênfase menos revolucionária, ou menos apocalíptica era desenvolvida em uma série de artigos publicados na revista popular *Die Gartenlaube*, que tinha uma tiragem de cerca de 400 000 exemplares, pelo jornalista Otto Glagau. "A judiaria", escrevia ele, "não trabalha, explora a produção manual ou intelectual de outrem... Essa tribo estrangeira submeteu o povo alemão e suga seu tutano. A questão social é essencialmente a questão judaica; todo o resto não passa de escroqueria"[45].

Em 1875, temas análogos foram adotados por dois grandes jornais conceituados que faziam campanha contra a política interna de Bismarck: o protestante *Kreuzzeitung* e o católico *Germania*. Tanto um quanto o outro operavam com conceitos raciais, sem ver nisso nada de repreensível; assim é que o *Germania* afirmava que a perseguição dos judeus jamais se devia a motivos religiosos, mas representava o protesto da raça germânica contra a intrusão de uma tribo estrangeira[46]. É verdade que o órgão católico logo baixou um pouco de tom e terminou por renunciar a toda agitação antijudaica, ao passo que a imprensa protestante em seu conjunto conservou seu tom hostil até o advento do III Reich. É aliás a um colaborador do *Kreuzzeitung*, Hermann Goedsche, aliás "Sir John Retcliff", que se deveu o romance fantástico *Biarritz*, que forneceu o primeiro esboço para os *Protocolos de Sião*[47]. Na Alemanha, o anti-semitismo foi sobretudo problema dos luteranos, como o foi dos católicos na França e na Áustria; tornava-se desse modo, no século do sufrágio universal, a questão do "grupo de referência" majoritário e de uma certa maneira anônimo, o que nomeia ou define os outros, e considera sua primazia como evidente por si[48].

É também sob o signo de Lutero que vemos, na Alemanha, a agitação na imprensa conduzir à agitação na rua. O pastor Adolf Stoecker, capelão da corte imperial, saído ele próprio de um meio operário, procurava combater o domínio da social-democracia atéia

44. *Der Sieg...*, op. cit., p. 50.
45. Cf. PAUL MASSING, *Rehearsal for Destruction. A Study of Political Anti-Semitism in Imperial Germany*, New York, 1949, pp. 10-12.
46. *Ibid.*, p. 15.
47. Cf. NORMAN COHN, *Histoire d'un mythe...*, Paris, 1967, p. 38.
48. Cf. COLETTE GUILLAUMIN, *L'idéologie raciste, Genèse et langage actuel*, Paris, 1972, XIV, pp. 213-221 "Le catégorisant".

sobre as massas operárias, ou, como ele mesmo se exprimia, "desfazer a Internacional do ódio por meio de uma Internacional do amor"[49]. Com este fim, fundava, em 1878, em Berlim, seu "partido cristão-social dos trabalhadores". Uma multidão considerável de operários assistiu à reunião contraditória de abertura, mas foi um orador social-democrata que reuniu os votos; a moção adotada constatava que o cristianismo mostrara-se um mau remédio para as misérias do gênero humano, e depositava suas esperanças no socialismo. Stoecker porém perseverou em sua agitação, sem grande sucesso, até que teve a idéia de colocar o assunto na ordem do dia: "As exigências que dirigimos ao judaísmo". Teve de constatar que desta vez acertara o alvo e descobrira uma excelente plataforma de união; concentrou, portanto, cada vez mais sua agitação sobre os temas anti-semitas, embora estes fizessem afluir para seu partido artesãos, pequenos comerciantes e funcionários em número cada vez maior que de operários propriamente ditos.

Em conseqüência, Berlim tornou-se em 1880-1881, o palco de cenas de violência, tanto mais que agitadores de modo algum cristãos — Bernhard Förster, o cunhado de Nietzsche, ou o jovem professor Ernst Henrici — se imiscuíram nelas: bandos organizados assaltavam judeus nas ruas, expulsavam-nos dos cafés, quebravam as vitrinas de suas lojas. No interior, sinagogas foram queimadas. O número de agitadores crescia cada vez mais, e o historiador Paul Massing, que estudou suas carreiras, pôde esboçar uma espécie de retrato-falado do ativista anti-semita desta época: era

mais citadino que camponês; indiferente, senão hostil à Igreja mais do que cristão devoto; e membro das classes "instruídas" mais do que das classes "ignorantes". As mais virulentas formas de anti-semitismo eram propagadas através do país por mestres-escolas, estudantes, empregados de escritório, pequenos funcionários e secretários de toda espécie: membros de movimentos de "reforma da vida", vegetarianos, adversários da vivissecção e adeptos dos cultos "naturistas". Desses meios e não dos camponeses ou dos proprietários aristocratas, ou do clero reacionário, tão tacanho de espírito quanto pudesse ser, é que provinham os inimigos fanáticos dos judeus [50].

Esse retrato salienta muito bem a correlação entre o anti-semitismo radical ou passional e as fantasias que atestam a inadaptação à vida moderna, na verdade a dificuldade de existir. No entanto, Massing deixou de mencionar o culto mais temível, o da Walhalla ou do apocalipse germânico, que encontrou em seu grão-sacerdote Richard Wagner, com seus ressentimentos e suas fobias, um grandioso representante [51]. Acrescentemos que este retrato, fixado para a Alemanha protestante principalmente, exigiria muitos retoques no caso da França, e seria inteiramente falso no caso do

49. Cf. P. MASSING, *op. cit.*, pp. 22-31.
50. P. MASSING, *op. cit.*, p. 75.
51. Sobre Wagner, ver nosso *De Voltaire a Wagner*, pp. 363-386.

Império Russo. De fato, o anti-semitismo racista caía na área germânica em um terreno particularmente favorável, pois por determinadas razões históricas, a interpretação racial da história enraizara-se aí melhor que alhures [52] — a ponto de até os defensores dos judeus verem no conflito um confronto entre "sangue estrangeiro" e "sangue semita", e preconizarem os casamentos mistos como remédio, em vista da fusão desses "sangues" [53]. Daí por que também o movimento sionista, que (com algumas exceções) deixava indiferentes os judeus franceses, ou até lhes metia medo, encontrou inúmeros partidários na Áustria, onde nasceu, e na Alemanha.

Em 1880, Bernhard Förster, inspirado por uma estada na Bayreuth wagneriano [54], lançava a idéia de uma petição anti-semita, que exigia um recenseamento especial dos judeus na Alemanha, e sua exclusão total da função pública e do ensino; em algumas semanas, cerca de 225.000 assinaturas foram recolhidas; mas se os estudantes associaram-se a ela em grande número, um único professor universitário, o astrônomo Johann Zöllner, arriscou-se a assiná-la. Contudo, o orgulhoso corpo professoral alemão, que pretendia permanecer fora do conflito, não tardou também a ser arrastado a ele. O pontapé inicial foi dado pelo mestre de pensamento da juventude nacionalista alemã, o historiador Heinrich Treitschke.

De uma maneira que não era quase excepcional em seu país e em seu século, Treitschke combinava uma viva fé luterana com o culto da guerra fresca e alegre [55]. A ascensão dos judeus o inquietava pelo menos desde 1871: "A cólera contra o colossal poder dos judeus aumenta em toda parte", escrevia ele à mulher, "e começo a temer uma reação, um movimento antijudaico da plebe" [56]. Em carta posterior, louvava a beleza da raça alemã nestes termos: "A diferença decisiva reside nos olhos e nos quadris: eles permanecem privilégio dos povos germânicos, os eslavos e os latinos não os possuem" [57]. Quando a agitação anti-semita desceu às ruas, multiplicando os incidentes e os escândalos, decidiu dar sua opinião sobre o assunto.

Em novembro de 1879, Treitschke publicou um breve texto tratando das relações judio-cristãs, ao qual intitulou: "Nossas Perspectivas" [58]. Estas não lhe pareciam brilhantes; ele também invo-

---

52. Sobre a influência das doutrinas raciais na Alemanha, ver *O Mito Ariano*, pp. 65-101 e *passim*.
53. Cf. I. SCHORSCH, *Jewish Reactions to German Antisemitism*, New York, 1972, pp. 238-39.
54. Cf. P.G. PULZER, *The Rise of Political Antisemitism...*, op. cit., p. 96.
55. Cf. L. POLIAKOV, *O Mito Ariano*, p. 296.
56. Cf. WALTER BOEHLICH, *Der Berliner Antisemitismusstreit*, Frankfurt am Main, 1965, p. 262.
57. *Ibid.*, p. 242.
58. "Unsere Aussichten", *Preussiche Jahrbücher*, 44/45, 1879; cf. BOEHLICH, pp. 7-14.

cava o espectro da dominação judaica, crivando de sarcasmos a "jovem tropa de mercadores de calças naturais da Polônia", cujos filhos não deixavam de se tornar os donos das bolsas e da imprensa alemãs. Ora, um abismo impossível de ser preenchido separava, segundo ele, o "Ser germânico" do "Ser oriental". "Os judeus são nossa desgraça!", exclamava, assegurando que os melhores alemães, "os mais cultos, os mais tolerantes", partilhavam no fundo de seus corações desse julgamento. Em conseqüência, a agitação anti-semita era, a seus olhos, apenas uma "reação brutal e odiosa, mas natural do sentimento popular germânico contra um elemento estrangeiro".

O escrito de Treitschke suscitou inumeráveis polêmicas universitárias; sobretudo, como constatava seu principal opositor, o grande latinista Theodor Mommsen, sua intervenção tornara o anti-semitismo "respeitável" (*anständig*), ela lhe havia "tirado as ceroulas do pudor". Ora, a agitação crescente, advertia Mommsen, ameaçava conduzir a "uma guerra de todos contra todos" e qualificava as campanhas dos anti-semitas de "aborto do sentimento nacional"[59]. Até o fim de seus dias, Mommsen esforçou-se por lutar contra o chauvinismo e o racismo germânicos, contra "os loucos nacionais que querem substituir ao Adão universal um Adão germânico, encerrando nele todos os esplendores do espírito humano"[60]. Mas em sua resposta a Treitschke, ele também falava da "desigualdade que subsiste entre o ocidental alemão e o sangue semítico"; e aconselhava também com certa insistência aos judeus a se converterem a fim de saldarem completamente o "preço de entrada em uma grande nação". O cristianismo, explicava ele, era o único laço que subsistia entre os homens civilizados, "entre a mescla dos povos da terra. Permanecer fora desse campo fechado, colocando-se simplesmente no interior de uma nação, é possível mas difícil e perigoso". Talvez isso não passasse de uma atestado da intolerância cultural que caracterizava na época as grandes nações européias. Pode-se acrescentar que, a exceção do historiador Heinrich Grätz, os contraditores judeus de Treitschke sentiram-se patrioticamente obrigados a afirmar a perfeita assimilação de seus correligionários, e o filósofo Hermann Cohen confessava mesmo, sem pestanejar, que os judeus gostariam todos de ter o mesmo aspecto físico dos alemães[61]. Vejamos qual poderia ser este aspecto aos olhos de um jovem universitário judeu: "Não, o homem não é de nossa raça. É um homem das florestas germânicas. Cabelos muito loiros, cabeça, face, pescoço e sobrancelhas recobertos de

---

59. T. MOMMSEN, *Auch ein Wort über unser Judentum*, cf. BOEHLICH, pp. 212-227.

60. MOMMSEN, "Ninive und Sedan", *Die Nation*, 25 de agosto de 1900, e "Deutschland und England", *idem*, 10 de agosto de 1903.

61. Sobre a germanomania de Hermann Cohen, ver L. POLIAKOV, *O Mito Ariano, op. cit.*, p. 321.

pêlos, e quase nenhuma diferença de cor entre os cabelos e a pele" — é assim que Sigmund Freud descrevia em 1882 à sua noiva um diretor de clínica a quem havia sido recomendado [62].

Com o anti-semitismo assim convertido em algo culturalmente respeitável, os movimentos e os partidos anti-semitas se multiplicaram; congressos internacionais foram celebrados (Dresden, 1882; Chemnitz, 1883); inúmeras corporações de estudantes decidiram excluir os judeus de seu meio; ademais, um costume que pode ser qualificado de especificamente germânico (pois não existia nem na Áustria nem na Alemanha) proibia os estudantes de se baterem em duelo com os judeus. Para o germânico, o duelo é uma ação moral, para o judeu, é uma mentira convencional, escrevia em 1896 um comentador [63]; desse modo, não convinha crer mesmo nas testemunhas daqueles judeus dispostos a se deixar degolar.

Um universitário que se tornara conhecido através de seus trabalhos filosóficos e sua crítica da religião, Eugen Dühring, multiplicou a partir de 1880 seus tratados anti-semitas, com títulos pretensiosos e intermináveis (*Die Judenfrage als Rassen —, Sitten — und Kulturfrage*, 1881; *Der Ersatz der Religion durch Vollkommeneres und die Ausscheidung des Judentums durch den modernen — Völkergeist*, 1885 e assim por diante). Esse social-democrata dissidente assegurava que os judeus só poderiam ser convenientemente domados por meio de um regime socialista; sua influência sobre as massas incitou Friedrich Engels a consagrar-lhe especialmente uma volumosa defesa e ilustração do materialismo dialético (*O Anti-Dühring*, 1878[64]). Poder-se-ia citar também o orientalista Adolf Wahrmund, que precavia os alemães contra o "nomadismo dominador" e a "maturidade racial" dos judeus [65]. Porém, todos os textos pseudocientíficos deste gênero foram eclipsados em 1900 pela *Gênese do Século XIX* do wagneriano anglo-alemão Houston Stewart Chamberlain. Esta Bíblia racista de alto vôo, em que um

62. Carta à Marthe Bernays, Viena, 5 de outubro de 1882. Tratava-se do Professor Hermann Nothnagel.

63. O anti-semita austríaco FLORIAN ALBRECHT, no periódico *Unverfälsche deutsche Worte*; cf. PULZER, op. cit., p. 253.

64. Note-se que essa obra de Engels só em raros pontos toca no anti-semitismo de Dühring. Eis a passagem principal:
"... mesmo o anti-semitismo levado até ao ridículo que o Sr. Dühring prega em toda ocasião, é uma propriedade específica senão da Prússia, pelo menos dos territórios a Leste do Elba. O mesmo filósofo do real que contempla do alto com um desprezo soberano todos os preconceitos e superstições encontra-se por sua vez tão profundamente enterrado em seus caprichos pessoais que denomina esse preconceito popular contra os judeus, herança do fanatismo de Medievo, de um 'julgamento natural' baseado em 'motivos naturais' e se confunde até chegar a esta proposição surpreendente: 'O socialismo é o único poder capaz de enfrentar situações demográficas com forte porcentagem judaica' ". F. ENGELS, *Anti-Dühring, M.E. Dühring bouleverse la science*, trad. fr., Paris, 1963, pp. 144-145.

65. Cf. *O Mito Ariano*, pp. 275-276.

capítulo de mais de cem páginas era consagrado à demonstração da *"organicidade"* de Jesus, foi sinal dos tempos, teve admiradores tão diferentes quanto o Imperador Guilherme II, o Presidente Theodore Roosevelt, Bernard Shaw e Leão Tolstói [66].

Na Áustria, o anti-semitismo foi primeiramente pregado em grande escala por Georg von Schönerer, um agitador que se apresentava em nome do socialismo anticlerical e do nacionalismo germânico e que se apoiava sobretudo nos estudantes. Se bem que a situação no império multinacional dos Habsburgos parecesse mais propícia à excitação antijudaica, fosse porque a dominação cultural e econômica dos judeus era aí menos ilusória do que na Alemanha, o anti-semitismo ativo desenvolveu-se neste âmbito bem mais tardiamente. O historiador Dirk van Arkel, que consagrou um admirável estudo ao anti-semitismo austríaco, constata que ele só pôde tomar verdadeiramente corpo após uma modificação da lei eleitoral, que era censitária; somente a camada superior, 3% da população, gozava do direito de voto, até que uma lei de 1882 o estendeu à burguesia média e inferior, aos artesãos e aos pequenos proprietários[67]. Nada ressalta melhor a relação unívoca entre o sufrágio universal e as campanhas anti-semitas à qual fizemos alusão no prefácio. As superstições antijudaicas e mesmo seu modo de expressão "racial" preexistiam na Áustria há muito; o que era novo, era sua ruidosa exploração política; além disso, as campanhas agrupavam, em torno de militantes convencidos, os anti-semitas por conformismo — ou por oportunismo.

Evidenciou-se logo que em Viena, principalmente, uma formação política que quisesse ganhar apoio dos artesãos não tinha nenhuma possibilidade de sucesso sem uma plataforma anti-semita; mas os próprios operários, ao contrários dos operários alemães, mostravam-se receptivos (em Viena é que foi forjada, na época, a fórmula bem conhecida: "O anti-semitismo é o socialismo dos imbecis"[68]). A conjuntura foi explorada pelo político católico Karl Lueger, o líder do "partido cristão-social austríaco", com o mesmo programa que o partido homônimo berlinense do pastor Stoecker. Em 1887, ele inscreveu o anti-semitismo em sua bandeira: combatido pela grande burguesia e pelo alto clero austríacos, mas fortemente encorajado pelo Papa Leão XIII e o Cardeal Rampolla, atentos às aspirações do proletariado urbano, conduziu seu partido de vitória em vitória e foi finalmente eleito prefeito de Viena por quase unanimidade. Entretanto, o tributo entusiasta que lhe pagava

---

66. *Idem*, pp. 310-317; no que se refere em especial à aprovação de Tolstói, ver mais adiante, pp. 78-80.

67. Cf. a tese anteriormente citada *Antisemitism in Austria*, pp. 34-35.

68. Essa fórmula é mormente atribuída a Bebel e às vezes até a Lenin! Na realidade, ela se deve ao socialista vienense Kronawetter; cf. PULZER, *op. cit.*, p. 269.

Hitler em *Mein Kampf* [69] não parece justificado pois os judeus nada sofreram em sua administração; "Cabe a mim decidir *quem é judeu*", comprazia-se em declarar; e chegou a assistir, revestido das insígnias de sua função, a um ofício sinagogal [70].

Na Alemanha, os partidos anti-semitas tiveram menos sucesso. As diversas ligas e associações rivalizavam asperamente e nenhuma atingia a preponderância; foi só em 1887 que um militante anti-semita, o jovem folclorista Boeckel, foi eleito para o Reichstag. Nas eleições de 1890, seu partido, o "Antisemitische Volkspartei", obteve quatro cadeiras, graças aos 48 000 votos que recolheu (em sete milhões de eleitores). Mas, em 1893, o número de votos foi de 260 000, e dezesseis o número de cadeiras [71]. Nesse estágio, os anti-semitas "puros" começaram a inquietar-se com a desmedida de suas mentiras (ainda que suas fabulações fossem menores, veremos, que as de certos autores franceses) e, sobretudo, por seu desprezo pela legalidade. Pode-se tomar como exemplo o mestre-escola Hermann Ahlwardt, condenado por desvio de fundos e outros delitos de direito comum, e em conseqüência privado de seu mandato. Redobrando o lance de Wilhelm Marr, intitulara seu escrito mais conhecido como: "O Combate Desesperado Travado pelos Povos Arianos contra a Judiaria" [72], e algumas de suas acusações eram muito precisas: assim, ele acusava o fabricante de armas Löwe de ter entregue ao exército alemão, por ordem da Aliança Israelita Universal, 425 000 fuzis defeituosos, "menos perigosos para o inimigo do que para nossos soldados". Mereceu fé, pelo menos, de seus eleitores: "Quanto mais monstruosas são as acusações de Ahlwardt mais ele é aclamado", constatava um contemporâneo [73]. De resto uma Associação de Defesa Contra o Anti-semitismo que se constituiu em 1891, com a participação de personalidades como o prefeito de Berlim Funk von Dessau, Theodor Mommsen, o biólogo Rudolf Virchow e até Gustav Freytag (o autor do pérfido *Soll und Haben*), declarava que seu principal objetivo era o saneamento dos costumes políticos nacionais, e não a defesa dos judeus [74].

69. "Prefeito verdadeiramente genial... O último grande alemão saído das fileiras do povo" e, mais adiante: "Às suas qualidades de estrategista hábil juntavam-se aquelas de reformador de gênio... sua obra como prefeito de Viena é imortal" etc.. Cf. *Mein Kampf*, Cap. III, "Considerações... no que toca minha estadia em Viena".

70. PULZER, pp. 202-204. No III Reich, a fórmula: "Quem é judeu decido eu" era correntemente atribuída a Hermann Goering. No tocante à complexa personalidade de Lueger, ver também a longa discussão em VAN ARKEL, *op. cit.*, pp. 67-80.

71. Cf. PAUL MASSING, *op. cit.*, p. 91.

72. *Der Verzweiflungskampf der arischen Völker gegen das Judentum*- 1891.

73. O historiador social-democrata Franz Mehring. Sobre Ahlwardt, ver MASSING, pp. 91-96.

74. Cf. I. SCHORSCH, *Jewish Reactions to German Antisemitism*, *op. cit.*, pp. 79-101, e especialmente p. 90.

O êxito eleitoral de 1893 marca o zênite da agitação anti-semita na Alemanha (e olhando-se mais de perto, em toda a Europa Ocidental). Em seguida, começou a baixar e o grupo anti-semita do Reichstag debandou pouco a pouco (seis cadeiras em 1907, três em 1912). Pode-se admitir que a ação da Associação de Defesa teve alguma coisa com isso, mas as verdadeiras razões do declínio aparente devem ser procuradas em outro lugar. Na realidade, constata-se doravante, uma evolução dicotômica: diluição do anti-semitismo que impregna grande parte do corpo social alemão, de um lado, concentração quase esotérica do outro.

A diluição é facilmente compreensível. No último decênio do século XIX, a Europa entrava na era das grandes rivalidades imperialistas, de forma que os rancores e temores arcaicos sobre os quais repousa o anti-semitismo encontraram, em parte ao menos, novas vias de descarga.

Isso não impede que as ambições coloniais ou o imperialismo econômico fossem detentores absolutamente exclusivos do anti-semitismo; de fato, os meios nacionalistas, ou seja a maior parte da burguesia e da aristocracia, testemunhavam em regra geral uma hostilidade mais ou menos pronunciada com respeito aos judeus, mesmo que a título subsidiário. As polêmicas estenderam-se até a um terreno ao mesmo tempo bastante antigo e bastante novo, o da Bíblia.

Se desde o século XVIII alguns teólogos colocavam em questão a ética do Antigo Testamento, que depreciavam em relação ao Novo, a arqueologia e as disciplinas associadas permitiam doravante lançar o ataque sobre uma frente bem mais vasta. Ela foi dirigida pelo assiriologista Friedrich Delitzsch, que, em 1902, tentou demonstrar, sob a divisa *Babel oder Bibel?* que as grandes tradições mosaicas haviam sido tomadas de empréstimo da cultura mesopotâmica, e que, aliás, esta era eticamente superior à cultura hebraica (a ética burguesa da *Belle Époque* servindo necessariamente de padrão). O Imperador Guilherme II honrou com sua presença as conferências de Delitzsch, cuja tese causou sensação. Os teólogos ortodoxos protestaram e os rabinos por sua vez falaram do "alto anti-semitismo" da alta crítica bíblica. Não estavam certamente errados: não somente os grandes eruditos luteranos como Wellhausen, Harnack ou Schürer depreciavam sistematicamente o judaísmo pós-exílico, mas chegaram, na ocasião, a marcar em suas bibliografias os trabalhos de seus colegas judeus com um sinal convencional que o rabino Félix Perles comparava amargamente à insígnia amarela [75].

No plano geral, às vésperas da Primeira Guerra Mundial, todos os partidos e movimentos nacionalistas ou conservadores haviam se impregnado de anti-semitismo em grau mais ou menos acentuado, de modo que apenas duas grandes formações políticas,

---

75. Cf. SCHORSCH, *op. cit.*, p. 275 e pp. 169-177.

a social-democracia e o "Zentrum" católico, não manifestavam hostilidade com respeito aos judeus. Leis não-escritas lhes proibiam as carreiras militares e administrativas e muitos testemunhos nos informam que seu isolamento social crescia cada vez mais [76]. Mesmo a guerra de 1914-1918 e a união sagrada a rigor não remediaram a situação; no entanto, os judeus deram prova da mesma exaltação patriótica de seus compatriotas, e fizeram mais: enquanto Walter Rathenau organizava a economia de guerra alemã, o poeta Ernst Lissauer compunha seu popular *Canto de Ódio Contra a Inglaterra (Hassgesang gegen England)*, e Hermann Cohen se esforça por demonstrar que os judeus de todos os países tinham a obrigação ética de tomar o partido da Alemanha [77]; até os dirigentes sionistas austro-alemães proclamavam que ela se combatia pela verdade, direito, liberdade e civilização mundial [78]. É evidente que os judeus mobilizados combatiam e morriam do mesmo modo que os outros soldados, mas em certas esferas militares e civis, espalhou-se a suspeita de que não faziam isso em número suficiente. Esta suspeita levou o grande quartel-general a ordenar, em outubro de 1916, um recenseamento sistemático dos militares judeus, do qual leremos mais adiante os detalhes; destarte, um primeiro desejo dos ativistas do fim do século XIX se via atendido.

Um virulento foco anti-semita se constituíra desde os primeiros anos do século XX nas esferas dirigentes como demonstram principalmente as reações aos distúrbios revolucionários que começavam a agitar a Rússia, distúrbios comumente atribuídos à ação subversiva dos judeus. Guilherme II em pessoa anotava na margem de um relatório consular sobre as manifestações de janeiro de 1905 em Riga: "Sempre os judeus!" e "Isso chegará aqui também!"; porém mais do que se preocupar com o futuro, procurava pescar em águas turvas e agravar os aborrecimentos de seu primo imperial, o czar de todas as Rússias. Foi assim que tomando conhecimento, após o *pogrom* de Kichinev, que o governo russo decretara novas restrições antijudaicas, ele mandava "notificar tudo isso aos Rothschild e a seus consortes para fazer cortar os víveres [do governo russo]", e não se sabe se ele se rejubilava mais com o enfraquecimento do regime czarista ou com a desgraça dos judeus. (A propósito da repugnância das tropas russas em atirar nos pogromistas cristãos, observava: "Todos os homens alemães e sobretudo todas as mulheres alemãs pensam do mesmo modo"; informado de que judeus russos haviam se refugiado na Alemanha, comentava: "Fora os porcos!")

Além do mais, os fantasmas antijudeus das autoridades russas acabavam de contaminar os diplomatas em serviço em São Pe-

76. *Idem*, pp. 137-139.
77. Sobre W. Rathenau e o filósofo H. Cohen, cf. *O Mito Ariano*, pp. 319-322.
78. Cf. WALTER LAQUEUR, *Histoire du sionisme*, Paris, 1973, p. 197.

tersburgo: para o embaixador alemão Alvensleben, podia-se "utilizar razoavelmente o termo *judeu* como sinônimo de *revolucionário*"; para seu colega austríaco Aehrental, o manifesto constitucional promulgado a contragosto pelo czar em outubro de 1905 era quase todo redigido "em jargão" (ou seja em ídiche) e o Conde Witte, seu redator, pretendia fazer dos judeus os donos da Rússia. Como observa o historiador Hans Helbronner de quem tomamos esses dados, "desde antes de 1914, foram lançadas as bases em meios eminentemente respeitáveis, da transformação de um anti-semitismo de salão nas formas virulentas de ódio características do período entre as duas guerras" [79].

Entretanto, as organizações de anti-semitas "puros" pareciam ter soçobrado na impotência, na época. Haviam se esfarelado em uma multidão de grupelhos e seitas com nomes esotéricos ou neopagãos: o "Hammerbund", dirigido pelo "grão-mestre" (*Altermeister*) Theodor Fritsch, o "Urdabund", o "Walsungenorden", "Artamanen", "Ostara", e muitos outros. Uma vez que era atribuído aos judeus o poder de manipular os arianos graças à sua ciência de camuflagem e do segredo, os adeptos de Fritsch quiseram fazer o mesmo, como de resto já os convidava a isso, de diversas maneiras, uma tradição européia já venerável (voltaremos ao fato nos capítulos que se seguem). Em 1912, fundaram uma loja anti-semita secreta, a "Germanenorden", que, por sua vez deu nascimento à "sociedade de Thule", clandestinamente ligada aos inícios do partido nazista [80]. Porém foi às claras que a partir de 1905, a revista austríaca *Ostara* exortava os arianos a exterminar os sub-homens símios, por meio de suas radiações elétricas "corporais" ou de qualquer outro modo: verificou-se que certos adolescentes, uma vez adultos, que utilizaram para este fim processos mais realistas, e principalmente Adolf Hitler e Heinrich Himmler, prestavam ouvidos atentos a esses apelos [81].

É evidente que todos esses escritos e todas essas manifestações nada ensinavam sobre os judeus mas diziam muito acerca dos autores e dos organizadores desse tipo, na medida em que suas vi-

79. Cf. H. HELBRONNER, "Count Aehrental and Russian Jewry, 1903-1907", *Journal of Modern History*, 38/4, 1966, pp. 394-406.
80. Ver PULZER, *op. cit.*, pp. 315-16, e REGINALD H. PHELPS, "Before Hitler came: Thule Society and Germanenorden", *The Journal of Modern History*, XXXV, 1 (março de 1963), pp. 245.260.
81. A ordem e a revista *Ostara* (do nome da deusa germânica da primavera) foram fundadas por um aventureiro austríaco de origem desconhecida, que dizia chamar-se Joerg Lanz von Liebenfesl. O título longo de sua obra principal fala sobre as aspirações de seus discípulos, e sobre as pretensões dos que o subvencionam: *Theozoologie oder die Kunde von den Sodom-Afflingen und dem Götter-Elektron, Eine Einführung in die älteste und neueste Weltanschauung und eine Rechtfertigung des Fürstentums und des Adels.* Este título se traduz assim: "Teozoologia ou a Ciência dos Símios de Sodom e do Elétron dos Deuses. Uma Introdução à mais Antiga e à mais Nova Visão do Mundo, e uma Justificação dos Príncipes e da Nobreza". Cf. a este respeito JOACHIM FEST, *Hitler*, Paris, 1973, vol. I, pp. 31-33 e 465.

sões exprimiam seus próprios sonhos, projeções e fantasmas megalômanos. Anti-semitas isolados publicavam de seu lado milhares de brochuras e livros com títulos e temas não menos delirantes [82]. Dois nomes merecem ser retidos. O caso de Houston Stewart Chamberlain, cunhado de Richard Wagner e mestre de pensamento de Guilherme II e de sua *Gênese do Século XIX* foi longamente examinado em nossos volumes precedentes: Arthur Dinter voava bem mais baixo e é por isso que seu romance racista *O Pecado Contra o Sangue* não chamou a atenção das elites; em contrapartida, as vendas atingiram, entre 1911 e 1931, cerca de 600.000 exemplares. O que a *Gênese* e o *Pecado* tinham em comum eram as pretensões à cientificidade, a invocação das inexoráveis leis da natureza que regem o eterno combate do judeu contra o ariano.

De fato, sem dúvida residia aí o denominador comum de todas as formas e variantes da ideologia racista ou anti-semita, que era, como bem viu Peter G. Pulzer, uma "anticiência" de primeira ordem, imitando os passos da outra e apelando a sua esmagadora autoridade, "recorrendo com espantoso ecletismo à biologia, à teologia e à psicologia para erigir sua teoria da 'raça'"[83]. No fim de contas, não cabe espantar-se ao ver surgir na época do *Kulturpessimismus*, e ao redor das chefias germânicas da ciência ocidental, seu odioso arremedo.

E são também as frustrações da civilização científica e industrial que fizeram surgir por volta de 1900, na Alemanha e na Áustria, autênticas contra-sociedades, literalmente falando, sob forma de movimentos de juventude organizados, os "Wandervögel", "pássaros migradores" e a "Freideutsche Jugend", ou as associações mais tradicionais de ginastas, alpinistas e ciclistas. Esses rapazes e moças aspiravam a uma vida comunitária e "natural", longe das cidades e das convenções artificiais da sociedade dos adultos. Queriam também dar as costas, de início pelo menos, às estúpidas querelas e combinações políticas daqueles; mas, no clima intelectual da época, sua sede de pureza não poderia deixar de expô-los ao contágio do racismo, e sua busca acabou por traduzir-se pelo adjetivo *judenrein* ("depurado" ou "puro de judeus"[84]).

Na Áustria, os "Wandervögel", o movimento mais importante, se dizia puro de judeus desde sua fundação em 1901; às vésperas da Primeira Guerra Mundial, a exclusão foi estendida também aos eslavos e aos "latinos". Na Alemanha, a questão dava lugar a discussões prolongadas; finalmente, foi decidido que cada seção poderia solucioná-la a sua maneira (como foi o caso das corporações

---

82. Para alguns títulos característicos, ver L. POLIAKOV, *O Mito Ariano*, Paris, 1971, pp. 304-307.

83. PULZER, *op. cit.* p. 295.

84. O que segue, conforme PULZER, *op. cit. passim*, e WALTER LAQUEUS, "The German Youth Movement and the 'Jewish Question'", in *Leo Baeck Institute Year Book*, VI, 1961, pp. 193-205.

de estudantes, no início do século XIX [85]). A "Freideutsche Jugend" admitia judeus mas tinha tendência a agrupá-los em seções ou tropas particulares. Nas associações ginásticas e esportivas, a exclusão de judeus data igualmente do início do século XX e, também aí, as primeiras iniciativas foram tomadas na Áustria: aliás, no interior, não existia, às vezes, ninguém para ser excluído, mas o princípio da pureza não era aí proclamado com menos energia, parece.

Face a este ostracismo, muitos jovens judeus formavam, segundo o modelo das associações germânicas, associações judias, que serviam de viveiro aos futuros quadro dirigentes sionistas, e tal era o contágio do exemplo que o célebre pensador religioso Martin Buber (1876-1969) acabou por ver então, também ele, na "comunidade de sangue", o substrato indispensável da "identidade espiritual" [86]. Devemos nos surpreender se os movimentos de juventude germânicos serviram por seu lado de estufa aos ativistas do nacional-socialismo?

---

85. Cf. *De Voltaire a Wagner*, p. 328 e s.
86. Cf. MARTIN BUBER, *Drei Reden über das Judentum*, Frankfurt am Main, 1920, pp. 11-31.

2. A França

1. ANTES DO CASO DREYFUS

Se se quisesse medir a força do anti-semitismo em um país pela quantidade de tinta gasta a propósito dos judeus, sem dúvida seria a França que receberia o prêmio, no final do século XIX. O caso Dreyfus permanece de fato o processo mais estrondoso de todos os tempos; mas entre outras conseqüências, deu ao anti-semitismo francês uma ressonância que se pode julgar artificial. Quer se tome esse caso como vergonha nacional, ou glória nacional — e sem dúvida, o foi ambos ao mesmo tempo — ele reanimou decuplicando, a partir de 1894, uma agitação que começava a se diluir exatamente como nos países germânicos e, por alguns anos, a França tornou-se efetivamente a segunda pátria de todos os homens que se sentiam preocupados, de uma maneira ou de outra, com o debate internacional em torno dos judeus. As perspectivas históricas viram-se falseadas, a ponto de um brilhante autor ter podido enxergar no *Affaire* um ensaio geral (felizmente abortado) do nazismo [1]. Acontece que antes mesmo que estourasse, a França foi, no mundo ocidental, o segundo foco das campanhas anti-semitas do tipo moderno, e não existiu um terceiro: houve portanto nesse sentido uma espécie de diálogo franco-alemão, a cujo respeito sentimo-nos tentados a perguntar se não foi o indício de uma certa afinidade, remontando talvez a tempos bastante antigos, quando os descendentes de Carlos Magno reinavam nas duas margens do Reno

---

1. Cf. HANNAH ARENDT, *Sur l'antisémitism*, Paris, 1973, *passim*, e sobretudo p. 227.

e a futura Alemanha se chamava "Frância oriental"... [2] Mas, em todo caso, se o anti-semitismo francês foi, por um lado, calcado no anti-semitismo germânico, ele correspondia, por outro, a uma tradição diferente e dimanava de fontes autóctones.

De uma maneira ou de outra, tratava-se na França de determinadas seqüelas da Revolução. De seus prolongamentos ideológicos diretos, em primeiro lugar: vimos até que ponto os movimentos socialistas, quer fossem "utópicos" ou "científicos", com exceção unicamente do sansimonismo, estavam impregnados de "anti-semitismo" [3]. Mas no decorrer da década de 1880, foram revezados pelos militantes do campo adversário, sobretudo por católicos, para os quais a Revolução era o Mal encarnado, um Mal atribuído a uma conjura urdida por forças anticristãs e antifrancesas ocultas.

De fato, na França é que se formou, logo após o drama revolucionário, a escola de pensamento através da qual as conspirações montadas por inimigos do gênero humano constituem a chave maior da história universal. Essa escola, da qual os nazistas, no século XX, foram os principais, mas não os únicos adeptos, tem a vergonhosa tendência de tirar suas provas mais peremptórias da falta de provas, já que a eficácia de uma sociedade secreta se mede melhor por definição, pelo segredo com que sabe envolver suas atividades. O maior ardil do Diabo não é de fazer crer que ele não existe? Convicções desse gênero permitem ao denunciante ganhar todos os lances [4]. No que concerne à Revolução de 1789, o inimigo invisível foi, de início, representado pelos protestantes, mas desde 1807, fala-se de uma conspiração judia; em seguida, os protestantes passaram a segundo plano, ao passo que os judeus e os franco-maçons ocupavam alternativa ou conjuntamente o proscênio [5]. Além disso supunha-se que, os conspiradores operassem no mais das vezes por conta do Diabo ou do Anticristo que (segundo as revelações de Léo Taxil, aclamadas pelo conjunto do episcopado francês) lhes fornecia instruções por telégrafo ou por telefone: tomando conhecimento dessas façanhas de *Satã Franco-Maçom* [6], chega-se mes-

---

2. Cf. L. POLIAKOV, *O Mito Ariano*, Paris, 1971, p. 70.
3. Cf. *De Voltaire a Wagner*, pp. 310-322, pp. 377-391.
4. Ver, por exemplo, a argumentação de Adolf Hitler: "*Os Protocolos dos Sábios de Sião*, que os judeus desmentem oficialmente com uma tal violência, têm demonstrado de maneira incomparável como toda a existência deste povo repousa sobre uma mentira permanente: 'São mistificações', repete aspirando a *Gazeta de Frankfurt;* é isso a melhor prova da sua autenticidade". *Mein Kampf*, Paris, trad. Nouvelles editions latines, s.d., p. 307.
5. Cf. *De Voltaire a Wagner*, pp. 235-240.
6. Cf. *Satan Franc-Maçon*, apresentado por EUGEN WEBER. Col. "Archives", Paris, 1964.

mo a pensar que é na França de Louis Pasteur e de Ernest Renan que se estabeleceram os recordes absolutos de credulidade humana.

No que diz respeito ao "complô judeu" em sua versão modernizada, na qual o Diabo passa a segundo plano, a ação se liga à França sob o Segundo Império, em conexão com o último e o mais retumbante caso de rapto de uma criança judia, vítima de um batismo precipitado pelas autoridades pontifícias (o caso Mortara, 1858). Napoleão III, que se preparava para libertar a Itália, fez representações junto a Pio IX, sem sucesso aliás, mas o conflito envenenou a "questão romana" e contribuiu sem dúvida de diversas formas para acelerar o desmantelamento do Estado da Igreja. De seu lado, um grupo de judeus franceses tomou a resolução de criar um órgão internacional para a defesa dos direitos de seus correligionários, a Alliance Israélite Universelle. É evidente por si que seus dirigentes almejassem também o desaparecimento do poder temporal da Igreja e mesmo da "queda próxima do papa"[7]. Foram então atacados por Louis Veuillot, chefe real do catolicismo francês, ao passo que autores menores os tornaram responsáveis pelas desgraças do Estado pontifício, ou mesmo do catolicismo inteiro[8]. Rapidamente, a Alliance tornou-se para os anti-semitas de todos os países o órgão supremo, instalado em Paris, da conspiração mundial judia: foi somente após a Primeira Guerra Mundial que esta versão foi definitivamente suplantada pela dos *Sábios de Sião*, igualmente elaborada em Paris, como veremos.

É verdade que sob o longo pontificado de Pio IX (1846-1878), os católicos franceses ou outros não movem ainda contra os judeus uma verdadeira guerra, e talvez essa moderação possa ser relacionada com o temperamento proverbialmente conservador desse papa, pois uma certa solicitude para com o "povo-testemunho", fazia parte das tradições mais veneráveis da Santa Sé. Na Itália, a oficiosa *Civiltà Cattolica* só invectiva contra os judeus em nome do Cristo; na França, o jesuíta Nicolas Deschamps, grande perito de "teoria do complô", evitou falar disso em sua obra sobre as "sociedades secretas"[9]. Não será mais assim sob o pontificado mais moderno de Leão XIII, e sem dúvida se tratava de algo mais do que de uma coincidência, mas é evidente que reviravoltas mais profundas que uma mudança de pontificado eram necessárias para que a sensibilidade dos cristãos militantes chegasse a se comprazer com as campanhas anti-semitas.

7. Cf. os documentos (cartas encaminhadas em 1860 pela Alliance a Cavour e à família Mortara), publicados por G. VOLLI, *Alcune conseguenze, benefiche dell'affare Mortara*, Roma, Scritt in Memoria di Federico Luzzatto, 1962, pp. 309-320.

8. Cf. PIERRE PIERRARD, *Juifs et Catholiques Français, De Drumont à Jules Isaac*, Paris, 1970, pp. 21-22.

9. Cf. PIERRE SORLIN, *La Croix et us Juifs (1882-1899)*, Paris, 1967, p. 192.

Assim, pois, sob a III República, a agitação antijudaica permanece primeiramente, como no passado, o fato de "esquerda" anticlerical, mas essa agitação não leva muito longe, tanto mais quanto logo após a Comuna, os principais chefes socialistas se puseram em fuga ou se acham na prisão. Seu teor é de um lado anticapitalista, e de outro, racial ou racista: sob este último aspecto, é Ernest Renan [10] que serve de autoridade principal, mas não faltam referências a Voltaire ou a Jules Michelet. Pode-se citar Gustave Tridon (*Du Molochisme juif*, composto em 1866-1868, na prisão), Auguste Chirac, que não sem razão podia escrever, em 1887, a Drumont: "Abri todas as portas que você forçou" [11], e o blanquista Eugène Gellion-Danglar [12]. Eis algumas rápidas amostras do estilo desse último, em parte calcado no de Renan:

(...) Michelet, em seu belo livro *La Bible de l'humanité*..., estabeleceu uma luminosa e nítida oposição entre os povos do dia e os povos da noite (...) É muito evidente que o ramo ariano ou indo-europeu, só ele, produziu as grandes civilizações e possui só ele a noção do justo e a concepção do belo (...) Tudo demonstra a degeneração e a decadência crescente da raça semítica... Mas temos ainda tudo a temer da infiltração de seu sangue e de suas doutrinas nas populações e civilizações de essência ariana. Cumpre portanto velar e combater, e retomar o grito de Catão o Antigo: *"Et insuper censeo delendam esse Carthaginem"*, o que pode ser traduzido por esse outro grito de Voltaire: "Esmaguemos o infame!" (...) A grande fortaleza do semitismo é a igreja católica, apostólica e romana, tal como está constituída ainda agora; verdadeiro Estado dentro do Estado ... único perigo social, flagelo internacional dos mais temíveis...
EUGÈNE GELLION-DANGLAR, *Les Sémites et le sémitisme*.

Quanto ao campo católico, ele não produziu, antes dos anos 1880, senão uma única obra antijudaica, e ainda esta obra reserva surpresas ao leitor, pois um amor fervoroso disputa aí abertamente com o ódio. Trata-se, em 1869, de *Le Juif, le judaisme et la judaisation des peuples chrétiens*, do cavalheiro Gougenot des Mousseaux, que com esta obra foi abençoado pelo Papa Pio IX. É efetivamente um amontoado de todas as acusações antijudaicas antigas e modernas; fala-se longamente dos venenos destilados pelo Talmud e pela Cabala, dos malefícios da Alliance Israélite Universelle e dos crimes rituais, sem esquecer uma última conjuração anticristã, montada na Itália pelo franco-maçom judeu "Piccolo Tigre" [13]. Mas, embora deplorando esses erros e crimes dos judeus,

---

10. Sobre o racismo (e o anti-semitismo) de Renan, ver *O Mito Ariano*, pp. 187-188.

11. A. CHIRAC, "Lettre a Drumont", *Revue Socialiste,* janeiro de 1887, V, n.º 25, pp. 84-85.

12. Cf. E. SILBERNER, *Sozialisten zur Judenfrage*, Berlim, 1962, pp. 65-70.

13. Cf. J. CRÉTINEAU-JOLY, *L'Église romaine en face de la Révolution*, Paris, 1859, vol. II, pp. 119-124.

Gougenot lhes dedica um respeito e uma admiração infinitos, a ponto de descrever seus contemporâneos emancipados nos seguintes termos:

> O judeu é um senhor que a miséria oprimiu, que aviltou, que diminuiu de mil maneiras, e que fez para si, de sua imundície, uma máscara, mas que sente o valor de seu sangue, o qual o menor sopro reanima. Vós o vedes portanto recuperar os direitos de sua nobreza com tanta facilidade e pouco caso quanto o homem que, estando coberto durante uma noite glacial com a repugnante cobertura de um albergue, lava seu corpo no romper do dia e retorna a suas vestimentas da véspera [14].

Gougenot de Mousseaux merece seu lugar entre Alfred de Vigny [15] e Léon Bloy, na qualidade de porta-voz de uma certa idéia francesa do "povo eleito"; sendo o oposto de um gênio, é tanto mais representativo. A triunfal entrada dos judeus na sociedade cristã se explica para ele não somente por sua inteligência superior, mas também por uma misteriosa vitalidade, por "uma superioridade física *estranha*, e que até o presente dia nenhuma razão *extraída da ordem natural* explica de maneira aceitável" [16]. A este respeito, Gougenot referia-se aos trabalhos de seu amigo Jean Boudin, o fundador da "estatística médica" [17].

Acontece que os judeus não cessam de tramar complôs anticristãos e fomentar revoluções, assim como lhes prescreve o *Talmud*, "esse código selvagem onde os preceitos do ódio e da rapina misturam-se às doutrinas da magia cabalística que professa a alta idolatria"; "é por isso que até o dia em que o *Talmud* seja destruído o judeu será um ser insociável" [18]. Esse dia, que não está longe, será precedido pelas provas mais cruéis já que o judeu é "uma personagem altamente profetizada pela Igreja, terrível, lúgubre"; mas esse dia não tardará e ele reintegrará então "a casa de seu pai". É então que assumirá enfim seu verdadeiro papel, "para a salvação e espanto do mundo, o povo *eleito para sempre, o mais*

---

14. *Le Juif, le judaisme et la judaisation des peuples chrétiens*, Paris, 1869, p. 386. É interessante observar que a maioria dos autores que se ocuparam de Gougenot des Mousseaux só viram nele o anti-semita violento (assim J. BYRNES, *Antisemitism in Modern France*, New Brunswick, 1950, e, mais recentemente, NORMAN COHN, *Warrant for Genocide*, Londres-New York, 1966; PIERRE PIERRARD, *Juifs et catholiques français*, Paris, 1970, bem como *L'histoire des Juifs in France*, publicada sob a direção de B. Blumenkranz, Toulouse, 1972. Apenas P. SORLIN, *"La Croix" it le Juifs, op. cit.* e J. VERDÉS-LEROUX, *Scandale financier et antisémitisme catholique*, Paris, 1969, perceberam a extrema ambivalência de Gougenot des Mousseaux.

15. Sobre a visão de ALFRED DE VIGNY, cf. *De Voltaire a Wagner*, pp. 306-310.

16. *Le Juif, le judaisme et la judaisation...*, *op. cit.*, pp. 394 e ss.

17. De acordo com Dr. Boudin, "em parte alguma o judeu nasce, vive e morre como os outros homens entre os quais habita. Este é um ponto da antropologia comparada que colocamos fora de contestação". Cf. *O Mito Ariano*, pp. 269-270.

18. *Le Juif...*, *op. cit.*, pp. 459 e 99.

nobre e o mais augusto dos povos, o povo oriundo do sangue de Abraão, ao qual devemos a mãe sem pecado, o Salvador, Filho de Deus feito homem, e o colégio inteiro dos apóstolos, e satisfarão então as bênçãos do Céu, misturadas sem fim aos gritos de reconhecimento e às bênçãos dos homens" [19].

Assim, portanto, o primeiro interesse de Gougenot des Mousseaux, cujo livro aliás passou despercebido na época, é expor à luz do dia as contradições ou a ambivalência do "anti-semitismo cristão", de uma maneira que nele parece esbarrar a heresia. Seu segundo interesse é o de vê-lo antecipar a Léon Bloy, pensador católico que soube exprimir essas antinomias com um fervor e uma impudência inigualadas, cremos nós, na história cristã. Convencer-nos-emos talvez disso com as citações abaixo:

"A história dos judeus barra a história do gênero humano como um dique barra um rio para elevar-lhe o nível." Para alçar essa história até onde? Aparentemente, para levá-la a aproximar-se do Absoluto, graças ao misterioso acordo entre a mais perfeita abjeção e as glórias divinas. Os judeus são "um punhado de lodo maravilhoso..." O ponto de vista assim adotado é, como escreve Jacques Petit [20], *audaciosamente o de Deus*, ao qual jamais se poderia içar a razão humana. No entanto, Bloy o tenta com a ajuda de alternâncias vertiginosas.

O que são portanto os judeus? São, como em Gougenot des Mousseaux,

...um povo de onde saíram os Patriarcas, os Profetas, os Evangelistas, os Apóstolos, os Amigos fiéis e todos os primeiros Mártires; sem falar na Virgem Maria e no Nosso Salvador, ele próprio, que foi o Leão de Judá, o judeu indizível e que, sem dúvida, utilizara toda uma eternidade prévia a cobiçar essa extração.

Mas eles também são o povo que

...a Idade Média teve o bom senso de isolar em canis reservados e impor-lhes um andrajo especial que permite a cada um evitá-los. Quando era realmente necessário tratar com esses fedorentos, as pessoas se ocultavam deles como de uma infâmia e se purificavam em seguida como podiam. A vergonha e o perigo de seu contato era o antídoto cristão de sua pestilência já que Deus desejou perpetuar tal gentalha[21].

Cumpre-nos agora retornar aos anti-semitas integrais e de algum modo positivistas deste século temivelmente ingênuo.

Após Gougenot e com exceção de uma passagem das profecias milenaristas de um certo Abade Chabauty [22], é preciso esperar

19. *Ibid.*, p. 509.
20. Cf. J. PETIT, *Bernanos, Bloy Claudel, Péguy quatre écrivains catholiques face à Israel*, Paris, 1972, p. 38.
21. Cf. "Le Salut par les Juifs", in *L'Oeuvre complète de Léon Bloy*, Paris, 1948-1949, vol. I, pp. 28 e 11, e *Jeanne d'Arc et l'Allemagne* (1915).
22. *Les prophéties modernes vengées, ou défense de la concordance de toutes les prophéties* do ABADE CHABAUTY, Poitiers 1974, pp. 73-75.

os anos 1880-1881 para ver ressurgir o tema do complô judeu. Nesta época, os católicos franceses, dez anos após o desastre coletivo de 1871, começavam a acumular as suas derrotas particulares (separação da Igreja do Estado, leis escolares, lei do divórcio, sendo esta última devida ao judeu Alfred Naquet) que os predispunham a lançar a acusação contra o bode expiatório tradicional. Entretanto, não se poderia falar, na França, de um anti-semitismo inteiramente autóctone pois os primeiros repiques desta ordem referem-se às campanhas que se desenvolviam no exterior.

É assim que, em julho de 1881, a revista católica *Le Contemporain* interroga-se, primeiro com perturbação, sobre os programas russos: "A perseguição atual dos judeus na Rússia e as cenas mais tocantes das mortes e pilhagens das quais foram vítimas as famílias israelitas neste país, levaram forçosamente a perguntar por que este povo é objeto de ódio tão violento..." [23] As campanhas antijudaicas, continua a revista, grassam igualmente na Alemanha e na Romênia; de um lado, declara compreender mal a razão de todos esses fenômenos: ela só pode publicar, na falta de outras dados, o trabalho que um certo Calixto de Wolski acaba de lhe comunicar. Ora, este autor, visivelmente a serviço do governo russo, explica que os judeus só podem responsabilizar-se a si próprios por seus infortúnios, pois que "perseguem desde tempos imemoriais e por todos os meios a idéia de reinar sobre a terra". A demonstração repousa sobre os textos do converso russo Jacob Brafman [24] e sobre uma farsa ainda mais transparente, o *Discours d'un rabbin*, extraído de um romance publicado em 1868, em Berlim, por Herman Goedsche e incorporado em seguida a certas versões dos *Protocolos dos Sábios de Sião* [25].

Em compensação, é numa fonte romena que bebia, em abril de 1882, a *Revue des questions historiques* a fim de declarar: "O judaísmo governa o mundo e é preciso necessariamente concluir ou que a maçonaria se fez judia ou que o judaísmo se fez franco-maçom" [26]. Esta fonte era a quinzenal jesuíta *Civiltà Cattolica*, que, em 1880 começara a atacar os judeus com a maior violência, sob a sua rubrica "Crônica Contemporânea". Suas campanhas prosseguiam de uma maneira quase ininterrupta até os últimos anos do século XIX, para continuar esporadicamente até a metade do século XX, lançando mão de tudo, escândalos financeiros, caso Dreyfus, ou mesmo o Primeiro Congresso Sionista de Basiléia [27], mas se apegando sobretudo à antiga censura de assassinato ritual, a cujo

---

23. *Le Contemporain*, vol. XXII (1881), p. 110, *Les Juifs en Orient*.
24. Ver mais adiante, p. 82-83.
25. Ver acima, p. 17 e NORMAN COHN, *Warrant for Genocide*, trad. fr. *Histoire d'un mythe, La "Conspiration" Juive et les protocoles des sages de Sion*, Paris, 1967, p. 43.
26. Cf. *La Revue des questions historiques*, 62.º fascículo, 1.º de abril de 1882.
27. Ver mais adiante, pp. 57 e ss.

respeito tantos sumos-pontífices do passado faziam questão de proclamar a inutilidade [28]. Sendo a *Civiltà Cattolica*, desde sua fundação em 1850, o órgão oficial da Santa Sé, não nos é proibido admitir uma relação entre o advento, em 1878, do papa reformador Leão XIII e o novo rumo adotado pela revista. É mais difícil julgar a influência que puderam exercer suas denúncias sobre a atitude dos católicos franceses: levando em consideração que se deve esperar os anos de 1886-1887 para ver eclodir na França campanhas anti-semitas em grande escala, será suficiente falar em uma espécie de *nihil obstat* para começar ao menos. É assim que o deão dos padres anti-semitas franceses, o Abade Chabauty, que em 1880 publicava sua obra *Franc-Maçons et Juifs* sob o pseudônimo de "Saint-André", podia, em 1882, publicar sob seu verdadeiro nome de eclesiástico uma outra obra intitulada *Les Juifs, nos maitres*, e os acréscimos antijudaicos que se encontram a partir de 1881, nas reedições da obra do Padre Nicolas Deschamps, onde os furores antijudaicos do ultramontano Louis Veuillot, bem como de muitos outros acessos anti-semitas, poderiam explicar-se da mesma maneira [29].

Um alcance indubitavelmente muito maior cabe em 1882 à falência de Eugène Bontoux, fundador do banco L'Union Générale, destinado a fazer render os capitais da burguesia católica e servir aos interesses dos legitimistas e da Igreja. Bontoux não deixou de atribuir sua bancarrota, que arruinou inúmeros pequenos poupadores, às manobras dos Rothschild; foi facilmente acreditado e a enorme impressão produzida pelo escândalo encontrou reflexo nas obras que inspirou aos três maiores romancistas da época: *Mont-Oriol* de Maupassant (1887), *L'Argent* de Zola (1891) e *Cosmopolis* de Paul Bourget (1893), assim como umas trinta obras menores [30].

De maneira geral, a produção de obras anti-semitas aumenta e periódicos especializados fazem sua primeira aparição: o *Antijuif* em Paris em 1881, o *Antisémitique* [31] em Montdidier, em 1883; mas sua existência é efêmera, desaparecendo ao cabo de alguns

28. Cf. vol. I: *De Cristo aos Judeus da Corte,* pp. 51-52 e 230-231.

29. Só pode tratar-se de uma conjectura. Entretanto, deve-se observar que PIERRE SORLIN, no seu minucioso estudo sobre "*La Croix*" *et les juifs, op. cit.,* formulava uma suposição semelhante. Escreve especialmente: "Assim, a convergência das idéias de Chabauty, de Jannet e do Padre d'Alzon conduz à suposição de que uma dupla corrente antimaçônica e anti-semita se desenvolve nos ultramontanos por volta de 1879 a 1881". Em uma nota, ele especifica: "Talvez seja preciso procurar a origem disso em Roma. Em carta ao Padre Picard, o Padre d'Alzon sugere estudar cuidadosamente as revelações sobre a Maçonaria publicadas na Itália..." Cf. pp. 193 e 320.

30. Cf. J. BYRNES, *Antisemitism in Modern France,* op. cit. p. 108, e o excelente estudo de JEANNINE VERDÈS-LEROUX, *Scandale financier et antisémitisme catholique, Le krach de l'union Générale,* Paris, 1969, pp. 68-73.

31. Cf. *L'Antisémitique* n.º 8, 20 de julho de 1883.

números. O *Antisémitique* distingue-se já por uma delirante má fé que lhe faz atacar à "aliança *jesuítico*-judaica ou a Alliance Israélite Universelle" (porém, o *Univers* de Louis Veuillot nem por isso o elogia menos) [32], e inventar um discurso de Adolphe Crémieux prometendo aos judeus "todas as riquezas da terra", discurso que, retomado primeiro na Alemanha, foi em seguida largamente difundido na Rússia (principalmente pelos cuidados do célebre eslavófilo Ivan Aksakov [33]. A irradiação da França, infelizmente, exercia-se também dessa maneira.

Não deixa de ser verdade que, visto de Paris, o anti-semitismo demagógico e furioso, o anti-semitismo da rua, permanece ainda uma desconcertante mania estrangeira. No final de 1882, o *Figaro* escreve: "Um movimento anti-semítico, tal como se produz nesse momento em alguns pontos do globo, cairia na França, na zombaria pública" [34]. Dados mais precisos são fornecidos pelo minucioso estudo do historiador Pierre Sorlin sobre o caso do diário *La Croix* e outras publicações editadas por La Bonne Presse "Até o verão de 1886", conclui ele, "A Boa Imprensa parece estranha ao anti-semitismo" [35]. No que concerne à boa sociedade católica, ela dispensava, durante os anos de 1880, segundo testemunho de Marcel Proust, uma acolhida favorável aos judeus e somente com o caso Dreyfus é que "tudo o que era judeu passou para baixo, ainda que fosse a dama elegante, e os nacionalistas obscuros subiram para tomar seu lugar" [36]. Em 1890, o nacionalista Maurice Barrès escrevia por sua vez: "O anti-semitismo era apenas uma tradição um pouco vergonhosa da antiga França, quando, na primavera de 1886, Drumont a rejuvenesce em uma fórmula que fez escândalo" [37]. Considerando tudo, é possível dizer que em seu conjunto, inclusive o setor católico, o corpo social francês levou tempo para se acertar

---

32. "Publica-se há algumas semanas em Montdidier, escrevia o *Univers*, um jornal hebdomadário, *L'Antisémitique,* que adotou como sua missão o combate sem tréguas aos deploráveis progressos do judaísmo na França. Dedica-se a esse combate com muito ardor, e nós aplaudimos com muito gosto este lado particularmente francês de seu empreendimento. Porém, não podemos deixar de deplorar, ao lado dessa campanha, a lamentável inspiração, à qual cedem seus autores ao atacar da mesma maneira (...) o texto da Revelação (...). Errando neste aspecto, os redatores do *Antisémitique* comprometem de maneira perniciosa o sucesso da causa que crêem servir..." Cf. *ibid.,* n.º 27 de julho de 1883.
33. Cf. I. S. AKSAKOV, *Obras,* Moscou, v. III, 1886, pp. 819-830.
34. Citado por VERDÈS-LEROUX, *op cit.,* p. 120.
35. P. SORLIN, *op. cit.,* p. 82.
36. *À La recherche du temps perdu,* Ed. La Pléiade, v. I, p. 517, *A l'ombre des jeunes filles en fleurs.* Cf. também vol. II, p. 190: "É verdade que o caleidoscópio social estava em vias de girar e que o caso Dreyfus ia precipitar o judeu para o último degrau da escala social" (*Le côté de Guermantes*).
37. BARRÈS, "La formule antijuive", *Le Figaro,* 22 de fevereiro de 1890.

com o relógio estrangeiro, fosse esse o de Berlim, de São Petersburgo ou de Roma.

Foi efetivamente na primavera de 1886 apenas que o fulgurante sucesso de *La France juive* de Édouard Drumont criou um clima novo, calçando o caminho para a agitação anti-semita em grande escala. Com a *Vie de Jésus* de Ernest Renan, *La France juive* foi o *best seller* francês da segunda metade do século XIX: 114 edições em um ano, 200 edições no total, sem contar uma edição popular abreviada, e diversas "seqüências". (*La France juive devant l'opinion, La fin d'un monde, La dérnière bataille, Le testament d'un antisémite* — é de se observar a tonalidade desesperada de todos estes títulos.)

Por que este súbito triunfo? Drumont era um bom jornalista e seu enorme livro, cujo índice contava com mais de três mil nomes, era uma crônica escandalosa na qual eram denunciados não somente os inevitáveis Rothschild e outros "filhos de Abraão" mas também tudo o que na França tinha um nome, por menor que tenham sido as relações cultivadas com os judeus pelos seus portadores. Certamente havia aí algo capaz de provocar o interesse pelo livro: mas não de cercar Drumont com auréola de profeta "revelador da raça" (Alphonse Daudet), "o maior historiador do século XIX" (Jules Lemaitre), "observador visionário" (Georges Bernanos) [38].

Talvez Bernanos nos dê uma primeira chave do sucesso de *La France juive*, quando ele próprio descreve os tempos presentes como "uma época onde tudo parece deslizar ao longo de um plano inclinado com uma velocidade cada vez maior", e quando acrescenta que "a obra de Drumont inspira uma espécie de terror físico, carnal" [39]. Independentemente do assunto, esse pessimismo visceral, sem dúvida, suscitava facilmente ecos no campo antilaico e anti-revolucionário, nostálgico dos bons velhos tempos que se confundiam para este domínio com o Antigo Regime. Ademais, havia a maneira de tratar o assunto. Quando Drumont escrevia desde a primeira página, confrontando duas entidades odiáveis: "O único a quem a Revolução beneficiou foi o judeu. Tudo vem do judeu; tudo volta ao judeu", ele matava dois coelhos com uma só cajadada. Mais adiante, a gloriosa França de outrora, "a França das Cruzadas, de Bouvines, de Marignan, de Fontenoy, de São Luís, de Henrique IV e de Luís XVI", vinha prestar testemunho contra o judeu já que ele "obstinadamente lhe havia fechado as portas, feito de seu nome a mais cruel das injúrias" [40]. Assim, portanto, a Fran-

---

38. P. PIERRARD, *op cit.*, p. 37 e *passim*.
39. G. BERNANOS, *La grande peur de bien-pensants*, Paris, 1931, pp. 45 e 48.
40. *La France juive*, Nova, 201.ª edição, Paris, 1943, Introdução, pp. 11 e 61.

ça "judia" de Drumont nada mais era do que a França [41] moderna, republicana e leiga ("do mesmo modo que, para *Le Croix*, quem quer que faça questão de ignorar Jesus já é um judeu por um aspecto principal"); não é senão ao cabo de mil páginas que descrevem a "judaização" da França em conseqüência da emancipação dos judeus, que Drumont admitia a simplicidade de sua intenção:

> Ao fim desse livro de história, o que vedes? Eu vejo apenas uma figura e é a única que desejei mostrar-vos: a figura de Cristo insultado, coberto de opróbrios, dilacerado pelos espinhos, crucificado. Nada mudou há mil e oitocentos anos... Ele está por toda a parte, dependurado nas vitrinas populares, exposto às vaias dos subúrbios, ultrajado na caricatura e na pena dessa Paris cheia de judeus tão obstinados pelo deicídio como nos tempos de Caifás...[42]

É de se espantar se *La France juive* encontrou seus leitores mais entusiastas entre esses "bons padres" que Drumont exortava a "explicar que a perseguição religiosa é apenas o prefácio à conspiração organizado pela ruína da França"?[43] Mas sem dúvida sua maior habilidade foi a de "rejuvenescer a fórmula" (Barrès), baseando uma parte de sua argumentação sobre o prestígio da ciência. Todo seu livro primeiro era consagrado, com base em sumidades tão pouco clericais quanto Littré e Renan, ao contraste entre "o semita mercantil, cúpido, intrigante, sutil, astuto", e "o ariano entusiasta, heróico, cavalheiresco, desinteressado, franco, confiante até a ingenuidade. O semita é um terreno... o ariano é um filho do céu (...) [O semita] vende binóculo ou fabrica lentes para lunetas como Spinoza, mas não descobre estrelas na imensidão dos céus como Leverrier"[44], e assim por diante. Tendo assim seguido as regras da ciência do seu século, Drumont uma centena de páginas adiante, começava a reescrever à sua maneira a história da França, e evocando os judeus através das palavras ou dos atos de São Luís e de Bossuet, reatava os mesmos equívocos tradicionais do anti-semitismo cristão. "Como verdadeiros falsos católicos, vós pareceis cheios de indulgência para com os judeus conversos", ironizava Alexandre Weill[45]; e, num suplemento, Drumont com efeito ia a ponto de escrever: "A conversão de um judeu é a maior alegria que a Igreja de Jesus Cristo pode experimentar, e conheço a este respeito fatos verdadeiramente tocantes"[46].

41. *La Croix*, 12 de janeiro de 1893; *cf.* P. SORLIN, *op. cit.*, p. 144.
42. *La France juive*, ed. cit., v. II, pp. 568-569.
43. *La France juive*, "edição popular", resumida, Paris 1888, Prefácio, pp. LIII-LIV.
44. *La France juive*, ed. Paris, 1943, v. I, pp. 9 e 32.
45. Citado por PIERRE PIERRARD, *op. cit.*, p. 59. Sobre Alexandre Weill, ver nosso vol. III: *De Voltaire a Wagner*, pp. 223, 229, 230, 257, 287, 290.
46. *La France juive devant l'opinion*, 1886, p. 31 .

No fim de contas, é a esse sincretismo teológico-racista que se pode atribuir os triunfos de Drumont; sincretismo cujo rastro se deixa perceber em muita publicação católica oficial, por exemplo nas *Semaines religieuses* diocesanas. Assim, de Reims, em 1892: "A família Rothschild não é uma família francesa, ela é de raça judia, ela é de nacionalidade alemã!" Ou, no mesmo ano, na de Clermont: "Alemães e judeus, não possuindo nem o sangue de nossa raça, nem a fé dos nossos pais, nem mesmo o instinto de nossa bela família francesa, nos trataram como vencidos e escravos e estão prontos a nos expulsar de nossa casa com grandes pontapés no traseiro" [47]. Do mesmo modo *La Croix*, uma vez que se tornou abertamente anti-semita, opunha à "raça judia" não uma raça cristã, mas a "raça franca" [48], e em outra ocasião escrevia "que fora de toda idéia religiosa", seria absurdo pensar que um judeu pudesse tornar-se francês [49]. De outra parte o Abade Lémann, judeu converso, houve por bem assumir, com uma humildade mais que cristã, sua responsabilidade racial de judeu pelo crime da crucificação [50].

É óbvio que a partir de 1886 o tema judeu se torna um tema da moda, um verdadeiro filão tanto para os romancistas quanto para os jornalistas. De maneira característica, o próprio título da obra de Drumont foi logo adotado por Calixto de Wolski (*A Rússia Judia*, 1887) e por Georges Meynié (*A Argélia Judia*, 1887); em 1900 aparecia uma *Áustria Judia* (por Fr. Trocase), em 1913 uma *Inglaterra Judia* (por "Doedalus") e o próprio Drumont prometeu tratar do flagelo semita em escala internacional numa *Europa Judia* que jamais veio à luz [51]. Isto posto, a literatura anti-semita francesa da *Belle Époque* se conta por centenas e até milhares de títulos [52]. Não é fácil dar uma idéia da riqueza das variantes da "teoria do complô" elaboradas na esteira da *França Judia*; uma talvez inevitável seqüela, devida ao Abade Renaut, doutor em direito canônico, foi a de desmascarar, na qualidade de conspirador judeu, o próprio Drumont: "Drumont sabe e anuncia amiúde a mesma coisa: 'Nós somos a raça superior, o mundo nos pertence e nós somos os donos do mundo' (...) O carro da revolução avança

---

47. Cf. VERDÈS-LAROUX, *op. cit.*
48. Cf. SORLIN, *op. cit.*, p. 162, e todo o capítulo "Le Problème Racial", pp. 158-164.
49. *La Croix* de 6 de novembro de 1894
50. Tendo a Assembléia Constituinte em 1789 emancipado os atores e os carrascos antes dos judeus, escrevia o Abade Lémann em 1889: "A jornada de 23 de dezembro de 1789 foi profundamente humilhante para nossa raça, mas ela foi de uma justiça sublime! Sim, o carrasco merecia ser reabilitado antes de nós; porque o carrasco só faz morrer os homens, os culpados, e nós, fizemos morrer o Filho de Deus, o inocente!" *La Prépondérance juive*, Paris, 1889, p. 131.
51. *La France juive*, ed. cit., vol. I, pp. 424-425 e 445.
52. E por dezenas de milhares, tomando-se em conta os artigos em jornais e revistas.

triunfante para conduzir à Roma o chefe israelita da franco-maçonaria para o trono do Papa, vigário de Jesus Cristo" (*L'Israélite Édouard Drumont et les sociétés secrétes actuellement*, Paris, 1896, pp. 641-43).

No caso de obras que não visavam tão alto, e especificamente dos romances, descobrem-se tendências eróticas às quais raras vezes a pudicícia alemã ou russa se deixava levar. Assim como o observa Jeannine Verdès-Leroux, "a atração, a fascinação são perceptíveis pelo *lugar* dado à mulher nessa literatura, mas também pelo fato de que a beleza lhe é *globalmente* concedida. A mulher judia é também objeto de repulsa: ela é impudica, lasciva e fria ao mesmo tempo, venal; sua beleza é mórbida, perturbadora [53]. De um modo mais geral, o anti-semitismo francês, sobretudo se comparado ao dos alemães, era caracterizado por um grão de frivolidade ao qual não se poderia recusar efeitos lenitivos.

Alguns escritos da época podem dar a impressão de que o anti-semitismo na França pelos anos 1890 estava em vias de se tornar numa espécie de monopólio católico. Em setembro de 1890, *La Croix* se proclamou orgulhosamente "o jornal mais antijudaico da França" [54]; em março de 1891 o primeiro número de um efêmero jornal que se intitulava o *L'Anti-Youtre* lamentava que "até o presente momento" são só os clérigos que têm atacado a judiaria [55], e no auge do caso Dreyfus, Georges Clemenceau não dizia outra coisa ao constatar que "o anti-semitismo é somente um novo clericalismo em vias de retomar vantagem" [56]. Aproximadamente na mesma época um redator da *La Croix* escrevia a seu diretor, o Padre Vincent de Bailly: "O caso da judiaria apaixona novamente todos os cristãos... Um grande número de semi-incrédulos começa a achar que na França não há verdadeiros franceses exceto os católicos" [57], estabelecendo assim o anti-semitismo como atributo exclusivo da catolicidade. Mas nem todos os católicos pensavam dessa maneira [58] e sobretudo ao anti-semitismo laico, cientificista e integralmente racista por seu lado não faltaram paladinos.

É manifesta a imorredoura inspiração de Voltaire [59], nas três populares publicações, tão apreciadas por Freud, do ensaísta e psicólogo Gustave Le Bon: "Os judeus não possuíram nem artes, nem ciências, nem indústria, nada daquilo que constitui uma civiliza-

53. *Op. cit.*, pp. 131-132.
54. P. SORLIN, *op. cit.*, p. 95.
55. J. VERDÈS-LEROUX, p. 144.
56. Veja o artigo "Le sabre et le goupillon", *La Dépêche de Toulouse*, 18 de janeiro de 1898.
57. P. SORLIN, p. 218.
58. Ver a este respeito o capítulo "A contre-courant" em P. PIERRARD, *op. cit.*, pp. 185-228.
59. Sobre o anti-semitismo de Voltaire, cf. o vol. III: *De Voltaire a Wagner*, pp. 78-90.

ção... Nenhum povo deixou, aliás, livro que contivesse relatos tão obscenos como aqueles que a Bíblia contém a cada passo" [60]. O filósofo materialista Jules Soury, amigo e caução científica de Maurice Barrès, exprimia-se por sua parte em termos de criação ou de avicultura:

> O produto fecundado do ovo de um ariano ou de um semita deverá reproduzir os carateres biológicos da raça ou da espécie, corpo e espírito, com a mesma certeza que o embrião, o feto, o jovem e o adulto de todo outro mamífero. Criem um judeu no meio de uma família ariana desde seu nacimento (...), nem a nacionalidade nem a linguagem terão modificado um átomo das células germinais deste judeu, por conseguinte da estrutura e da textura hereditária de seus tecidos e de seus órgãos[61].

Não é por nada que Soury acreditava ter descoberto "o substrato cerebral das operações racionais" [62]. Pode-se também citar o antropólogo esclarecido Georges Vacher de Lapouge que, temendo a extinção dos arianos anotava essa efetivamente profética visão: "Estou convencido que no próximo século as pessoas se degolarão aos milhares por um ou dois graus a mais ou a menos no índice encefálico... os últimos sentimentais poderão assistir a copiosos extermínios de povos" [63]. E muitas outras onde cada um fazia funcionar "as inexoráveis leis da natureza" à sua própria maneira [64].

Na vida política o campo socialista, embora começando tardiamente a se distanciar de uma ideologia que estava em vias de se tornar o apanágio da burguesia católica, contava ainda em suas fileiras por volta de 1900, isto é, logo após o caso Dreyfus, anti-semitas convictos como o médico Albert Régnard ou o famoso advogado belga Edmond Picard, enquanto René Viviani ou Alexandre Millerand, por exemplo, adotavam uma atitude ambígua [65]. Mais ambigüidade — ou aquilo que tenderemos a qualificar retrospectivamente sob esse nome — parecia reinar em todos os níveis: em 1892, mesmo Guesde e Lafargue não tiveram dúvidas em medir-se durante uma reunião contraditória com dois lugares-tenentes de Drumont [66], e ainda em janeiro de 1898 o partido socialista, com as assinaturas de Jaurès, Sembat e Guesde, não dava razão nem aos partidários do Dreyfus nem aos seus adversários, em suas qua-

---

60. "Du rôle des Juifs dan l'histoire de la civilization", *Revue Scientifique*, 1886, pp. 386 e s.
61. "La race: Juifs et Ariens", in *Campagne nationaliste 1899-1901*, Paris, 1902, p. 138.
62. Cf. A correspondência BARRÈS-MAURRAS, *La république ou le roi...*, Paris, 1970, pp. 269 e 350.
63. Cf. G. VACHER DE LAPOUGE, "L'Antropologie et la Science Politique", *Revue d'anthropologie*, 15 de maio de 1887, p. 15.
64. Assim, ALFRED FOUILLÉE, RENÉ VERNEAU, JEAN-MARIE CHARCOT; cf. *O Mito Ariano*, pp. 259-276.
65. Cf. E. SILBERNER, *Sozialisten zur Judenfrage*, Berlim, 1962, pp. 65-72.
66. Cf. R. BYRNES, *Antisemitism in Modern France, op. cit.*, p. 177.

lidades respectivas de oportunistas e de clericais: "Proletários, não se enfileirem em nenhum dos clãs desta guerra civil burguesa" [67]. Outros ideólogos queriam combinar, exatamente como na Alemanha, socialismo e anti-semitismo. No início de 1890 tinha-se constituído em Paris sob a presidência de Drumont, uma Liga Anti-semita Nacional da França cujo vice-presidente, Jacques de Biez, se qualificava como "nacional-socialista". Este movimento desceu às ruas e procurou proletarizar-se, tendo como animador o aventuroso Marquês de Morès, chefe de um bando de carregadores de Mercado (Halles) e de açougueiros da Villette [68]. Como na Alemanha, formou-se ainda um grupo anti-semita na Câmara dos Deputados: em novembro de 1891, um projeto de lei visando a expulsão geral dos judeus recebeu 32 votos [69]. Como na Alemanha, havia quem empreendesse provar a arianidade de Jesus, a quem Jacques de Biez filiava patrioticamente a raça celta [70]. E, no entanto, o anti-semitismo francês suporta mal a comparação com o anti-semitismo germânico.

A este propósito cumpre voltar a pontos já evocados, a uma lassidão de princípios que não deixava de ter relação com o gosto de farsa, ou até com a arte da mistificação. A diferença das respectivas concepções ressalta, por exemplo, das circunstâncias nas quais foi fundada em abril de 1892 *La Libre Parole*, o célebre diário de Drumont: este jornal tinha como sócio capitalista um certo Gerin, um trambiqueiro que, dois anos antes, lançara um apelo aos judeus para financiarem a luta contra o anti-semitismo; e como administrador-gerente Gaston Crémieux aliás Wiallard, um judeu converso [71]. Essa tolerância *sui generis* podia ser observada não somente nos negócios das finanças, mas também nos da honra: os anti-semitas não recusavam aos judeus, como o faziam na Alemanha, bater-se em duelo com eles. Após o memorável duelo Drumont-Arthur Meyer, e apesar de seu desenlace escandaloso [72], houve muitos outros, notadamente o duelo Morès-Armand Mayer, de conseqüência trágica; logo após a morte do oficial judeu deplorava Drumont em *La Libre Parole* que um sangue tão valoroso não ti-

67. Citado por J. J. FIECHTER, *Le socialisme français: de l'affaire Dreyfus à la grande guerre*, Genebra, 1965, pp. 49-50.
68. *Ibid.*, pp. 242 e ss.
69. *Ibid.*
70. Cf. as memórias do "velho anti-semita", JEAN DRAULT, *Drumont, "La France Juive" et "La Libre Parole"*, Paris, 1935, pp. 41-44.
71. Cf. os documentos publicados por JULES GUÉRIN (um antigo colaborador de Drumont) em *Les trafiquants de l'antisemitism, La maison Drumont and Co.*, Paris, 1905, pp. 19-29.
72. Arthur Meyer, diretor do jornal realista *Le Gaulois*, fôra violentamente agredido por Drumont em *La France juive*. Viu-se, portanto, obrigado a desafiá-lo para um duelo; no decorrer deste desalojou a espada da mão de Drumont, tendo ao mesmo tempo ferido sua coxa com a própria espada. É de se imaginar a amplitude do escândalo: "É preciso uma guerra para esquecer aquilo", teria dito o próprio Meyer.

vesse sido derramado a serviço da pátria, num campo de batalha [73], e foi intensa a emoção através de toda a França (um jornal da província pouco terno com Israel comentava: "Quem quer que porte a espada não tem alma judia" [74]). Por esta óptica, o "batismo de sangue" lavava postumamente os judeus de suas taras, e o judeu morto se convertia no bom judeu; uma tal concepção da honra militar, pateticamente partilhada por determinados combatentes judeus da Primeira Guerra Mundial [75], encontra-se-á de novo nos anti-semitas do "Estado francês" de Vichy e, em primeiro lugar, atestado documentariamente, no próprio Marechal Pétain [76]. No conjunto, é possível colocar as dívidas que os grandes tenores do anti-semitismo com tanta facilidade contraíam com os judeus (como por exemplo, o Marquês de Morès com o aventureiro Cornelius Hertz por intermédio de Drumont, ou o traidor Ferdinand Esterhazy que de bom grado servia de padrinho a oficiais judeus, como o Barão Edmond de Rothschild [77]), sem dúvida acreditava-se de uma parte e de outra, fazer o jogo do mais fino, mas jogos deste gênero não testemunham comumente convicções muito profundas.

Os historiadores da economia nos ensinam que a França, a partir de 1882, experimentou uma recessão prolongada que durou até mais ou menos 1890. Estas datas-limites são respectivamente marcadas pelo estouro do Union Générale e pelas dificuldades do Comptoir d'Escompte, aquelas foram comumente atribuídas aos judeus e em especial aos Rothschild, assim como estas [78]. Mais uma falência, de certo modo escandalosa, permanece infinitamente melhor gravada na memória coletiva: ela é de âmbito internacional ao ponto que ainda hoje, em Moscou ou em Leningrado qualifica-se

73. Cf. BYRNES, *op. cit.* p. 330.
74. "A propos du duel de Morès", *France de Bordeaux et du Sud-Ouest*, 31 de julho de 1892.
75. Antes de cair no campo de honra em 1914-1918, o Sargento Pierre David escrevia a Charles Maurras: "Filho de uma família judia, sinto-me totalmente desligado e completamente francês (...). Quando lerdes essas linhas, que não chegarão a vossas mãos a não ser que eu morra, terei definitivamente alcançado, ao misturar meu sangue ao das mais antigas famílias da França, a nacionalidade que reivindico. Graças a vós compreendi a necessidade e a beleza desse batismo..." Esta carta, seguida de alguns textos similares, sob o título de "Nós somos todos judeus maurrassianos", é citada por GUY DUPRÉ, em *La République ou le roi, Correspondence inédite*, Paris, 1970, pp. 685.
76. Cf. LÉON POLIAKOV, *Le Breviaire de la haine, le III.ᵉ Reich et les Juifs*, Paris, ed. Livre de Poche, 1974.
77. Cf. BYRNES, *op. cit.*, pp. 246 e 264, e MARCEL THOMAS, *L'affaire sans Dreyfus*, Paris, 1961, pp. 55-56.
78. Ver mais acima e também SORLIN, *op. cit.*, p. 90 e DRUMONT, *La dernière bataille*, Paris, 1890, p. 191.

de "Panamá" uma fraude de envergadura muito grande, como se fazia na França da *Belle Époque* (é nesse sentido genérico que já se fala de "algum panamá" nos *Protocolos dos Sábios de Sião*, por exemplo [79]). O mecanismo do "Panamá" original era simples: revelando-se inviável a abertura do canal por meio das técnicas empregadas, os fundos arrecadados em proporção crescente serviam para comprar o silêncio ou a cumplicidade dos políticos e da imprensa. Para citar a síntese de Drumont, a "fórmula era (...) servir-se da imprensa para fazer afluir o dinheiro dos subscritores, para manter sempre no mesmo grau o entusiasmo da imprensa; isto durou assim por oito anos..."[80] No centro do escândalo achava-se um velho cabeçudo e megalomaníaco, o "herói de Suez" Ferdinand de Lesseps, assistido por seu filho; escalonavam-se em seguida em círculos concêntricos um punhado de corruptores, dezenas de parlamentares e centenas de jornalistas corruptos, e dezenas de milhares senão mais de pequenos investidores arruinados [81]. Ora, sendo judeus os principais corruptores (Levy-Crémieux, Jacques de Reinach, Cornelius Hertz, Arton), se é tentado admitir, que por uma vez, a propaganda anti-semita não era gratuita. Basta então reportar-se aos escritos da época para constatar que de toda maneira os judeus teriam sido os culpados.

Com efeito, muito antes de serem tornados públicos os nomes dos grandes aliciadores Cornelius Hertz e o Barão de Reinach, *La Croix*, tomando a defesa de Lesseps, acusava judeus imaginários: "Deixa-se morrer Panamá, porque esta sociedade quis agir sem colocar-se sob a tutela dos financistas judeus"; e mais ainda, por razões políticas que Pierre Sorlin resume muito bem, este jornal absteve-se de vituperar Hertz e Reinach mesmo quando seus nomes já estavam em todas as bocas [82]. O mesmo aplica-se a Drumont que entretanto dedicava, na *La dernière bataille* (1890), perto de 200 páginas ao escândalo; mas culpava a este respeito apenas a Lesseps, este pirata que levou tantos infortunados ao suicídio [83], bem como aos costumes da época. Se num outro capítulo punha

79. Cf. *Protocolos*, 10.
80. *La dernière bataille, op. cit.,* p. 337.
81. Na época falava-se de centenas de milhares de assinantes: assim Drumont, *op. cit.,* p. 324: "O total das somas desaparecidas elevava-se em 14 de dezembro de 1888 a FF$ 1.335.532.749,97. Essas importâncias foram desembolsadas por 870.000 assinantes. O primeiro destes números no mínimo era bastante exato: ver o admirável trabalho de JEAN BOUVIER, *Les deux scandales de Panama,* Paris, col. "Archives", 1964.
82. Como demonstra P. Sorlin, o "Panamá" coincidia com a *adesão da maioria dos católicos ao regime republicano. La Croix,* que se encontra em vias de aderir, não ousa acusar a República de fazer o jogo dos judeus. É notável, por exemplo, que ela não se aproveita do escândalo do Panamá para envolver os parlamentares que tiveram relações com Cornelius Hertz ou o Barão de Reinach...", *op. cit.,* p. 102; cf. também pp. 58 e p. 90, e as notas correspondentes.
83. *La dernière bataille,* ed. cit., p. 325.

em causa Cornelius Hertz e mais geralmente os judeus é porque via neles os maus gênios do General Boulanger! E por uma vez ele comparava favoravelmente, numa nota, os judeus Rothschild aos cristãos Lesseps [84]. É importante, entretanto, acrescentar que em seguida, no outono de 1892, *La Libre Parole* de Drumont que, fundada há pouco, desencadeia o escândalo político, assegurando no lance seu próprio lançamento, graças às revelações sobre os parlamentares comprometidos que lhe forneceu, na esperança de em troca ser poupado, o próprio Reinach [85].

Isto posto, é necessário acrescentar ainda que o papel de *tentador* que os intermediários judeus, tão de acordo a uma milenar demonologia cristã, desempenharam em relação a Lesseps, contribuiu para a amplitude do escândalo. Assim escrevia em 1897 Émile Zola: "Devemos ao anti-semitismo a perigosa virulência que os escândalos do Panamá assumiram entre nós" [86]; em 1907 o historiógrafo judeu Isaic Levaillant julgava poder precisar: "Nesta campanha, os anti-semitas e os socialistas marcharam juntos, tentando uns desacreditar o regime republicano e parlamentar e outros atingir capitalismo" [87]. A este propósito pode-se pensar também em todas essas "histórias judias" que perdem grande parte de sua atração ou seu tempero se simplesmente substituirmos Levy por Martin, o bom judeu pelo bom cristão. Sem dúvida não era necessário ser nem anti-semita militante nem investidor arruinado para se mostrar sensível "às dissertações sobre Cornelius Hertz e as prosopopéias sobre o Barão de Reinach que enchiam os jornais [88], a fim de aguçar os ouvidos ao mero enunciado dos "patronímicos" semíticos que eram ao mesmo tempo, e isso pesava muito na época, nomes de consonância, na maioria das vezes germânica. Os judeus também apareciam não apenas como *judeus*, mas também como *alemães* aos olhos dos seus adversários aos quais em harmonia com seus amigos devolviam a bola afirmando com mais exatidão que o anti-semitis-

---

84. *Ibid.*, p. 393-394, cita: "A casa do Louvre investiu apenas um milhão por ano em publicidade. Toda Paris conhecia o judeu C. encarregado da publicidade da casa Rothschild e que é benquisto pelo bairro; ele gasta quatro milhões ao ano". A Companhia do Panamá em comparação teria gasto um total de cento e oito milhões.

85. Cf. BYRNES, *op. cit.*, p. 332 e, bem entendido *Leurs figures* de MAURICE BARRÈS.

86. Cf. artigo "Procès-verbal" em *Le Figaro* de 5 de dezembro de 1897, in ÉMILE ZOLA, *L'affaire Dreyfus, la vérité en marche*, Paris, 1969, p. 85.

87. Levaillant não deixou de acrescentar: "Os socialistas denunciarão mais tarde esta aliança quando, esclarecidos pelos fatos se aperceberam de terem feito... o jogo dos eternos inimigos da Revolução", etc. *La Genèse de l'antisémitisme sous la Troisième République*, Paris, 1907, pp. 25-26.

88. Cf. BERNARD LAZARE, "Contre l'antisémitisme", *Le Voltaire*, 20 de maio de 1896.

mo é que era um produto de importação alemã [89]. Talvez seja este o momento de descrever em algumas palavras o que representavam na realidade os judeus na França, ao fim do século XIX.

Seu número total não ultrapassava oitenta mil, 0,02% da população francesa, dos quais mais da metade radicados em Paris. Raras vezes, talvez nunca, um tão minúsculo número conseguiu que se falasse tanto dele; é que, conforme a predição de Alfred de Vigny, haviam efetivamente chegado "ao cimo de tudo nos negócios, nas letras, e especialmente nas artes e na música..." [90] A esse propósito cabe assinalar que, via de regra, são os netos do gueto que, na "terceira geração" acumulam os mais espetaculares sucessos, e isso em todos os domínios da existência. Assim, pois, aos financistas podemos opor os cientistas, aos rastaqueras os amantes da França (um não excluindo necessariamente o outro como sugerem o caso de Cornelius Hertz e o da família Reinach [91]). Uma obra recente nos descreve — não sem uma ponta de ironia — os ideólogos da assimilação, os historiadores consistoriais para os quais "os tempos do Messias tinham chegado com a Revolução Francesa", os rabinos que, ao tempo da aliança franco-russa julgaram-se obrigados a fazer o elogio do czar anti-semita Alexandre III, aos autores que, considerando-se "filhos adotivos da França declaravam querer ser duas vezes mais franceses que os cristãos", enfim aos pensadores que, tal qual o célebre filólogo James Darmesteter, esperavam que a capital da França se tornasse a "capital moral do mundo e a luz dos corações... a cidade santa" [92]. A tendência dominante ia certamente em direção a um afrancesamento integral, a uma fusão que parecia inevitável e desejável tanto aos livre-pensadores "pró-judeus" à moda de Renan e Zola, quanto a um Alfred

---

89. Assim, por exemplo, ANATOLE LEROY-BEAULIEU: "O anti-semitismo... nos veio do além-Reno, da velha Alemanha, sempre pronta a discussões religiosas e sempre imbuída de espírito de casta; da nova Alemanha, toda inchada de orgulho da raça..." (*Israel chez les nations*, Paris, 1893, p. 111); ou CÉLESTIN BOUGLÉ: "Rendez à l'Allemagne des idées importées d'Allemagne..." *Philosophie de l'antisémitisme*, publicada em separata em 1.º de janeiro de 1899, p. 158. A lista poderia ser indefinidamente prolongada.

90. Cf. vol. III: *De Voltaire a Wagner*, pp. 308-309.

91. Sem nos determos na desconcertante figura de Cornelius Hertz assinalamos esta frase reveladora, a seu modo, de Maurice Barrès: "Lamentável em suas mentiras a fim de aparecer como bom francês vinha esse Hertz no mínimo expor durante longas horas uma concepção da política infinitamente mais verdadeira que aquela distribuída aos estudantes da Escola da rua Saint-Glillaume (*Leurs figures*, ed. Le Livre de poche", p. 258). Quanto à família Reinach era Joseph, sobrinho e genro do Barão de Reinach, geralmente considerado como herdeiro espiritual de Gambetta, do qual fora chefe de gabinete, enquanto seus irmãos, Saloman e Théodore se ilustravam, ambos na qualidade de arqueólogos e historiadores.

92. Cf. MICHAEL R. MARRUS, *Les Juifs de France a l'époque de l'affaire Dreyfus*, Paris, 1972, pp. 107 e s. "La théorie politique de l'assimilation".

Naquet ou aos irmãos Reinach (para o caçula Théodore, autor de uma *História dos Israelitas*, o judaísmo "poderia considerar sua missão como cumprida e morrer sem pensar, amortalhado em seu triunfo" [93]). Melhor ainda — os atos se ajustavam cada vez mais às palavras — ao ponto de que as memórias de André Maurois, de Joseph Kessel, de Emmanuel Berl e de muitos outros nos informam que seus pais não lhes davam a conhecer o fato de serem judeus, que lhes seria revelado somente, e de maneira mais ou menos traumatizante, na escola [94]. Notemos também a este propósito, uma reflexão de Theodor Herzl, em 1898: "Não é possível tirar qualquer proveito dos judeus franceses. Na verdade, não são mais judeus..." e o profeta do sionismo acrescentou: "Sem dúvida, não são franceses tampouco" [95]. Mas é justamente o que esses homens e mulheres acreditavam ser — embora querendo tornar-se cada vez mais.

Uma contradição deste gênero apresenta-se regada de dilaceramentos e conflitos, cujos desenlaces de toda ordem o gênio de Marcel Proust soube admiravelmente e, implacavelmente, pintar (não se tem observado de maneira suficiente que a contradança, no correr dos anos, entre a aristocrata Swann que, "chegada à idade de profeta [96], se solidariza com os judeus e o *parvenu* Bloch que convertido em Jacques de Rozier consegue efetuar sua desjudaização, é um dos temas principais da obra proustiana). Eis por que Bloch aspirava a tornar-se um Rozier:

> Bloch era mal-educado, neuropata, esnobe e, pertencente a uma família de pouco prestígio, suportava como no fundo dos mares as incalculáveis pressões que não somente os cristãos da superfície faziam pesar sobre ele, mas ainda as camadas superpostas das castas judias superiores à sua, cada qual oprimindo com seu desprezo àquela que lhe era imediatamente inferior. Varar até alcançar o ar livre elevando-se de família judia em família judia exigiria de Bloch alguns milhares de anos. Mais valia tentar uma brecha por outro flanco.

E é isso que Bloch afinal chegou a fazer vinte anos mais tarde, trocando de nome e de rosto: "Uma elegância havia de fato transformado completamente sua figura e havia passado a plaina sobre tudo o que se podia alisar (...) aquele nariz judeu desapareceu como parece quase reta uma corcunda bem arrumada..." lê-se um pouco mais adiante, nesta passagem do *Tempo Reencontrado*: "Bloch tinha entrado saltando como uma hiena" [97]. Se Proust pôs

---

93. Conclusão do verbete "Juif" da *Grande Encyclopédie*, vol. XXI, p. 279.
94. Cf. PIERRE AUBÉRY, *Milieux juifs de la France contemporaine à travers leurs écrivains*, Paris, 1962, pp. 30, 26, 32 e *passim*.
95. Cf. *The complete diairies of Theodor Herzl*, ed. por R. Patai, vol. II, New York, 1960, p. 673, 30 de setembro de 1898.
96. *A la recherche du temps perdu*, ed. cit., vol. II p. 690, *Sodome et Gomorrhe*. Meio-judeu como o próprio Proust, Swan é sem dúvida seu alterego: cf. G. D. PAINTER, *Marcel Proust*, Paris, 1966, vol. I, p. 140.
97. *A la recherche...*, *op. cit.*, vol. I, p. 744 "A l'ombre...", e vol. III, pp. 952 e 966.

assim cruelmente a nu a psicologia de certos "israelitas", um artista quase tão grande quanto ele, Maurice Barrès, o primeiro mestre de pensamento do General de Gaulle e de tantos outros franceses ilustres [98], permanece o melhor testemunho da percepção anti-semita dos judeus no tempo do Panamá.

Ao ler Barrès reencontramos a ambivalência dos anti-semitas franceses nos quais tão claramente se percebe a atração ou mesmo a admiração por trás do ódio. Desde 1890 ele já se perguntava sobre "o caráter comum das inteligências judias": "O judeu é um lógico incomparável. Seus raciocínios são nítidos e impessoais, como uma conta de banco (...) Assim eles escapam à maioria de nossas causas de erros. Daí sua maravilhosa habilidade para conduzir suas vidas..." [99] No mesmo contexto Barrès não disfarçava sua admiração por Disraeli e Léon Blum, que o conheceu na época, lembrava em 1935 "a altiva e encantadora graça de sua acolhida, esta nobreza inata que lhe permitia tratar de igual para igual o tímido iniciante que passava seu umbral. Tenho certeza que ele sentia por mim amizade verdadeira..." [100]. É só por ocasião do caso Dreyfus que Barrès foi atingido pela mania da perseguição anti-semita, que impregna do começo ao fim seu grande "romance da energia nacional" (1897-1902). Reunidos no salão do Barão de Reinach, os financistas judeus "são o governo do nosso país, aos quais nossos ministros pedem para dirigir na sombra e sem responsabilidade, as finanças do Estado"; eles não deixam de ser também "lacaios alemães", mas esses lacaios "se metem a negociar a própria França" [101]. (Veremos um pouco mais adiante que houve mais, ou mais forte: o anti-semitismo se alçando a uma espécie de arte divinatória.) O talento de Barrès lhe sugeria espantosas sínteses expressivas a respeito dos bastidores do "Panamá", "percebe-se que cada vez que Reinach se engurgitou, um Cornelius Hertz o suga e o faz regurgitar" [102]. Constata-se entretanto que o aventureiro de grande formato que foi Hertz (de quem Jean Bouvier escreve "que ele desafia a análise" [103]) parece inibi-lo: é contra Reinach, esse "porco de boulevard", esse "rato venenoso atrás do ferro", esse

---

98. Notadamente de François Mauriac, mas também de Léon Blum, "...não somente o mestre, mas guia..." (*Souvenirs sur l'affaire*, Paris, 1935, p. 86); e d'Aragon "É-me difícil esquecê-lo e não vejo quem tivesse a audácia de o dizer: nem, o que é verdade, que esse papel, Barrès o tem representado para muitas outras crianças, bem como outros adolescentes".

99. "En guise de préface", *L'Oeuvre de Maurice Barrès*, Paris, 1965, vol. II, p. XII.

100. "L'ennemi des lois" *L'Oeuvre de Maurice Barrès*, ed. cit., vol. II, pp. 255-257; *Souvenirs sur l'affaire*, op. cit., pp. 85-86.

101. "Roman de l'Énergie..." *Les déracinés*, ed. "Poche", p. 292 e *Leurs figures*, ed. "Poche", pp. 58-59.

102. *Leurs figures*, loc. cit.

103. J. BOUVIER, *Les deux scandales de Panama*, col. "Archives", Paris, 1964, p. 126.

"cadáver balbuciante" que se dirigem sobretudo seus furores, enquanto a propósito de Hertz ele se contenta em escrever que "Sturel [isto é ele, Barrès] o encara com essa fria indiferença fácil de transformar-se em ódio que separa os representantes de duas espécies naturais" [104].

A este respeito revela um olhar sobre a polêmica antidreyfusista de Barrès até que ponto ele estava obnubilado pelas concepções cientificistas ou científico-racistas da época. "Que Dreyfus é capaz de trair concluo pela sua raça" — "Sim, Jules Soury soube empregar a palavra justa: 'O homem que late'" — "A este solitário só lhe resta sua raça, da qual circunstância nenhuma e nenhuma vontade podem despojar, nem semita nem tampouco ariano" [105].

Resta que esses excessos datavam do tempo do caso Dreyfus. Quanto ao escândalo do Panamá, por desmesurado que fosse, outros eventos políticos de sensação, notadamente desde os atentados de Vaillant até o de Caserio, o sangrento terror semeado pelos anarquistas, o desalojaram no correr de 1893 da atualidade. De um modo geral o anti-semitismo parecia baixar na escala européia; no que diz respeito à França, ele se enfraqueceu a partir do outono de 1893 a olhos vistos; a ponto de que Drumont, após ser obrigado a reduzir o formato de *La Libre Parole*, encetou conversações no verão de 1894 com vistas a sua venda [106].

2. O CASO

Cedo, bom número de filhos de famílias judias haviam se lançado ao assalto das carreiras militares que na França lhes estavam abertas: desde 1880, eram proporcionalmente dez vezes mais numerosos na Escola Politécnica que os cristãos [107]; no que concerne ao conjunto do corpo de oficiais contava ele, em 1894, com cerca de 1% de judeus (mais de trezentos em quarenta mil) e Drumont indignava-se ao ver que os Lévy já eram aí mais numerosos que os Martin. O fato é que o ataque inaugural de *La Libre Parole*, em maio de 1892, visava esses traidores em potencial, sendo um oficial judeu por definição "o oficial que sem pudor trafica segredos da defesa nacional" (daí a série de duelos por nós mencionados). Sem dúvida um grande contingente de oficiais católicos compartilhava deste julgamento, e sem dúvida não faltava razão ao jornal de Drumont quando ele acrescentava que "existia na maioria dos militares um enorme sentimento de repulsa instintiva contra os

---

104. *Leurs figures*, p. 242.
105. *Scènes et doctrines du nationalisme*, Paris, 1902, pp. 150-154.
106. Cf. R. BYRNES, *Antisemitism in Modern France*, op. cit., pp. 349, 351, e 320-339.
107. Cf. vol. III: *De Voltaire a Wagner*, p. 287.

filhos de Israel"[108]. A modesta simpatia, tantas vezes ressaltada, que o Capitão Alfred Dreyfus inspirava aos seus irmãos de armas tem que ser vista também sob este prisma, e sua maneira de falar do "seu coração alsaciano" (jamais de seu "coração judeu") não conseguiu mudar nada disso [109].

É verdade que no concernente à gênese policial do drama, "não se poderia, sem aventurar-se por demais, determinar em que medida exata o fato de Dreyfus ser judeu fez pender a balança para o mal lado", como escreveu Marcel Thomas, o historiador mais correto do "caso"[110]. Mas é possível fazê-lo a partir do momento quando, em novembro de 1894, ele começou a encher os jornais e até o fim — se é que está de fato definitivamente encerrado [111]. O essencial foi dito em duas palavras por Theodor Herzl que, em sua qualidade de jornalista assistira ao processo e à degradação: "Eles não urravam 'abaixo Dreyfus!' mas 'abaixo os judeus'"[112]. Mas se *eles*, isto é, os franceses, quase unânimes por uma vez, ululavam assim, é porque estavam patrioticamente excitados pela imprensa em geral, trabalhada para este fim pelo estado-maior, e que precisava, além do mais, conseguir obter perdão por ter sido anteriormente estipendiada por Reinach, Cornelius Hertz e Arton, esses corruptores judeus. Só assim é possível explicar-se o "extraordinário interesse passional" (Herzl) dedicado ao processo. Poucos eram os contemporâneos que não sucumbiram ao frenesi anti-semita destas semanas. Citemos entre eles Saint-Genest (Emanuel Bucheron), o cronista militar de *Le Figaro* (onde, desde o dia seguinte, já se falava do "nariz curvo, que por si só é uma certidão de nascimento" etc.):

> Há na França quarenta mil oficiais: este capitão é pura e simplesmente um desses quarenta mil. Se ele fosse católico ou livre-pensador ter-se-ia visto nisso simplesmente um desses casos isolados, monstruosos como se encontra em todas as épocas, e no dia seguinte ter-se-ia falado de outra coisa... ao passo que não se tem tratado na França de outra questão senão de um homem — da traição de um homem — porque esse homem era judeu.

108. Cf. I. LEVAILLANT, *La genèse de l'antisémitisme sous la IIIe République*, Paris, 1907, pp. 20-23.
109. ALFRED DREYFUS, *Souvenirs et correspondance...*, Paris, 1936, pp. 268 e 283.
110. MARCEL THOMAS, *L'affaire sans Dreyfus*, Paris, 1961, p. 128.
111. Seguem os pontos de vista penetrantes desenvolvidos a este respeito por meu amigo Jean-Pierre Peter, que teve a bondade de ler e criticar minhas páginas sobre o Caso e que seguem adiante "Dimensions de l'affaire Dreyfus", in *Annales E.S.C.*, n.° 6 (XVI) novembro-dezembro de 1961, pp. 1.141-1.167.
112. Cf. T. HERZL, *L'Affaire Dreyfus*, Paris, ed. Federação Sionista da França, 1958, p. 24.

Pois bem! Antes que o julguem, declaro mais uma vez que tudo isso é loucura. Dreyfus não é nada, esse processo não é nada. O que é grave é o espetáculo que nós temos dado à Europa...[113]

O futuro Marechal Lyautey, que também falava de uma "exibição de vergonha em face do estrangeiro", expressava-se com ainda maior dureza: "Parece-nos discernir aí uma pressão da suposta opinião pública ou melhor, da rua, da turba, daquela que é com freqüência excitada. Ela ulula "à morte" sem nada saber contra este judeu, porque ele é judeu e porque hoje o anti-semitismo é de bom tom, da mesma maneira como ela uivava há cem anos: "Os aristocratas à forca"[114].

Dessa gritaria, Émile Durkheim tirou em seguida uma velha e amarga moral: "São os párias que servem de vítimas expiatórias. O que me confirma nesta interpretação é a maneira como foi acolhido, em 1894, o desenlace do processo Dreyfus. Foi uma explosão de alegria da rua. Festejava-se como um sucesso o que deveria ter sido assunto de luto público... [115] (Léon Blum falará, por seu lado, desse "tom de dança do escalpo, dessa feroz alegria de represálias[116].

Tomemos o caso de Léon Daudet, encarregado por *Le Figaro* de redigir o relato da cerimônia da degradação. Trata-se, como escreveu Jean-Pierre Peter, "de uma obra-prima de estilo e de escárnio, peça esplêndida a ser conservada para alguma antologia do ignóbil"[117]. Daudet proclamava sua alegria: "Dreyfus urdiu nosso desastre, mas seu crime nos exaltou". Ele confessou aliás, pateticamente, nesta ocasião que não acreditava em nada a não ser "em nossa raça, nossa língua, o sangue de nosso sangue..."[118] Ora, alguns anos antes o futuro animador de *L'Action Française* recebera da companhia do Panamá uma gratificação de 10 000 francos a cargo da *Revue des Deux Mondes*[119]. Como não estabelecer uma relação entre essa lembrança e a ferocidade niilista de sua prosa? Mais estreita se afigura a relação no caso de Ernest Judet, diretor do *Petit Journal*, que em 1914 a 1918 iria vender-se aos

---

113. *Le Figaro*, 19 de dezembro de 1894. No dia seguinte, Albert Bataille descreveu aí a fisionomia "judia" de Dreyfus, ao informar sobre o processo; cf. P. BOUSSEL, *L'affaire Dreyfus et la presse*. Paris, 1960, pp. 62-63 e 64.

114. LYAUTEY, *Lettres du Tonkin;* na época, Lyautey fazia parte do corpo expedicionário francês na Indochina; cf. R. GAUTHIER, *Dreyfusards!*, Paris, col. "Archives", 1965, pp. 46-47.

115. Cf. HENRI DAGAN, *Enquête sur l'antisémitisme*, Paris, 1899, pp. 59-63.

116. LÉON BLUM, *Souvenirs sur l'Affaire*, Paris, 1935, p. 67.

117. "Dimensions de l'affaire Dreyfus", *op. cit.*, p. 1.155.

118. Citado por PATRICE BOUSSEL, *L'Affaire Dreyfus et la presse* Paris, 1960, pp. 70-75.

119. Cf. JEAN BOUVIER, *Les deux scandales de Panama, op. cit.*, p. 116.

alemães, e em quem a família Dreyfus via um dos seus seguidores mais malfazejos[120]. Sem dúvida, não houve nada disso no caso de Jean Jaurès que, sucumbindo ele também nessas semanas à psicose coletiva, insinuava que o ouro judeu pudera confundir... os juízes militares de Dreyfus: "[Judeus] cosmopolitas sem pátria, conservadores sem consciência (...). A verdade é que, se ele não foi estéril" [121].

Tais foram as fúrias desencadeadas pelo *processo* de Alfred Dreyfus. Sua transferência para a penitenciária da Ilha de Ré primeiro, depois para as galés da Ilha do Diabo, suscitaram ainda alguma efervescência e explosões de regozijo, mas a partir de 1895, seu nome começava a soçobrar no esquecimento a tal ponto que seu irmão Mathieu, que jamais desesperara, provocou no outono de 1896 o lançamento da falsa notícia de sua evasão a fim de remediar o desinteresse geral.

Quanto ao *affaire Dreyfus* propriamente dito, ele só estoura três anos após o processo, em novembro de 1897. Foi então que a França brindou ao mundo o espetáculo de uma guerra civil fria ao redor da sorte de um judeu, guerra temperada pela maioria antidreyfusista "pelo prazer de dar razão a si mesmo contra todos"[122], isto é, de desafiar a opinião estrangeira. Anteriormente, o *processo* que deixara os judeus franceses tão inativos quanto aterrorizados[123], mas que impelira à ação seus irmãos de outros países, inspirava Herzl a escrever o *Estado Judeu* e a evocar o Primeiro Congresso Sionista[124]. Este Congresso, reunido em Basiléia no verão de 1897, irá por sua vez inspirar o terrível mito dos "Sábios de Sião", forjado igualmente em Paris, esse grande laboratório de modas e idéias de toda espécie.

120. Cf. *Souvenirs et correspondance, op. cit.*, p. 215.
121. *La Petite République,* 21 e 28 de dezembro de 1894. Aparentemente Jaurès ignorava que o conselho de guerra aplicaria a pena máxima a Dreyfus, se assim o preferisse!
122. A fórmula, que é de Pierre Sorlin, referia-se à guerra da Argélia: "A França fez com convicção uma guerra que não desejava e, criticada pela quase totalidade dos países estrangeiros, reencontra, como nos tempos de caso Dreyfus, o prazer de, contra todos, estar com a razão". *La société française,* Paris, vol. II, 1914-1968, 1971, p. 48.
123. Ver o testemunho de Léon Blum: "Em tese geral os judeus aceitavam a condenação de Dreyfus como definitiva e justa. Eles próprios não falavam do caso; fugiam do assunto, muito menos o mencionavam. Uma grande desgraça caíra sobre Israel. Sofriam-na sem dizer palavra... *Souvenirs de l'Affaire, op. cit.*, p. 25.
124. Para a historiografia sionista o processo Dreyfus não teria senão catalisado as aspirações sionistas de Herzl que, da sua parte, declarava formalmente: "Tornei-me sionista em conseqüência do processo, ao qual assisti em 1894 (...). Os berros furiosos da multidão na rua, perto do edifício da Escola Militar onde se procedeu à degradação ecoam ainda nos meus ouvidos..." (cf. S. DUBNOV, *História Moderna do Povo Judeu* (em russo), Berlim, 1923, vol. III, p. 293). Se na ocorrência Herzl falsificara um imaginário popular para as necessidades da causa, falavam essas necessidades apenas uma linguagem mais eloqüente a respeito do clima internacional criado pelo caso Dreyfus.

Desta maneira explodiu o *affaire* em novembro de 1897, sendo o primeiro golpe teatral a identificação do verdadeiro traidor, o Comandante Esterhazy; duas semanas mais tarde *Le Figaro* publicava as célebres cartas nas quais este oficial põe à mostra o ódio patológico que dedicava à França[125]. Não sendo Esterhazy judeu, apenas um grupo de "intelectuais" acreditou em sua culpabilidade; o mundo político em particular, para o qual a traição de Dreyfus se tornara um dogma, continuava a culpar os judeus, "esse poder misterioso e oculto suficientemente forte para lançar a suspeita sobre aqueles que, no dia em que o exército tiver um grande dever a cumprir, lá estarão para dirigi-lo (interpelação de Albert de Mun, 4 de dezembro de 1897); a alguns deputados dissidentes ou preocupados Georges Lebret, Ministro de Justiça, aconselhava pouco depois "a olhar para suas circunscrições"[126]. A lenda do "sindicato judeu", dono de todo o ouro do mundo tomara corpo firmemente. Seguiram-se outros golpes teatrais, o *J'accuse* de Zola e sua condenação pelo tribunal, a absolvição de Esterhazy, a detenção de seu acusador, o Coronel Piquart. Nada podia abalar a fé antidreyfusiana da maior parte dos franceses. Desta vez eles a exteriorizaram, a partir de janeiro de 1898 por manifestações e desordem antijudias[127], enquanto a alta sociedade obrigava *Le Figaro* a afastar seu diretor dreyfusista (Fernand de Roday). Eis como Proust nos descreve os sentimentos e raciocínios desta sociedade:

> No que concerne a Swann [é o Duque de Guermantes quem fala] posso dizer com franqueza que sua conduta a nosso respeito foi inqualificável. Outrora apadrinhado na sociedade por nós, pelo Duque de Chartres, dizem-me agora que ele é abertamente *dreyfusard*. Nunca teria acreditado nisso, vindo dele (...). É verdade que Swann é judeu... eles são todos secretamente unidos... é um perigo público.
>
> Todos os estrangeiros são dreyfusistas, replicou o Duque de Guermantes (com exceções, naturalmente). Isso não tem importância. Mas os franceses, é outra coisa[128].

Proust nos faz entrever assim uma certa maneira de ser francês na época; ter algo mais que os estrangeiros, uma certa *propriété*, nos dois sentidos latos da palavra — sendo essa propriedade justamente o anti-semitismo, como o antidreyfusismo como

---

125. Cartas chamadas "do ulano": "...se esta noite viessem me dizer que amanhã morreria como capitão dos ulanos decapitando franceses a sabre, eu me sentiria perfeitamente feliz" (...). "Eu não faria mal a um pequeno cão, mas mataria cem mil franceses com prazer" (...). "Paris tomada de assalto e entregue à pilhagem de cem mil soldados bêbados; eis uma festa com a qual sonho...".

126. Cf. R. GAUTHIER, *Dreyfusards!*, op. cit., p. 190.

127. Ver a respeito P. PIERRARD, op. cit., vol. II, Cap. "Un tour de France de la haine", pp. 92-102.

128. *A la recherche...*, op. cit., vol. II, *Sodome et Gomorrhe*, pp. 678-680 e 1.181.

senha ou símbolo. No estrangeiro, sempre de acordo com Proust, mesmo o "príncipe Von" — "o anti-semitismo em pessoa" — era dreyfusista[129].

Citemos também esse vôo inspirado de Drumont: "Por que o esnobe, por que o alemão, o inglês, o italiano, o estrangeiro, o mestiço são pró-Dreyfus? Por que todo aquele que é antifrancês, ou então que tem uma mácula, uma chaga, uma deformidade intelectual, uma supuração moral qualquer, é pró-Dreyfus? Por que tudo que é vendido, pago, sujo, contaminado, tarado, é pró-Dreyfus"?[130] Dito de outra maneira, tudo o que é ou quem se julga *íntegro* ou *integral* (Cf. *La France integrale* de Charles Maurras) não pode ser senão contra Dreyfus.

As disposições contrárias da opinião estrangeira deviam-se, em grande parte, à influência de duas correntes internacionais, poderosas, dreyfusistas desde cedo, com a mesma convicção senão com a mesma paixão: a dos reis, bem informada sobre a inocência de Dreyfus pelas cortes de Berlim ou de Roma[131], e a dos judeus, que tomavam partido por razões mais emocionais. É difícil transmitir uma idéia da força dos sentimentos investidos no *affaire*, na escala do "mundo civilizado". No que concerne à França, "onde, do outono de 1898 ao verão de 1899 não se falava de outra coisa nas conversas"[132], Léon Blum comparava o caso Dreyfus à Revolução Francesa ou à guerra de 1914-1918[133].

O golpe teatral decisivo e a grande virada do caso Dreyfus datam do verão de 1898, quando foram descobertas as provas falsas fabricadas para apoiar a acusação: o falsário principal, o Coronel Henry, confessou e selou suas confissões com o suicídio. "Eu não tenho certeza de ter recebido, em toda minha vida, um cheque mais forte" escrevia Blum 35 anos mais tarde[134]. Uma grande parte das elites francesas, escritores e universitários, tiraram as conclusões e se juntaram aos gloriosos combatentes da primeira hora, aos Scheurer-Kestner, aos Bernard Lazare, aos Lucien Herr; também no mundo político, inúmeros deputados "trocaram de covardia", como escrevia divertidamente Anatole France; e o campo socialista notadamente aderiu à causa do judeu. Os dreyfusistas "tinham, devido ao seu escasso número, preciosas vantagens, em primeiro lugar a de contar entre eles menos imbecis que seus adversários, que os tinham em excesso" para citar mais uma vez

---

129. *Ibid.*, vol. II, p. 678 e vol. II, *Le côté de Guermantes*, p. 256.
130. Citado por JACQUES KAYSER, *L'Affaire Dreyfus*, Paris, 1946, p. 143.
131. Não se deve esquecer que de acordo com seus acusadores, Dreyfus era usado não somente pelo adido militar alemão Schwarzkoppen, mas também pelo adido italiano Panizzardi. Ver a este respeito L. BLUM, *Souvenirs sur l'Affaire, op. cit.*, pp. 114-115.
132. Assim como escreve PIERRE SORLIN, *La société française*, vol. I (1840-1914), Paris, p. 247.
133. *Souvenirs sur l'Affaire, op. cit.*, p. 14.
134. *Op. cit.*, p. 163.

A. France[135]. (No entanto, também os *dreyfusards* tinham a obsessão da idéia de uma conspiração secular — a saber, a conspiração jesuíta[136].) A revisão do processo Dreyfus tornou-se inevitável. Mas o campo antidreyfusista não se declarou ainda por vencido: se falsificação houve, fora uma falsificação *patriótica*, e Henry era um mártir, proclamaram Maurras e Drumont; a subscrição aberta para lhe erigir um monumento chegou a recolher mais de quinze mil adesões. Entre os subscritores figuravam sessenta e nove deputados e quatro senadores, assim como Maurice Barrès e Jean Lorrain, Gyp e Pierre Louys, François Coppée e Paul Valéry (3 francos — "não sem reflexão").

As paixões ferviam, os incidentes violentos se multiplicavam, e quanto mais o triunfo dreyfusista parecia iminente, tanto mais pareciam precisar-se os perigos de um golpe de Estado ou uma guerra civil aberta. No fim de contas, é apenas graças a um compromisso único no seu gênero — ao fazer condenar o oficial inocente uma segunda vez para conceder-lhe a graça logo a seguir, — que a França encontrou de novo a calma — ao menos aparentemente.

Podemos achar nos manuais de história indicações sobre as seqüelas do *affaire*, a fundação de *L'Action Française* ou a separação entre Igreja e Estado: e ainda um certo dilaceramento secular da França que, acentuado em conseqüência, perpetuou-se até os nossos dias. Não se tem prestado suficiente atenção até o momento às suas repercussões anti-semitas e mundiais. A indignação internacional também se apaziguou rapidamente e o projeto de boicotar a Exposição de 1900 malogrou totalmente. Mas foi no ambiente febril dos anos 1897-1899 que foram elaborados em Paris esses *Protocolos dos Sábios de Sião* que fazem muito sucesso toda vez que a confusão e a desordem se instalam em alguma parte do mundo, na Europa de 1918-1921, por exemplo, face ao perigo comunista ou no turbulento Oriente Médio, sobretudo a partir de 1967[137]. Este panfleto, sabe-se hoje[138], havia sido encomendado

---

135. Cf *L'Ile des pingouins*, ed. "Livre de Poche", pp. 306 e 322.

136. Também esse fantasma teve vida sólida. Em obra publicada em 1946, Jacques Kayser ainda falava da "gangrena jesuíta (...) como a cada intriga, via-se aparecer a sombra dos jesuítas..." *L'Affaire Dreyfus*, Paris, 1946, pp. 268-269.

137. No outono de 1967, os *Presses Islamiques* de Beirute publicaram uma nova edição dos *Protocolos*, prefaciado por FAEZ AJJAZ. "O ano de 1967, escrevia ele, sem dúvida fará época em especial na história do Oriente Médio árabe, e na história da humanidade em geral. Pois foi no curso deste ano, e mais precisamente a 5 de junho que o povo de Sião confirmou, pela primeira vez em sua história, a autenticidade de um documento publicado em 1905 (...), que os filhos de Sião têm fornecido a prova material que jamais esqueceram os *Protocolos* de seus Sábios..." etc.

138. Especialmente HENRI ROLLIN, *L'apocalypse de notre temps*, Paris, 1939, e NORMAN COHN, *Histoire d'un myth, la "Conspiration" juive et les "Protocoles des Sages"*, Paris, 1967.

por um policial czarista de alta patente, o General Ratchkóvski, desejoso de agradar a Nicolau II, a um falsário genial cuja identidade permanece desconhecida. Evidentemente seu título fora inspirado pelo Primeiro Congresso Sionista. Mas não se trata somente do título. Importa primeiro saber que a iniciativa de T. Herzl suscitou alguma sensação na época, em escala européia: um correspondente do *Journal* de Paris foi entrevistá-lo, e Drumont já lhe tinha consagrado um artigo elogioso[139]. Em compensação, certos círculos da Santa Sé julgaram justificadas todas as suspeitas, e a oficiosa *Civiltà Cattolica* escrevia em 8 de fevereiro de 1898:

...A condenação de Dreyfus foi um golpe terrível para Israel; ela farreteou na testa todos os judeus cosmopolitas pelo mundo afora, mas sobretudo naquelas colônias suas que a França governa. Esta ignomínia, eles juraram apagá-la. Mas como? Com sua habitual sutileza, eles imaginaram alegar um erro judicial. A conspiração foi urdida em Basiléia, durante o Congresso Sionista, aparentemente reunido para discutir a libertação de Jerusalém. Os protestantes fizeram causa comum com os judeus para a constituição de um sindicato. O dinheiro vem sobretudo da Alemanha...[140]

Lembremo-nos que a *affaire* propriamente dito estourou em novembro de 1897; vê-se como era manipulável essa cronologia. Na França, a mesma interpretação do sionismo foi proposta pelo ideólogo do "catolicismo social" René de la Tour du Pin ("No primeiro plano: o caso Dreyfus; no segundo: o Congresso do Sionismo de Basiléia"), e por Joseph Humbert, o diretor de *La France Chrétienne*[141]. Na Rússia, o primeiro editor dos *Protocolos* insistia em 1903 nos perigos do sionismo, "que tem a incumbência de unir os judeus do mundo inteiro em uma só organização, mais estreita e mais perigosa que os jesuítas"[142].

Angústias milenares, das quais o falsário desconhecido se fazia intérprete, viam-se assim reavivadas pelo anúncio de um congresso internacional dos judeus. Se depois de meio século as formas patológicas e homicidas do anti-semitismo ainda recorrem, de preferência a qualquer outro, a este panfleto, tão incoerente à primeira vista, é que seu teor deve estar especialmente bem adaptado às aspirações de uma vasta família de espíritos. Ele merece, portanto, ser examinado mais de perto. No fundo, a imaginação maniqueísta de Maurice Barrès lhe permitiu antecipar em três linhas a trama dos *Protocolos,* quando por volta de 1897 ele descrevia um grupo de banqueiros judeus e suas criaturas cristãs, reunidos em casa do Barão de Reinach:

139. *The complete diairies of Theodor Herzl*, New York, 1960, 27 de agosto e 18 de janeiro 1897.
140. Cf. A. DEBIDOUR, *L'Église catholique et l'État sous la troisième République (1870-1906)*, Paris, 1906-1909, vol. II, p. 190.
141. Cf. P. PIERRARD, *op. cit.*, pp. 119 e 153-154.
142. Citado por NORMAN COHN, *op. cit.*, p. 72.

Neles se prolonga um estado de espírito que exprimiu seu ideal no Segundo Império: adesão à idéia do progresso e suavidade geral dos costumes, nenhuma noção de moralidade nem de dignidade pessoal, certeza de que o rebanho estará bem cuidado se cada um cuidar de seus próprios interesses [143].

Sabe-se que é um panfleto especificamente dirigido contra o governo de Napoleão III (o *Diálogo no Inferno entre Maquiavel e Montesquieu* de Maurice Joly) que serviu de fonte principal aos *Protocolos*. O mundo maquiavélico que "os Sábios" judeus querem estabelecer e reger é um mundo saciado, policiado, satisfeito:

> Nosso poder será o árbitro da ordem que faz a felicidade dos homens (...) Segundo as conveniências estritamente observadas, nosso governo só usará de seu poder para o bem-estar do povo, nunca para suas vantagens pessoais (...), nossas leis serão breves, claras, inabaláveis, todos os abusos desaparecerão (...) O imposto progressivo... destruirá o ódio do pobre contra o rico[144].

É possível dizer sem querer forçar que se trata aí de uma sociedade de abundância ideal, segundo as normas contemporâneas: mas não é também a sociedade mantida sob tutela e embebida de mentiras pelo Grande Inquisidor de Dostoiévski que quer assegurar aos homens a felicidade — uma felicidade "doce e humilde", e que não hesita em pactuar com o Malino para este fim. — "Nós não estamos contigo — estamos com *ele*, há muito tempo já, disse ele ao Cristo, pois eu te juro, o homem é mais fraco e mais vil do que tu pensavas" [145]. Da mesma forma, os judeus dos *Protocolos* que declaram de pronto: "os homens que têm maus instintos são mais numerosos que aqueles que têm bons"[146]. Sem dúvida, eles estão animados por vontade de poder, mas a "piedade infinita" do Inquisidor, se a sondarmos até o mundo, não faria descobrir uma inspiração perigosamente parecida?[147].

Os *Sábios de Sião* querem pois governar qual déspotas benfazejos. Mas o grande paradoxo dos *Protocolos* é o de tirar sua força de persuasão, tal como a história o revelou, de seu próprio absurdo: assim colocado, o problema é de fato o do *credo quia absurdum* à última potência.

143. *Les Déracinés*, ed. cit., p. 276.
144. *Protocolos*, XXII, XVIII, XV, XX; pp. 145, 120, 99, 125 da tradução do Roger Lambelin, Paris, 1921 (a edição anteriormente citada de Beirute 1967 segue o texto e a mesma paginação).
145. Cf. *Os Irmãos Karamazov*, pp. 267-286 na ed. La Pléiade. Note-se que na "lenda do grande inquisidor", Dostoiévski retomou um tema romântico que se encontra notadamente em *Don Carlos* de SCHILLER e em *Les mystères du monde* de EUGÈNE SUE — de onde Maurice Joly, por sua vez, pôde igualmente se inspirar.
146. I, 2.
147. *Ibid.*

Eis com efeito um grupo de conspiradores que querem dominar o mundo inteiro, que querem obrigar todos os povos da terra a inclinar-se perante o "sistema estóico de Moisés"[148]. Mas o fazem em nome de algum bem ou valor superior a eles próprios, assim como o fazem quase que por definição todos os conspiradores políticos? De nenhuma maneira. Ao contrário: reiteradas vezes, eles próprios se declaram maus, vis, cínicos; ressalta de seus debates que o Bem é a religião de Jesus Cristo, são os valores cristãos cuja superioridade eles reconhecem, embora se empenhem em desarraigá-los. "As grandes qualidades populares — a franqueza e a honestidade — são na política vícios. Estas qualidades devem ser os atributos dos reinos cristãos, de maneira nenhuma devemos tomá-las como guias"[149]. Para minar a ordem das coisas cristãs, contam notadamente com "as influências deletérias", conforme se exprimem, da ciência e da filosofia: "observem os sucessos que nós soubemos criar para o darwinismo, marxismo e o nietzscheísmo[150]. Os Sábios de Sião operam "em proveito do rei-déspota do sangue de Sião", e é para torná-lo "o verdadeiro papa do universo, patriarca da Igreja universal"[151] que eles inventaram a divisa Liberdade, Igualdade e Fraternidade, que provocaram a Revolução Francesa[152]. Eles são os lobos, os cristãos as ovelhas:

Os cristãos são um rebanho de ovelhas, e nós somos os lobos. E vocês sabem o que acontece às ovelhas quando os lobos chegam ao covil? (...) Em toda a Europa bem como nos outros continentes devemos provocar a agitação, a discórdia e o ódio (...). É necessário que arruinemos a fé, que arranquemos do espírito dos cristãos o próprio princípio da Divindade e do Espírito, para substituí-los pelos cálculos e pelas necessidades materiais[153].

Porém, temos aqui indicações ainda mais precisas, e para muitos leitores quase confissões:

Nosso governo terá o ar de uma tutela patriarcal por parte de nosso governante. Nosso povo e nossos súditos verão nele um pai, que se preocupa com todas as necessidades (...) Eles ficarão muito contentes que tenhamos acertado tudo em suas vidas, como o fazem os pais avisados, que querem educar os filhos no sentimento do dever e da obediência. *Pois os povos, em relação aos segredos de nossa política, são eternamente crianças menores, da mesma forma como seus governos* (...) faremos da juventude crianças obedientes às autoridades, amando aquele que as governa como um apoio e uma esperança de paz e de calma[154].

Eis aparentemente a última chave do enigma: pois estamos em presença (ao mesmo tempo que da versão definitiva da "teoria

148. *Ibid.*
149. XIV, 88.
150. I, 5-6.
151. II, 17.
152. I, 11-12 e III, 27.
153. XI, 71, VII, 45 e IV, 31, grifado no original.
154. XV, 103-104 e XVI, 108, grifado no original.

do complô", canonizada pelos ideólogos do nazismo) das obsessões maiores dos anti-semitas em face aos judeus, esses "pais" dotados de faculdades sobre-humanas, esses "sábios" que ditam sua lei aos cristãos, esses "tutores" insuportáveis já pelo simples fato de sua existência. Sem dúvida a atração principal dos *Protocolos,* e que levava a passar por cima de suas improbabilidades, devia-se à ilusão que davam de ter enfim apanhado em flagrante esses manipuladores responsáveis por todas as imperfeições e por todos os constrangimentos da condição humana. Sem dúvida, um papel odiosamente paternal desse gênero, que no fim das contas se resolve no do bode expiatório ou do demônio Azazel, é sempre intercambiável. O jesuíta, por exemplo, era um *double* clássico e no século XIX o franco-maçom era outro. Dostoiévski, ao fazer dialogar Ivan e Aliocha no final da sua lenda, mencionava os dois[155], mas ninguém se presta melhor para o imaginário cristão que o judeu, ninguém evoca e exaspera com tal força o dilema que é o âmago da lenda, um dilema que, ao menos uma vez na vida parece, vem se colocar a cada um.

Resta-nos, após essas digressões, acrescentar que a agitação anti-semita na França não acabou de maneira alguma no verão de 1898, ao mesmo tempo que os tumultos do *affaire,* como se foi levado a crer amiúde. Sob esse aspecto, o ano de 1898 pode ser considerado tanto um ponto de partida quanto um ponto de chegada. Certamente o caso Dreyfus fez despontar uma nova geração de testemunhos cristãos, escritores e pensadores nos quais a justiça feita aos judeus orientou doravante sua obra — e antes de tudo Charles Péguy, o profeta que foi o primeiro, na Europa, a defender, muitas vezes, contra os próprios judeus franceses, "o direito de Israel à diferença" (como se diria em nossos dias)[156]. Mas este mesmo ano de 1898 assistiu ao nascimento de grande número de novas organizações anti-semitas tais como a "Ligue de la Patrie Française" presidida pelo poeta Françoise Coppée, a "Jeunesse Nationale et Antisémite" presidida por Drumont, e sobretudo *L'Action Française* de Charles Maurras e Léon Daudet[157]. Se o

---

155. *Os Irmãos Karamazov, op. cit.,* p. 284, Aliocha: "Tu talvez sejas um franco-maçom". E p. 285, Ivan: "Pensas que eu queira juntar-me aos jesuítas, àqueles que corrigiram sua obra"?

156. Sobre Charles Péguy, 1873-1914, do qual só saberíamos comparar do ponto de vista dado pelo que o grande teólogo russo Vladimir Soloviev, 1853-1900, ver JULES ISAAC, *Expériences de ma vie,* Paris, 1900; RABI, in *Esprit,* agosto-setembro de 1964, pp. 331-342, e G. SCHOLEM, in *Les Temps modernes,* agosto de 1966, p. 588. Agradeço ao meu amigo Alex Dercansky ter-me lembrado da importância de Péguy, em sua qualidade de genial precursor da evolução do pensamento cristão, sobre o capítulo do povo judeu.

157. Cf. P. PIERRARD, *Juifs et catholiques...,* op. cit., Cap. 3, "Le temps des ligues".

primeiro citado tornou-se o teórico mais ouvido de um nacionalismo "integral" ao qual o anti-semitismo serviu até à invasão nazista como pedra de toque, o segundo foi um polemista particularmente eficaz, no "estilo carnal, olfativo", não poupando nem seu amigo Marcel Schwob, com "sua extrema feiúra étnica, inchada, seus grossos lábios de presunto", nem os judeus acusados de assassinato ritual na Rússia, "animais de resto humano que oscilam com monotonia entre o ouro e a obscenidade", e percebendo a mão de Israel até nas catástrofes da natureza tais como a inundação de Paris em 1910[158]. Sobre este último ponto, sua argumentação reflete muito bem em que o estilo anti-semita moderno diferia do estilo medieval. Para o fanático da Idade Média, é ponto pacífico que, por exemplo, o judeu propagava a peste; para seu êmulo moderno, a especulação sobre a madeira acarretava desmatamentos que resultavam nas inundações: assim pois, no primeiro caso, o judeu é nocivo deliberadamente e em virtude de sua ideologia, no segundo, ele podia sê-lo a despeito de si mesmo e em virtude de sua natureza — o que, do ponto de vista da racionalidade, não é um grande progresso.

Resta que as superstições medievais também continuavam vivas, e é óbvio que Léon Daudet estava longe de ser o único na França a se fazer porta-voz da administração czarista: em 1913-1914, logo após o processo Beilis (do qual trataremos mais adiante), diversos livros novos trataram de crimes de sangue judeus, e *La Croix* punha em ridículo os teólogos católicos que tomaram a peito denunciar esta fábula absurda. Fundada no ano de 1912, a *Revue internationale des sociétés secrètes* de Monsenhor Ernest Jouin, antes de se especializar nos *Protocolos,* traduzia os escritos dos peritos russos em assassinato ritual. Mas em vez de voltar aos profissionais ou semiprofissionais do anti-semitismo iremos evocar, para concluir, autores do início deste século, nos quais não se esperaria talvez poder encontrá-lo.

É, para começar, o caso do publicitário Gustave Téry, conhecido sobretudo por seu jornal *L'Oeuvre,* um respeitável órgão de esquerda do período entre as duas guerras, que ostentava em manchete a divisa "Os imbecis não lêem *L'Oeuvre".* Tratava-se, no entanto, de uma versão modificada: a original, a de 1911 era "Nenhum judeu é assinante de *L'Oeuvre".* O brilhante *normalien** distinguia-se desta maneira durante sua vida; antes de 1914-1918, abertamente; depois soturnamente, como se irá ver. Seu talento fazia maravilhas sobretudo no que concerne às divisas e títulos,

---

158. *Ibid.,* e JEAN-NOEL MARQUE, *Léon Daudet,* Paris, 1971, p. 288.

* Aluno da famosa École Normale Supérieur francesa, ou nela formado (N. do T.).

alguns dos quais adquiriram notoriedade: por exemplo, *Le Juif voilà l'ennemi; Le péril juif; L'invasion juive organisée par les pouvoirs publics*. E mais ainda, parece, *Le juif partout*, em que se julga perceber (salvo engano) a forma original de um título bem conhecido que surgiu em 1934, *Je suis partout:* lembremo-nos, com efeito, do inquilino judeu que reside tantas vezes no "Eu" anti-semita (nós o observamos tanto no caso de Voltaire quanto no de Richard Wagner[159]).

Bem mais digno de nota é o caso de Georges Clemenceau, sobre o qual nos deteremos mais longamente. Do caso Dreyfus, quando ele publicou o *J'accuse* de Zola e era um dos principais estrategistas do campo dreyfusista, até seus gloriosos últimos dias, quando teve Georges Mandel como seu braço direito e Georges Wormser como confidente, poucos franceses ilustres parecem ter sido tão favoravelmente dispostos para com Israel. Mas justamente por isso, os sentimentos e concepções íntimas deste republicano sem medo nem pecha, deste anticlerical convicto, podem dizer-nos muito sobre o clima da época.

Clemenceau se abriu a este respeito de diversas maneiras. Uma primeira vez em 1898, tornando-se ensaísta ao publicar *Au pied du Sinai*, uma coletânea de novelas sobre os judeus da Galícia (dos quais tivera ocasião de aproximar-se durante suas temporadas em Carlsbad). Sem dúvida, não falta o lugar-comum: "O que domina em Busk, após o pato e o ganso é o judeu imundo (...) narizes aduncos, mãos feito garras aferrando-se às coisas obscuras e só largando-as contra moeda sonante". Mas é a admiração que o domina, e muito, por "essa raça enérgica, espalhada por toda a terra, sempre combatida, sempre viva (...) possuidores do mais precioso tesouro, o do dom de querer e de fazer". No entanto, como empregavam os judeus este capital? A ouvir-se Clemenceau, graças a este capital esperavam tornar-se donos do mundo: "Detestado, odiado, perseguido por nos ter imposto deuses do seu sangue, [o semita] quis recuperar-se e completar-se pela dominação do mundo". Semita, aqui, é sinônimo de judeu; aliás, *semitismo* ou *judaísmo* designam, em Clemenceau, como em Karl Marx e em tantos outros, o reino do dinheiro em geral: "e semitismo, tal como o vemos hoje em tantos exemplos entre os filhos de Sem e de Jafé..." Ainda, aliás, ele se vale de seu *idealismo ariano* para deplorar a ascensão da *resistente raça*. Mas, à sua maneira, ele conclui com estas palavras de esperança: "Basta corrigir os cristãos, ainda senhores do mundo, para não haver necessidade de exterminar os judeus a fim de lhes roubar o trono da opulência cobiçado

---

159. Cf. MAXIME BRIENNE, *Gustave Téry et son oeuvre*, Paris, 1919, pp. 27-30; RENÉ DE LIVOIS, *Histoire de la presse française*, Paris, 1965, vol. II, p. 404; CLAUDE BELLANGER, ed., *Histoire Générale de la presse française*, Paris, 1972, vol. III, pp. 393 e 438.

até agora pelos homens de todas as épocas e de todos lugares".
É com esta nota conciliadora que termina *Au pied du Sinai*[160].

Assim pois, tal como um Wagner ou um Dostoiévski, se bem que com um espírito bem diferente, admitia Clemenceau a proximidade do "reino judeu". A qualidade do testemunho incita à reflexão... Na época, o número de judeus franceses não alcançava cem mil. Quarenta anos antes, uma outra testemunha eminente, Alfred de Vigny, anunciava a chegada de uma geração excepcional, de "aptidões que a levam ao pináculo de tudo".

(...) *Cem mil* israelitas estão radicados no meio de *trinta e seis milhões* de franceses e eles obtêm incessantemente os primeiros prêmios nos liceus, catorze dentre eles na École Normale tomaram os primeiros lugares. Foi forçoso reduzir o número daqueles a quem seria permitido concorrer aos exames públicos[161].

Parece mesmo, com efeito, que os judeus do século passado chegavam a superar os cristãos de uma maneira hoje inconcebível, simplesmente porque eles já haviam passado, de longa data, à sua maneira, por mudanças, desarraigamentos, urbanizações e revoluções que as populações cristãs iriam conhecer maciçamente somente na primeira metade do século XX[162]. É um ponto que será preciso lembrar.

Dito isto, voltemos a Clemenceau. Vinte anos mais tarde, no outono de 1917, usou palavras muito duras, que testemunhavam de novo o poder que ele atribuía aos judeus, visto que acusava esses apátridas ("esse povo que teve suas grandezas, mas se mostrou precisamente incapaz de constituir por si mesmo uma pátria") de serem os fautores da revolução e da defecção russa. Pode-se crer que se trata talvez de uma intoxicação do 2.º Bureau ou de qualquer outro serviço secreto. Examinaremos mais adiante em detalhe essas novas molas da derrocada do Ocidente, tentando desmontar seus mecanismos.

Que conclusões tirar? Uma seria banal: a saber, que um homem de imenso porte, tratando de um importantíssimo assunto (*grande raça trágica* escrevia ainda Clemenceau), é levado a contradizer-se mais do que quem quer que seja. A outra seria que outrora anti-semitismo e sionismo não eram quase incompatíveis, como o atestam as expressões ou os escritos de Martin Luther, Fichte, H. Stewart Chamberlain ou Drumont, para citar apenas alguns dos principais anti-semitas. Pensando bem, a proposição

160. *Au pied du Sinai*, Paris, 1898, pp. 125-126, 149 e 171-177, e em especial a 173: "Todas as coisas permanecendo idênticas, a ação da raça resistente, tão maravilhosamente produtora de energia, não pode, aparentemente, senão crescer. Do idealismo ariano, consideraria este fato uma desgraça. Posto que, cada povo tendo suas qualidades boas e más, toda predominância de raça me parece contrária aos interesses profundos da humanidade...".
161. Cf. o vol. III: *De Voltaire a Wagner, op. cit.* p. 309.

poderia ser estendida a Clemenceau, que não intitulou sua coletânea de novelas *Au pied des Carpathes* como a geografia o teria exigido.

É portanto a Palestina que aos olhos dos europeus do passado, e em particular aos dos anti-semitas, era o lugar natural dos judeus; uma vinculação que só foi questionada por alguns de seus adversários, com a paixão que se conhece, depois que eles aí retornaram.

Mas, uma vez devidamente salientada esta contradição, como deixar de acrescentar que foram em primeiro lugar os judeus os grandes virtuoses das oscilações e choques em retorno desse gênero, que praticaram e aos quais se dobraram com um fervor concentrado, decuplicado. Ninguém evocou tão poeticamente essa dialética do aqui e alhures, de uma assimilação talvez impossível quanto Charles Péguy:

> Eles tanto fugiram, tantas e tais fugas, que conhecem o preço de não mais fugir. Estabelecidos, admitidos entre os povos modernos, gostariam tanto de se sentir bem aí. Toda política de Israel é a de não fazer barulho, no mundo (já se fez bastante) (...) *Estar alhures*, o grande vício desta raça, a grande virtude secreta; a grande vocação deste povo... Para eles, toda travessia é a travessia do deserto. As casas mais confortáveis, as melhor assentadas... nunca são para eles outra coisa senão a tenda no deserto. *O granito substituiu a tenda de paredes de lona* (...). Daí dilaceramentos incríveis, os mais dolorosos antagonismos interiores que talvez tenha havido entre uma mística e uma política[162]...

A *volta*, com sua oscilação "sionista" entre o núcleo de Israel e uma periferia diaspórica, ela mesma dividida, país por país ou regime por regime, parece ainda longe de ter posto termo a essas contradições, resolvido esses problemas[163]...

---

162. *Ibid.* "Conclusão", onde esta conjetura sociológica é analisada mais longamente.
163. C. PÉGUY, *Notre jeunesse*, cf. ed. da Pléiade, "Oeuvres en prose", II, pp. 549, 576-577.

3. A Rússia

Jamais se deveria perder de vista, em se tratando da Rússia, que pelo menos no tocante a suas tradições governamentais, esse imenso país era e permanece mais asiático do que europeu. Esta observação, que não é muito nova, era feita no século XIX quer por russófobos europeus, quer por nacionalistas russos: assim como acontece amiúde, os extremistas dos dois campos diferiam apenas pelo sinal de valor, e ao "raspem o russo e encontrarão o tártaro" do implacável Marquês de Custin, Dostoiévski replicava ao escrever que "a Rússia comete um erro de ter vergonha da Ásia... Na Europa, somos apenas tártaros; na Ásia, somos civilizados; deixemos de ser as caricaturas da Europa"[1]. Logo após a Revolução de Outubro, um grupo de brilhantes jovens emigrados, os "eurasianos", procuraram desenvolver essas idéias, capazes de fazê-los compreender melhor seu destino, por meio de uma série de considerações históricas, lingüísticas e geográficas. Foi assim que, no plano histórico, o genial lingüista Nicolai Trubetzkoy ressaltou, em um ensaio sugestivamente intitulado *A Sucessão de Gengis Khan*[2], que o império moscovita se havia constituído captando a herança do império mongol em declínio, cujas ambições imperiais retomara e cujos costumes e estruturas governamentais conservara. Continha particularmente uma feroz desconfiança para com os usos e costumes ocidentais, e, sobre este ponto, uma comparação com os princípios estatais chineses parece ainda mais esclarecedora: em nossos dias, os regimes comunistas estabelecidos em

1. *Diário de um Escritor*.
2. *Nasslédié Tchinguiss-Khana*, Berlim, 1925.

Pequim e Moscou, proclamando-se marxistas, nada mais fazem senão continuar uma secular tradição nacional de Estado. Tal como na China do século XIX, na Rússia do século XVII, os estrangeiros só eram admitidos sob a condição de que fossem residir em um bairro especial e que não freqüentassem a população local. (É necessário dizer que esta segregação encontrou, na segunda metade do século XX, suas formas mais rematadas.) Mas se todo estrangeiro era suposto ser um fermento de idéias perigosas, até um espião, os judeus, num país cristão, pareciam especialmente ameaçadores: tanto que, desde o começo do século XVI, sua entrada na Santa Rússia lhes foi vedada.

O fenômeno merece atenção por mais de uma razão. Em primeiro lugar, ele denuncia como falsa toda tentativa de interpretar a história dos judeus em termos sistematicamente econômico-sociais, ou marxistas: pois se fosse verdade que eles se propagam e multiplicam na qualidade de "pioneiros da economia", nos países novos ou atrasados, e se uma tal conjuntura bastasse para explicar seu prodigioso surto na Polônia, uma "classe judia" não teria deixado de constituir-se em seguida na Rússia; o que não foi precisamente o caso. Além do mais, a história da relação multissecular entre os detentores do poder na Rússia e os judeus, mas, sobretudo, as circunstâncias em que foi negado o direito de permanência esclarecem uma outra das suas funções, propriamente grandiosa, e exercida devido ao mero fato de sua existência, isto é, a de críticos dos valores estabelecidos, ou, como se dizia outrora, de "doutores do incrédulo". E mais ainda, o caso dos judeus russos ilumina com uma luz particularmente viva uma regra que pode ser verificada no conjunto da área cristã.

Lembremo-nos dos fatos[3]. Em 1478 o Grão-Duque Ivan III, o príncipe que soubera pôr um termo definitivo à suserania mongol, apoderava-se da cidade livre de Novgorod, única grande janela aberta para a Europa que a Rússia medieval possuía. Quase na mesma época, aparecia na cidade uma heresia parecida àquelas que surgiram na mesma época no Ocidente, denunciando como essas os costumes e os poderes da Igreja estabelecida e querendo reconhecer somente as Santas Escrituras como fonte de autoridade e de fé. O grão-duque, que cobiçava os bens eclesiásticos, demonstrou de início certa simpatia pelos heréticos, que chegaram a conquistar influentes adeptos da corte moscovita. Mas por volta de 1495 ele mudou de parecer e começou a perseguir estes "judaizantes", cujo movimento foi sufocado em sangue.

---

3. Para um relato menos breve, ver nosso vol. I: *De Cristo aos Judeus da Corte*, pp. 233-240.

Baseando-se nas crônicas ortodoxas da época, os historiadores estão em geral de acordo em dizer que a heresia foi introduzida em Nevgorod por um certo Skharia, mercador judeu da Lituânia, o que lhe teria valido o nome sob o qual esta heresia ficou conhecida. Mas, além desse nome, as fontes não fornecem o menor detalhe sobre essa figura lendária, na qual se pode ver uma personagem inteiramente inventada[4]. É verdade que a heresia novgorodiana se aproximava por diversos traços do judaísmo, mas estes não exigiam de modo algum a presença efetiva de um judeu: a saber, o retorno às fontes bíblicas, a crítica ao luxo eclesiástico como ao culto das imagens e relíquias, e a negação da divindade de Jesus. Por outro lado, os "judaizantes" foram os únicos, na Rússia daquele tempo, a dar provas de interesse pelas ciências e pela filosofia (entre os escritos por eles traduzidos, encontram-se obras gregas e árabes de cosmogonia, assim como o *Tratado de Lógica* de Moisés Maimônides[5], de maneira que a heresia judaizante pode ser qualificada também de esboço de uma Renascença propriamente russa, e que infelizmente ficou sem futuro. Deste ponto de vista, seu malogro anuncia, pode-se dizer, a intolerância dos detentores do poder russo para com toda heterodoxia — assim como sua fobia específica contra os judeus.

O segundo grande artifício do imperialismo moscovita, Ivan o Terrível, expunha como segue ao rei da Polônia as razões pelas quais os judeus lhe pareciam indesejáveis:

> A respeito do que tu nos escreves para que nós permitamos a teus judeus a entrada em nossas terras, nós já te escrevemos diversas vezes, falando-te dos crimes dos judeus, que desviam nossa gente do Cristo, introduzindo em nosso Estado as drogas envenenadas e causando bastante mal à nossa gente. Deverias ter vergonha, irmão nosso, em escrever-nos a seu respeito, conhecendo seus crimes. Também em outras Nações eles têm feito muito mal, e por isso têm sido expulsos ou condenados à morte. Nós não podemos permitir aos judeus vir ao nosso Estado, pois não queremos que nele o mal se expanda; queremos que Deus permita a nosso povo viver em calma, sem nenhuma perturbação. E tu, nosso irmão, tu não deverias no futuro escrever-nos a propósito dos judeus[6].

Todos os autocratas russos permaneceram fiéis a esses princípios, inclusive Pedro o Grande, que no entanto, "ao europeizar" seu país, ofendia as tradições nacionais mais sagradas. Tendo as conquistas ou anexações de uma parte da Ucrânia e dos países bálticos colocado sob a sujeição russa muitas centenas de milhares de judeus, os conselheiros da Imperatriz Elisabeth, filha de Pedro o Grande, fizeram-na ver que era de seu interesse deixar os

---

4. Tal é a prudente opinião dos historiadores KASAKOVA e LURIÉ; cf. *Os Movimentos Heréticos Antifeudais na Rússia dos Séculos XIV a XVI*, Moscou, 1955, pp. 109-110.
5. *Cf.* D. CIZEVSKI, *History of Russian Literature from the Eleventh Century to the End of the Baroque*, Haia, 1960, pp. 171-172.
6. Cf. nosso vol. I: *De Cristo aos Judeus da Corte*, pp. 237 e s.

comerciantes judeus instalar-se no interior da Rússia propriamente dita. A imperatriz porém se recusou a isso e redigiu de punho próprio a lacônica decisão: "Dos inimigos de Cristo, não quero juros nem lucro". Essa devota princesa pensava até em expulsar do seu império todos os judeus, a não ser que abraçassem a religião greco-ortodoxa. Seu projeto não pôde realizar-se, mas data do seu reinado a prática segundo a qual os judeus, não podendo ser expulsos, devem permanecer concentrados na sua "zona de residência" e submetidos a uma legislação de exceção suscetível de apressar seu desaparecimento (pela via da conversão ou da russificação)[7].

Sob o reinado de Catarina a Grande, as partilhas da Polônia transformaram em súditos russos a concentração mais importante de judeus na Europa. No do seu filho Paulo, vemos um fidalgo culto, o poeta Gavrila Derjavin, encarregado de uma investigação sobre o papel social e econômico dos judeus antes poloneses, descrevê-los nos seguintes termos:

> Levando-se em observações antigas e modernas sobre os judeus eis a minha opinião: as sinagogas não são outra coisa a não ser ninhos de superstição e de ódio anticristão; (...) os *Kahals* (comunidades) constituem um Estado dentro do Estado, que um corpo político sadiamente organizado não deve tolerar; os arrendamentos, as feitorias, as estalagens e todas as instituições e atividades dos judeus não são nada mais que sutis estratagemas, destinados a apoderar-se, a pretexto de ganha-pão e de serviços prestados aos particulares, dos seus bens e de suas fortunas...

Para reeducar os judeus, esses "enganadores enganados", Derjavin recomendava que fossem obrigados a exercer misteres honestos e úteis, mas depositava suas esperanças essencialmente em uma transformação moral tal como lhe parecia estar-se processando na Alemanha, graças ao apostolado do filósofo Moses Mendelssohn e de outros judeus esclarecidos: "o reinado dos *Talmuds* terminou. A seguir, judeus cultos, que não ficam atrás dos homens mais eruditos da Europa, multiplicaram-se nas terras alemãs..."[8]

Em suma, Derjavin queria reformar os judeus pela persuasão e doçura, por uma propagação racional das luzes, e este mesmo espírito caracterizava os projetos idealistas de Alexandre I. Seu ministro e inspirador Speranski escrevia que "era preferível e mais seguro conduzir os judeus à perfeição abrindo-lhes novas perspectivas para a busca da felicidade vigiando de longe suas atividades e afastando os obstáculos do seu caminho, mas sem recorrer à força"[9]. De resto, e até o fim dos seus dias, o místico Czar Alexandre dedicava aos judeus uma solicitude especial: ele encarava sua emancipação em escala européia, esperando que esta

---

7. Cf. SALO W. BARON, *The Russian Jew under Tsars and Soviets*, New York, 1964, pp. 13-14.
8. Cf. Nosso vol. III: *De Voltaire a Wagner*, pp. 211-212.
9. Cf. S. W. BARON, *op. cit.*, p. 17.

apressaria a conversão deles, e interveio em seu favor no Congresso da Santa Aliança[10]. Mas o espetáculo insólito de um czar filo-semita não irá durar por muito tempo.

Não é que seu irmão e sucessor Nicolau não tivesse igualmente tido a preocupação de abrir os olhos dos judeus para a verdade cristã. Conforme a opinião dominante, era sobretudo ao *Talmud* que ele atribuía sua teimosia: um orientalista francês a seu serviço preconizava mesmo, para esclarecê-los: "dois meios diferentes, mas quase igualmente seguros e novos: a saber, pelo hebraico ensinado através de princípios e pela tradução do *Talmud*, com a finalidade de expor à plena luz esse caos informe, esse receptáculo de erros e preconceitos onde se aglomeram todos os sonhos de fanatismo em delírio"[11]. Mas Nicolau I optou por um outro método proposto por seu ministro da Instrução Pública, Conde Uvarov, que queria obrigá-los ou a enviar seus filhos às escolas e liceus russos ou então a abrir, às suas expensas, escolas especiais nas quais o ensino se processaria em idioma russo. Destarte, escrevia Uvarov, "esse povo oprimido durante séculos perceberia raios de Luzes (...), mas dirigindo o ensino nessas escolas contra o *Talmud*, não é necessário proclamar abertamente esta intenção"[12].

Desconfiados, os dirigentes das comunidades judaicas sabotaram ao máximo esse projeto, de modo que no final do reinado de Nicolau I as "escolas judias da coroa" só contavam com alguns milhares de alunos. Dando prova de uma não menor desconfiança, declarava o czar que enquanto vivesse, seriam mantidas as leis antijudaicas. De fato, ele se empenhava em endurecê-las de ano para ano. Na sua "zona de resistência" os judeus, suspeitos de contrabando ou espionagem, tiveram de evacuar as localidades situadas a menos de 50 km das fronteiras; em 1844 os *Kahals* foram dissolvidos; e uma censura especial para livros judaicos foi introduzida[13]. Nicolau I pretendia da mesma forma obrigar os judeus (talvez a exemplo da *predica coattiva* pontifical)[14] a assistir

10. Cf. *De Voltaire a Wagner*, pp. 214-217.

11. *Théorie du judaisme appliquée à la réforme des Israélites...*, pelo ABADE CHIARINI, professor de ciências antigas orientais na Universidade de Varsóvia, Paris, 1829; cf. *De Voltaire a Wagner*, pp. 310-311. Por "versão do Talmud", o Abade Chiarini provavelmente compreendia sua tradução ao ídiche.

12. Cf. BARON, *op. cit.*, p. 44.

13. A censura, sob Nicolau I, representava um capítulo à parte. Neste caso a ignorância de determinados censores era tal que em 1844, o Ministro do Interior ordenara a apreensão do "livro secreto *Rambam*" (sendo Rambam a usual sigla hebraica de Moisés Maimônides), por ser julgado de prescrever o assassinato ritual das crianças cristãs. Outros censores de Nicolau I recusavam o título *As Almas Mortas* da obra-prima de Gogol, por ser impossível não ser imortal uma alma cristã, ou ainda um manual de física que tratara das "forças da natureza", sem menção alguma à onipotência divina.

ofícios divinos destinados a edificá-los, celebrados em ídiche em uma igreja ortodoxa[15]. É porém uma outra medida pseudomissionária do "gendarme da Europa" que lhes tornou para sempre odioso o nome dos Romanov.

Desde que se haviam tornado súditos russos, os judeus procuravam ser dispensados do serviço militar mediante uma taxa ou captação especial, conforme as leis em vigor sobre o recrutamento. Nicolau I decidiu que eles deviam ser obrigados a prestar tal serviço do mesmo modo que todos os outros súditos; mais ainda, teve a idéia de igualar as crianças judias do sexo masculino aos "cantonistas", isto é, aos filhos de soldados russos que, assim como dispusera Pedro o Grande, eram criados nos pritaneus, devendo em seguida servir vinte e cinco anos nas armas[16]. Para os jovens judeus, a idade de conscrição foi fixada nos doze anos; na realidade, descia facilmente para os sete anos, sendo esta a idade regulamentar fixada pela lei de Pedro o Grande. Nessas condições, a conversão era quase inevitável. Mas em quem devia cair a escolha? A seleção das vítimas cabia aos dirigentes comunitários, o que suscitava, nos guetos ou nos vilarejos intrigas e manobras indescritíveis. Para atingir a *quota* exigida, os responsáveis judeus recorriam aos *khapers* ou seqüestradores semi-oficiiais, verdadeiros precursores dos policiais judeus nos tempos dos extermínios hitlerianos. A seguir as crianças, o mais das vezes, tomavam o rumo das casernas em vez do dos pritaneus ou escolas.

Nas suas memórias, o escritor Alexandre Herzen evocava seu encontro com uma tropa de cantonistas judeus com a qual ele se cruzou ao dirigir-se em 1835 a seu lugar de desterro, no Norte da Rússia:

> Os meninos foram conduzidos à praça de exercício e tiveram de colocar-se em fileiras de quatro; — foi o espetáculo mais pungente que jamais vira — pobres, pobres rapazes! Os meninos de 12 ou de 13 anos se mantinham firmemente sobre suas pernas: mas os pequenos de 8 ou de 10... O espetáculo era indescritível.
>
> Pálidos, no limite de suas forças, enterrados em seus grosseiros capotes militares, lançavam apavorados olhares aos brutais soldados que os faziam manobrar. Os lábios esbranquecidos e os olhos fundos testemunhavam seu cansaço e sua febre. Essas crianças doentias, desprovidas de cuidados e de carinho, expostas ao vento glacial do grande Norte, encaminhavam-se assim para seus túmulos... [17]

Calcula-se em mais de 60 mil o número de cantonistas desta maneira recrutados e formados. Para a memória coletiva judaica,

---

14. A propósito da *predica coattiva* em Roma, ver nosso vol. II: *De Maomé aos Marranos*, pp. 260 e s.
15. Cf. *O Livro do Judaísmo Russo* (em russo), New York, 1960, p. 353.
16. Cf. o artigo "Cantonistas" da *Grande Enciclopédia Soviética*, 2. ed., Moscou, 1953, vol. XX, p. 33.
17. A. HERZEN, *Byloié i dumy*, ed. Londres, vol. I, pp. 308-309.

tornaram-se êmulos das vítimas das Cruzadas, que preferiam a morte ao batismo; segundo uma lenda popular, algumas centenas entre eles, que deviam ser batizados em Kazan na presença de Nicolau I, concluíram um pacto de suicídio coletivo, precipitando-se no Volga[18].

Desde sua ascensão ao trono em 1855, Alexandre II mandou suprimir essa forma de recrutamento dos judeus, e durante a primeira metade do seu reinado podia parecer que aquilo que o pai não pudera impor pela força, o filho obteria pela doçura. No quadro do programa geral das reformas, os artesãos e os comerciantes "de primeira guilda"[19] foram autorizados a instalar-se no interior da Rússia; nos liceus tornou-se facultativa a instrução religiosa cristã, e como resultado o número de alunos judeus decuplicou em vinte anos[20]. Sobretudo, soprava um vento novo através do país e, junto com a Rússia toda, os judeus depositavam imensas esperanças no "czar liberador", que aboliria a servidão. Léon Levanda, o primeiro escritor judeu de língua russa de certa estatura, já comparava Alexandre II a Macaulay... e a Disraeli[21]. A russificação fazia rápidos progressos, sobretudo nas camadas abastadas, revistas e jornais judeus começaram a ser publicados em russo, e uma "sociedade de propagação da instrução entre os judeus", que se propunha o objetivo de familiarizar as massas judaicas com o idioma e a cultura russos e, acessoriamente, a desviá-los do uso do "jargão", como era qualificado na época o idioma ancestral, encontrava um vasto eco. De seu lado, a sociedade russa cultivada parecia estender a mão aos judeus e vinha (assim como os meios "esclarecidos" franceses pelos fins do século XVIII)[22] assumir as responsabilidades históricas pelo estado miserável destes. Em 1858, um artigo hostil aos *jids*[32] publicado pela revista *Ilustração* suscitou o protesto coletivo da flor da *intelligentsia* russa, de Turgueniev e Nekrassov aos futuros reacionários Katkov e Aksakov.

18. Cf. LOUIS GREENBERG, *The Jews in Russia*, New York, 1955, vol. I, p. 51.

19. Na Rússia czarista, os comerciantes que pagavam mais de 500 rublos de impostos por ano foram incorporados na "primeira guilda".

20. Cf. BARON, *op. cit.*, p. 48. Em 1853, a porcentagem de alunos judeus nos liceus imperiais era de 1,25%; em 1873, era de 13,2%.

21. Cf. L. GREENBERG, *op. cit.*, p. 79. Tanto Macaulay quanto Disraeli haviam militado ativamente, entre 1830 e 1850, em prol da emancipação completa dos judeus ingleses.

22. Cf. sobre este assunto, nosso vol. III, pp. 128 e ss.

23. Em russo, o termo *jid* tinha (e continua a ter) uma fonalidade especial, algo intermediário entre *yupin* e *juif* (judeu) e difícil de traduzir. O mais simples parece ser o de escrever *jid*, quando aparece este termo no original, e é o que faremos daqui em diante. O artigo em questão se intitulava "Os Jids das Províncias Ocidentais Russas e seu Estado Atual".

1. A IMAGEM DO JUDEU NAS LETRAS RUSSAS

Até aproximadamente a metade do século XIX, a sociedade letrada, tal como o povo grão-russo em geral, conhecia os judeus somente por ouvir-dizer. Oficiais em campanha puderam de longe, principalmente em 1800 a 1815, percebê-los ou ser levados a ficar em guarda contra eles; de resto, a idéia que os russos faziam dos judeus só podia basear-se no ensinamento tradicional cristão, de um lado, e nos autores ocidentais, especialmente os românticos, de outro; e nenhum dos dois era muito lisonjeiro, para dizer o mínimo. Paul Pestel, um dos chefes dos revolucionários "decembristas" de 1825, propunha no seu programa político quer a assimilação forçada dos judeus tal como Nicolau I (que o mandou prender) procurou impor, quer sua expulsão para a Palestina: "Se se reunissem todos os judeus russos e poloneses em um só lugar [escrevia] seu número ultrapassaria dois milhões. Uma tal quantidade de gente à procura de uma pátria não teria dificuldade em sobrepujar todos os obstáculos que os turcos poderiam opor-lhes no caminho"[24]. Essa hostilidade pode ser iluminada por uma reflexão contemporânea de Aleksandr Púchkin, ao falar "das noções indissociáveis entre judeus e espião"[25]. Os judeus que aparecem em diversos lugares de suas obras são judeus convencionalmente traidores; em *O Cavaleiro Avaro* sua arte de concisão leva a apostrofar "o usuário" (pelo "cavaleiro") nos seguintes termos: "Maldito judeu, honrado Salomão", e exprimir assim em quatro pequenas palavras toda a ambivalência cristã; e, naturalmente, as suas mulheres judias são desejáveis como se quer. Tão convencionalmente romântico neste particular quanto ele, Lermontov distinguia-se de Púchkin por se debruçar sobre a causa dos filhos de Israel com uma simpatia atenciosa, e já se observou que seu primeiro drama em versos *Os Espanhóis* deveria antes intitular-se *Os Judeus* (ou *Os Marranos*), pois é através desta causa que ele, com a idade de dezesseis anos, tentou expressar seu protesto juvenil e seu senso de justiça[26]. Ao fim de sua breve vida, evocava ainda em uma das suas poesias mais populares, "O Ramo de Palestina", o destino dramático dos "pobres filhos de Jerusalém". Ao lado de Púchkin e de Lermontov podemos citar seu esquecido contemporâneo Kukolnik que, seguido por alguns outros autores, entre os

---

24. Cf. S. W. BARON, *The Russian Jew under Tsars and Soviets*, op. cit., p. 32.

25. Cf. D. ZASLAVSKI, "Os Judeus na Literatura Russa" (em russo), *Iévreiskaia Liétopis*, Petrogrado-Moscou, 1923, p. 63.

26. Cf. LEONID GROSSMANN, "Lermontov e as Culturas Orientais" (em russo), *Literaturnoié Nassliedstvo*, n.º 43, Moscou, 1941, pp. 673-744. Grossmann supõe que o poeta teria conhecimento, desde sua adolescência, de um caso de assassinato ritual, o caso de Vélish, que suscitara uma certa comoção na Rússia, no começo do reinado de Nicolau I. Agradeço ao Sr. Alexandre Zviguilsky as indicações que gentilmente me forneceu a este respeito.

quais Leskov, veio exumar do passado moscovita, sem dúvida na falta de um modelo autenticamente nacional, o espectro de "Skharia", o lendário subornador do século XV[27].

É com o ucraniano Nicolai Gogol que judeus, por assim dizer autóctones, fazem sua entrada na literatura russa. Eles povoam o fundo dos seus relatos realistas ou fantásticos que têm a "Pequena Rússia" como palco, e passam a ocupar o proscênio em *Taras Bulba*.

"Todos descendemos do *Capote* de Gogol", notava Dostoiévski. O "Yankel" de *Taras Bulba* veio efetivamente a ser o judeu arquetípico da literatura russa. Gogol quis que fosse explorador, covarde e repugnante à vontade, embora o mostre capaz de gratidão; mas o fato de ele e seus congêneres serem afogados no Dnieper pelos "senhores cossacos" é apresentado no relato como coisa natural. Yankel é sobretudo ridículo, e a imagem do "frango depenado" de que Gogol serviu-se deu a volta pela grande literatura russa: encontramo-la nas *Recordações da Casa dos Mortos* de Dostoiévski, aplicada ao presidiário Issai Bumstein[28], este judeu que "fazia rir todo mundo sem exceção"; reencontramo-lo no *Diário de um Provinciano em São Petersburgo* de Saltikov e, ligeiramente modificada, em a *Estepe* de Tchekhov (o "nariz caricatural e a pequena figura de pássaro depenado" de Salomão, irmão do estalajadeiro judeu); sobrevivendo à Revolução os "judeus, pássaros depenados" figuram ainda em *Cavalaria Vermelha* de Isaac Babel[29]. Não menos ridículo é o Hirschel descrito no *Jid* (1846) de Turgueniev, mas desta vez o riso é entrecortado de angústia, pois se trata da execução capital de um espião (um a mais):

> O desgraçado *jid* apresentava um aspecto verdadeiramente ridículo, apesar do horror de sua situação; a terrível certeza de perder a vida, sua filha, sua família se pintava nele por gestos tão estranhos, por gritos, sobressaltos, tão absurdos que não conseguíamos abster-nos de sorrir, por entristecedora que fosse a cena...

Por que o enforcamento de um judeu, por mais aterrador que seja presenciá-lo[30], se presta ao sorriso (em Gogol também, por

27. Cf. J. KUNITZ, *Russian Literature and the Jews*, New York, 1929, pp. 28-31, Kukolnik, pp. 33-35, Lajetchnikov, p. 56, Leskov.
28. Dostoiévski não deixou de fazer justiça a Gogol: "Não podia evitar lembrar-me do judeu Yankel em *Taras Bulba* que, quando tirava a roupa para subir ao estrado onde ele dormia com sua mulher, tinha o aspecto de um frango. Issai Fomitch, nosso *jid,* era a própria imagem de um frango depenado".
29. Cf. "Os dois Ivan": "... Naquela manhã, inúmeros comboios se amontoavam no lugar. Encontravam-se aí a 11.ª, a 14.ª e 4.ª divisão. Os judeus, em mangas de camisa, ombros encolhidos, permaneciam nos umbrais de suas portas *como pássaros depenados*. Os cossacos exploravam os pátios e as casas..." *Cavalerie Rouge*, trad. fr., Paris, 1959, pp. 222-223.
30. A citação acima é atribuída à tradução do próprio Turgueniev, cf. *Nouvelles moscovites*, Paris, 1969. O texto original russo se expressa

ocasião dos afogamentos, os cossacos "se limitavam a rir ante o espetáculo daquelas pernas judias batendo no ar seus chinelos e meias")? O riso não mascararia um outro sentimento, talvez um medo latente, suscetível a tornar-se manifesto em outra conjuntura?

— No que concerne a Turgueniev, na segunda parte da sua vida cosmopolita, deu provas, ao contrário, de uma atitude penetrante e humana para com suas episódicas personagens judias[31]. Mas de uma maneira geral, a benevolência que a sociedade russa testemunhava aos judeus durante alguns anos não teve um verdadeiro par literário. Sua entrada nesta sociedade não deixou de renovar a maneira de "tratar o assunto", mas as descrições tendem doravante a pôr em relevo o poder e mesmo o perigo judeus, e a reação geral é a de uma rejeição. Esta reação se acentua rapidamente, no curso dos anos de 1870. Colocando-se acima da refrega, o crítico Nicolau Mikhailóvski resumia assim a situação: "Comparando as figuras de Potiomkin, o magnífico príncipe de Táurida, e de Samuel Solomonovitch Poliakov, é possível lamentar que *isto tenha matado aquilo,* ou então alegrar-se com isso... mas não é possível negar que *isto tenha matado aquilo*".

Efetivamente tudo leva a crer que nestes anos da industrialização incipiente, o espetáculo dos primeiros milionários judeus, os Guinzburg ou os Poliakov, chocava muito mais a sensibilidade nacional que a vista dos novos ricos autóctones. É assim que Nicolai Nekrassov, o bardo do sofrimento do povo russo, fazia contrastar num poema o grande mercador eslavo, que conhece o remorso, que joga dinheiro pela janela, e o *jid* financista, que explora e pilha sem escrúpulos, para aplicar no estrangeiro o fruto de suas extorsões. Mas para compreender bem os novos acentos do decênio 1870-80, importa não perder de vista alguns outros fatores, como o exemplo dado pelo ocidente, onde estreavam na Alemanha as primeiras campanhas anti-semitas na base da argumentação racial, uma argumentação que facilmente passava na Rússia (assim o constatava um observador atento)[32], pela "última palavra da ciência". É preciso mais ainda levar em conta a exaltação patriótica da guerra russo-turca de 1877 quando Disraeli, esse símbolo ou alvo predileto, fez parar de um golpe a marcha do exército russo em direção a Constantinopla. Era essencialmente a partir desta guerra que o observador privilegiado do anti-semi-

diferentemente, pois não fala de uma "cena dolorosa", mas de uma indizível angústia, que no entanto não impedia o sorriso: "Nam bylo jutko, strachno jutko".

31. Assim, em *O Fim de Tchertopkhanov* e sobretudo em *A Moça Infeliz* — onde meu erudito amigo Alexandre Zviguilsky acredita poder reconhecer, na personagem do pretensioso músico alemão, Richard Wagner! (Esses dois contos datam de 1865-1870.)

32. Elie de Cyon, um agente do governo russo em Paris, no fim do século XIX. Esse publicista, judeu converso, criticava as campanhas anti-semitas, cf. seu livro *La Russie contemporaine*, Paris, 1892, p. 319.

tismo russo que foi o Conde Ivan Tolstói, antigo ministro da Instrução Pública, datava o ascenso de um sentimento antijudeu virulento tanto nas altas esferas quanto no seio das massas populares[33]. Ora encontram-se certos elementos em apoio desta idéia tanto na obra de Dostoiévski quanto naquela do grande Leão Tolstói, merecendo seus escritos contraditórios sob esse ponto de vista como sob muitos outros toda nossa atenção. Em 1861, Dostoiévski, polemizando com o eslavófilo extremista Ivan Aksakov, preconizava a ab-rogação das leis de exceção antijudaicas; em 1873, pela primeira vez, ele se punha a desancar os *jids* com grande violência. Em 1876 voltava à carga repetidas vezes, seja denunciando os *jids* financistas que, segundo ele, estavam a ponto de reestabelecer em proveito próprio a servidão dos camponeses, seja atacando Disraeli (Lorde Beaconsfield, *né Israel*[34] escrevia ele), a *piccola bestia*, a tarântula, que se serve dos turcos para crucificar os irmãos eslavos dos Balcãs[35].

Em março de 1877, tendo como fundo a exaltação patriótica russa, e estimulado ainda por uma carta de censuras que de sua cela lhe dirigia uma espécie de "Raskolnikov judeu", Albert Kovner[36], Dostoiévski desenvolvia mais extensamente suas concepções. Na segunda parte do mesmo fascículo do *Diário de um Escritor*, pregava uma cruzada a fim de conquistar Constantinopla e libertar

33. O Conde Ivan Tolstói era uma grão-senhor liberal essencialmente conhecido em sua qualidade de numismata e arqueólogo. Fizera parte do gabinete "constitucional" formado por Witte no dia subseqüente aos distúrbios revolucionários de 1905, como Ministro da Educação, de outubro de 1905 a abril de 1906. Após sua demissão, redigiu um penetrante estudo sobre o anti-semitismo russo: *Fatos e Reflexões, a Vida dos Judeus na Rússia*, São Petersburgo, 1907. Lê-se aí em especial: "Como se sabe, afirmaram-se as tendências anti-semitas, sob o Imperador Alexandre III, não somente nas altas esferas, mas também de modo geral entre o povo russo que, emprestava à política nacionalista "grande russa" deste príncipe seu apoio moral, e lhe testemunhava sua calorosa simpatia. Este alento do patriotismo russo, tão fraco antes, era em parte devido ao término feliz da guerra empreendida para libertar os irmãos eslavos dos Balcãs do julgo dos turcos. Mas a juventude estudantil, e particularmente a juventude judia, não tomou parte neste acesso patriótico, pelo contrário, a ele se opôs, entregando-se até cada vez mais às conspirações antigovernamentais". Cito conforme a tradução alemã: Graf. I. TOLSTÓI, *Der Antisemitismus in Russland*, Frankfurt am Main, 1909, pp. 72-73.

34. Em francês no texto.

35. *Diário de um Escritor*, abril e setembro de 1876; cf. trad. Jean Chuzeville, Paris, 1951, p. 333 e *passim*.

36. Albert (ou Urie) Kovner era um judeu de Vilna, educado na mais estrita ortodoxia. Adulto, desvincula-se e colabora em diversos jornais russos; simultaneamente era redator em um grande banco. Problemas familiais, além de considerações "de princípio" o induziram a cometer uma fraude de mais de 150 000 rublos; mas, deixou-se prender rapidamente. De sua prisão, e logo depois de seu exílio, correspondia-se com Dostoiévski e com outros escritores russos.

a Igreja do Cristo. É esta então a idéia dostoievskiana da missão do povo russo, povo redentor do gênero humano. Pode-se admitir que o encontro dos dois temas sob a mesma cobertura refletia sua contigüidade interna, chocando-se o ímpeto profético com a primogenitura espiritual do "povo eleito"; daí um furor do qual, de Maomé a Lutero e de Voltaire a Marx, já levantamos tantos exemplos nos volumes precedentes. Mas, vejamos isso mais de perto.

O texto traz o título de "A Questão Judaica"; mas Dostoiévski frisa, de pronto, que semelhante título só pode ser um gracejo, pois o autor não é capaz, diz ele, de enfrentar uma questão tão imensa. Mas ele pode ter, entretanto, uma opinião; ele não ignora que esta interessa aos judeus (cita longamente "a admirável" carta de Kovner). Na seqüência do texto é possível distinguir três grandes motivos.

Em primeiro lugar declara Dostoiévski que os russos, generosos como são (começando por ele mesmo), em absoluto não querem mal aos judeus, o que não é verdade, por exemplo, que o russo comum nutre um ódio religioso a seu respeito, do gênero, por exemplo: "é porque Judas matou Cristo"; apenas as crianças e os beberrões amiúde raciocinam às vezes assim, continua ele, cometendo um lapso imenso [37]. São os judeus que, segundo ele, tratam o povo russo de uma maneira superior, e o desprezam e o odeiam; "esses sentimentos não são nada mais que muito naturais", comenta ele (está evidente aqui a "projeção"). Entretanto, os judeus não cessam de se queixar de seu aviltamento e de seus sofrimentos: "seria de crer que eles não governam a Europa, que eles não regem, pelo menos lá adiante, as bolsas e, por conseqüência, a política, os negócios interiores, a vida moral dos Estados". É este pois o segundo motivo, tão banal na época, e que os *Protocolos dos Sábios de Sião* consagrarão definitivamente: "está próximo seu reino, seu reino absoluto!" Às vezes, a visão dostoievskiana de um mundo enjudaizado faz pensar na do jovem Marx de 1844, e ele diz: "nós falamos da judiaria que abraça o mundo, em vez do cristianismo "abortado" [38].

Resta o terceiro motivo, e é aí que se manifesta a possante originalidade de Dostoiévski. De fato, nenhum outro grande profeta do anti-semitismo, nem antes nem depois dele, interrogou-se, como ele o faz, sobre a legitimidade de sua escatologia antijudaica. Ele confessa suas incertezas repetidas vezes: embora afirmando a exis-

---

37. Efetivamente, *são as crianças e os bêbados que, proverbialmente, dizem a verdade*! Nota-se que na tradução antes citada de Jean Chuzeville (onde "A Questão Judaica" se encontra nas pp. 487-502) lê-se na p. 493: "os garotos e as *amas-de-leite*". No entanto trata-se das crianças (ou garotos) e dos *bêbados* que cita o texto original de Dostoiévski.

38. Marx escrevia em sua *Questão Judaica* de 1844: "Os judeus se emanciparam na mesma medida em que os cristãos se tornaram judeus (...) O cristianismo emanou do judaísmo, e acabou por se reconduzir ao judaísmo." Cf. nosso vol. III, pp. 356-363.

tência de "leis esotéricas e quiçá ocultas, que protegem a idéia judia", declara que é impossível pronunciar-se sobre a verdadeira natureza desta idéia, "dado que os tempos e os prazos fixados não estão ainda todos decorridos, apesar de terem passado quarenta séculos, e que a humanidade ainda não disse sua última palavra sobre este grande povo". Mais adiante fala, sempre a propósito da "idéia judia", de "algo universal e profundo sobre o que sem dúvida a humanidade ainda não está em condições de pronunciar-se". Convém lembrar também sua advertência, meio irônica, meio séria: "Não estou à altura". E ele vem exortar: "Os senhores Judeus Superiores" a não se desviar do "seu Jeová de quarenta séculos... Não é tão-somente do ponto de vista nacional que eles estão enganados, mas por outras razões de uma importância primordial" (é permitido observar a esse respeito que a única personagem judia sobre a qual Dostoiévski se demora um pouco em sua obra de romancista, o miserável blasfemador "niilista" Liamchin, é um judeu *converso*). E ele continua: "Então, isso não é uma coisa estranha: judeus sem Deus, pode-se conceber isso? Não seria possível imaginar o que vem a ser um judeu sem Deus" (aqui, cabe pensar na problemática dostoievskiana do suicídio, e na misteriosa sentinela *judia* de *Crime e Castigo*, que impede Svidrigailov de se suicidar: "Aqui, não é permitido, aqui não é o lugar!").

Acrescentemos que a data do texto, março de 1877, oferece um duplo interesse. De fato, pouco depois Dostoiévski começava a freqüentar a corte imperial, e parecia ter sido promovido à função de pensador oficial do regime czarista [39]. Em conseqüência ele, que em janeiro de 1877 sonhava com uma fusão das "raças de Jafé, de Sem e de Cam" [40], punha-se a glorificar em agosto de 1880 [41], pouco antes de sua morte, a "grande raça ariana!" Por outro lado, em 1878 e 1879, o jornal com o qual ele colaborava (o *Grajdanin*), se encarniçava em promover a lenda do assassinato ritual. Dostoiévski o romancista imediatamente apoderou-se desse tema para introduzi-lo em *Os Irmãos Karamazov*. A adolescente Lisa, fascinada pelo sofrimento e pelo sangue, que lera um livro sobre os assassinatos rituais dos judeus, imagina e descreve a seu amigo Aliocha os infinitos prazeres que eles sabem tirar daí, e pergunta-lhe se efetivamente eles matam as crianças cristãs. "Eu não sei", responde Aliocha. Por mais sádica que seja a evocação, antecipando os delírios de seu intérprete Rosanov [42], notar-se-á que Dostoiévski, pela boca de Aliocha, mais uma vez nos diz: "Eu não sei".

Tolstói, este, nos parece seguro de suas verdades, tanto na questão dos judeus quanto nas outras. Em sua obra surgem *jids*

---

39. Cf. L. GROSSMANN, "Dostoiévski e os Círculos Governamentais dos Anos 1870 (em russo), *Literaturnoié Nassliedstvo*, n.º 15, Moscou, 1934, pp. 83-492.
40. No *Diário de um Escritor*.
41. *Ibid.*, "Discurso sobre Púchkin".
42. Cf. mais adiante, pp. 126-127.

com bastante freqüência, mas episodicamente, na qualidade de pequenos traficantes, usuários ou mascates, tanto em *Sebastopol* quanto em *Guerra e Paz*. Em *Ana Karenina*, o judeu "Bolgarinov" ocupa igualmente apenas algumas linhas, mas é um judeu de têmpera bem diferente. Lembremo-nos que este romance foi concluído em 1878 (no epílogo, fala-se extensamente da guerra russo-turca), e que tratava da sociedade russa contemporânea. Perto do fim do livro o irmão de Ana, o amável *stiva* Oblonski, tenta aumentar seus recursos por meio de uma sinecura, e se empenha nas tratativas. A sinecura "dependia de dois ministros, de uma dama e de dois judeus [43]. Um deles, que Tolstói chama de "Bolgarinov", é evidentemente sinônimo de "Poliakov" (o "polonês" se tornou "búlgaro"). Este judeu obriga Oblonski a esperar durante duas horas, para recebê-lo finalmente "com uma rara cortesia, visivelmente feliz de tê-lo humilhado, e quase pondo-o para fora". Isto é tudo o que ficamos sabendo de Bolgarinov-Poliakov. É lícito observar a este respeito que se um aristocrata russo (é nesta ocasião que somos inteirados de que Oblonski descende de Rurik) podia imputar tais sentimentos a um *parvenu* judeu, o contentamento deste devia exprimir mais a vaidade satisfeita de fresca data do que uma secular vindita enfim saciada. Mas que os judeus tenham constituído uma pedra de tropeço para a arte de Tolstói ressalta ainda mais de *Ressurreição*, seu terceiro grande romance.

Sua redação data efetivamente dos anos 1895-1900, quando se manifestou uma nova reviravolta na visão sócio-literária russa a respeito do judeu. Nesta época de perseguições e *pogroms* Tolstói queria, assim o atestam as variantes inéditas, colocar um judeu exemplar, um deportado político, para fazê-lo casar-se na Sibéria com Katiucha Maslova, a heroína do romance. Esse deportado, "Wilhelmson", nos é apresentado como "um judeu firme, inteligente e sério"; nos é dito também que, único entre os exilados, ele é um não-violento, que se opõe aos assassinatos, mesmo os políticos; em resumo, é um autêntico tolstoiano [44]. Mas na versão definitiva, Wilhelmson vira Simonson, um revolucionário que conserva e até desenvolve todas as qualidades do esboço anterior — exceto o de filho de Israel. Parece que o artista Tolstói, que tão bem soube representar a exuberante Natacha Rostova, ou o moribundo Ivan Ilitch, ou até mesmo o cavalo Kholstomier, não conseguia identificar-se com um judeu.

No que tange ao homem Tolstói, ele rodeiou-se na velhice tanto de judeus, como o pianista Goldenweiser, quanto anti-semitas, como o seu médico particular Makovitski (seu ilustre cliente não

---

43. Sétima parte, cap. XVII.

44. Cf. *Obras*, vol. XXXIII, Moscou, 1935, "quinta variante", pp. 217-261, e especialmente p. 240 e p. 243. Mais adiante, "Wilhelmson" narra que sua mãe lhe enviou, quando estava na prisão, uma Bíblia "de texto russo-judeu". Diversos detalhes, mas sobretudo o próprio nome de *Wilhelmson*, atestam a ignorância de Tolstói sobre o mundo judaico.

via nele senão "este defeito aí"⁴⁵). Mas parece que o homem sentia as mesmas dificuldades que o romancista para falar publicamente dos judeus. Ele mesmo o confessava: ao assinar em 1890 uma ação de protesto coletivo, escrevia ao seu amigo, o filósofo Vladimir Soloviev que não tinha vontade de tratar deste tema, e a seu professor de hebraico Goetz, que outros assuntos o tocavam mais e que não saberia falar deste de maneira a comover o público⁴⁶. Mesmo em 1903, imediatamente após o grande *pogrom* de Kichinev, escrevia ele que aquilo que teria podido dizer sobre esta abominação era impublicável⁴⁷ — como se ele não tivesse desafiado tantas vezes o czarismo com suas mensagens em favor dos sectários russos ou dos revolucionários, como se ele não fosse o autor do célebre *Não me Posso Calar Mais*, reproduzido pelos jornais do mundo inteiro. Dois anos mais tarde a derrota russa ante o Japão trazia-lhe à memória os *pogroms*, mas era para associar os judeus aos japoneses em sua qualidade de não-cristãos:

> Este desastre, anotava ele no seu *Diário*, não é tão-somente o do exército russo, da frota russa, do Estado russo, mas o da civilização pseudocristã... A desagregação começou desde longa data pela luta pelo dinheiro e pelo sucesso no plano das atividades ditas artísticas e científicas, nas quais os judeus bateram todos os cristãos em todos os países do mundo, tendo atraído por isso mesmo a inveja e o ódio de todos. Hoje, os japoneses agiram do mesmo modo no plano das atividades militares, demonstrando manifestamente, pela força bruta que há um objetivo para o qual os cristãos não devem tender, em cuja perseguição eles sempre malograrão, vencidos como serão pelos não-cristãos⁴⁸.

Mais curiosa ainda era a carta que dirigia em 18 de novembro de 1906 a seu apóstolo Tchertkov. Escrevia que acabara de ler três livros sobre Cristo, dos quais "o livro do alemão Chamberlain, [mostrando] que Cristo não era judeu"⁴⁹, e ele aparentemente tornava sua a idéia deste racista iluminado segundo a qual o drama da humanidade provinha de uma antinomia racial entre Cristo e São Paulo: "Eu gostaria de escrever alguma coisa para demonstrar como o ensinamento de Cristo, que não era judeu, foi substituído pelo ensinamento muito diferente do apóstolo Paulo que, ele sim, era judeu; mas duvido que possa fazê-lo. Falta-me tempo e além do mais tenho outras tarefas urgentes. Mas é um tema admirável e

---

45. Cf. HENRI TROYAT, *Tolstoi*, Paris, 1965, p. 733.

46. Cf. A correspondência Tolstói-Soloviev, *Literaturnoié Nassliedstvo*, n.ᵒˢ 37-38, Moscou, 1939, pp. 268-276.

47. Cf. A carta de 6 de maio de 1903 ao "Encarregado das contribuições em favor dos judeus sinistrados".

48. *Obras*, vol. IV, Moscou, 1937, pp. 148-149; cf. também H. TROYAT, *Tolstoi, op. cit.*, p. 711.

49. Tratava-se de *Grundlagen des XIX-ten Jahrhuderts* (*Gênese do Século XIX*). Sobre Houston Stewart Chamberlain, ver L. POLIAKOV, *O Mito Ariano*, pp. 310-317.

importante"[50]. Chamberlain jamais soube que conseguira um prosélito tão ilustre; a falta de tempo não permitiu a Tolstói macular sua obra com um tratado de teologia racista.

Assim, tal como Dostoiévski, o patriarca de Iasnaia Poliana se deixava ao fim da sua vida contaminar pela mitologia ariana; e todos os dois o faziam à base da autoridade de uma ciência ocidental na qual viam, cada um à sua maneira, um falso valor, talvez até o último ardil do Malino.

Entretanto, pelo fim do século XIX, muda de novo a atitude dos intelectuais russos: torna-se embaraçoso, quase indecente atacar os judeus. Não é que os êxitos financeiros, que em 1870-1871 pareciam tão ameaçadores, tenham se tornado excepcionais; ao contrário, a Rússia converte-se no "país das possibilidades ilimitadas", e os judeus tiram proveito disso da mesma forma que tantos alemães, gregos, armênios, e também, comerciantes autóctones. Mas eis que os judeus são saqueados e assassinados em número crescente: na prática, os *pogroms* só se abatem sobre os proletários judeus, no entanto, tudo se passa como se os Rothschild ou os Poliakov houvessem de pronto se tornado inofensivos, tão verdade é que o povo disperso de Israel forma apenas um único corpo aos olhos das nações. Mas se exageraria ao escrever que doravante os escritores russos (ao menos aqueles dos quais a posteridade reteve os nomes) aplicam na matéria o princípio *aut bene, aut nihil* (ou bem ou nada). E é assim que os dois grandes retratistas de costumes Saltikov e Leskov que antes dos *pogroms* de 1881-1882 pareciam rivalizar em ferocidade[51], se transmutam em defensores apaixonados. O primeiro escreve desde o verão de 1882: "Não existe crônica mais dilacerante que a crônica desse tormento sem fim infligido pelo homem ao homem"; o segundo publica em 1884 *Os Judeus na Rússia*, talvez a apologia mais fervorosa devida a um autor cristão do século XIX[52]. Somente Tchekhov, entre os grandes escritores russos da nova geração, permitir-se-á ridicularizar os judeus em numerosos contos, sem nenhum fel mas também sem o menor complexo. Outros, por exemplo, Máximo Gorki, confessarão que a simples idéia do judeu os enche "de confusão e de vergonha": em conseqüência, esta personagem é neles sempre "boa"[53]. Reconhecer-se-á nesta evolução a elevada idéia que os escritores russos se faziam de sua missão.

50. *Obras*, vol. LXXXIX, Moscou, ed. do Centenário, pp. 50-52.
51. SALTIKOV, em *O Ano Difícil, O Diário de um Provinciano em São Petersburgo* e *Um Idílio Contemporâneo*; LESKOV, em *O Melamed Austríaco* e *Jidovskaia kuvyrk-kolleguia* (este título é intraduzível).
52. Cf. S. DUBNOV, *História Moderna do Povo Judeu* (em russo), Berlim, 1932, vol. III, p. 164 e H. MAC LEAN, "Theodore and Christian looks et Abraham the Jew; Leskov and the Jews", *California Slavic Studies* n.º 7. Este excelente estudo me foi comunicado pela Sra. Anne-Marie Rosenthal.
53. Cf. J. KUNITZ, *Russian Literature and the Jew*, op cit., pp. 140 e s.

Chegaremos agora ao essencial, isto é, às técnicas político-policiais da difamação e da perseguição dos judeus elaboradas de 1881 a 1914-1918 pelo regime czarista.

2. O CAMINHO DOS *POGROMS*

Depois que a maior parte da Polônia foi anexada à Rússia, as novas autoridades tiveram de enfrentar, entre muitos outros problemas, o dos "assassinatos rituais judaicos", que, em meados do século XVIII, agitaram grandemente a opinião pública polonesa: "o sangue das crianças cristãs, derramado pelos infiéis e pérfidos judeus, grita aos céus!" exclamara na época o Rei Augusto II [54]. Em sua grande pesquisa de 1799-1800, Gavrila Derjavin era da opinião, como homem das Luzes que era, que, embora a lei de Moisés não prescrevesse nada a respeito, era altamente provável que judeus fanáticos, esses "enganadores enganados", cometessem de vez em quando tais crimes [55]. Uns trinta anos mais tarde, Nicolau I raciocinava de maneira assaz semelhante: "Sem pensar que este costume possa ser comum a todos os judeus, não poderia no entanto repelir a idéia de que existem entre eles fanáticos tão horrorosos quanto os que se encontram entre nós outros cristãos" [56]. Em 1840, "o caso de Damasco" reacendera a antiga suspeita através da Europa toda[57]. Para ter a consciência limpa, o czar encarregou seus funcionários, e nomeadamente o célebre folclorista e lexicógrafo Vladimir Dahl, de efetuar um novo inquérito. Este, num trabalho de mais de cem páginas [58], adotava praticamente a opinião de Nicolau I, concluindo que os assassinatos rituais não eram praticados nem sequer conhecidos pela maioria dos judeus, mas que eram de uso e vezo na "fanática seita dos Hassidim" (os quais seus adversários judeus também acusavam de "horríveis costumes secretos") [59]. O trabalho de Dahl foi impresso em dez exemplares em 1844, reservados, sem dúvida por motivos de ordem pública, a alguns altos funcionários apenas, e o público, incluindo os judeus,

54. *De Cristo aos Judeus da Corte*, op. cit. pp. 230-231.
55. Cf. DERJAVIN, *Obras*, São Petersburgo, 1878, vol. VII, *Estudo sobre os Judeus*.
56. Cf. S. DUBNOV, *História Moderna do Povo Judeu*, op. cit., vol. II, pp. 190-191.
57. Sobre o caso de Damasco, ver *De Voltaire a Wagner*, pp. 294-298.
58. DAHL, "Inquérito sobre o Assassinato Ritual de Crianças Cristãs pelos Judeus e a Utilização de seu Sangue". Este trabalho foi reimpresso por ocasião do famoso processo Beilis, sob o título de *Nota sobre os Assassinatos Rituais*, São Petersburgo, 1914 (sem menção do autor).
59. Sobre essas acusações, suscitadas sobretudo pelos judeus tradicionalistas (*mitnagdin*) ver S. DUBNOV, *Geschichte des Hassidismus*. Berlim, 1931, vol. II, pp. 197 e s.

jamais tomou conhecimento dele [60]. Entretanto, de tempo em tempo verificavam-se processos por assassinato ritual: assim, em 1869, em Kutais, no Cáucaso (foi este processo que despertou as suspeitas de Dostoiévski). Na mesma época o ex-padre polonês Hipólito Lutostanski, que havia se convertido à ortodoxia, redigiu um longo tratado sobre os homicídios rituais; ele ofertou um exemplar ao príncipe herdeiro, o futuro Alexandre III que, em recompensa, o presenteou com um anel cravejado de brilhantes; de onde se vê até que ponto, desde a época do seu avô Nicolau, as susperstições antijudaicas se tinham adensado no seio da família Romanov [61]. Ao mesmo tempo, travava-se uma discussão pública a este respeito, e o órgão semi-oficial *Novoie Vrémia*, o mais importante jornal cotidiano russo, publicava um estudo do historiador Nicolai Kostomarov sobre os crimes rituais que os judeus teriam outrora cometido na Ucrânia [62].

Mas é evidente que à exemplo do Ocidente, russos cultos da época se deixavam arrastar mais facilmente pelos fantasmas político-econômicos do dia que pelos delírios antigos. Desde 1862, o ideólogo eslavófilo Ivan Aksakov se levantara contra a emancipação dos judeus e, em 1867, ele voltava à carga, parafraseando, o detalhe é digno de nota, a famosa fórmula de Karl Marx [63]: "A verdadeira questão, escrevia ele, não é emancipar os judeus, mas a população russa dos judeus, de libertar os homens russos do Sudoeste do jugo judeu" [64]. Pouco depois, Aksakov encontrava um aliado eficaz na pessoa de Jacob Brafman.

Este converso, professor de hebraico no seminário ortodoxo de Minsk, era o perito do Santo Sínodo para os problemas da missão junto aos judeus. A partir de 1867, ele começou a publicar no *Correio de Vilna* artigos sobre a vida e os usos das comunidades judias, que lhe forneceram em seguida a matéria para duas volumosas obras, com documentários anexos em apoio, *O Livro do Kahal* e *As Confrarias Judaicas Locais e Universais*, ambas publicadas em 1869. Elas foram difundidas por conta do governo entre os serviços administrativos, e permitiram que Brafman se tornasse membro ativo da Sociedade Imperial de Geografia [65]. Em *O Livro*

60. SIMON DUBNOV, em sua *História Moderna do Povo Judeu*, publicada em 1923, desconhece ainda o inquérito de Dahl e sua publicação secreta.

61. A obra de Lutostanski se intitulava: *A Utilização de Sangue Cristão pelos Judeus*. Cf. S. DUBNOV, op. cit., vol. III, p. 100.

62. Ibid., vol. II, p. 381.

63. "A emancipação *social* do judeu significa a *emancipação da sociedade do judaísmo*". É sobre essa fórmula que se concluía *A Questão Judaica* de Marx.

64. Aksakov intitulava seu artigo de 1867: "Não é da emancipação dos judeus que é preciso falar, mas da emancipação dos cristãos do judaísmo". *Obras*, Moscou, 1886, vol. III, p. 768.

65. Ver o artigo "Brafman" da *Enciclopédia Judaica* (em russo), São Petersburgo, 1912, vol. II, pp. 917-999.

do Kahal, ele pretendia revelar "os procedimentos e os meios dos quais se servem os judeus, apesar das leis que limitam seus direitos civis nos países onde moram, para conseguir eliminar do comércio e da indústria os indivíduos das outras religiões e para concentrar nas suas mãos todos os capitais e todos os imóveis" [66]. Mas como os judeus se arranjavam para fazer isso? Eis o resumo que Aksakov apresenta do *Livro do Kahal*:

> Parece que cada proprietário de imóvel cristão é vendido pelo *kahal* a um judeu, vendido, como objeto de exploração, em sua pessoa e em seus bens: isto não é uma forma de falar, mas um termo jurídico, porque a transação é selada por um ato de venda especial. Da mesma maneira, povoados, localidades inteiras, com todos seus habitantes (cristãos, evidentemente) são objeto de compra e venda. Sob a coberta de nosso direito civil, é toda uma outra "ordem jurídica" diferente, ordem secreta e negadora, que reina e submete à jurisdição judaica não somente os judeus, mas também os russos, mesmo à sua revelia... [67]

Revelações ainda mais espantosas eram feitas por Brafman em *As Confrarias Judias Locais e Universais*. "As confrarias, anunciava ele, são por assim dizer as artérias essenciais da sociedade judaica (...) elas unem todos os judeus, dispersos pela terra, num só corpo poderoso e invencível" [68]. Desta maneira, os *kahals* do mundo inteiro estavam por sua vez submetidos a uma direção única e esta direção, instalada na França, país da Revolução, não era outra que a Alliance Israélite Universelle. (Segundo um êmulo de Brafman, esta Aliança, "velha como o mundo", foi o motor real do cataclisma de 1789 [69]). Já em 1871 o governador-geral de Kiev, o Príncipe Dondukov-Lorsakov, apoiava-se nesta revelação para atrair a atenção de Alexandre I para o perigo representado pela Aliança, e para reclamar um reforço da legislação antijudaica [70]. À medida que se desenvolvia o movimento revolucionário e os atentados terroristas se multiplicavam, a inquietude que se apoderava dos círculos dirigentes os fazia prestar um ouvido mais atento a esses delírios.

Além do mais, é preciso dar a devida parte aos hábitos inveterados do espírito que, tal como nos tempos de Ivan o Terrível — ou como na época de Hitler — levavam a qualificar de "judeu"

---

66. Cf. a tradução francesa, *Livre du Kahal, matériaux pour étudier le judaisme en Russie et son influence sur les populations parmi lesquelles il existe*, por J. Brafman, Odessa, 1873, Prefácio, pp. III-IV.

67. "A propósito dos artigos de Brafman sobre o *Kahal*", *Obras*, vol. III, p. 747.

68. *Livro do Kahal* op. cit., Cap. III, pp. 15-16, *Das Confrarias Judias*...

69. Cf. *Révelations sur l'assassinat d'Alexandre II*, pelo Major Osman-Bey, Genebra, 1886, pp. 46-47. Sobre "Osman-Bey", cujo nome verdadeiro era Millinger, ver NORMAN COHN, *Histoire d'un mythe. La "Conspiration" juive et les "Protocoles des Sages de Sion"*, Paris, 1967, pp. 61-63.

70. Cf. DUBNOV, *op. cit.*, vol. II, pp. 374-375.

tudo o que era novo ou desagradável, tudo o que parecia hostil ou estranho, porque era "não-cristão" (ou não-ariano). Este mecanismo clássico, mais refinado em uns, mais primitivo ou grosseiro em outros, nós podemos captá-lo ao vivo nas cartas trocadas entre Dostoiévski e seu amigo e protetor Pobiedonostsev, o procurador do Santo Sínodo e preceptor de Alexandre III primeiro e mais tarde de Nicolau II.

No verão de 1879 Dostoiévski que sofria de um enfizema, fazia sua temporada anual de cura em Ems. Na sua carta a Pobiedonostsev queixava-se de seu estado de saúde, do efeito deprimente da paisagem e da multidão de pessoas vindas de todos os cantos da Europa: "Tudo é estrangeiro, completamente estrangeiro — é insuportável. Isto deve demorar umas cinco semanas desse jeito. E note bem, literalmente a metade são *jids*. Ainda de passagem por Berlim observei que a Alemanha, ao menos Berlim, se judaíza".

Reparar-se-á que Dostoiévski não afirmava que os comerciantes alemães eram judeus: contentava-se em dizer que eles haviam se tornado desonestos, em um mundo que se judaizara. Pobiedonostsev ia muito mais longe:

> O que o senhor escreve a respeito dos judeus é perfeitamente justo, respondia ele a Dostoiévski. Eles invadiram tudo, minaram tudo, mas *l'esprit de ce siècle*[71] trabalha em prol deles. Eles estão na raiz do movimento social-democrata e do czaricídio, eles são os donos da imprensa, o mercado financeiro encontra-se em suas mãos, eles reduzem as massas populares à escravidão financeira, são eles que determinam os princípios da ciência contemporânea, que tende a situar-se fora do cristianismo. E com tudo isso, desde que se trata deles, um coro de vozes se eleva em favor dos judeus, supostamente em nome da civilização e da tolerância, isto é, da indiferença ao mesmo tempo. E ninguém ousa dizer entre nós que os judeus têm tudo entre suas mãos. Eis que já a nossa imprensa se torna judia. A *Russkaia Pravda*, a *Moskva* e, se quiser o *Goloss* são órgãos judaicos, e apareceram jornais especiais: *O Judeu*, o *Correio Judeu* e a *Biblioteca Judaica*.
> Minhas cordiais saudações...[72]

Não é possível manifestar de maneira mais nítida que tudo o que não era ou não mais era "cristão" ao gosto de Pobiedonostsev era "judeu" para ele, a começar pelos "princípios da ciência contemporânea", e a acabar pelos três diários liberais que ele atacava especificamente. Em face às transformações sociais e mentais da época das quais fazia parte o ascenso da indiferença religiosa os sempre mais numerosos zeladores, na Rússia como no Ocidente passavam dessa maneira a acusar o judaísmo sem no entanto escapar de outra parte ao implacável "espírito deste século", visto que acabava cedo ou tarde adotando um anti-semitismo moderno e científico. Certamente, a Rússia levou tempo a situar-se sob este aspecto ao compasso ocidental; os czares e sua corte se interessavam tão

---

71. Grifado no texto na carta.
72. Carta de 31 de agosto de 1879; cf. "Dostoiévski e os Círculos Governamentais...", *Literaturnoié Nassliedstvo* n.° 15, 1934.

pouco quanto as massas populares por doutrinas raciais. Mas, sempre neste mesmo ano de 1879, o oficioso *Novoie Vrémia* publicava longos extratos do célebre panfleto de Wilhelm Marr, *A Vitória do Semitismo sobre o Germanismo*, e prometia aos eslavos o mesmo destino desastroso [73]. No ano seguinte, sob o título muito sugestivo de "O Jid em Marcha", o *Novoie Vrémia* precisava estas inquietantes perspectivas, apoiando-as em certos dados estatísticos, aliás exatos: os judeus, que não constituíam mais de 3% da população russa, forneciam de uma parte 7% dos condenados políticos e de outra, mais de 10% dos ginasianos; esta última porcentagem tinha passado de 9,9% em 1876 para 10,7% em 1877. Onde se deterá esta marcha? perguntava-se o jornal; o que acontecerá dentro de decênios? A russificação dos judeus, outrora uma pedra angular da política dos czares, parecia doravante cheia de ameaças aos olhos dos pilares mais fiéis do regime.

É possível dizer que, de uma certa maneira, as conseqüências do assassinato de Alexandre II em 1.º de março de 1881 deram consistência a todos esses temores.

O terrorista que lançara a bomba, Ignace Grinevitzki, era descrito no relatório oficial como um russo bastante típico, "de rosto redondo e cheio, de nariz grande", mas no dia seguinte ao atentado o *Novoie Vrémia* falava de "um indivíduo de tipo oriental, de nariz curvo" [75]. Mais abertamente o *Correio de Vilna*, órgão que havia propagado os textos de Jacob Brafman, acusava "os judeus" [76]. Mas vejamos qual foi a situação na Rússia, após o czaricídio.

O atentado bem-sucedido era apenas o último de uma série toda de atentados malogrados, preparados pela "Narodnaia Volia", uma organização pequena em número, mas de uma eficiência extraordinária, composta quase unicamente, talvez não seja inútil especificar, de russos autênticos [77]. O pavor que se apoderou dos círculos da corte e das esferas dirigentes é assim descrito pelo Grã-Duque Constantin, um irmão de Alexandre III:

73. Cf. DUBNOV, *op. cit.*, vol. III, p. 98.

74. *Ibid.*; cf. também J. KUNITZ, *Russian Literature and the Jews, op. cit.*, p. 186.

75. Cf. *Novoie Vrémia*, 4 de março de 1881 (o relatório oficial), e 3 de março "indivíduo de tipo oriental".

76. Cf. *Dados sobre a História dos Pogroms Antijudaicos na Rússia* (em russo), 1928, p. XXXI.

77. O único membro judeu da organização era uma mulher, Hessia Guelfman. Grávida na época do atentado, escapara por isso da morte por enforcamento, mas morreu pouco depois na prisão.

Nós atravessamos a época do Terror, com a diferença porém que os parisienses viam então seus inimigos frente a frente, enquanto nós não os vemos, não os conhecemos e não temos mesmo a mínima idéia de seu número... O pânico é geral: as pessoas definitivamente perderam a cabeça e dão fé aos rumores mais absurdos[78].

A seguir outros rumores, ou "contra-rumores" foram postos em circulação, e retomados por diversos jornais da Rússia Meridional: a indignação popular que crescia ia levar a uma explosão, que se voltaria contra os judeus culpados ou contra os judeus exploradores[79].

Efetivamente, no correr da Semana Santa de 1881, semana sempre propícia aos excessos antijudaicos, estourava um *pogrom* em Elisavetgrado (o atual Kirovoogrado) seguido de outros, mais importantes, em Kiev e Odessa, e em dezenas de outras localidades médias e pequenas. Seu desenrolar assaz estereotipado era assim descrito por Anatole Leroy-Beaulieu, o melhor conhecedor francês dos assuntos russos:

As arruaças anti-semitas ocorreram num dia determinado, quase em toda a parte segundo o mesmo processo, para não dizer segundo o mesmo programa. Começavam pela chegada de bandos de agitadores trazidos pelos trens. Freqüentemente, desde a véspera, haviam sido afixados cartazes acusando os judeus de serem os inventores do niilismo e os assassinos de Alexandre II. Para atiçar as massas, os cabecilhas liam, nas ruas ou nas tavernas, jornais anti-semitas cujos artigos eles propalavam como sendo ucases mandando espancar e saquear os judeus. Tinham o cuidado de acrescentar que, se os ucases não haviam sido publicados, a culpa cabia às autoridades que tinham sido compradas por Israel... E de fato, por toda parte se espalhou o boato de que uma ordem do czar dava três dias para pilhar os judeus. Em muitos lugares, a incúria da polícia e a indiferença da administração, às vezes até a passividade das tropas que assistiam, armas ao ombro, o saque do bairro judeu, contribuíam para confirmar esta invenção. Mais de uma vez, os judeus que tentaram defender-se foram presos e desarmados: aqueles que ousaram montar guarda à porta de suas casas, de revólver em punho, eram perseguidos... [80]

O que esta descrição não ressalta suficientemente é a total boa fé da maioria dos pogromistas que, alegremente seguros, acreditavam cumprir um dever: "o czar o quer". Aos que duvidavam, os agitadores mostravam textos que eles apresentavam como sendo oficiais (assim, em Poltava, uma proclamação anti-semita alemã, traduzida e publicada no jornal local!). Havia também casos onde os camponeses pediam atestados por escrito de que eles tinham o direito de não assaltar os judeus[81]; por outro lado, a noção de "judaísmo" e seus limites não constituíam problema para o povo; em

---

78. Citado por CONSTANTIN DE GRUNWALD, *Le tsar Alexandre II et son temps*, Paris, 1963, p. 334.

79. Cf. *Dados sobre a História dos Pogroms... loc. cit.*

80. A. LEROY-BEAULIEU, *L'Empire des tsars et les Russes*, Paris, 1898, vol. III, pp. 614-619.

81. DUBNOV, *op. cit.*, vol. III, p. 108.

Kiev, a multidão se precipitava sobre os passantes "vestidos à européia" e não os soltava até que tivessem feito o sinal da cruz [82].

Mas quem eram os misteriosos "agitadores" ou "cabecilhas" vindos das grandes cidades, quem os haviam instruídos, como se fazia para que as autoridades militares e civis os deixassem agir? Alexandre III, por mais visceral anti-semita que fosse, ficou assustado com os *pogroms*, chegando mesmo a crer durante algumas semanas que eles eram fomentados pelos revolucionários [83]. Esta versão espalhou-se pelo Ocidente, como o mostram os órgãos judeus publicados em Paris [84]. De fato, certos membros da "Narodnaia Volia" entregavam-se efetivamente a uma campanha antijudaica, na esperança de que as desordens conduziriam aos poucos a uma sublevação geral. "Ajudem-nos! Rebelem-se!, era dito numa dessas proclamações, destinadas aos camponeses ucranianos: vinguem-se dos senhores, saqueiem os judeus, matem os funcionários!" [85] Mas, no essencial, a provocação vinha dos meios monarquistas, próximos da corte imperial.

De fato, logo após o dia 1.º de março, alguns grão-duques e oficiais da guarda haviam montado, à revelia do novo czar, uma organização de contraterror, a "Legião Santa", baseada no princípio da estreita compartimentação e dotada de fundos consideráveis. Algumas das suas células eram formadas por voluntários; outras, por policiais profissionais. O principal alvo desta "Legião" ou "Drujina" era o da infiltração no núcleo das organizações revolucionárias. Ela malogrou quase completamente no seu propósito e foi obrigada a pôr-se a pique no outono de 1882. Ora, parece averiguado que neste ínterim algumas de suas células se tinham especializado na promoção de *pogroms*, ainda que fosse apenas para fornecer uma válvula de escape à emoção popular [86]. Mas para Alexandre III e seus novos ministros, os judeus se tornaram, passada a primeira emoção, um bode expiatório cômodo, cujo emprego era perfeitamente justificado pelos golpes que desferiam neles o povo cristão. É nestas condições que, pela primeira vez na história moderna, o anti-semitismo tornar-se-ia, a partir de 1881, um meio de governo.

82. Estes fatos foram relatados no *Novoie Vrémia* de 30 de abril de 1881.

83. Cf. R. KANTOR, "Alexandre III e os pogroms judeus de 1881-1883, Novos Dados", *Iévreskaia liétopis*, Petrogrado — Moscou, 1923, pp. 149-158.

84. Ver *Archives israélites* de 19 de maio de 1881 e *Univers israélite* de 1.º de junho, artigos assinalados por meu amigo Patrick Girard.

85. Cf. DUBNOV, *História Moderna...* op. cit., pp. 122-123.

86. *Ibid.*, pp. 102-103; cf. também A. SADIKOV, "A Sociedade Santa Drujina", *Krassny Arkhiv*, 2 (21) 1927, pp. 200-217. Existe pouco material relativo a esta organização singular, mas o fato de ter ela desempenhado um papel de primeiro plano na preparação dos *pogroms* dificilmente pode ser posto em dúvida.

Em 11 de maio de 1881, o czar assegurava a uma delegação de notáveis judeus que os distúrbios eram promovidos pelos "anarquistas", e que saberia pôr-lhes fim; mas ele falava também da exploração pelos judeus das massas populares, na qual via a causa profunda dos *pogroms* [87]. Simultaneamente, mandava apressar os inquéritos em curso. À medida que estes estabeleciam o papel menor desempenhado pelos revolucionários no desencadeamento dos *pogroms*, o czar imputava aos judeus uma parcela de responsabilidade crescente, e, após a última labareda, em maio de 1883, traçou, de próprio punho, a resolução: "Isto é muito aflitivo, mas não vejo o fim disso, pois os *jids* são por demais odiados pelos russos, e enquanto eles continuarem a explorar os cristãos, este ódio não se desarmará" [88].

As vítimas tinham portanto a culpa. Anteriormente, o czar tomara duas decisões. Em maio de 1882, mandara publicar decretos ou "regulamentos provisórios" destinados em seu espírito a subtrair os cristãos à exploração judia. Em fevereiro de 1883, instituíra uma "Comissão Suprema para a revisão das leis em vigor sobre os judeus". Esta comissão, presidida pelo antigo Ministro da Justiça Pahlen e composta de altos funcionários, chegou, ao cabo de cinco anos de trabalho, à conclusão de que na raiz do mal se encontrava a discriminação antijudaica. Ele preconizava portanto a abolição das leis de exceção:

> Será preciso espantar-se se os judeus, sujeitos a uma legislação repressiva secular, constituem uma categoria de súditos insuficientemente respeitosos da ordem estabelecida, que elude o cumprimento dos seus deveres cívicos, e que não se integrou completamente na vida russa? Em nosso Código, o número de leis de exceção relativas aos judeus é perto de 650, e os entraves e limitações que elas impõem tornam a existência da enorme maioria de judeus extremamente penosa (...). Não se pode deixar de concordar que os judeus têm o direito de queixar-se de sua situação. Os judeus não são estrangeiros, eles fazem parte da Rússia há mais de um século... A tarefa principal do legislador consiste numa fusão tão íntima quanto possível dos judeus com a população cristã geral. O sistema das medidas repressivas e excepcionais deve ceder lugar a um sistema de leis de libertação igualitária progressiva. Na oportunidade da solução da questão judia, a maior prudência deve ser observada [88].

Mas estas recomendações permaneceram letra morta, assim como em seguida tantas outras do mesmo gênero que emanaram por vezes de funcionários dos mais devotados da autocracia ou de partidários dos mais convictos da ordem estabelecida. Sob os últimos dois Romanov, mais ainda no reinado do débil e supersticioso Nicolau II do que no de seu pai, a condição dos judeus veio a ser domínio reservado do imperador de todas as Rússias, regido em

---

87. DUBNOV, pp. 110-111.
88. KANTOR, *op. cit.*, p. 156.
89. Citado por DUBNOV, pp. 160-161.

conseqüência por "regulamentos provisórios" e não por leis [90], e o agravamento desta condição criou uma situação explosiva em escala mundial, com repercussões múltiplas e de longo alcance, das quais algumas persistem até os nossos dias.

Para começar, os primeiros "regulamentos provisórios" de 1882 estreitaram a zona de residência, interditando aos judeus o direito de insaalar-se livremente no campo, onde, supunha-se, exploravam os camponeses, assim como em certas cidades (Kiev entre elas, a "mãe das cidades russas", e Ialta, a residência imperial na Criméia), rebaixando, além do mais, numerosos "vilarejos" (*miéstetchki*) a "aldeias" [91]. A noção *exploração* era interpretada em um sentido muito amplo: assim por exemplo, em 1884, o General Drenteln, governador-geral da região Sudoeste, ordenava o fechamento de uma escola artesanal que desde 1861 funcionava em Jitomir, com a seguinte motivação:

> Considerando que nas aldeias e localidades da região do Sudoeste os judeus constituem a maior parte dos artesãos e impedem assim o desenvolvimento do artesanato na população autóctone explorada por eles, uma escola artesanal, para a qual os cristãos não possuem o equivalente, representa nas mãos dos judeus uma arma suplementar para a exploração da população autóctone [92].

Sob uma tal óptica todo judeu, qualquer que fosse seu ofício, tornava-se um explorador que, julgava-se, tirava o ganha-pão a um cristão. É verdade que para o General Drenteln, a "superioridade intelectual dos judeus" fazia deles concorrentes invencíveis em todos os domínios; por isso ele também aconselhava a estimular tanto quanto possível sua emigração [93]. As autoridades de São Petersburgo, por seu lado a consideravam doravante desejável, embora evitassem proclamá-la oficialmente e, segundo uma célebre fórmula atribuída a Pobiedonostsev, a questão judaica acabaria por resolver-se sozinha: "Um terço dos judeus emigrará, um terço irá se converter, um terço perecerá". Na espera desta solução final, o mestre de pensamento dos dois últimos czares retomava as fórmulas clássicas do anti-semitismo internacional. Assim, ele explicava ao parlamentar britânico White: "O judeu é um parasita: tirem-no do organismo vivo no seio do qual e às custas do qual ele vive, coloquem-no sobre um rochedo e ele morrerá" [94].

90. As leis promulgadas pelo czar deveriam ser submetidas doravante ao Conselho de Estado para serem discutidas; tornava-se importante, pois, evitar toda objeção, e tomadas de posição análogas àquela da comissão Pahlen.
91. DUBNOV, p. 181 e *passim*.
92. Citado *ibid.*, pp. 153-164.
93. Cf. *ibid.*, pp. 120-121.
94. *Ibid.*, p. 197 e p. 345.

Ora, podia-se demonstrar na Rússia mais que em qualquer outro país o absurdo da tese oficial sobre a exploração judaica, precisamente devida à existência da zona de residência. A este propósito, a testemunha privilegiada que era o Conde Ivan Tolstói ironizava de maneira um tanto pesada, mas profeticamente:

> Contra quem afinal o governo quer proteger a população cristã? Se a presença dos judeus é verdadeiramente tão perigosa e ruinosa, por que abandona ele ao seu destino todos os habitantes cristãos da zona, que cobre quinze províncias, sem contar as dez províncias polonesas? E se nestas vinte e cinco províncias os cristãos podem subsistir e ganhar sua vida apesar da presença dos judeus, o que é que permite ao governo pensar que a população das outras províncias russas padece com sua vizinhança? Não é injuriar esta população, isto é, todos os outros russos, supor serem eles menos aptos a levar uma vida econômica independente do que os habitantes cristãos da zona? Será que nesta a criminalidade é mais elevada, que seus habitantes são mais pobres, que eles manifestam alguma outra característica que permita concluir por uma influência perniciosa dos judeus? Será que a província de Astrakhan é mais feliz que a província de Kherson? A região dos cossacos de Don será mais que a província de Ekaterinoslav, Smolensk mais que Grodno? Ao procurar proteger as províncias de Iaroslav, de Kostroma e outras de um mal imaginário, nossa legislação propagou um mal real e tangível: exasperou e revoltou contra a ordem estabelecida sete milhões de seres humanos, e é exclusivamente sua culpa se esta massa enorme se organizou para conquistar melhores condições de existência, se ela empreendeu uma luta que não conhecerá trégua enquanto ela não tiver alcançado este objetivo [95].

Entrementes, acantonados em sua zona de residência, os judeus viam-se cada vez mais concentrados nas cidades, onde eram às vezes mais numerosos que os cristãos; eles não só não podiam mais escolher seu domicílio no campo mas a aquisição de terras e de imóveis lhes foi interditada, fora da zona, e especialmente nas duas capitais onde algumas dezenas de judeus privilegiados haviam podido instalar-se sob o reinado de Alexandre II, batidas especiais, (*oblavas*), destinavam-se a diminuir seu número por todos os meios e sob todos os pretextos. A um alto funcionário que lhe descrevia a ferocidade da polícia, Alexandre III teria respondido: "Nós não devemos esquecer jamais que os judeus crucificaram Nosso Senhor e derramaram seu precioso sangue" [96]. A frase lembra que os sofrimentos dos judeus eram costumeiramente imputados ao lendário deicídio, conforme as concepções medievais. Mas as técnicas aplicadas por ocasião das batidas eram técnicas bem modernas. Fichários especiais foram instituídos nas delegacias de polícia; entre outras medidas antecipando os futuros métodos nazistas de controle e identificação de "não-arianos", citamos a proibição de modificar (em especial russificando-os) os prenomes e a obrigação imposta aos comerciantes judeus de São Petersburgo de afixar de maneira bem visível seus prenomes e sobrenomes em suas lojas; nos passa-

95. Cf. *Der Antisemitismus in Russland, op. cit.*, pp. 99-100.
96. *Ibid.*, p. 177.

portes, a religião "judaica" era amiúde indicada com tinta vermelha [97]. Na prática, o efeito de todas estas medidas era temperado pela proverbial venalidade da polícia russa, o que por sua vez não era de molde a fortalecer nos súditos judeus do czar o respeito pela legalidade e pela ordem estabelecida. Mas a medida de consequências mais pesadas, a que literalmente condenou a juventude judaica, ou ao menos sua parte já russificada, a militar no campo da revolução, foi tomada no verão de 1887, dentro do quadro de uma revisão geral da política educativa, destinada a jugular o recrutamento revolucionário.

Em junho de 1887 o Ministério da Educação publicava, para indignação de toda a *intelligentsia,* sua célebre "circular dos cozinheiros", mandando "limpar os liceus e ginásios dos filhos de cocheiros, domésticos, cozinheiros, lavadeiras, pequenos lojistas e crianças deste tipo. Pois, com exceção daqueles que são excepcionalmente bem dotados, não é indicado para crianças deste tipo de gente mudar de posição na vida" [98].

Tratava-se, portanto, de frear o afluxo às universidades dos filhos saídos dos meios populares, que de resto nem chegaram na maioria das vezes a terminar seus estudos e se lançavam tanto mais ardentemente no ativismo político [99].

Em julho do mesmo ano, esta disposição foi completada com uma medida especial visando os judeus, que doravante só deviam ser mais admitidos nos estabelecimentos de ensino secundário à razão de 10% do número total dos alunos na "zona", de 3% nas duas capitais e de 5% no resto; em 1901, estas quotas eram reduzidas a 7%, 2% e 3% respectivamente, mas elas foram, para o ensino secundário *somente,* alteradas para 15%, 5% e 10% no ano 1909 [100]. Este *numerus clausus* na prática tendia a um *numerus nullus* porque, se os judeus constituíam apenas 3% da população do Império, formavam 25% das classes urbanas de onde saía a quase totalidade dos ginasianos [101].

Quanto às universidades, a admissão deveria fazer-se em teoria segundo a mesma quota, mas na prática, um gargalo de estrangulamento formava-se após os exames finais dos liceus, já que uma proporção considerável de alunos não-judeus abandonava

97. *Ibid.*, pp. 151, 186, 205 e 204.
98. Cf. PATRICK L. ALSTON, *Education and the State in Tsarist Russia*, Stanford, 1969, p. 129.
99. *Ibid.*, p. 124; no período de 1872 a 1904 somente 33% dos estudantes puderam concluir seus estudos.
100. DUBNOV, p. 155 e p. 354; A. GOLDENWEISER, "A Situação Jurídica dos Judeus na Rússia", *Kniga... op. cit.*, p. 149.
101. ALSTON, *op. cit.*, p. 122.

os estudos no caminho ou falhava nos exames [102], o que só raramente era o caso dos alunos judeus. Este funil evidentemente veio estreitar-se ainda mais em 1909. Portanto uma nova seleção ocorria à entrada nos estabelecimentos de ensino superior, com prioridade para os melhores ginasianos (titulares de "medalha de ouro"); mas em fevereiro de 1914, ficou disposto que esta seleção seria confiada ao sorteio, o que devia permitir, sob a bandeira da eqüidade, eliminar os súditos judeus mais brilhantes [103]. De resto, mesmo os raros eleitos que conseguiam obter um diploma universitário eram impedidos de tirar disso grande vantagem, tornando-se o emprego público, a barra de advogado, o ensino secundário e muitas outras carreiras progressivamente inacessíveis aos judeus [104]. "Um judeu não pode tornar-se juiz em um tribunal russo, tampouco como pode tornar-se padre numa igreja russa!" declarava o Ministro da Justiça em 1912... [105], podendo-se acrescentar que todas estas exclusões visavam tão-somente aos filhos de Israel do sexo masculino; suas companheiras, as quais a imaginação cristã sempre concedera graça, estavam, em princípio, isentas disso [106].

A irresistível ascensão dos *jids*, que em 1877 fazia tremer os jornalistas do *Novoie Vrémia*, viu-se, pois, detida a partir de 1887, ao mesmo tempo que do povo miúdo dos vilarejos e da mesma maneira. Assim ficava cimentada uma aliança que, por ambígua que fosse em muitos aspectos [107], adiante verificou-se ser de uma eficácia exemplar, e que durou até a Revolução de 1917, e até algum tempo depois. É sem dúvida por causa da "circular dos cozinheiros" (imortalizada por Lenin no seu *slogan* sobre "as cozinheiras que, em nosso país, saberão dirigir o Estado") mais do que por todo outro passo em falso ou outra excentricidade o regime czarista cavara sua própria tumba.

3. A REVOLTA

A onda de *pogroms*, mas sobretudo as conclusões que deles tirou o regime, amargamente sentidas por todos os súditos judeus

---

102. Notadamente, as crianças pobres cujos estudos eram pagos pelos judeus ricos, a fim de permitir a admissão aos liceus dos seus próprios filhos (teoricamente, a inscrição na zona de residência, de dez cristãos deveria permitir a inscrição de um judeu!) Cf. I. M. TROTSKI, "Os Judeus na Escola Russa" em *Kniga o russkom iévreistvié*, New York, 1960, p. 357, e sobretudo I. I. TOLSTÓI, *Fatos e Reflexões, a Vida dos Judeus na Rússia*, São Petersburgo, 1907 da tradução alemã deste notável estudo: *Der Antisemitismus in Russland*, Frankfurt am Main, 1909, onde a questão do *numerus clausus* é tratada, pp. 65-83.

103. Cf. A. GOLDENWEISER, "A Situação Jurídica dos Judeus na Rússia", *Kniga... op. cit.*, pp. 127-128.

104. *Ibid.*, pp. 130-133.

105. *Ibid.*, p. 151.

106. Cf. vol. III: *De Voltaire a Wagner*, pp. 275-277.

107. Ver adiante, p. 112-113.

do czar, suscitou imediata e espetacular reviravolta no setor já russificado ou em vias de russificação. Desde o verão de 1881, as grandes comunidades judaicas apresentavam às autoridades petições nas quais se destacam muitos comentários acerbos. Os judeus de Kiev comparavam ironicamente o judaísmo a uma doença incurável, contra a qual existia um único remédio, de natureza milagrosa: a conversão [108]. Com uma ponta de ironia mais discreta, os judeus de Odessa suplicavam que, "se nenhuma outra solução é possível, se torne legal a emigração" [109]; ao que o novo Ministro do Interior, o Conde Ignatiev, retrucava que a fronteira ocidental lhes estava largamente aberta [110]. Antes mesmo da promulgação dos primeiros regulamentos provisórios, os periódicos judaicos recebiam cartas ou publicavam artigos dilacerantes:

> Quando penso como se tem procedido em relação a nós, como fomos ensinados a amar a Rússia e a literatura russa, quanto esforço se tem dispendido para que introduzamos o idioma russo em nossos lares, de modo que nossos filhos não mais conheciam outro; e como atualmente nos declara, caçam e nos perseguem — meu coração se enche do mais lacinante desespero...

Mas a identidade assim apregoada, e que se apresentava como uma reencontrada, não podia mais ser satisfeita pelos consolos e pelas promessas que havia quase dois milênios os rabinos costumavam prodigalizar aos filhos de Israel. Mais uma vez na história da diáspora, os judeus assimilados, neomarranos arrependidos, concebiam sua problemática à imitação dos cristãos, nas categorias do pensamento político ocidental; dito de outra forma, a noção de povo, fosse ele eterno, lhes parecia praticamente inseparável de uma base geográfica, na verdade um Estado. Já em 1882, o médico Leo Pinsker, após ter retratado a condição trágica do "povo-fantasma", um povo de "expectros" temidos e odiados em todos os países do mundo moderno, concluía sua *Auto-Emancipação* com o grito: "Nós temos que possuir enfim nosso próprio país, senão nossa própria pátria!" Ao mesmo tempo, um conceito e uma palavra nova, a "palestinofilia", que coube a Theodor Herzl rebatizar de "sionismo", inflamava grande número de espíritos jovens. Constituíram-se dezenas de associações "palestinófilas", tais como os "Bilu" [111], ou "Amantes de Sião" (*Hovevei Tzion*) cujos membros mais ousados partiram para fazer reflorescer a Terra Prometida, "para aí viver e não para aí morrer". Esses idealistas não eram na época mais que algumas centenas, porém dezenas de milhares de espíritos mais calmos e prudentes os aprovavam e

---

108. Cf. *Dados sobre a História dos Pogroms Antijudaicos na Rússia*, vol. II, "Ano 1880", Petrogrado, 1928, pp. 425-429.

109. *Ibid.*, pp. 232-241.

110. DUBNOV, *op. cit.*, pp. 126-127.

111. Acróstico hebraico do versículo II, 5 de Isaías: "Casa de Jacó, venham, e marchemos [para a luz do Eterno!]".

admiravam, sem se decidir no entanto a segui-los em uma região semideserta e insalubre. Por isso mesmo militavam com redobrado ardor lá onde estavam, publicando boletins ou livros, não se poupando em matéria de discursos, arrecadando fundos. Segundo uma célebre frase da época, "um sionista era um judeu que, às custas de um segundo judeu, expedia um terceiro para a Palestina". Nesta fase, o sionismo era antes de tudo a expressão de um profundo sentimento de alienação, sendo seus adeptos, no dizer de uma testemunha, "animados sobretudo pela idéia da luta pela igualdade, pelos direitos cívicos e nacionais da coletividade judaica na Rússia" [112]. As autoridades não ignoravam o fato; considerado como movimento subversivo, o sionismo foi proibido em 1903. No mesmo ano, um grande administrador liberal, o Príncipe Sviatopolk-Mirski, apresentava o seguinte argumento num relatório [113]:

É necessário hoje considerar esta diferença [entre judeus e cristãos] com particular atenção, devido ao aparecimento entre a população judaica de novas correntes conhecidas sob o nome de *sionismo*. O sionismo no sentido próprio, isto é, no sentido de ir instalar-se na Palestina, perdeu, como seria de esperar no caso, todo o significado sério. O caráter geral da corrente sionista atual é o *nacionalismo*. Esta corrente é extremamente séria e merece de parte do governo a maior atenção. Não tendo ainda adotado formas definidas, o nacionalismo judeu adotará no futuro uma orientação original. Todo isolamento dos judeus não pode senão nutrir estas concepções ditas sionistas...

A título de remédio, o Príncipe Sviatopolk-Mirski propunha o abrandamento de certas restrições e, sobretudo, a ampliação de *numerus clausus*. Prestou-se-lhe tão pouca atenção quanto os juristas da Comissão Pahlen e tantos outros espíritos clarividentes, liberais ou reacionários; o ano de 1903 foi, pelo contrário, marcado, após uma trégua de vinte anos, pelo início de uma nova onda de *pogroms*, melhor preparados, mais amplos e mais sangrentos que os de 1881-1883, como iremos ver mais adiante.

Paralelamente à dialética *pogroms*-sionismo, uma relação mais elementar não demorou em estabelecer-se entre a perseguição administrativa e a emigração efetiva, acarretando conseqüências ainda mais graves, pelo menos no aspecto humano. Sobre o fundo de uma industrialização encetante, que por si mesma ameaçava o artesanato e certos ramos do pequeno comércio judeu, os "regulamentos provisórios", restrições e embaraços de toda classe, as

112. Cf. G. ARONSON, "A Luta pelos Direitos", *Kniga... op. cit.*, p. 218.

113. Relatório do Príncipe Sviatopolk-Mirski, governador-geral de Vilna, sobre a situação da região do Nordeste nos anos 1902-1903, enviado ao Czar Nicolau II; cf. PAWEL KORJEC, "Um Documento Inédito sobre a Questão Judaica na Rússia", *Cadernos do Mundo Russo e Soviético*, XI, (1970), pp. 278-291.

expulsões e o pânico, os consideráveis tributos em dinheiro ou em espécie exigidos pelos membros da polícia e por outros funcionários, levavam a uma rápida pauperização das massas judias (como o provam numerosos documentos administrativos da época) [114]; e, em conseqüência, a uma aceleração brutal da emigração. Suas principais ondas corriam para os Estados Unidos. Por acolhedores que fossem no século XIX, as autoridades americanas vieram a perguntar-se sobre as razões desta inundação espetacular. No quadro de um inquérito geral sobre a imigração, dois altos funcionários foram encarregados de estudar o caso dos judeus do império russo. Sua chegada coincidiu com a grande expulsão de Moscou em 1891, e deste modo eles se tornaram testemunhas quase oculares das caçadas à pessoa humana verdadeiramente incríveis para a mentalidade ocidental da época: batidas e detenções noturnas de famílias inteiras, buscas de esconderijos nas casas de tolerância e nos cemitérios, deportações em massa para a zona restrita. Os encarregados da pesquisa puderam constatar especialmente que, a despeito dos desmentidos da administração imperial, os judeus eram deportados em comboios penitenciários, misturados a criminosos de direito comum e agrilhoados como eles [115]. (Neste tempo, Pobiedonostsev tornou-se intermediário oficioso, e talvez até desinteressado, entre o czar e Samuel Poliakov, autor de um projeto de resgate de uma ferrovia balcânica por conta da Rússia [116]: por aí pode-se medir a distância que havia entre o judeu rico e o judeu pobre neste país.) Na conclusão de seu relatório, os delegados americanos sugeriram ao seu governo um protesto diplomático, pois "não se pode encarar como gesto de boa vontade em relação aos Estados Unidos a maneira pela qual tantos indivíduos são despojados dos seus meios de existência e constrangidos a vir a nosso país, empobrecidos e desalentados". Insistiam também sobre aquilo que o caso dos judeus russos tinha de excepcional:

114. Por exemplo, as conclusões da "comissão Pahlen" de 1888: "...quase 90% da população judaica compõe-se de uma massa de pessoas sem recursos assegurados, que por um lado fazem pensar em proletariado, uma massa que vive o dia-a-dia, na miséria, em condições higiênicas e sociais das mais deploráveis". Ou ainda o relatório antes mencionado de Sviatopolk-Mirski: "Depois de ter perdido a possibilidade de radicar-se nos povoados, os judeus, a partir de 1887, perderam igualmente o direito de locomover-se de um lugar a outro (...). A densidade extrema da população judia nas cidades causou a queda tanto do valor quanto da qualidade do trabalho judeu. Resultou disto uma indigência da população judaica próxima à miséria completa".

115. Cf. *A Situação dos Judeus na Rússia,* relatório enviado ao governo dos Estados Unidos por seus delegados MM. J.-B. WEBER e DR. W. KEMPSTER, s. l., n.d., pp. 33-34.

116. Cf. CONSTANTIN POBIEDONOSTSEV, procurador-geral do Santo Sínodo, *Memórias Políticas, Correspondência Oficial e Documentos Inéditos... (1881-94),* Paris, 1927, pp. 364-369 e 428-429.

Tendo-se em conta o fato de que as medidas restritivas contra os judeus na Rússia atingem de cinco a sete milhões de indivíduos, que, em conseqüência, são forçados a emigrar e que, por diferentes razões (dentre as quais as principais são, a liberdade individual e a religiosa) se dirigem de preferência ao nosso país, dedicamos ao estudo da emigração judia maior tempo que a qualquer outro. Em todos os países que visitamos, com exceção da Rússia, este movimento se deve a causas normais. Na Rússia, a emigração se deve a causas que dependem das autoridades. É possível sustá-la por um edito imperial ou por uma ordem, emanada de cima, para cessar as perseguições [117].

Contudo, apesar da indignação internacional, apesar da recusa dos Rothschild franceses de subscrever empréstimos, ou ainda a baixa dos valores russos na Alemanha, as perseguições não paravam de agravar-se. Por isso mesmo a emigração só para os Estados Unidos prosseguia segundo uma curva exponencial, centuplicando entre 1860-1870 e 1900-1910, para atingir uma cifra total próxima de um milhão e meio (entretanto, o crescimento natural dos judeus compensava em conjunto este déficit demográfico) [118].

Um outro remédio para a condição de judeu na Rússia: a conversão (a uma religião bem-pensante, o que não era o caso nem do Islã, nem das seitas cismáticas russas) [119], que assegurava "uma cura miraculosa e instantânea" [120], nunca entrou nos costumes. Ela continuou sendo a expressão de casos isolados; não houve ondas coletivas de batismos, sem dúvida porque o procedimento era reprovado não somente pelos judeus, mas também por todos os setores da sociedade russa, e em particular pela *intelligentsia*. O número total de conversões ocorridas no século XIX é estimado em 85 000 [121].

Em compensação, sob o reinado dos dois últimos czares, um número crescente de rapazes e moças decidiam, de preferência, converter-se ou emigrar, a lutar no próprio lugar contra o regime detestado. A este propósito, o historiador Simon Dubnov escrevia, não sem um certo lirismo, que em 1905, "os judeus respondiam aos *pogroms* pela intensificação da luta revolucionária; o elemento judeu foi ativo em todos os destacamentos do exército da libertação: entre os democratas constitucionais, os sociais-democratas e os sociais-revolucionários" [122].

117. Cf. o relatório citado acima dos pesquisadores WEBER e KEMPSTER, pp. 136-137.
118. JACOB LECHTCHINSKI, "A População Judia da Rússia e o Trabalho Judaico", *Kniga...*, op. cit., pp. 189-190, e SALO W. BARON, *The Russian Jew under Tsars and Soviets*, New York, 1964, p. 87. Note-se que existe uma certa divergência entre estes dois autores: os números que o segundo fornece são levemente mais elevados que aqueles do primeiro.
119. Cf. IVAN TOLSTÓI, *Der Antisemitismus in Russland*, op. cit., pp. 93-94.
120. Assim se expressavam os judeus de Kiev, na sua petição acima citada.
121. Cf. S. W. BARON, *The Russian Jew under Tsars and Soviets*, op. cit., p. 81.
122. *Op. cit.*, p. 394. Neste trecho, Dubnov descrevia os *"pogroms militares"* que precederam à Revolução Russa de 1905.

Neste contexto, cumpre mencionar sobretudo o partido operário judeu Bund, constituído em 1897 (no mesmo ano que a organização sionista de Herzl). No ano seguinte, servia de célula germinal ao partido social-democrata russo, fundado sob seu estímulo [123]; mas os ideólogos marxistas do Bund eram estudantes que percorriam o caminho inverso, o qual levava dos meios intelectuais russos às massas operárias judeus, e o mais ouvido desses ativistas, Vladimir Medem, sujeitava-se até a aprender o ídiche, para os fins de sua agitação revolucionária [124]. Aliás, sob pressão de sua base popular, o Bund progressivamente acentuava seu caráter de partido especificamente judaico, completando seu programa socialista pela reivindicação, exorbitante do ponto de vista marxista, de uma autonomia nacional judaica; por isso mesmo atraiu sobre si desde esta época os raios de Lenin e de Stalin [125].

Talvez seja este o lugar de dizer uma palavra sobre as numerosas contradições específicas ou oposições no seio do próprio judaísmo: as que se verificavam entre uma massa mais ou menos proletarizada, vinculada à cultura ídiche, e uma *intelligentsia* sobretudo aburguesada e assimilada, subdividida além do mais em dois setores culturais, a maioria russificada e russófila, e uma minoria polonizada, amiúde desde longa data; a oposição entre os socialistas e os sionistas, aliás largamente mediatizada pelos socialistas-sionistas; a oposição, já borrada a ponto de não ser mais do que folclórica, entre os *hassidim* extáticos e seus adversários (*mitnagdin*) talmúdicos [126] e sobretudo aquela que substituíra parcialmente esta última no curso do século XIX, entre os zelosos da religião tradicional e os judeus "esclarecidos" de todos os matizes, quer eles tenham conservado alguma ternura pelas crenças ancestrais, quer tenham optado pelo anticlericalismo mais intransigente. A todas estas tensões cumpre acrescentar evidentemente a inevitável contradição entre proletariado e burguesia, entre pobres e ricos, que também tira seus traços distintivos, e talvez uma intensidade suplementar, de uma condição que privilegiava os ricos da maneira como se viu.

---

123. Cf. LEONARD SCHAPIRO, *The Communist Party of the Soviet Union,* New York, 1960, p. 23. Para mais detalhes ver HENRY J. TOBIAS, *The Jewish Bund in Russia from its Origins to 1905,* Stanford, 1972, pp. 72-80.

124. Vladimir Medem (1879-1923), o melhor orador do Bund, nascido em uma família de um médico militar, russificado a ponto de mandar batizar seu filho por ocasião de seu nascimento. Expulso da Universidade de Kiev, em 1899, após uma greve de estudantes, Medem, ao se identificar completamente com o marxismo revolucionário, lançou-se à procura de uma "identidade judaica" que o induziu a aderir ao Bund, do qual acabou por tornar-se o líder incontestável.

125. Desde 1903, Lenin criticava a posição "reacionária" do Bund; cf. a este respeito LÉON POLIAKOV, *De L'antisionisme à l'antisemitisme,* Paris, 1969, pp. 23-32.

126. Cf. História do Anti-semitismo, vol. I: *De Cristo aos Judeus da Corte,* pp. 225-227.

Mas todas estas especificidades e singularidades somavam-se para cimentar a frente única em face do regime, e não é certo que o rabino que salmodiava a prece oficial pelo czar lhe dedicava no fundo do seu coração um ódio menor que o do lançador de bombas ou do propagandista mais extremado. Em todo caso, eram raros os judeus que duvidavam dos benefícios que lhes traria (ao mesmo tempo que à Rússia toda) uma mudança política radical, de qualquer natureza que fosse. "Que é que vocês querem? De fato, nós somos todos bundistas", dizia em 1904 Maxim Vinaver, o vice-presidente judeu da fração moderada ("constitucional") da primeira Duma, ao bundista Abramovitch [127].

Assim surgiu uma geração das mais militantes, sendo a fermentação ainda aumentada pelos milhares de jovens que, na impossibilidade de acesso às universidades russas, partiram para estudar no estrangeiro, onde se deixavam facilmente recrutar pelos emigrados políticos; de resto, a estadia no Ocidente teve em todos os tempos, para os súditos do czar, qualquer que fosse sua extração, conseqüências politicamente explosivas. Rapidamente, os judeus no império russo converteram-se na etnia subversiva por excelência, deixando longe até os irredutíveis poloneses [128]: sua proporção entre os condenados políticos dobrava de decênio em decênio, para atingir 29% em 1902-1904 [129], e um redator do *Novoie Vrémia*, evocando o jugo dos tártaros, predizia em 1904 uma catástrofe nacional ainda pior [130]. Esta proporção era ainda mais elevada nos comitês centrais e outros postos de comando das organizações antigovernamentais, onde os jovens judeus desempenhavam um papel motor ou mesmo iniciador, a cujo respeito os contemporâneos de uma maneira geral estavam de acordo; e o lúcido monarquista Chulgin vituperava a *a coluna vertebral* ou o *corpo de oficiais* da Revolução [131] ao passo que "o pai do marxismo russo" Plekhanov saudava *a vanguarda do*

127. Cf. HENRY J. TOBIAS, *The Jewish Bund in Russia*, op. cit., p. 242.

128. A este respeito, Sviatopolk-Mirski constatava no seu relatório: "A partir dos anos sessenta do último século, nosso governo estava ininterruptamente ocupado em lutar contra as correntes políticas polonesas (...). Ainda que, no momento atual, a atividade antigovernamental e em particular a atividade de caráter revolucionário não tenha cessado entre os poloneses, a intensidade desta atividade aparecia pálida em comparação àquela do meio judaico.

129. Essa porcentagem, datando do ministério Plehve, é indicada por M.L. USSOV, *A Tradição e os Fatos, a Propósito da Questão Judaica*, São Petersburgo, 1908, p. 72. Anteriormente, fora 7% em 1877, 13% em 1884-1890, 19% em 1897 e 25% em 1898; cf. B. DINUR, "O Perfil do Judaísmo Russo", *Kniga...*, op. cit., p. 329.

130. M. O. MENCHIKOFF, "The Yewish Peril in Russia", *Monthly Review*, Londres, fevereiro de 1904.

131. V.V. CHULGIN, *O Que não nos Agrada Neles, Sobre o Anti-semitismo na Rússia* (em russo), Paris, 1929. p. 60 e p. 62.

exército de trabalhadores na Rússia[132] e Lenin, *as características grandiosas, universalmenttte progressistas, da cultura judaica*[133]. Esse papel dos judeus, a testemunha privilegiada que era Ivan Tolstói o explicava assim:

> A juventude judia que, após a conclusão dos seus estudos secundários, adquiriu legalmente o direito à instrução superior, mas que é impedida de exercê-lo por disposições administrativas, entra na vida prática profundamente ferida, cheia de ressentimentos e ódio contra um poder que a priva dos seus direitos. São estes os elementos amargurados que formam e completam os partidos revolucionários, e as universidades, por mais barricadas que estejam contra seu afluxo, nada podem contra sua propaganda [134].

Assim, de maneiras diversas, como atores, mas também como pomos de discórdia, os judeus encontravam-se no foco do incêndio que se preparava. Por isto, sob o regime de Nicolau II os meios dirigentes, e singularmente o próprio czar, acabaram por identificá-los completamente com a revolução; e o que é mais, esses meios adotaram uma versão russa da "teoria da conspiração", atribuindo a um inalcançável centro judeu a direção desta revolução e tratando de localizá-lo e destruí-lo, sem entretanto estar de acordo sobre a tática a seguir. Mas o czar optava sempre pela linha mais dura. Desta maneira, via-se inexoravelmente acelerado o clássico mecanismo da retro-reação política, da "profecia cumprida por si mesma". É por isso definitivamente que a geração de judeus chegados à idade adulta sob os dois últimos Romanov marcou tão profundamente nosso mundo atual através dos artífices judeus da revolução ou através dos criadores do Estado de Israel, de Leão Trotski a Haim Weitzmann ou de Rosa Luxemburgo a Golda Meir.

4. OS PRECURSORES

Em 1879 Pedro Ratchkóvski, um pequeno funcionário que se envolvera com os estudantes subversivos, escolheu, para não ser exilado para a Sibéria, trabalhar para a famosa Okhrana. No ano seguinte, tornou-se editor-gerente, em outros termos, olho governamental, da revista *Russki Ievnéi*, um dos primeiros periódicos judeus autorizados a aparecer em idioma russo[135]; sem dúvida foi

---

132. Relatório apresentado por Plekhanov ao Congresso de 1896, da Internacional Socialista, citado por H. J. TOBIAS, *The Jewish Bund in Russia, op. cit.*, p. 61.
133. Lenin delineou a seguir estas características da cultura judaica: "seu internacionalismo, sua sensibilidade aos movimentos da vanguarda da época (em toda parte, a proporção de judeus nos movimentos democráticos e proletários ultrapassa a proporção de judeus no seio da população em geral). Cf. POLIAKOV, *De l'antisionisme à l'antisémitisme, op. cit.*, pp. 27-28.
134. *Der Antisemitismus in Russland, op. cit.*, p. 83.
135. Cf. G. ARONSON "A Imprensa Judaica na Rússia", *Kniga...*, *op. cit.*, p. 560.

esta ocupação que lhe revelou os diversos e possíveis partidos a tirar da obsessão anti-semita que começava a propagar-se na Rússia. Em todo caso, devia satisfazer seus empregadores porquanto em 1884 o reencontramos em Paris, na qualidade de chefe dos serviços estrangeiros da Okhrana. Neste posto, ele provou ser um verdadeiro gênio como agente provocador, armando tanto na Rússia quanto no estrangeiro conspirações que ele descobria depois vitoriosamente, acertando assim os métodos de trabalho dos seus sucessores czaristas ou soviéticos. Ao mesmo tempo, a tese da "conspiração judaica", que nestes tempos encontrava tantos adeptos na França, foi por ele utilizada para desacreditar os revolucionários russos aos olhos da opinião pública ocidental: mostrando que a França católica e a Rússia ortodoxa deviam lutar contra o mesmo inimigo judeu, contribuiu ele talvez à sua maneira para a aproximação franco-russa. Em 1891, ele escrevia a seus superiores que tinha a intenção de lançar uma campanha anti-semita, e os *Protocolos dos Sábios de Sião* devem ter sido concebidos em conseqüência, embora se ignorem os detalhes da maquinação: segundo o descreve Norman Cohn, de quem tomamos o essencial dos pormenores acima, "ao tentar pôr a claro a pré-história dos *Protocolos* chocamo-nos a todo momento com ambigüidades, incertezas e enigmas" [136].

Parece que o célebre escrito não foi de utilidade alguma para a carreira de Ratchkóvski, pois Nicolau II, por anti-semita que fosse, acabou por convencer-se que se tratava de uma falsificação. A este respeito, dispomos do testemunho, altamente tendencioso, do *okhranik* Globatchev. Ressalta do seu relato [137] que os ministros ou funcionários competentes recusavam-se de início a comunicar os *Protocolos* ao czar. Estes só lhe foram submetidos no no curso do ano revolucionário de 1905:

> Esta leitura, continua Globatchev, produziu no czar uma profundíssima impressão e ele fez dos *Protocolos* seu manual político. Deste ponto de vista, são típicas as anotações manuscritas de Nicolau II, feitas no exemplar que lhe fora submetido: "Que profundidade de pensamento!" "Que profecia!" "Que precisão na realização do programa!" "Nosso ano de 1905 parece ter sido dirigido pelos Sábios". "Aí não pode haver dúvidas sobre sua autenticidade". "Percebe-se a mão dirigente e destrutiva do judaísmo!" E assim por diante. Vivamente interessado pela "descoberta" dos *Protocolos*, Nicolau II dedicou sua atenção ao serviço estrangeiro da polícia política russa e distribuiu um grande número de recompensas, gratificações e condecorações (...). Mas às instâncias de Lopukhin [diretor do departamento da polícia], o Ministro Stolipin encarregou dois oficiais da gendarmeria, Martinov e Vassiliev, de uma investigação sobre as origens dos *Protocolos*. Este inquérito revelou claramente sua falsidade. Os resultados da

---

136. NORMAN COHN, *Histoire d'un mythe*... op. cit., p. 110.
137. Este relato foi compilado em 1935 por Vladimir Burtsev, incomparável conhecedor dos métodos e do pessoal da polícia política russa, que se notabilizara por volta de 1910 por sua luta contra o famoso agente duplo Evno Azeff. Cf. V. BURTSEV, *Protokoly Sionskikh Mudretsov*, Paris, 1938, pp. 105-106.

investigação foram submetidos por Stolipin a Nicolau II que ficou totalmente transtornado. E eis a resolução tomada pelo czar no que se refere à utilização dos *Protocolos* para a propaganda anti-semita: "Os *Protocolos* devem ser retirados de circulação. Não se pode defender uma causa pura com métodos sujos".

É fato que nem os órgãos governamentais, nem as organizações protofascistas russas subvencionadas por estes órgãos apostaram nos *Protocolos*, que não foram difundidos, antes de 1917, salvo por alguns iluminados. Quanto a Ratchkóvski, ele se ilustrou a partir de 1905 na agitação anti-semita de uma outra maneira: tendo-se tornado, após estar em passageiro desfavor, vice-diretor do departamento de polícia, desempenhou ele um papel de certa importância na formação da União do Povo Russo, a primeira e mais importante organização dos "Cem Negros", e montou um serviço de impressão de panfletos antijudaicos e convocações a *pogroms* [138]. As lembranças e memórias dos atores dos últimos anos do czarismo fazem amiúde menção a esta figura inquieta que à sua maneira marcou sua época.

Os *Protocolos* não eram o único escrito desse gênero. Ao estudar os dados, necessariamente fragmentários, que se dispõe acerca das provocações nesse estilo, tem-se a impressão de que certos *okraniks*, tais como os proverbiais augures romanos, manipulavam tanto mais alegremente o mito da conspiração judaica, quanto eram os homens mais informados da Rússia sobre a verdadeira vida interna dos judeus do ponto de vista político. Para este fim, abeberavam-se largamente na vasta produção místico-ocultista destes tempos, que eles acomodavam ao seu modo.

É assim que uma nota de uma trintena de páginas, sob o título *O Segredo do Judaísmo*, fazia sua aparição nos arquivos da polícia em 1895, logo após a coroação de Nicolau II. Ela atribuía aos judeus um papel possivelmente ainda mais grandioso que os *Protocolos*. Em suma, este, segredo poderia ser resumido como segue:

O escrito [139] começava por revelar que o sublime mistério do monoteísmo era conhecido desde a mais remota antiguidade por um pequeno número de iniciados egípcios ou caldeus, que na sua sabedoria se abstiveram de divulgá-lo às populações ainda por demais primitivas. Mas Moisés, esse judeu exaltado, havia infrigido este princípio, para assegurar ao seu povo uma posição superior e exclusiva. Tendo chegado a hora, Cristo quis que a humanidade inteira se beneficiasse com a verdade revelada, mas os judeus, ciosos do seu privilégio, o crucificaram e foram castigados em conseqüência. É neste preciso momento que se teria tramado a grande conspiração judaica. De fato.

138. Cf A. A. LOPUKHIN, *Otryvki iz vospominanii* (Fragmentos de Lembranças), Moscou, 1923, p. 88 e sobretudo as lembranças do General GUERASSIMOV, *Tsarisme et terrorisme*, Paris, 1934, *passim*.
139. Cf. o texto integral em Y. DELEVSKI, *Protokoly Sionskikh Mudretsov*, Berlim, 1923, pp. 138-158.

O único meio que, dentro dos limites das possibilidades humanas, parecia poder mudar o destino trágico do povo judeu unido por Deus, era acelerar tanto quanto se podia a evolução espiritual do restante do gênero humano. Uma tal premissa impunha dois gêneros de atividade:

a) criativa: contribuir para a rápida difusão do cristianismo através do mundo, e

b) destrutiva: demolir por todos os meios os fundamentos éticos do cristianismo naquela parte da humanidade que já o professava (...)

É este programa que se tornou a pedra angular de toda a vida posterior do povo judeu (...) Como não inclinar-se involuntariamente ante um povo que soube subordinar todos seus pensamentos, paixões, entusiasmos, e até todos os detalhes de sua vida cotidiana, a um programa geral minuciosamente regulamentado, e que, inspirando-se em sua grandiosa missão de expiação religiosa, soube ter a paciência de suportar seus tormentos durante milênios?...

Reapareciam desta maneira no documento gritos de admiração próximos aos de Gougenot des Mousseaux e de Léon Bloy [140]. Talvez o autor desconhecido se tenha inspirado um pouco neles. Em seguida, multiplicava as provas históricas em apoio a sua tese. Os judeus teriam efetuado sua verdadeira estréia "na arena da política mundial" fazendo com que fosse atribuída a Carlos Magno a coroa imperial e, sobretudo, sugerindo a Gregório VII e a Urbano II a idéia das Cruzadas. Assegurada assim a difusão planetária do cristianismo, eles teriam transferido o acento para as suas atividades destrutivas. Da Ordem dos Templários aos revolucionários americanos e franceses, e passando pelas sociedades secretas gnósticas, martinistas ou franco-maçons, todas as transformações revolucionárias da história ocidental teriam sido sua obra. "Todo movimento ideológico promissor era imediatamente retomado por sua vez pelo judaísmo, e insensivelmente adaptado por ele a seus fins particulares, via-se coroado de êxito." No século XIX operavam os judeus sobretudo sob o manto das lojas maçônicas, com a finalidade de multiplicar as revoluções políticas, sendo doravante sua melhor arma "o novo fator do capitalismo, habilmente manipulado pela judiaria". Na Rússia, eles se serviam além do mais da "inquieta *intelligentsia* russa, habilmente empurrada [para semear a desordem] no meio do povo pelos chefes judeus da maçonaria mundial", a fim de "descristianizar sistematicamente as ovelhas da Igreja greco-ortodoxa". No entanto sua prodigiosa ação subversiva não fazia os judeus perderem de vista que lhes restava a consumar a parte criativa de sua obra: por isso, a missão católica na China, por exemplo, prosseguia no seu trabalho graças, sobretudo, às liberalidades dos Rothschild e do Barão de Hirsch. Mas na própria Rússia, onde a fermentação revolucionária se tornava cada vez mais ameaçadora, o que importava era tomar medidas urgentes contra a descristianização. Para este fim. *O Segredo do Judaísmo* propunha em conclusão:

---

140. Ver mais atrás, p. 34.

abrir sem demora os olhos dos elementos bem-pensantes da sociedade russa sobre o malfazejo poder secreto do judaísmo e sobre seu papel dirigente no movimento revolucionário russo. O procedimento mais simples seria dar a conhecer, sob a forma de uma publicação popular, as metas secretas dos judeus contra o mundo cristão em geral e contra a Rússia em particular.

Esta mixórdia pseudomística (mas não muito menos absurda que as mixórdias pseudocientíficas dos anti-semitas ocidentais contemporâneos) destinava-se a ser submetida ao novo czar, suspeito na época de nutrir intenções liberais. Todavia, não lhe foi comunicada em razão "do pessimismo excessivo e injustificado do texto", como o indicava uma anotação marginal do Ministro do Interior. Dez anos mais tarde, quando a revolução de 1905 parecia justificar todos os temores, *O Segredo do Judaísmo* foi exumado dos arquivos; desta vez era o homem forte do regime, Pedro Stolípin, arquivos; desta vez era o homem forte do regime, Pedro Stolipin, porém tendencioso" (quanto ao teor), e "um tal procedimento de contra-ação é absolutamente inadmissível para o governo" (quanto à difusão) [141]. Tanto em 1895 quanto em 1905, os ministros responsáveis não pareciam encontrar nada de inverossímil neste "segredo", tomado em si. Quanto ao czar, este tinha a respeito dos judeus concepções bem determinadas, pois ele lhes dedicava sentimentos simples e fortes, opondo, de maneira já próxima da hitlerista, seu bom povo cristão, o *narod* aos *jids* corruptores e malfeitores, sendo a diferença apenas que, ao contrário do Führer, acreditava, ou fingia acreditar, que existiam também judeus inocentes [142].

Os historiadores nos descrevem à porfia a fraqueza de caráter deste malfadado autocrata, fascinado durante sua vida inteira pela imagem pesante do seu pai, e fiel a todo custo aos princípios de governo que este e seu mestre em comum Pobiedonostsev lhes haviam inculcado. É também usual fazer contrastar suas qualidades de pai de família e cristão escrupuloso com sua total incapacidade de enfrentar os deveres do seu cargo. Não menos grande parecia o contraste entre sua sujeição a influências de toda ordem — em primeiro lugar as do fatídico par constituído por sua mulher e Rasputin — e a inabalável firmeza com que se recusava mudar o menor ponto nas condições dos judeus. Eles permaneciam

141. Cf. DELEVSKI, *Protokoly Sionskikh Mudretsov*, op. cit., p. 127-128.
142. Em setembro de 1911, em seguida ao assassinato de Stolipin por um judeu, era esperado em Kiev, dizia Nicolau II ao ministro sucessor KOKOVTZOV: "Que horror vingar-se sobre uma massa inocente de um crime de um judeu". V. N. KOKOVTZOV, *Iz prochlago (Memórias)*, Paris, 1933, vol. I, p. 481. Dois anos depois, ao tomar conhecimento do resultado do processo de Beilis, ele teria dito: "Indubitavelmente houve um assassinato ritual; mas estou feliz que Beilis tenha sido absolvido, pois ele é inocente". A. SPIRIDOVITCH, *Os Últimos Anos da Corte de Tsarsköie-Sélo*, Paris, 1928, vol. II, p. 447.

a seus olhos os grandes responsáveis por todas as perturbações que agitavam o império russo, e os *pogroms* eram para ele apenas a reação natural de um povo cristão que ele acreditava ser indefectivelmente apegado à sua pessoa. A revolução de 1905 inspirou-lhe a este propósito o seguinte comentário, pouco após a promulgação do "Manifesto Constitucional" de 17 de outubro:

> Logo após o manifesto, escrevia ele à sua mãe, os maus elementos levantaram a cabeça, mas logo se produziu uma forte reação, e toda a massa dos homens fiéis se pôs em pé. O resultado foi naturalmente o mesmo que o de costume, entre nós: o povo ficou exasperado pela audácia e a insolência dos revolucionários e dos socialistas, e como nove décimos entre eles são *jids*, toda a cólera se voltou contra eles — daí os *pogroms* antijudaicos. É surpreendente constatar com que unanimidade eles explodiram imediatamente em todas as cidades da Rússia... [143]

Dois meses depois, Nicolau II dava seu consentimento ao projeto de uma "ação comum internacional" contra os judeus, elaborada talvez conforme suas indicações, em todo caso em função de seus desejos, pelo ministro dos assuntos estrangeiros, o Conde Lamsdorf. No fundo, esse projeto não era mais que a tradução na linguagem das chancelarias da historiosofia dos *Protocolos* ou do *Segredo do Judaísmo*. Aí se lia que Karl Marx e Ferdinand Lassalle eram "de uma origem judia averiguada", que não era menos averiguado que os movimentos revolucionários russos eram formados e financiados pelos "meios capitalistas judeus" e que o supremo "órgão nutridor da luta" era "a célebre liga fundada em 1860 sob o nome de Alliance Israélite Universelle cuja sede central fica em Paris, e que possui recursos pecuniários colossais". Para fazer convenientemente face ao perigo importava pois entender-se com as outras duas grandes potências ameaçadas pela subversão judaica, que eram o Reich alemão e a Igreja católica:

> Não se poderia duvidar que uma troca de idéias confiante e cordial de nossa parte com as esferas dirigentes tanto de Berlim quanto de Roma é altamente necessária. Ela poderia ser o ponto de partida de uma ação comum internacional das mais vantajosas, especialmente sob o ângulo da organização de uma fiscalização vigilante, em seguida ao de uma luta comum e ativa contra o inimigo geral da ordem cristã e monárquica na Europa. Como primeiro passo na direção indicada, parece desejável limitar-se provisoriamente a uma troca de idéias confiante com o governo alemão.

À margem desse projeto, Nicolau II observava: "É necessário entrar em conversação sem demora. Partilho inteiramente da opinião aqui expressa". Mas nós ignoramos como começaram essas conversações, e que seguimento foi dado a esse projeto de uma aliança tríplice ou de um primeiro "eixo" anti-semita [144].

---

143. Carta de Nicolau II à sua mãe, citada por Chulgin, *op. cit.*, p. 233.
144. Cf. *Mercure de France*, 1.º de outubro de 1918, pp. 546-551.

Em defesa intelectual do Conde Lamsdorf e do czar poder-se-ia invocar a confusão geral dos espíritos russos nessas semanas sangrentas. Da Polônia ao Oceano Pacífico, revoltas irrompiam numa cidade após outra, a começar por Moscou; no interior, bandos de camponeses pilhavam e assassinavam os proprietários e os funcionários; a idéia de um invisível regente de orquestra judia apoderava-se de cérebros em geral mais sólidos que o de Nicolau II. Vimos que esta idéia parecia "lógica" a Stolipin; seu rival Witte não a julgava de outro modo a crer no testemunho de Lopukhin.

O antigo chefe de polícia conta que Witte, de volta ao poder após o Manifesto de Outubro, convocou-o em janeiro de 1906 a fim de exigir dele que designasse a organização judaica com a qual era necessário entrar em contato, para "fazê-la agir sobre as massas judias para que estas renunciassem a participar do movimento revolucionário":

> Fiquei muito surpreso, continua Lopukhin, de encontrar em Witte, este homem tão inteligente e tão versado sobre a vida dos negócios e sobre a vida política, essas idéias tipicamente banais acerca da existência de um centro político judeu de uma *Kahal* mundial a dirigir supostamente por meio de fios misteriosos os judeus do mundo inteiro, a orientar seu domínio sobre um certo país ou um outro, e capaz de lhes dar a ordem de lançar-se na revolução ou de abster-se de participar dela. Eu respondi a Witte que não existia uma tal organização a não ser nas lendas anti-semitas, e que na realidade o judaísmo, submetido à leis sociais gerais, sofre de desunião talvez ainda mais que o mundo cristão [145].

Existem certas razões de perguntar-se se essas observações de Lopukhin tenham perdido toda sua atualidade, neste último quarto de século XX (tendo quando muito Tel-Aviv suplantado Paris — aos olhos de alguns — na qualidade de sede suposta do governo presumida dos judeus). No que concerne aos inícios deste século, é possível referir-se ainda a um terceiro estadista avisado, o Ministro das Finanças Kokovtzov que, apesar de suas prevenções contra os judeus [146], parece ter sido menos inclinado que Stolipin ou Witte a partilhar da crença dominante. Em abril de 1906, Kokovtzov quiçá salvará o regime moribundo ao negociar em Paris um empréstimo de um montante até então inigualado (mais de dois bilhões de francos-ouro). A este propósito o chefe do sindicato bancário francês, Édouard Noetzlin, perguntou-lhe se não convinha, a fim de melhor sanear a situação política na Rússia, conceder aos judeus a igualdade de direitos. (A sugestão vinha acompanhada de uma cláusula de teor assaz comum nestes tempos: "V. Excia. não ignora que não abrigo sentimentos ternos para com os judeus e que de maneira alguma gostaria que V. Excia. os tivesse..."). Kokovtzov respondeu que a questão não era tão simples, que

---

145. Cf. A. A. LOPUKHIN, *Otryvki iz vespominanii, op. cit.*, pp. 81-82.
146. Cf. V. I. GURKO, *Features and Figures of the Past...*, Stanford, 1939, p. 504.

suas raízes eram por demais profundas, pois "certamente não se poderia explicar pela mera condição de exceção dos judeus seu papel preponderante no movimento revolucionário e sua presença à testa de todas as organizações revolucionárias e agitações anti-governamentais"; que ele supunha, no entanto, de acordo com a grande maioria de seus colegas que a abolição de uma vetusta legislação e em especial da zona de residência se impunha há muito tempo; mas que era vital manter a interdição de acesso à propriedade fundiária, para proteger o campesinato contra a exploração judaica. "A igualdade de direitos no domínio da posse de terras ergueria os camponeses indigentes contra os judeus e, levando em conta a animosidade arraigada e a tendência exploradora, conduziria a choques inevitáveis, nefastos, para os judeus lavradores, com os camponeses [147].

O ministério de Stolipin, que na primavera de 1906 substituíra o ministério de Witte, estava de fato firmemente decidido a "compor-se com os judeus", mas uma reforma de início planejada sob a forma radical descrita por Kokovtzov começou a encolher mês a mês, como uma pele de chagrém, sobretudo em conseqüência da má vontade de Nicolau II e de sua corte. Em última instância, Stolipin tentava em dezembro de 1906 dar alguma satisfação à "parte não revolucionária do judaísmo" sob a cobertura de uma lei relativa à liberdade religiosa. Mesmo esta modesta concessão esbarrou inesperadamente com um veto motivado por uma objeção da consciência imperial:

> Não posso aprovar as idéias que o senhor me expôs a respeito da questão judaica, escrevia o czar a Stolipin. Posso dizer que há muito tempo medito dia e noite sobre esta questão. Apesar dos argumentos mais convincentes em favor de uma decisão positiva neste assunto, uma voz interior me dita com insistência crescente a necessidade de não assumir esta decisão. Até aqui minha consciência jamais me enganou. Daí por que também desta vez irei me curvar a suas ordens. Sei que o senhor também acredita que "o coração do czar acha-se nas mãos de Deus". Que seja assim. Sou responsável ante Deus e ante o país e estou prestes a todo momento a prestar contas disso. Lamento apenas uma coisa: de que o senhor e seus colaboradores tenham trabalhado durante tanto tempo num problema cuja solução acabo de repelir.
>
> Quanto à questão da ajuda às vítimas da fome e da coordenação dessas questões, falei a este respeito com Sua Majestade (a Imperatriz Alexandra). Ela tomará de boa vontade em sua elevada mão a suprema direção desta ajuda, etc. [148].

A "voz interior" de Nicolau II chegou em seguida a pôr em cheque uma influência de outro modo insidiosa, além da de Stolipin, pois Grigori Rasputin, por sua vez, enquanto mujique

---

147. Cf. "A correspondência entre V.N. Kokovtzov e E. Noetzlin", *Krassny Arkhiv*, IV/1923, pp. 132-134.
148. Cf. "Correspondência entre N. A. Romanov e P. A. Stolipin", *Krassny Arkhiv*, V (1924), pp. 105-106.

de bom senso, queria abolir a zona de residência [149]. Ele tampouco conseguiu fazê-lo e ainda em 1915, em plena guerra mundial, o último dos Romanov declarava que, no que concernia aos judeus, era-lhe impossível "assumir seja lá o que fosse" [150].

Um derradeiro traço nos é fornecido por dois policiais de alta patente. O General Guerassimov, a quem Lopukhin havia confiado em começos de 1905 a seção da Okhrana de São Petersburgo, descrevia em suas memórias a audiência que no outono de 1908 lhe foi concedida pelo czar. Este, após tê-lo felicitado por suas capturas, interrogou-o sobre "a questão da loja judio-maçônica":

> Ele ouvira dizer que existiam laços estreitos entre os maçõns e os revolucionários e queria que eu o confirmasse. Eu lhe disse que não estava ao par da maneira como a coisa se passava no estrangeiro, mas que na Rússia não me parecia existir loja judio-maçônica e que em geral os franco-maçons não desempenhavam aí nenhum papel. Minha resposta todavia estava longe de convencer o Imperador, pois ele me encarregou de comunicar a Stolipin que ele insistia que se lhe apresentasse um relatório absolutamente completo sobre os maçõns da Rússia e do estrangeiro. Não sei se o relatório em apreço foi apresentado ao Imperador, mas no departamento de polícia uma comissão foi designada para ocupar-se da franco-maçonaria, comissão esta que ainda não tinha terminado seus trabalhos quando da revolução de fevereiro de 1917 [151].

O velho *okhranik* não parecia saber mais. Seu superior Beletski, um sucessor de Lopukhin à frente do Departamento de Polícia sabia um pouco mais a este respeito. Depondo logo após a revolução de fevereiro de 1917 perante uma comissão de inquérito, relatava que a mando do Grão-Duque Nicolau (o futuro generalíssimo russo de 1914), que às vésperas da guerra suspeitava que certos oficiais da guarda pertenciam a lojas maçônicas, pusera-se a estudar o problema da franco-maçonaria na Rússia. Para tanto exigira os dossiês, nos quais descobriu, entre uma porção de outros materiais, uma nota destinada a ser submetida ao czar na qual Witte e o metropolita Antoine eram acusados de serem os instrumentos das lojas. De resto, "segundo os rumores que circulavam entre os funcionários da polícia, Stolipin também pertencia a uma das organizações maçônicas" [152].

A pista levava portanto para esses conventículos pseudomísticos que, no reinado de Nicolau II, exerciam uma influência bem

---

149. Cf. G. B. SLIOSBERG, *Diéla minuvchikh dnéi* (Memórias), Paris, 1934, vol. III, pp. 347-352. "Não serei Rasputin se não vos der der residência!" declarava o favorito imperial ao intermediário oficioso Sliesberg, no decorrer do inverno de 1913-1914.
150. Cf. GOLDENWEISER, "A Situação Jurídica dos Judeus na Rússia", *Kniga...*, *op. cit.*, p. 137.
151. Cf. GUERASSIMOV, *Tsarisme et terrorisme*, Paris, 1934, p. 158.
152. Cf. *Padenie tsarskogo régima*, a queda do regime czarista, prestação de contas dos interrogatórios da comissão extraordinária de inquérito do governo provisório, em 1917, Leningrado, 1925, vol. III, pp. 333-334 (interrogatório de S. P. Beletski, 15 de maio de 1917).

conhecida, sobretudo através da Imperatriz Alexandra, sobre a escolha dos altos funcionários e ministros assim como sobre outras decisões que incumbiam ao monarca. O círculo se fechava; ou, se se prefere, a serpente mordia a própria cauda.

O caso de Adolf Hitler permite refletir sobre o papel do indivíduo na história, especificamente no que se refere à sorte dos judeus. A incapacidade do último czar em "assumir", como ele mesmo se exprimia, toda decisão que lhes fosse favorável, parece também ter afetado de diversas maneiras o curso tomado pelos acontecimentos, como já o dissemos. É evidente por outro lado que além de sua sujeição aos mandamentos paternos ou até dinásticos, Nicolau II, em seu fervor anti-semita, devia comungar com uma camada de correligionários; em outras palavras, assim como no caso do III Reich, seu caso individual envolvia também um problema de mentalidades coletivas que iremos passar em revista a seguir.

Deste ponto de vista, os judeus padeciam em primeiro lugar de um certo zelo burocrático. Desde que se tratava deles, a administração czarista, tal como a hitleriana, parecia correr como um só homem, ante os desejos do homem providencial, chefe ou monarca, e quaisquer que fossem as convicções íntimas dos funcionários, via de regra suas atitudes eram hostis, excetuando os acomodamentos e alívios obtidos graças à corrupção, no caso russo. Por ocasião de uma das conferências ministeriais consagradas ao levantamento das restrições antijudaicas, o inspetor do Estado gracejava cruelmente, pretendendo que não se poderia evitar uma greve geral da polícia [153]; as rendas anuais que esta tirava dos judeus somavam de fato dezenas de milhões de rublos-ouro: eram estimadas em seis milhões de rublos para a cidade de São Petersburgo, em um milhão para a província da Bessarábia [154]. Os judeus russos, como o atestam todas suas obras históricas ou memórias, não guardaram boa lembrança da polícia e da administração czaristas. Mais do que nos abeberar em suas acusações, iremos citar um alto funcionário russo, o Príncipe Urussov, um grão-senhor que em muitos sentidos pode ser comparado ao Conde Ivan Tolstói.

Logo após o *pogrom* de Kichinev (Páscoa de 1903), o primeiro e mais memorável dos *pogroms* do começo do século XX, Urussov foi designado como novo governador da província da Bessarábia. A experiência assim adquirida o levou em seguida

153. Cf. GOLDENWEISER "A Situação Jurídica dos Judeus na Rússia", *Kniga...*, op. cit., pp. 142, citando as opiniões expressas pelo inspetor do Estado Kharitonov, em julho de 1915.
154. Cf. S. D. URUSSOV, *Mémoires d'un Gouverneur*, Paris, 1907, p. 51.

a denunciar, do alto da tribuna da Duma, as práticas administrativas, e a redigir memórias que foram traduzidas na época para todas as grandes línguas européias. Segundo ele, as discriminações e as troças antijudaicas eram quase de rigor no serviço público russo. "A mentalidade de nosso funcionário médio adquire quase inconscientemente o hábito de aplicar ao judeu desprovido de direitos um código moral especial" [155]. Para isso percebia duas grandes razões.

De um lado, "o ódio provinha em parte das preocupações, das queixas, das incriminações, explicações, erros e da responsabilidade que a legislação estúpida e inútil causava constantemente aos funcionários (...). A tendência geral da administração era de incomodar os judeus a todo custo, mesmo que se fizesse necessário para isso torcer a lei" — o que permitia evidentemente pressionar ainda mais os judeus "tolerados" pela polícia [156].

Mas a causa principal era a necessidade de valorizar seus serviços, e colocá-los em evidência. [A polícia] "achava que tratando os judeus com malevolência, ela obedecia a palavra de ordem do governo e que a perseguição neste caso não era somente tolerada porém desejada". De uma maneira mais geral, "a fúria anti-semita... era por assim dizer obrigatória para todos os funcionários imperiais" [157]. Por consciência profissional, convinha portanto maltratar os judeus: mecanismo clássico, levado ao mais alto grau de perfeição no III Reich. "A agitação anti-semita, especificava ainda Urussov, vai de cima para baixo, dos palácios às palhoças" [158].

O modo hierárquico de transmissão está sugestivamente descrito nas memórias de Alexis Lopukhin [159]. Logo após a grande onda de *pogroms* do outono de 1905, Nicolau II recebia o General Dratchevski, governador de Rostov. No correr da audiência, ele lhe dizia que o número de vítimas judias havia sido inferior àquele que ele teria esperado. "Estas indicações vindas do alto, explicava Lopukhin a Witte, serão sem dúvida transmitidas oralmente por Dratchevski ao chefe de polícia de Rostov, e serão divulgadas de boca em boca até aos guardas e simples agentes que, seguros de estar no caminho certo, farão saber nas feiras e nas ruas que é preciso surrar os *jids*, e que é possível pôr mãos à obra, isto pode sem receio nenhum". O III Reich explorou veios do mesmo gênero, mas os russos souberam instintivamente primar nestes jogos de meias-palavras e subentendidos, contrariamente aos ale-

---

155. *Ibid.*, p. 259.
156. *Ibid.*, p. 31 e p. 59.
157. *Ibid.*, p. 74, p. 134.
158. *Ibid.*, p. 257.
159. *Otryvky...*, *op cit.*, p. 86. Lopukhin tinha a reputação de ser um homem excessivamente honesto. Notabilizou-se em 1910 ao revelar ao partido social-revolucionário (de uma maneira talvez "assaz russa") as operações do famoso agente duplo Evno Azeff; em conseqüência disso, foi condenado a trabalhos forçados; porém, foi agraciado em seguida.

mães. Corpo após corpo, o exército russo cultivava um anti-semitismo ainda mais virulento que a polícia, como o constatava em 1908 um autor[160]. A constatação tem de resto um alcance geral, sendo possível reportar-se a este propósito aos capítulos precedentes: sob a *Belle Époque* européia, a malevolência com respeito ao povo cosmopolita se viu promovida à dignidade de uma virtude militar quase em todos os países. No caso russo, o dever de reprimir as desordens engendrava tanto nos generais quanto nos soldados rasos um conflito específico, que em 1903 o vice-ministro do Interior candidamente evocava ao dizer "que era impossível permitir aos soldados atirar nos cristãos a fim de proteger os judeus"[161]. O dilema torna-se tanto mais compreensível quanto a festa de reconciliação cristã da Páscoa era também a grande temporada dos *pogroms*; destarte se esclarece melhor a impunidade de que gozaram os de 1881-1883. Mas é sobretudo no curso da guerra russo-japonesa de 1904-1905 que o exército se tornou uma estufa do anti-semitismo, que proclamações e folhetos antijudaicos eram distribuídos aos jovens recrutas, e que foi inaugurado o costume moderno de constituir os *jids* em bodes expiatórios de todas as derrotas[162]. Isto não impede que certos generais louvassem em suas ordens do dia a coragem dos soldados judeus, cujos altos feitos acabavam sendo glorificados pelos correspondentes militares dos jornais anti-semitas[163]: ética fraternal dos combates, mas também Rússia, país dos grandes contrastes.

As suspeitas se agravaram no curso do ano revolucionário de 1905; no círculo do Grão-Duque Nicolau, encarregado, em sua qualidade de perito militar da família Romanov, da repressão das revoltas camponesas, elas se converteram em mania de perseguição, e o Conde Witte era acusado de fazer parte da conjuração judiomaçônica, com vistas à ruína e ao despedaçamento da Santa Rússia. Os boatos mais abstrusos circulavam no seio do Estado-Maior: o ajudante de campo do Grão-Duque, o General Rauch, anotava no seu diário:

...Witte teme agora que eles tenham ido longe demais, e os *jids* querem abafar a revolta armada, mas depois vão recomeçar. Esta decisão é significativa. Ele [Dubrovin, chefe da União do Povo Russo] me contou que fizeram vir a São Petersburgo, em peças avulsas, a guilhotina sobre a qual o czar deve perecer[164].

160. Cf. M. L. USSOV, *A Tradição e os Fatos...*, *op. cit.*, p. 62: "Em parte alguma a propaganda anti-semita se beneficia de uma proteção tão vasta como no exército" etc.
161. Cf. HANS HELBRONNER, "Count Aehrenthal and Russian Jewry, *Journal of Modern History*, XXXVIII, 1966, p. 396; Colóquio exposto pelo embaixador alemão Alvensleben.
162. Todos estes fatos se encontram descritos em USSOV, *op. cit.*, pp. 62-71.
163. *Ibid.*
164. Cf. "Diário de G.O. Rauch", *Krassny Arkhiv*, VI (1926) 9, VI/19 (1926), p. 89.

É mais difícil emitir um julgamento sobre o outro sustentáculo tradicional da autocracia que era o clero russo. É certo que não se viu sair de seu seio grandes campeões do anti-semitismo tais como o pastor Stöcker na Alemanha ou os jesuítas da *Civiltà Cattolica* em Roma. Mas de uma maneira geral, o clero ortodoxo não conhecia polemistas belicosos deste tipo, e tanto sua sujeição hierárquica ao czar quanto sua cultura limitada e sua falta de prestígio o mantinham longe da agitação política. A ingenuidade de certos religiosos era desarmante [165]. Mas é digno de constatar que padre ou teólogo algum da Igreja Ortodoxa veio apoiar com seu testemunho a furiosa propaganda dos assassinatos rituais, de sorte que os anti-semitas russos estavam reduzidos a recorrer, notadamente durante o processo Beilis, a peritos católicos.

Em um nível superior, os dois grandes representantes da espiritualidade russa que foram Vladimir Soloviev e Basil Rosanov encontravam-se ambos fascinados pelo judaísmo: mas isto, no caso do primeiro, foi para escrever sobre ele as páginas talvez mais belas ou mais profundas emanadas da pena de um cristão dos tempos modernos; e no caso do segundo, para literalmente se atolar num caldo de elucubrações sobre os esplendores da alma dos arianos e sobre a concupiscência dos judeus pelo sangue cristão. Arriscamo-nos a dizer, não obstante a prudência de rigor com respeito ao tema dos "caracteres nacionais", que também isto foram as dimensões do espaço mental russo.

Se tentarmos agora lançar um olhar sobre os meios políticos, importa antes de mais nada constatar que na medida em que pretendiam levar uma existência própria, esses meios não podiam ser senão criticamente oposicionais, ou "de esquerda", pois convinha aos súditos bem-pensantes do czar absterem-se de toda iniciativa política [166]. Somente depois que os acontecimentos de 1905 revelaram a fragilidade do regime autocrático que, sob o impulso aliás de Ratchkóvski e outros *okhraniks* [167], os integristas do trono e do altar saídos de todas as camadas sociais formaram movimentos ou partidos que podiam ser qualificados "de direita". Nestas condições ou sob esses auspícios eles não podiam deixar de ser violentamente anti-semitas, e sua mais aberta atividade consistia em uma propaganda correspondente (financiada, com conhecimento público e notório por Nicolau II), e na participação nos *pogroms*. Aliás, o próprio nome de "Cem Negros" (*Tchernaia Sotnia*) que perma-

---

165. Segundo o embaixador alemão Alvensleben, a "segunda epístola" do Padre Jean de Cronstadt era destinada a provocar uma perseguição geral dos judeus; cf. H. HELBRONNER, *op. cit.*, p. 396. Sobre as condições sob quais ela foi obtida, ver URUSSOV, *op. cit.*, p. 126.

166. A inexistência de partidos de direita na Rússia, antes da revolução de 1905, ficou bem evidenciada por HANS ROGGER; cf. "The Formation of the Russian Right", *California Slavic Studies*, III, 1964, pp. 66-94.

167. *Ibid.*, p. 85, assim como as fontes citadas em notas nesta passagem.

neceu ligado a eles fala por si mesmo, pois o termo russo que designa a ralé é derivado da raiz "negrura" (*tchern*). O Grão-Duque Constantin, o intelectual da família Romanov e de resto um dotado poeta, resumia este problema ao mesmo tempo semântico, político e familial, quando no outono de 1905 escrevia em seu diário que o Conde Witte certamente estava errado "ao ver nas massas populares, indignadas pela secessão da *intelligentsia*, dos "Cem Negros", isto é, uma chusma pretensamente lançada pelo governo e por sua polícia contra os rebeldes [168]. (No conjunto, os historiadores deram razão a Witte.) O comentarista político de uma revista liberal entregava-se na mesma data, em um artigo redigido ao vivo e cheio de horror, a uma análise talvez mais exata [169]. Ele mostrava inicialmente que a maior parte das massas russas, os operários não-qualificados nas cidades ou os camponeses vivendo do dia-a-dia nos campos, eram gravemente afetados, às vezes a ponto de sofrer fome, pelos distúrbios e pelas greves revolucionárias. Descrevia a seguir as violências e os crimes cometidos pelos "Cem Negros", instigados, da maneira como o revelavam os jornais não censurados [170], pela administração e pela polícia. No entanto, em conclusão ele se perguntava:

> Serão estes os horrores de uma *pugatchevtchina* (revolta camponesa)? Os jornais afirmam com insistência que todos os *pogroms* e violências infames são obra dos "Cem Negros", organizados e mantidos pela administração. Fato que somente agora foi possível tornar público (o) provam efetivamente (...) Mas apesar de tudo, permanece uma dúvida: como surgiram os "Cem Negros", não haveria para isso causas mais profundas? Nós diremos: apraza ao Céu que a violenta reação contra o movimento de liberação se deva (apenas) à polícia... Esperemos que a imprensa tenha sido correta no seu diagnóstico tão revoltante, e por mais odioso que possa ser.

A ascensão de uma temível "direita", cujo contraterrorismo se voltava eletivamente contra os judeus, só podia evidentemente reforçar a tendência preexistente nos meios políticos da oposição ou revolucionários em tornar-se defensores e aliados destes; nós já evocamos esta tradição, tão característica da *intelligentsia* russa. Será preciso acrescentar que uma atração que teria sido uma espécie de negativo da malevolência não decorria daí necessariamente? É isto que salienta com sua habitual franqueza Ivan Tolstói:

> Supõe-se em geral que o anti-semitismo está estreitamente ligado à mentalidade reacionária, ao obscurantismo. Mas cumpre confessar que existem muitas pessoas de convicções progressistas que não se distinguem grandemente dos seus adversários no que se refere aos sentimentos que dedi-

---

168. Cf. "Os extratos do diário de Constantin Romanov", *Krassny Arkhiv* VII/44 (1930), p. 144.
169. *Viestnik Evropy* (O Mensageiro Europeu), VI (1905), pp. 443-450, *Chronique sociale*, 1.º de novembro de 1905 (sem nome de autor).
170. Na época, isto é, no curso das semanas que seguiram a promulgação do "Manifesto Constitucional", os jornais e outras publicações não eram censurados na Rússia.

cam aos judeus. Se mormente eles se abstêm de manifestar abertamente seu anti-semitismo, é que os judeus lhes parecem indispensáveis para a luta que encetaram contra o regime estabelecido e também, por "razões táticas", porque a persistência do descontentamento entre os judeus lhes parece útil ao próprio movimento libertador: pois, ao seu ver, constituem esses um contingente numeroso, se bem que de segunda classe, de enérgicos lutadores pela "liberdade"[171].

Não se pode dizer que os avatares da condição dos judeus russos, desde a Revolução de Outubro, tenham desmentido essa análise.

Finalmente é possível encarar a questão sob o ângulo das pertinências nacionais ou sociais. De um primeiro ponto de vista, não se julga poder discernir uma diferença real entre os ucranianos e os poloneses, habituados à vizinhança dos judeus e os grão-russos propriamente ditos, que amiúde só conheciam estes últimos de longe: é verdade que os antagonismos internos no seio da "prisão das nações" czarista, as tácitas alianças entre oprimidos ou, ao contrário, as transferências de animosidade, tornam a questão complexa ao máximo. Quanto às categorias sociais, os memorialistas insistem muito na judeofobia dos comerciantes, um fenômeno primário que pode ser observado em todos os tempos e todos os lugares; resta que nos tempos modernos os mercadores russos eram os únicos a beneficiar-se de uma proteção legislativa *sui generis*, em sua qualidade de cristãos. O Ministro das Finanças Kokovtzov declarava em 1906 a este respeito que o remédio se tornara pior que o mal:

> Os judeus são tão malignos, declarava ele ao Conselho dos Ministros, que não é possível apoiar-se em lei nenhuma para contê-los. De nada serve aferrolhar as portas para proteger-se deles: encontrarão sempre uma gazua para abri-las. Além do mais, uma política repressiva somente os irrita, favorecendo os abusos e o arbítrio administrativos; as leis antijudaicas têm por único efeito a criação de rendimentos para toda classe de funcionários.

(O ministro que relata estas palavras, V. I. Gurko, acrescenta que teria objetado a Kokovtzov: "Pela primeira vez na minha vida ouço dizer que, se um ferrolho não preenche o seu objetivo, porque alguém se utiliza de uma gazua, é preciso arrancar o ferrolho"[172].) E agora chegamos à imensa categoria conhecida sob o nome de "povo" e a cujo respeito os memorialistas, seguidos pelos historiadores falam na maioria das vezes com simpatia.

Em suas memórias, o Príncipe Urussov negava vigorosamente a existência de um anti-semitismo popular russo. "A recriminação imemorial dirigida pelo povo aos judeus: 'Vocês crucificaram Cristo' prova que a consciência religiosa russa condenou este fato

---

171. Cf. *Der Antisemitismus in Russland*, p. 144.
172. Cf. V. I. GURKO, *Features and Figures of the Past...*, op. cit., pp. 504-505.

histórico; mas isto não dá o direito de concluir pela intolerância do povo." Em apoio, invocava as numerosas conversas que teve, de cristão para cristão, com seus administrados:

> Sem uma única exceção, suas respostas provavam a ausência total de hostilidade dos cristãos para com eles [os judeus] ... eu não conseguia descobrir nos vilarejos da Bessarábia nem mesmo sombra deste sentimento de ódio contra os judeus que às vezes explode bruscamente e sem causa evidente nos salões mundanos e outros lugares afastados da vida natural [173].

Não menos sugestiva é a evocação por Urussov de sua visita à prisão de Kichinev, onde acabavam de ser encarcerados várias dezenas de pogromistas:

> Os prisioneiros manifestavam uma alegria e uma doçura cômicas; trocavam gracejos e reconheceram que, se não estavam isentos de culpas, eram inocentes dos assassinatos, que Deus nos preserve! Asseguravam que os judeus eram boa gente, que todos eles viviam juntos em boa harmonia, que havia cristãos piores que os judeus. Acrescentaram que os judeus tinham ficado muito ofendidos com a pilhagem e perseguiam agora os prisioneiros acusando-os falsamente de crimes [174].

Vamos entrar agora na história dos *pogroms* e veremos como estas disposições bonachonas podiam coexistir com explosões de ferocidade, e também com a sanguinária crença nos assassinatos rituais judaicos, perpetrados, como se dizia às vezes, com a conivência de um "poder" assolado pelo povo deicida [175]. Sem dúvida estamos em presença da labilidade que se atribui às "populações sem escrita". Lembremo-nos também que na Rússia os judeus se encontravam longe de ser uma minoria numericamente insignificante e em vias de assimilação, que constituíam um povo face a outros povos, e no entanto radicalmente diferente desses. As impressões assombradas de um viajante francês traduzem bem este contraste:

> Quando se vem de um país onde, pelo longo trabalho das instituições democráticas, parece que a própria inteligência se encontra equitativamente dividida entre todas as categorias da nação, fica-se tanto mais surpreso ao constatar, em todos os níveis, diferenças tão estranhas como a inércia intelectual do russo pobre cujos olhos vagam sem luz e sem vida e a ardente curiosidade do adolescente judeu. Nós os vimos trinta e seis horas seguidas no porão do navio que nos conduzia de Kiev a Gomel, — os mujiques

---

173. URUSSOV, *op. cit.*, pp. 250-251.
174. URUSSOV, *op. cit.*, pp. 76-77.
175. No caso do assassinato ritual de Dubossari (1903), o inquérito, segundo os policiais, estava paralisado por um verdadeiro muro de silêncio: "A população cristã está inabalavelmente convencida de que todas as autoridades foram subornadas; segundo os rumores que circulam, também as altas esferas do poder foram corrompidas". É por isso que se fazia questão, entre o povo, de tomar o caso em mãos, de "dar uma lição nos judeus", tinha-se "vontade de degolar os judeus". Cf. *Dados sobre a História dos Pogroms Antijudaicos na Rússia* (em russo), Petrogrado, 1919, vol. I, pp. 68-69, p. 129.

miseráveis de um lado, trocando raras interjeições e freqüentes pancadas — do outro os judeus de vestes miseráveis que conversavam, discutiam, liam... [176]

A este respeito podemos citar ainda o parecer de um diplomata inglês do qual iremos falar novamente, Sir Cecil Spring-Rice, que assegurava que a superioridade intelectual dos judeus sobre os russos justificava a manutenção da legislação antijudaica:

> Toda pressão estrangeira em favor da abolição das restrições existentes fará mais mal que bem. Se tais exigências fossem satisfeitas, desencadear-se-ia um movimento popular que o governo seria incapaz de controlar. Não seria um movimento racial ou religioso (no senso estrito), mas o esforço natural de autodefesa que seria a conseqüência necessária do sentimento de que uma classe particular da população possui qualidades que a tornam inevitavelmente vitoriosa na luta pela existência. A solução das atuais dificuldades consiste na educação do povo russo. Desde que os russos se tornem tão inteligentes e também tão trabalhadores [que os judeus], o presente antagonismo morrerá de morte natural.
> Mas estamos ainda muito longe disto, e mais vale encarar as coisas de frente.
> Para resumir esta longa história. Se existe no seio de uma nação uma raça dotada de qualidades particulares que a tornariam mais poderosa que o resto desta nação, se ela pudesse exercê-las livremente — nunca se lhe irá permitir exercê-las livremente. Se esta raça tem amigos no estrangeiro ela será considerada não somente como um Estado dentro do Estado, mas também como um Estado estrangeiro ajudado do exterior por outros Estados estrangeiros, e será duplamente odiada. Se é odiada, irá odiar; se é perseguida, fará o máximo para se vingar; e se é mais inteligente e mais enérgica que o resto da nação, ela será capaz de vingar-se efetivamente ao dedicar suas qualidades superiores à causa da vingança... (20 de janeiro 1906).

Esta carta de Spring-Rice era dirigida a um amigo judeu, Oswald Simon, que se empenhava na época a alertar a opinião pública inglesa sobre a onda de *pogroms* que vinham rebentar sobre a Rússia. Conclui o diplomata:

> Como vedes, sou o *advocatus diaboli*, mas o ponto de vista que vos exponho é compartido, me parece, por alguns dos vossos aqui, e é um ponto de vista que possui alguns adeptos importantes. Eis uma carta bastante longa, e uma recompensa ingrata por vossas mui amáveis lembranças. Além do mais a quem afinal eu prego que eles [os judeus] deveriam ser mais cristãos que os cristãos? Ouso pensar que Claude M[ontefiore] me compreenderá[177].

Não é fácil fazer a anatomia de um *pogrom*, mesmo quando se dispõe, como é o caso daquele de Kichinev, de um dossiê muito completo (dossiê que incidentalmente nos revela a elevada postura e independência da administração judiciária, nesta Rússia

---

176. *Cahiers de la quinzaine*, 1904, op. cit., pp. 113-114, "Un voyage d'études" de GEORGES DELAHACHE.
177. Besides, to whom am I preaching that they should be *ipsis Christianis Christianores?*" Cf. *The Letters and Friendships of Sir Cecil Spring-Rice*, ed. por Stephen Gwynn, Londres, 1929, vol. II, pp. 27-29. "Claude M.", neto do ilustre Moisés Montefiore, era um amigo de infância de Spring-Rice.

dos contrastes). Em 1903 Kichinev, capital da Bessarábia e cidade em 45% judia, parecia viver ainda ao abrigo das perturbações políticas; mas o proprietário do único diário local, Paul Kruchevan, não cessava de agitar no seu jornal, bem como naquele que publicava em São Petersburgo, toda a gama de sentimentos anti-semitas (ele foi também o primeiro editor dos *Protocolos*). Também o assassinato de um adolescente em fevereiro de 1903 foi atribuído aos judeus pela opinião pública, acontecendo o mesmo com algumas outras mortes tidas como suspeitas, pela Ucrânia afora [178].

Ao aproximar-se da Páscoa, apelos à vingança, assinados por um "Partido dos Verdadeiros Trabalhadores Cristãos" foram distribuídos nos botecos de Kichinev. Os judeus assassinos do Senhor eram neles acusados de sugar o sangue cristão e de incitar a população contra "o czar nosso pai que sabe que povo ignóbil, cobiçoso e malicioso é o judeu, e que recusa libertá-los":

> Assim, pois, irmãos, em nome de nosso Salvador que derramou seu sangue por nós, e em nome de nosso mui piedoso *batiucka*-czar, cheio de solicitude por seu povo, marquemos o dia de nossa grande festa "Abaixo os *jids*", fora com estes infames abortos, bebedores de sangue, ávidos do sangue russo! Lembremo-nos do *pogrom* de Odessa, quando as tropas ajudavam o povo; elas também o farão agora, pois nosso cristianíssimo exército ainda não está judaizado. Venham em nosso auxílio, lancem-se sobre os imundos judeus. Nós já somos muitos.
> Façam seus fregueses lerem este apelo, ou faremos em pedaços seu boteco; nós saberemos, pois nossa gente freqüenta este boteco [179].

À véspera da festa a cidade inteira sabia com certeza que algo de grave ia acontecer, mas as autoridades civis e militares se mantinham em uma passividade aparentemente combinada. Desde que no domingo de Páscoa (6 de abril) o *pogrom* eclodiu, nada foi alterado nas festividades e visitas protocolares, o governador permaneceu em sua casa, o chefe de polícia passou a tarde em companhia do Bispo, a banda militar continuou a tocar na praça, enquanto ao seu redor a turba assaltava os judeus e começava a incendiar suas casas [180]. O exército só entrou em ação na segunda-feira à noite, prendeu algumas centenas de pogromistas e restabeleceu a calma em poucos minutos, sem ter disparado um único tiro. O nível de responsabilidades, tanto em Kichinev quanto em São Petersburgo, permaneceu obscuro. A imprensa estrangeira acusava o Ministro do Interior, Plehve, mas o documento que o *Times* tornou público parece ter sido forjado [181]. No dia 14 de abril o General Kuropatkin, *namiestnik* (vice-rei) do Extremo Oriente, de passagem pela Capital, anotava em seu diário: "Assim como o imperador, Plehve me disse que era preciso dar uma lição aos *jids,* que eles se atrevem demasiado e que se puseram à testa do movimento revolu-

---

178. Cf. NORMAN COHN, *Histoire d'un mythe...*, op. cit., p. 70 e pp. 113-115.
179. Cf. *Dados sobre a História dos Pogroms...*
180. *Ibid.,* pp. 136-140, relatório do procurador imperial Pollan.
181. Ver LOPUKHIN, *Otryvki...,* op. cit., p. 14.

cionário"[182] — mas estas palavras poderiam ter sido proferidas tanto antes quanto depois do *pogrom*.

É mais fácil saber exatamente como seria possível evitar um *pogrom* — e o que ele poderia custar. Quando em 1911 o judeu Bogrov assassinou em Kiev, sob os olhos do czar, o Ministro Stolipin, um monumental *pogrom* parecia iminente: os judeus, presos de pânico, deixavam a cidade, mas Kokovtzov, ao qual coube a sucessão, mandou pôr na rua três regimentos de cossacos e anunciou o fato. A imprensa bem-pensante gritou então traição; o correspondente do *Novoie Vrémia* escrevia: "...a ordem de proteger os judeus dada por N. V. Kokovtzov consternou todos aqueles que eu tive aqui ocasião de ver. Será que a morte fatal devida a uma bala traiçoeira deu o sinal de uma rendição às mãos dos judeus?"[183]

O que em Kichinev as autoridades não parecem ter previsto é a envergadura assumida em apenas algumas horas pelo *pogrom*. No primeiro dia houve duas mortes mas, tendo a inércia das autoridades confirmado à população que "o czar o queria", no segundo houve quarenta e sete mortos, dos quais dois cristãos. O número de feridos se elevava a meio milhar, e quase um terço das casas da cidade ficou destruído ou danificado. A comissão judiciária encarregada de fazer o balanço do *pogrom* constatava: "Por toda parte nas ruas estão espalhados pedaços de móveis, de espelhos, de samovares e de abajures torcidos, roupa de cama e vestuários de colchões e edredões revirados. As ruas parecem cobertas de neve, pois estão revestidas de penugem, assim como as árvores" (14 de abril)[184].

Menos ainda tinham as autoridades russas previsto a imensidão do escândalo. Todos os jornais respeitáveis da Europa e América proclamavam sua indignação e fustigavam a barbárie russa; sem dúvida os jornalistas judeus e seus amigos contribuíram com o máximo, mas estavam longe de serem os únicos a gritar contra o massacre. Assim Guilherme II, embora aprovando a sova aplicada aos filhos de Israel, aproveitava-se da ocasião para dar uma rasteira em seu "caro primo Nicky", e mandava difundir a notícia de que o czar tinha felicitado os pogromistas. O chanceler Bülow explicava que era necessário proceder "de maneira que nada pudesse recair sobre nós; é sobretudo importante divulgar a coisa na imprensa inglesa, francesa, *americana* e italiana"[185]. Uma vez

---

182. Cf. "O Diário de A.A. Kuropatkin", *Krassny Arkhiv*, II, 1923, pp. 42-43.
183. Artigo citado por A.S. TAGUER, *Tsarskaia Rossia i diélo Beilissa*, Moscou, 1933, p. 122.
184. O impressionante processo-verbal descrevendo as depredações, os incêndios e os assassinatos, rua a rua, está reproduzido em *Dados sobre a História do Pogroms...*, *op. cit.*, pp. 151-166.
185. O embaixador alemão havia participado a seu governo que o czar felicitara Kruchevan, o instigador da propaganda pogromista em Kichinev; cf. HANS HELBRONNER, "Count Aehrenthal and Russian Jewry", *op. cit.*, p. 369.

mais os anti-semitas russos podiam maldizer o poder e a perfídia do judaísmo internacional. Ao mesmo tempo, os jornais do mundo inteiro [186], difundiram um violento protesto contra "as bestialidades cometidas pelos russos", assinada por 317 escritores e artistas, entre eles Leão Tolstói. O caso redundou, portanto, num desastre para o bom nome da Rússia, naturalizando em todos os idiomas o termo *pogrom*.

Em 1904 não houve *pogrom* importante, mesmo na Páscoa, tendo Plehve telegrafado já em maio de 1903 ordens muito estritas aos governadores: "Dispondo da polícia e do exército, é inadmissível tolerar desordens. Vós sois pessoalmente responsáveis pela prevenção destas". Os *pogroms* de 1905 foram perpetrados com base em outros distúrbios: este ano inaugurou-se com o "domingo sangrento" de 9 de janeiro, quando o exército metralhou e investiu sobre uma procissão de mais de cem mil operários encabeçada por um pope, que vinha submeter suas queixas ao *batiuchka*-czar. Greves de protesto, atentados e motins seguiram-se em grande número, e no decorrer do verão *pogroms* aconteceram em Bialistok, Brest-Litovsk, Minsk e Kertch na Criméia, talvez servindo à polícia de "ensaio geral" como escreveu o historiador S. Dubnov [187].

Quando em outubro de 1905 uma greve geral que paralisava todo o país obrigou Nicolau II a promulgar o "Manifesto Constitucional", manifestações de alegria eclodiram nas cidades. Estas foram acompanhadas nos dias seguintes por contramanifestações pró-czaristas, que levavam às vezes a excessos selvagens; assim, na cidade siberiana de Tomsk, dois ou três mil grevistas reunidos em um teatro foram queimados vivos. Na zona de residência, os contramanifestantes dirigiam-se ao bairro judeu, e em centenas de localidades verificaram-se *pogroms,* tendo como a palavra de ordem: fora com os judeus e com os revolucionários! Como se soube mais tarde as convocações correspondentes, encomendadas por Ratchkóvski, eram impressas em São Petersburgo, na própria sede do departamento de polícia, num aposento bem isolado chamado "sala de cortiça", sob os cuidados do coronel de gendarmaria Komissarov [188] (nome predestinado dir-se-ia, pois ele voltou em seguida ao serviço secreto no seio da G.P.U) [189]. O forte deste *okhranik,* verdadeiro ogre da lenda [190], era organizar *pogroms* sob medida: é possível montar não importa qual *pogrom:* se querem, de dez

186. À exceção dos jornais russos, aos quais o governo havia proibido de publicar este protesto, cf. *Dados sobre a História dos Pogroms...,* p. 235.
187. DUBNOV, *op. cit.,* vol. III, p. 395.
188. Cf. LOPUKHIN, *Otryvki...,* *op. cit.,* p. 88, e *Padenie...,* *op. cit.,* vol. III, pp. 371-393 (interrogatório de S. P. Beletski, 15 de maio de 1917).
189. Ver os detalhes fornecidos a este respeito por VLADIMIR BURTSEV, *Protokoly Sionskikh Mudretsov,* *op. cit.,* p. 88.
190. Ver a descrição de Komissarov por seu antigo colega General Spiridovitch, *Rasputin 1863-1916,* Paris, 1935, pp. 263-266 (no curso dos últimos anos do czarismo, Komissarov estava afeito à proteção de Rasputin). Cf. também *Padenie...,* vol. III, pp. 139-178.

pessoas, e se querem, de dez mil[191]. Como de costume, o exército recusava-se a intervir: em Kiev, o General Bezssonov dizia aos participantes: "Vocês podem destruir, mas não devem pilhar"; em Odessa, o Governador Neidgart dizia às vítimas: "Vocês querem a liberdade? — Cá está, sua liberdade judia"[192]. Ao todo houve, no curso da última década de outubro 1905, uns cinqüenta "grandes" e ao redor de seiscentos "pequenos" *pogroms*.

Entregando-se a uma espécie de análise sociológica, a *Enciclopédia Judaica* russa escrevia por volta de 1910 (dentro dos limites do que era então publicável):

> Todas as classes sociais da população participaram dos *pogroms*, a saber: 1.º Os ferroviários e os funcionários do correio desempenharam um importante papel (...) 2.º No decorrer desses terríveis dias, o papel principal coube à pequena burguesia, na pessoa dos seus dois representantes característicos, os pequenos comerciantes e os artesãos; tratava-se não apenas de homens, mas também de mulheres (...) 3.º Em numerosos lugares era a classe operária que foi por assim dizer o único executor do *pogrom* (...) 4.º O campesinato participava dos *pogroms* unicamente para enriquecer-se às custas dos bens judeus. Os camponeses carregavam tudo que se espalhava pelas casas, ruas e armazéns destruídos. Na realidade não havia nem ódio racial nem anti-semitismo econômico. Mais que uma vez os mesmos camponeses que pilhavam os bens judeus escondiam em suas casas os judeus em fuga. 5.º Também as profissões liberais estavam representadas nas fileiras dos pogromistas; numerosos expoentes destas recusavam-se a abrigar e a proteger os judeus em fuga. É óbvio que isso não refuta um outro fenômeno: no curso desses dias penosos, os principais defensores dos judeus saíram das fileiras da *intelligentsia* russa, que em diversas ocasiões manifestou um autêntico heroísmo. É característico que por vezes os próprios pogromistas escondiam em seus apartamentos os judeus, embora prosseguindo em sua obra destrutiva. Quanto à pertinência ética dos pogromistas, as nacionalidades que se sentem oprimidas não participaram dos *pogroms*, enquanto as nacionalidades dominantes e aquelas que se lhes associam desempenharam um papel ativo nos acontecimentos. Os armênios e os poloneses de um lado, os russos, os moldávios e gregos de outro, provam ao máximo a justeza desta generalização...[193]

O balanço de perdas em vidas humanas foi o que sugere a descrição acima, isto é, relativamente moderado: ao todo, 810 mortos e 1 770 feridos. As perdas em bens foram imensas. Pode-se acrescentar que, por razões evidentes, o artigo da *Enciclopédia* não podia incriminar nem o czar nem a União do Povo Russo da qual este era membro de honra.

A partir de 1906, e excetuando-se duas grandes matanças em Bialistok e Siedlce (110 mortos no total)[194], a tática pogromista foi abandonada em favor da agitação a frio. O número total de opúsculos e livros anti-semitas publicados no curso do decênio

---

191. DUBNOV, vol. III, p. 404, citando as revelações feitas em 1906 na Duma pelo Príncipe Urussov.
192. Cf. J.G. FRUMKIN, "A Propósito da História dos Judeus Russos", *Kniga...*, *op. cit.*, p. 73.
193. Artigo "Pogroms", *Ievréiskaia Entsiklopedia*, São Petersburgo, 1908-1913, vol. XII, pp. 611-622.
194. Cf. DUBNOV, vol. III, p. 403 e p. 405.

1906-1916 foi de 2 837; a contribuição financeira de Nicolau II foi de mais de doze milhões de rublos [195]. Esta produção se modernizava, recorrendo doravante aos temas raciais elaborados no Ocidente; mas os argumentos clássicos, não eram abandonados tampouco, e o do assassinato ritual mantinha o primeiro lugar. Para um psiquiatra, o Professor Sikorski, tratava-se "de vingança racial ou da vendeta dos filhos de Jacó — mas ao escolher as jovens vítimas e ao colher seu sangue, os assassinos mostram que obedecem a outras considerações e ainda que seu ato tem sem dúvida alguma um significado religioso para eles" [196].

O *Znamia* de Kruchevan de seu lado colocava o acento na raça:

> A questão judaica absolutamente não consiste de modo algum na religião, por mais hostil que ela possa ser ao cristianismo... O que é necessário conhecer é o perigo representado por este tipo antropológico e social, por seus instintos parasitários e predatórios. Os judeus são terríveis apenas por serem uma espécie excepcionalmente criminosa, levando a morte a toda sociedade sã que tolera sua invasão [197].

Mas é ao discursar à tribuna da Duma sobre os assassinatos rituais que o demagogo Nicolau Markov anunciava, para o dia quando o povo russo enfim enxergasse com clareza, o *pogrom* universal e final:

> ...No dia em que, com sua cumplicidade, senhores da esquerda, o povo russo se convencer definitivamente que tudo não passa de embuste, que não há mais justiça, que não mais é possível desmascarar ante um tribunal o judeu que degola a criança russa e bebe seu sangue, que nem a polícia nem os governadores, nem os ministros nem os legisladores supremos são de alguma ajuda — neste dia meus senhores, haverá *pogroms* de judeus. Não sou eu que o terá querido, meus senhores, nem a União do Povo Russo: são os senhores que terão criado os *pogroms*, e estes *pogroms* em nada assemelhar-se-ão àqueles que ocorreram até agora, estes não serão *pogroms* de edredãos de *jids*, mas todos os *jids* serão devidamente degolados até o último [198].

Nestes últimos anos do regime czarista, a sociedade culta russa em seu conjunto, colocando-se tardiamente ao nível da ocidental, encarava o anti-semitismo como um caso particular de "conflitos raciais". Autores de boa vontade publicavam folhetos anti-racistas: este que temos sob os olhos, intitulado *Raças Nocivas e Raças Nobres*, exortava em conclusão aos antropólogos a abandonarem seus esforços para estabelecer "laços inexistentes entre tipos somáticos e tipos psíquicos" [199]. O Conde Ivan Tolstói nos informa

---

195. Cifras dadas por SALO BARON, *The Russian Jew under Tsars and Soviets*, New York, 1964, p. 74.
196. Citado por MAURICE SAMUEL, *L'étrange affaire Beilis*, Paris, 1967, p. 95.
197. Citado por A. S. TAGUER, *Tsarskaia Rossia i diélo Beilissa*, op. cit., p. 51.
198. *Ibid.*, p. 77, Nicolau Markov, mais conhecido como "Markov II", era um dos dirigentes da União do Povo Russo.
199. M. A. ENGELGARDT, *Vredyna i blagorodnya rassy*, São Petersburgo, 1908.

que os escritos anti-semitas de Eugen Dühring gozavam em seu tempo na Rússia do mesmo êxito de escândalo que no curso dos anos de 1880 na Alemanha. Ele mesmo dedicava um capítulo de seu livro à polêmica anti-racista mas, aceitando, é claro, o postulado antropológico da época, segundo o qual existiam raças bem definidas tanto "indo-germânicas" quanto "semíticas".[200].

A legislação czarista também começava a desfazer-se do princípio pelo qual um judeu converso se tornava "um cristão como os outros". Já em 1906, propunha-se a questão de interditar aos filhos de conversos o acesso às escolas militares; uma lei promulgada em 1912 proibia de maneira geral a promoção ao grau de oficial quer dos filhos, quer dos netos[201]. O clero por sua vez começava a questionar a validade do batismo nos casos de conversões meramente formais, e o corpo de um advogado membro da Duma, que se especializara na defesa de seus antigos revolucionários foi impedido de receber sepultamento em cemitério cristão[202].

Mas é no terreno do assassinato ritual que o regime travou sua última grande batalha contra os judeus. Comparou-se freqüentemente o caso Beilis ao caso Dreyfus, e é fato que o processo de Kiev de 1913 fez correr quase tanta tinta e durou quase tanto tempo quanto o processo de Rennes de 1898. Sendo um processo que se apresentava como edificante, seria lícito também considerá-lo em termos dos "grandes processos de Moscou", embora seja óbvio que a encenação czarista não podia ser comparada à encenação stalinista. Mas os casos de assassinato ritual pertenciam a uma categoria bem distinta, sobretudo na perspectiva judaica: assim como o escrevia na época o pensador Ahad Ha-Am, "esta acusação constitui o caso solitário no qual a adesão geral a uma idéia (que o mundo nutre) a nosso respeito não nos obriga a nos perguntarmos se o mundo não tem razão e se nós não estamos errados, pois esta acusação se baseia numa mentira absoluta, e nem sequer se acha escorada por uma falsa inferência do particular para o geral"[203].

No dia 20 de março de 1911, o cadáver ensangüentado de um rapaz de treze anos, André Iuchtchinski, foi descoberto nos subúrbios de Kiev. Imediatamente, a imprensa anti-semita gritou que se tratava de um assassinato ritual, e tanto em Kiev quanto em

---

200. Tolstói escrevia especialmente. "Bem recentemente, por ocasião dos distúrbios revolucionários nas províncias bálticas, vimos os letões que são autênticos indo-germanos manifestar uma crueldade caracterizada, e outros indo-germanos, germanos ou eslavos, tomar contramedidas não menos cruéis. Mas isto não impede aos anti-semitas de atribuir aos judeus o privilégio quase exclusivo de uma fria crueldade (...). Não é minha intenção louvar os judeus ou glorificar a raça semita..." etc. *Der Antisemitismus in Russland*, p. 116 e p. 126.
201. Diário do Grão-Duque CONSTANTIN, *Krassny Arkhiv*, VI/43 (1930), p. 100; GOLDENWEISER, "A Situação Jurídica dos Judeus na Rússia", *Kniga...*, p. 143.
202. SLIOSBERG, *op. cit.*, vol. III, p. 239.
203. Cf. AHAD HA-AM, *Selected Essays*, Londres, 1962, pp. 203-204.

São Petersburgo a União do Povo Russo esforçava-se por orientar as investigações neste sentido, enquanto na Duma, seu porta-voz, Zamislóvski, interpelava já em 18 de abril o governo sobre as demoras do inquérito. Acontece que no correr das primeiras semanas não se conseguia descobrir o culpado judeu, em virtude da consciência profissional da magistratura e da polícia criminal de Kiev [204]. Foi preciso, portanto, obter em primeiro lugar a destituição ou a substituição de um juiz de instrução e dois ou três policiais, coisa a que o ministro da justiça, Chtcheglovitov, se prestou de bom grado. Analisando os motivos deste dignatário, que se tornou assim o principal condutor do caso, o historiador Hans Rogger recentemente supôs que ele e seus cúmplices ministeriais estavam animados por uma espécie de idealismo desesperado, em procura de um alicerce coerente, num mundo em decomposição.

Tratava-se da busca de um princípio e de uma fé em comum que reunissem e reagrupassem as forças desencorajadas de um monarquismo sem idéia diretriz. Contrariamente aos liberais e aos socialistas, esses homens tinham pouca fé no futuro, não dispunham de uma visão tranqüilizadora do mundo e da história. Na ausência de um monarca que pudesse encarnar o princípio autocrático com vigor e uma convicção contagiosa, eles só tinham o anti-semitismo e a noção de um mal universal tendo os judeus como portadores-guias em um universo que escapava a seu controle e domínio intelectual. Provando que um assassinato ritual fora efetivamente cometido, teriam eles confirmado esta versão dos acontecimentos e o teriam transformado em uma realidade concreta... [205].

Talvez seja este um ponto de vista por demais elevado: em todo caso, isto não excluía o desejo mais chão de agradar ao czar, ao qual Chtcheglovitov apresentava em intervalos regulares relatórios sobre a situação do inquérito. O embaixador americano George Kennan, escrevia por sua vez que, na época, "a atitude do governo era em parte determinada pelo ódio que Nicolau dedicava aos judeus, em parte por considerações políticas" [206].

Em julho de 1911 enfim encontrou-se o judeu degolador [207], na pessoa de Mendel Beilis, um contramestre da olaria perto da qual o cadáver fora encontrado. Pode-se comparar este humilde empreiteiro a Dreyfus, no sentido de que ele também era tão pouco compreensivo quanto o célebre capitão, com respeito aos valores em jogo no debate centrado em sua pessoa (além do mais, este pretenso sacrificador não era judeu praticante).

204. O acima exposto se baseia em A.S. TAGUER, *op. cit.*, MAURICE SAMUEL, *op. cit.* e o interrogatório de Chtcheglovitov, em maio de 1917, *Padenie...*, vol. II, pp. 383-398.
205. Cf. HANS ROGGER, "The Beilis Case: Anti-Semitism and Politics in the Reign of Nicolas II", *The Slavic Review*, XXV/4 (1966), p. 626.
206. G. KENNAN, "The Ritual Murder Case in Kiev", *The Outlook*, 8 de novembro de 1913.
207. Graças aos falsos testemunhos de um acendedor de lampeões e sua mulher (no referente à montagem policial do caso deve-se consultar a obra já citada de MAURICE SAMUEL).

Mas aos poucos evidenciou-se que o caso não se apresentava nada bem. A imprensa liberal tampouco permaneceu inativa. Um redator do jornal *Kievskaia Mysl* começou a investigar por conta própria e deu com a pista dos verdadeiros assassinos, um bando de ladrões que havia degolado a criança com medo de que ela servisse de testemunha, disfarçando o crime de maneira que pudesse ser lançado sobre as costas dos judeus. Um gênero inteiramente diverso de preocupações eram as reações internacionais: "A imprensa estrangeira fustiga o governo russo de maneira inaudita e selvagem", queixava-se Beletski, o diretor do departamento de polícia. Em dezembro de 1911, os Estados Unidos chegaram a denunciar por isso o tratado de comércio russo-americano. Procurando agradar seu governo, o embaixador russo comentava: "Este incidente prova sobretudo que os americanos ainda se acham num estágio bastante primitivo de desenvolvimento social!" (No mesmo estilo, o embaixador nazista em Sofia culpará trinta anos mais tarde os búlgaros que protegiam os judeus, "de serem muito particularmente desprovidos da compreensão ideológica alemã" [208].)

Mas o clima na Rússia era igualmente decepcionante, mesmo no campo monarquista. De fato Chulgin, seu ideólogo mais ouvido, denunciava no seu jornal o golpe engendrado, atacava o governo e, se não proclamava a inocência dos judeus, ao menos a de Beilis:

> Ninguém pode deixar de sentir-se envergonhado com o procurador de Kiev e com a justiça russa toda, que assumiu o risco de apresentar-se em face do mundo com provas tão lamentáveis (...). Não nos cansaremos de repetir que este caso iníquo não trará os frutos desejados (...) Raciocinando como vocês o fizeram, vocês cessam de denunciar os assassinatos rituais, vocês estão se preparando para consumar um sacrifício humano.

Mais grave ainda que este impressionante ataque era a posição adotada pela Igreja Ortodoxa que (sem dúvida por ordem do Príncipe Obolenski, procurador-geral do Santo Sínodo) recusou-se a prestar-se à farsa judiciária. Nenhum sacerdote russo e nenhum biblista qualificado queriam servir de testemunha de acusação, enquanto dois grandes teólogos, os Professores Kokovtseff e Trotski permitiram que a defesa os citasse. O *Znamia* esbravejava: "Por que se cala nosso clero? Por que não reage ao bestial assassinato do pequeno André pelos judeus? Como pode ele deixá-lo passar em silêncio? Mas ele se cala. Tal é o domínio dos *jids* sobre a imprensa...".

Em tais condições, um vento de pânico soprou na primavera de 1912 entre os encenadores do caso, e Makarov, o Ministro do Interior, propunha abandonar o processo. Chtcheglovitov preferiu contemporizar e mandou que se elaborasse um novo auto de acusação. No que concerne à peritagem teológica, foi necessário

---

208. Relato enviado em 7 de junho de 1942, pelo embaixador Beckerle ao Ministério de Negócios Estrangeiros do III Reich; cf. L. POLIAKOV, *Le Bréviaire de la haine*, Paris, ed. "Livre de Poche", 1974, p. 252.

recorrer a um padre católico autor de um folheto sobre assassinato ritual que Beletski conseguiu trazer a grande custo de sua paróquia de Tachkent, na Ásia Central (todos os custos extraordinários do processo foram cobertos pelo departamento de polícia. Sobretudo, 23 investigadores foram designados para levantar previamente a ficha dos jurados; os *inteligentes* foram cuidadosamente descartados, e a seleção definitiva compreendia tão-somente camponeses e pequenos empregados, de pessoas tidas como de boa moral.

O processo foi aberto em 25 de setembro de 1913. Dois agentes secretos disfarçados em guardas foram postados por Beletski na sala de deliberação dos jurados, a fim de informar às autoridades sobre as reações destes e orientar a acusação por conseqüência. Um deles, o jovem advogado Liubimov a quem Beletski tinha em alta estima, se deixou tomar de início por um certo pessimismo:

...não se trata do processo de um judeu até agora desconhecido, mas de uma batalha geral entre o judaísmo mundial e o governo russo. Agora se percebe claramente como esta judiaria todo-poderosa sabe organizar suas forças e até que ponto o poder russo está mal aparelhado para lutar contra os judeus. Todos os luminares do direito, da literatura, da medicina, das ciências, encontram-se do lado dos judeus.

A acusação dispunha entretanto de outros luminares. O perito católico, Padre Pranaitis, a personagem fabulosa que Chtcheglovitov desaninhara da Ásia Central, mostrou-se à altura de sua missão. Liubimov lhe concedeu o seguinte atestado:

Lituano de origem, polonês de formação, criado em plena zona de residência e conhecendo os judeus, ele é, pelo que tange à sua alma e seu estado de espírito, mais russo que Krassóvski e os Professores Pavlov e Bekhterev [as principais testemunhas da defesa] e que todos os outros lacaios russos dos judeus...

Na verdade o anti-semitismo, para os últimos servidores do regime, estava em vias de converter-se no principal sinal de identificação do russo autêntico!

O Padre Pranaitis iniciou seu depoimento acomodando, à sua maneira, as lendas medievais sobre o castigo dos judeus:

O povo judeu foi amaldiçoado por Moisés que disse: Deus vos atingirá com todas as pragas do Egito. É claro que esta maldição se cumpriu, pois todos os judeus europeus têm um eczema de assento, todos os judeus asiáticos saram na cabeça, todos os da África furúnculos nas pernas e porque os judeus americanos sofrem de uma doença dos olhos que os torna idiotas. Os perversos rabinos encontraram um remédio contra estes males: untam as partes doentes com sangue cristão. Quando os judeus matam um cristão, eles obedecem a um triplo motivo: em primeiro lugar, satisfazem o ódio que dedicam aos cristãos e pensam que seu crime é um sacrifício agradável a Deus. Segundo, isto lhes permite entregar-se a atos mágicos. Terceiro, como os rabinos absolutamente não têm certeza que o filho de Maria não seja realmente o Messias, pensam que, se aspergindo com sangue cristão, poderão talvez salvar-se...

Desta maneira o Padre Pranaitis discorreu onze horas a fio, indo a ponto de afirmar que a Bíblia prescrevia aos judeus sacrificar incircuncisos a Jeová, isto é, cristãos: "O ensinamento judeu aproxima a noção de bode expiatório à de povo cristão que deve ser ofertado em sacrifício". A Santa Sé não o censurou (o embaixador russo em Roma desempenhou-se com mérito de sua trarefa, sabotando a comunicação de cópias conformes das bulas pelas quais os papas do passado condenavam a lenda do assassinato ritual). Pranaitis foi ,no dizer do correspondente do *Times,* "uma das personagens mais surpreendentes do processo; um homem de igreja magérrimo, com enormes sobrancelhas". Liubimov mostrou-se satisfeito com ele: "Este padre sabe como falar e convencer os camponeses". O promotor geral Vipper, especialmente vindo de São Petersburgo, mostrava-se menos satisfeito: "ele fala rápido demais e não é muito claro". A tese anti-semita moderna que Vipper desenvolvia a respeito dos judeus era sem dúvida complexa demais para o entendimento das pessoas simples:

> A condição dos judeus na Rússia é dura, ninguém o negará, no entanto, eu o direi abertamente, mesmo que seja mal julgado — não por esse tribunal de certo, mas por nossa sociedade — que pessoalmente me sinto submetido ao poder dos judeus, ao poder do pensamento judaico, ao poder da imprensa judaica. Pois a imprensa russa é russa somente em aparência; na realidade quase todas as nossas publicações se encontram nas mãos dos judeus (...). Juridicamente, os judeus vivem sob as leis de exceção, mas de fato eles são os donos do nosso mundo, e sob este aspecto cumprem-se as promessas bíblicas sob nossos olhos; sua situação é difícil, mas ao mesmo tempo nós estamos sob seu jugo...

Falando claro: todos aqueles que não estão de acordo conosco estão enjudaizados.

O agente secreto Liubimov opinava que o pior para os judeus seria que o caráter ritual do assassinato fosse reconhecido, e que Beilis fosse absolvido, pois de um lado o caso não poderia nesta hipótese ir a recurso e de outro a lenda sangrenta receberia, destarte, uma sanção judiciária e de algum modo oficial. A idéia foi retida, e o presidente do tribunal Boldirev remia todas as fraquezas da acusação por meio de uma fórmula astuciosa que permitia ganhar em todos os âmbitos.

Com efeito, ele colocou duas questões ao júri: o pequeno André havia sido assassinado numa olaria pertencente aos judeus, "de maneira a provocar sofrimentos atrozes e uma hemorragia total que acarretou sua morte"; e Beilis, era ele culpado de ter, em conluio com desconhecidos e "por motivos de fanatismo religioso", cometido este assassinato? Da maneira como as questões tinham sido redigidas o júri, mesmo respondendo com um *não* à segunda pergunta, na sua simplicidade, só podia responder *sim* à primeira, da qual toda referência explícita a um assassinato ritual fora eliminada. Mas como era de se esperar, as agências telegráficas e uma parte da imprensa não viram isto tão de perto;

o *sim* do júri e a menção à olaria judia pareciam significar que este se aliara à tese anti-semita.

Em conseqüência, ambos os campos festejaram a vitória. À primeira vista, a acusação parecia ter triunfado, assim o asseguravam *La Croix* em Paris ou o *Reichspost* em Viena: com maior sutileza, um redator do *Daily News* de Londres, comentava ironicamente: "O caso de Kiev solapou o interesse que eu dedicava ao poder cosmopolita, financeiro e político do judaísmo. A que levou esta força internacional? A um veredicto que confirma a velha lenda dos sacrifícios sangrentos". Na Rússia, o czar, que presenteara o juiz Boldirev com um relógio de ouro, declarava-se satisfeito sob todos os aspectos: "É certo que houve um assassinato ritual, mas sinto-me feliz porque Beilis foi absolvido, pois ele é inocente". Chtcheglovitov e outras personalidades felicitavam telegraficamente "os heróis do processo de Kiev", em sua qualidade de "homens russos independentes e incorruptíveis". Uma obra comemorativa foi encomendada (ao custo de 25.000 rublos) ao promotor da parte civil, o Deputado Zamislóvski. Ironicamente, o lançamento deste livro, o assassinato de André Iuchtchinski, coincidiu com a queda do czarismo: "O caso Beilis, lia-se aí em conclusão, é uma página em vivas cores e indelével da história mundial, uma página que certifica que o judaísmo, desde que ele tenha os meios, trava uma luta de morte contra os Estados cristãos". O popular autor místico Basil Rosanov havia publicado por seu lado, já em 1914, uma brochura bizarramente intitulado *A Relação Olfativa e Tátil dos Judeus com o Sangue,* na qual ele acreditava poder apresentar o versículo bíblico, passado despercebido por todos seus predecessores, que prescrevia aos judeus os assassinatos rituais, a saber, uma passagem do Levítico relativa ao bode expiatório (X, 16-18) [209]: "Não é espantoso que ninguém tenha salientado esta passagem?... Tudo está claro, claro demais. Estão eles tão cegos que não enxergam? Para mim, o pequeno André é um mártir cristão. Que nossos filhos rezem por ele, como por um justo martirizado [210]. De fato cogitou-se de erigir uma capela nas proximidades da famosa olaria; parece que o projeto foi abandonado graças à intervenção de Rasputin junto ao czar [211].

Mas no conjunto, a absolvição de Beilis pesou muito mais que a aparente condenação dos judeus, tão verdade é que um

---

209. Eis o texto: "Moisés procurou o bode expiatório, e eis que havia sido queimado. Irritou-se então com Eleazar e Itamar, os filhos que restavam a Aarão, e disse: Por que vocês não comem a vítima expiatória no lugar santo? Isto é uma coisa muito santa; e o Eterno vos conferiu a fim de que carregásseis a iniqüidade da assembléia, a fim de que fizésseis por ela a expiação ante o Eterno. Eis, o sangue da vítima não foi sequer levado para o interior do santuário; vós deveis comê-la no santuário como isto me foi ordenado".

210. Cf. *A Relação Olfativa e Tátil...* (em russo), São Petersburgo, 1914, p. 297 e p. 65.

211. Cf. SLIOSBERG, *op. cit.,* vol. III, p. 47.

processo se encarna em um homem, cujo destino permanece como símbolo. Foi assim que o resultado se viu em geral compreendido na Rússia, onde houve explosões de alegria nas ruas; foi assim que o interpretaram os historiadores judeus (como, por exemplo S. Dubnov: "A culpabilidade dos judeus foi refutada pelo tribunal e Beilis absolvido"[212]; e é fato que, salvo duas obscuras tentativas dos nazistas, os processos de assassinatos rituais, após 1913, não fazem mais parte do arsenal anti-semita ocidental[213].

---

212. DUBNOV, op. cit., vol. III, p. 437.
213. Estas tentativas que, sobre o pano de fundo das "leis de Nurenberg" e outras medidas anti-semitas espetaculares, passaram praticamente despercebidas na época, mesmo na Alemanha, aconteciam em 1936 em Memel e em 1937 em Bamberg; cf. o verbete "Blood libel" da Encyclopaedia Judaica, Jerusalém, 1971, vol. IV, XX col. 1128.

Segunda Parte: 1914-1933

4. A Primeira Guerra Mundial

1. OS PAÍSES GERMÂNICOS

Em agosto, a Europa enveredou pelo caminho de seu declínio num clima de entusiasmo bélico do qual poucos contemporâneos conseguiram escapar. Atesta-o uma vasta literatura, de Péguy a Soljenitsin, ou de Martin du Gard a Kipling. Para os alemães tratava-se, como escrevia Thomas Mann na época, de lutar "por seus direitos de dominação e de participação na administração do planeta"[1], mais reservado, o judeu Jacob Wassermann anotava no seu diário: "Prevejo uma grande vitória da Alemanha e do germanismo; a Alemanha se torna uma potência mundial; mas que Deus nos preserve do orgulho!", e pouco mais tarde: "Não há dúvida nenhuma, um espírito sublime sopra na Alemanha"[2]. Em Viena, Robert Musil exclamava: "Como a guerra é bela e fraternal"[3], e o próprio pai da psicanálise deixava-se arrastar por esta corrente de paixões tribais, declarando "dar toda sua libido à Áustria-Hungria"; ele estaria de todo coração com a Alemanha, acrescentava, caso pudesse somente admitir que a Inglaterra se havia enfileirado do "mau" lado[4].

1. THOMAS MANN, *Betrachtungen eines Unpolitischen*, Berlim, 1922, "Gegen Recht und Wahrheit" p. 176 (a obra reunia os textos políticos de Mann de 1915-1917).
2. Notas de 9 de agosto e de 1.º de setembro de 1914, cf. M. KARLWEISS, *Jacob Wassermann*, Amsterdam, 1935, p. 241.
3. Citado por EGMONT ZECHLIN *Die deutsche Politik und die Juden im ersten Weltbrieg*, Goettingen, 1969, p. 87. Musil falava também "de um maravilhoso sentimento de pertinência".
4. Cf. ERNEST JONES, *Sigmund Freud, Life and Work*, Londres, 1958, vol. II, p. 192.

Se, em média, o entusiasmo dos judeus alemães era mais medido que o de seus concidadãos, ele se exercia em escala internacional, pois, tanto nos Estados Unidos quanto no império czarista uma grande parte, talvez a maioria de seus correligionários, havia desposado então a causa alemã. O filósofo Hermann Cohen anexava os judeus ao germanismo pura e simplesmente, em sua longínqua qualidade de germanófonos, "pois é da linguagem, por mais mutilada que seja, que um homem tira os poderes originais da razão e da inteligência"; daí o dever, para todos os judeus, "de devotamente respeitar a Alemanha, sua moradia espiritual" [5]. Um outro autor, Karl Hilmar-Berlin, assegurava que a Alemanha dispunha de fato de um corpo supletivo de 10 milhões de partidários e descrevia como o psicólogo judeu Hugo Münsterberg, convertido por amor a seu país de origem, no "Führer dos alemães" nos Estados Unidos, onde havia heroicamente sucumbido em sua missão [6]. Sem dúvida o ódio do czarismo era um estimulante mais virulento: o poeta judeu Morris Rosenfeld, ídolo das massas judias de New York, compunha um hino anti-russo que terminava com os brados: "Hurra pela Alemanha! Viva o Kaiser!" [7]

Superava-o ainda no gênero o poeta alemão Ernst Lissauer, na própria Alemanha, ao improvisar, na noite de 4 de agosto, quando o governo britânico saiu de sua neutralidade, o célebre "Canto de ódio contra a Inglaterra", que logo estava em todas as bocas:

> ... e algum dia concluiremos a paz
> Mas tu, nós te odiaremos com um longo ódio
> Nunca nosso ódio cederá
> Ódio nos mares, ódio na terra
> Ódio da cabeça, ódio da mão
> Ódio do ferreiro, ódio do príncipe
> Ódio feroz de setenta milhões
> Unidos para amar, unidos para odiar
> Eles todos têm um só inimigo
> A Inglaterra [8].

Um organista luterano de Chemnitz compôs música para o Canto, Guilherme II em pessoa condecorou o autor, e as molas de sua inspiração poética foram objeto de debates dos mais notáveis.

---

5. HERMANN COHEN, *Deutschtum und Judentum*, Giessen, 1916, pp. 37-38.

6. Cf. KARL HILMAR-BERLIN, *Die deutschen Juden im Weltkriege*, Berlim, 1918, p. 39 e pp. 40-41.

7. Cf. "Jüdische Rundschau", XIV, 49 (1914), p. 444.

8. Esta tradução foi fornecida por *La Revue historique*, 1915, p. 119.

Os judeus alemães felicitavam-se por ver um dos seus glorificado na qualidade de porta-voz da justa cólera alemã ou da alma alemã. Com efeito, segundo um comentador nacionalista, o poema refletia *a mais profunda sensibilidade do* Volk *alemão*, segundo um outro "o canto do ódio transmite admiravelmente nosso estado de espírito, exprimindo as profundezas do *Volk*" [9] — mas nem um nem o outro sabiam que Lissauer era judeu. Melhor informado, Houston Stewart Chamberlain, se bem que encontrando mérito no poema, censurava o seu autor por pertencer a um povo "que, contrariamente ao povo alemão, tem todo tempo cultivado o ódio a título de uma qualidade fundamental"[10]; e na imprensa judia, o órgão sionista *Der Jude* fazia exceção, criticando a odiosa virulência da obra; fato que, bem entendido, atribuía às dissonâncias da assimilação[11].

Se se olhar para o caso mais de perto, não se tratava senão de um aspecto particular de uma confusão muito mais geral que versava sobre um hipotético laço de parentesco entre o "espírito alemão" e o "espírito judaico". É ainda Hermann Cohen, fundador da escola neokantiana, que escreveu a este respeito as besteiras mais emocionantes, chegando a falar até de "uma profunda fraternidade entre o judaísmo e o germanismo", fraternidade que seria uma "característica fundamental do espírito alemão" [12]; mas na atmosfera exaltada da época, nada mais fazia que tirar conclusões extremas de um ponto de vista muito difundido, e os antijudeus mais convictos estendiam a mão aos judeus mais ortodoxos para convir que existiam de fato curiosas analogias entre as respectivas condições: não haviam os alemães granjeado o ódio universal assim como os judeus, não se suspeitava deles assim como destes injustamente de querer subjugar o mundo inteiro? Assim o anti-semista Eugen Zimmermann declarava: "A imagem do alemão no estrangeiro é quase a mesma que a do judeu moderno", ou então o rabino Wohlgemut: "Não é minha culpa se o quadro do ódio antialemão se parece como duas gotas d'água ao do ódio antijudaico" [13]. A este respeito é possível novamente confrontar os escritos de T. Mann e de Wassermann, os dois romancistas mais eminentes da

---

9. Cf. ZECHLIN, op. cit., p. 98 (citando o *Die Neue Wacht*) e HILMAR-BERLIN, op. cit., p. 36, citando *Die Kreuzzeitung*.

10. ZECHLIN, loc. cit.

11. Cf. *Der Jude*, Zweiter Jahrgang (1917-1918), p. 26. ARNOLD ZWEIG, citando I. Schwadron.

12. *Deutschtum und Judentum*, loc. cit.

13. HILMAR-BERLIN, op. cit., p. 44; Dr. J. WOHLGEMUT, *Der Weltkrieg im Lichte des Judentums*, Berlim, 1915, p. 102.

época[14], ou citar o sociólogo Alfred Weber (tudo leva a crer que seu mais ilustre irmão Max cultivava concepções parecidas):

> No mundo inteiro, somente os alemães — e talvez os judeus — sabem ser objetivos. Será que isso se deve a um destino parecido? Em nossos dias não é possível desembaraçar-se deste paralelo[15].

Neste particular, o sionista Arnold Zweig[16] mais uma vez discordava, levantando-se, em nome "do tato dos mal-amados" contra todas as "tentativas mais ou menos profundas para demonstrar concordâncias metafísicas ou psicológicas entre o judaísmo milenar e o jovem germanismo". Um outro sionista renomado entretanto, Nahum Goldmann, afirmava haver uma "identidade fundamental" na maneira de "encarar a existência como uma vocação e uma missão". Além do mais, Goldmann não hesitava em intitular seu escrito *O Espírito do Militarismo*; e meio século mais tarde, embora escolhendo diferentemente seu título e seus termos, continuava ele a sustentar "que existe uma certa comunidade entre o espírito judeu e o espírito alemão"[17].

Não tentarei aqui defender a tese oposta, que seria também totalmente gratuita, pois o pró e o contra são no caso igualmente indemonstráveis; resta que, sem se entregar a especulações metafísicas, é legitimamente possível comparar os alemães aos judeus sob o ângulo do dinamismo intelectual e da eficácia prática; mas é sobretudo possível constatar que nos tempos modernos "a contribuição judaica à cultura" foi sobretudo uma contribuição dos judeus austro-alemães, se bem que mal constituíssem uma décima parte da população judia mundial. À tríade Marx-Freud-Einstein, que domina ainda nossa cultura contemporânea, o leitor poderá facilmente acrescentar outros nomes de sua escolha, e cabe de fato supor que uma certa tensão ou relação específica, cujo modo de ação permanece obscuro, serviu em algo para provocar esta florescência de gênios. No que diz respeito à Alemanha imperial de 1914-1919, a qual os cálculos errados de

---

14. Na sua autobiografia *Mein Weg als Deutscher und als Jude*, publicada logo após a Primeira Guerra Mundial, Wassermann se queixava de não poder "apropriar-se do mundo, como podem fazê-lo um francês, um inglês ou um russo", em sua qualidade de judeu alemão. "Esta impossibilidade é seu estigma de alemão e de judeu, esses dois tipos de espírito e alma tão estreitamente aparentados, em discórdia entre eles depois de se terem conhecido". Thomas Mann exprimia a mesma idéia em uma carta de 21 de janeiro de 1942: "Sempre senti um prazer de polemista todo especial, em confrontar o destino alemão como o destino judeu. Os alemães são admirados e odiados quase pelas mesmas razões que os judeus, e o anti-semitismo alemão repousa certamente em grante parte sobre o sentimento de uma afinidade de situação".

15. Cf. *Gedanken zur deutschen Sendung* (Pensamentos a Respeito da Missão da Alemanha); citado por HILMAR-BERLIN, *op. cit.*, p. 46.

16. ARNOLD ZWEIG, "Juden und Deutsche", *Der Jude*, II (1917-1918), pp. 204-205.

17. *L'esprit du militarisme* de N. GOLDMANN foi resumido e citado por E. ZECHLIN, *op. cit.*, pp. 99-100; ver por outro lado sua *Autobiographie*, trad. fr., Paris, 1917, p. 64.

seus heróis nacionais Ludendorff e Tirpitz conduziram à perdição, ela pode resistir graças à economia de guerra implantada desde 1914 por Rathenau e Ballin, todos os dois devotados até a morte à sua pátria [18] (aos quais é possível acrescentar Fritz Haber, que realizou a síntese do amoníaco). Mas em sua maior parte, seus compatriotas não souberam dar valor a esses judeus; muito ao contrário, eles se tornaram os símbolos dos "emboscados", enquanto os irmãos Warburg e outros judeus pró-alemães dos Estados Unidos vieram a encarnar aos olhos dos anti-semitas "a judiaria internacional" bem antes do fim das hostilidades. Com efeito, contrariamente à opinião corrente, a ascensão do anti-semitismo *precedeu* na Alemanha à derrota e às perturbações de toda espécie das quais, como se sabe, os judeus foram declarados os responsáveis. Cumpre-nos agora relatar esta história em pormenor.

Na Alemanha, a "União Sagrada" ostentava o nome medieval *Burgfriede* (= trégua de Deus): desde a abertura das hostilidades, Guilherme II declarava não mais conhecer partidos, mas tão-somente alemães. Os judeus exultaram acreditando, poder, enfim, "imergir no vasto rio do destino nacional" (Ernst Simon, o futuro decano dos filósofos israelenses); "um espantoso sentimento de pertença nos arrancava o coração das mãos", superava-o ainda o austríaco Robert Musil [19]. Mas a trégua não durou muito tempo. O *Hammerbund* de Theodor Fritsch preocupava-se desde as primeiras semanas com as vantagens que os judeus não deixariam de tirar daí, nomeadamente no que concerne às suas promoções a patentes de oficiais, e prometia estudar minuciosamente seu comportamento no *front* [20].

Os anti-semitas mais respeitáveis, tais como os *Alldeutsche* de Heinrich Class, mantiveram-se mais tempo tranqüilos. Cabe acreditar que as esperanças depositadas pela diplomacia alemã na ajuda internacional judaica tiveram algum papel nesta discrição (segundo o secretário de legação Prittwitz, devia ser possível sabotar o reabastecimento dos exércitos russos graças à ajuda dos fornecedores e intermediários judeus; numa perspectiva análoga, Ludendorff publicava seu famoso apelo em ídiche: "Aos meus caros judeus poloneses") [21]. Seja como for, o programa político elaborado por Class em dezembro de 1914 em nome do "Alldeutscher Verband" não exigia mais a eliminação dos judeus da vida alemã;

---

18. Albert Ballin suicidou-se em 9 de novembro de 1918, enquanto Guilherme II fugia para Holanda, e Ludendorff para Suécia; Walter Rathenau aceitava tornar-se Ministro dos Negócios Estrangeiros da República de Weimar, a despeito das advertências e ameaças que prodigamente lhe dirigiam (foi assassinado a 22 de junho de 1922).
19. Cf. ZECHLIN, pp. 89 e 87.
20. Cf. WERNER JOCHMANN, "Die Ausbreitung des Antisemitismus" in *Deutsches Judentum in Krieg und Revolution 1916-1923*, Tübingen, 1977, p. 411.
21. ZECHLIN, p. 120, e ROBERT WELTSCH, em *Leo Baeck Yearbook*, IX (1964), p. XXII, chamada "Zi meine libe Jidden in Poilin" (Aos meus queridos judeus na Polônia).

e Chamberlain ia a ponto de escrever no outono de 1914 que os judeus estavam irreconhecíveis, "desincumbindo-se de seus deveres de alemães tanto na linha de frente quanto na retaguarda"[22]. Mas o mesmo Chamberlain escrevia em março de 1915 a um amigo que o novo estado de coisas — "o trunfo de ser judeu" era "um sintoma inquietante"[23]. A partir do outono de 1915, esta inquietação perdia sua razão de ser.

A este propósito cumpre primeiramente observar que, se todos os países beligerantes, uma vez evaporado o sonho de uma guerra alegre e gloriosa, sofreram as atrozes realidades da guerra de trincheiras, é na Alemanha que as massas populares foram as primeiras a conhecer restrições de toda ordem, os *Ersatz* mais ou menos falsificados, o racionamento e a subalimentação. Tem-se a impressão que estas provações da população civil fizeram com que, desde o inverno de 1915-1916, se procurasse algum alívio escolhendo como bode expiatório "os judeus" de um modo mais preferencial do que em outros países, a Rússia inclusive. Trata-se apenas de uma impressão[24], pois é difícil formar uma idéia do estado de espírito da maioria silenciosa numa época em que a censura grassava, assim como os patrióticos autocensores. Mais ao nível articulado ou ideológico, aquele ao qual estão consignados especialmente às entidades a odiar, entrevê-se uma conjuntura paralela, especificamente alemã, em conseqüência da qual os ódios sagrados do tempo tomavam de preferência os judeus como alvo.

Com efeito, pois que para a catástrofe geral não se podia procurar um autor, o *boche* desempenhava este papel para os franceses assim como o *hun* (huno) para os ingleses, e as massas russas também tinham uma antiga conta a ajustar com o *Niemetz*. No caso dos alemães, é bem menos clara a situação: uma vez passada a explosão do furor antibritânico, a quem se apegar, a não ser acusando todos os inimigos da Alemanha, isto é, à maior parte das chamadas nações civilizadas? Uma das saídas consistia em admitir a existência de um inimigo "supranacional", cujo espectro adquiria tanto mais corpo quanto, de uma certa forma, a própria Alemanha tendia a se considerar como tal. Uma tradição européia que remontava no mínimo à Renascença, e cujos avatares retracei alhures[25] — aquela que levava um Michelet, por exemplo, a escrever que "a Alemanha nomeou e renovou todas as populações da Europa"[26] — concedia-lhe o *status* de uma nação quase pan-européia. Um autor tão refinado como Thomas Mann qualificava em 1916 o povo alemão de *übernationales Volk* (povo supranacional), ao qual incumbia uma responsabilidade igualmente "supranacional" e que,

---

22. ZECHLIN, p. 517 e p. 93.
23. Cf. ZECHLIN, p. 520, citando uma carta de Chamberlain ao Príncipe Max de Bade.
24. Cf. L. POLIAKOV, *O Mito Ariano*, pp. 65-101.
25. *Ibid.*
26. *Ibid.*, p. 25, Intradução de Michelet à primeira edição (1831) de sua *Histoire de France*.

face a um mundo de inimigos, encarnava a consciência européia; e ele argüia, por meio de exemplos bastante convincentes, que os odiosos exageros da propaganda francesa, os escritos que destratavam os boches como outros tantos "sub-homens", não tinham seu par na Alemanha [27]. Vê-se como o adversário dos alemães também podia ser concebido como ao mesmo tempo interior e "supranacional", como uma potência invisível e secreta. O sociólogo judeu Franz Oppenheimer explicava esta situação ao escrever, já antes de 1914, que "o anti-semitismo era a cara, virada para o interior, do nacionalismo chauvinista e agressivo" [28]. Por múltiplas razões, algumas das quais remontavam à Idade Média, o chauvinismo germânico mantinha, mesmo durante esta guerra, os olhos fixados nesta direção.

A conjuntura pode ser ilustrada por uma polêmica que se desencadeou nas colunas dos *Preussische Jahrbücher*, o órgão conservador em que o historiador Treitschke publicara outrora seu célebre artigo antijudeu [29], e que terminou nas colunas da revista sionista *Der Jude*. No início de 1917, o filósofo Max Hildebert Boehm montava nos *Jahrbücher* uma ata de acusação contra o "judaísmo assimilador", embora saudando, de passagem, o incipiente movimento sionista. Em *Der Jude* Arnold Zweig aprovava Boehm no que concerne ao sionismo, mas o censurava por repetir os lugares-comuns anti-semitas sobre as aspirações ao domínio mundial do "gênio nacional dos judeus"; em conclusão, ele exprimia a esperança de ver um dia o nacionalismo alemão e o nacionalismo judeu encontrarem-se "na encruzilhada do destino comum dos homens". Boehm dirigiu então diretamente à revista sionista um artigo que ele intitulava "Emancipação e Vontade de Poder no Judaísmo Moderno". Nele felicitava Zweig pela elevação de seu pensamento, distanciava-se de todo "chauvinismo estreito e estúpido", esboçava um paralelo desdenhoso entre "o grosseiro e inepto estudante desordeiro" e "o especulador internacional judeu" — e, voltando à carga, declarava a guerra à internacional dos "judeus mundiais" em nome de todas as pátrias européias e até mesmo do gênero humano inteiro:

> Atualmente aqueles, os judeus mundiais, seguram o universo em suas mãos, e não têm a intenção de largar a presa. Já o olhar visionário de Dostoiévski via que sua potência aumentaria por ocasião de uma grande catástrofe européia. Qual uma vasta rede que se estreita este poder da judiaria assimilada estende-se sobre o mundo inteiro, e onde quer que ponhamos o pé, ficamos presos em suas malhas. É insensato querer ignorar este fato. Mas a constatação não deve paralisar nossas forças, deve decuplá-las. Não é o judaísmo que iremos combater, com ele podemos rivalizar assim como podemos fazê-lo com a cultura francesa, inglesa ou russa; mas devemos lutar até a última gota de sangue contra a insensível judaização da

27. THOMAS MANN, *Betrachtungen eines Unpolitischen*, op. cit., pp. 178-179 e 464-465.
28. Cf. ZECHLIN, p. 47.
29. Cf. mais atrás, p. 19.

Europa e sobretudo do germanismo (...). É esta precisamente a atitude da judiaria assimilada que representa para nós a maior provocação imaginável. É partindo daí que, cremos nós, o sionista deveria poder entender-nos, e que deveria também compreender certas manifestações do anti-semitismo vulgar, por mais repugnantes que estas sejam tanto para ele quanto para todos nós.

O aparecimento do artigo aumentava ainda mais a voltagem. Como se a Alemanha já não tivesse bastante inimigos, o Professor Boehm atirava nele a luva aos judeus — desta vez a todos os judeus, aos "bons" tanto quanto aos "maus":

> No correr destes últimos decênios, os judeus eram uma nação *dentro* das nações da terra: agora eles querem tornar-se, na pessoa dos seus chefes mais nobres e melhor qualificados, uma nação *entre* as nações. A atmosfera está depurada. Que as espadas dos cavaleiros se cruzem. Vós sabeis o que significa para nós a idéia da cavalaria: alegrias dos combates, também do espírito, e a paz de Deus sobre todos os homens de boa vontade[30].

Na época, os filósofos e outros intelectuais germânicos tomavam posição perante os judeus de muitas maneiras diferentes. Não era a menos original a de Oswald Spengler, que durante a guerra trabalhava no seu célebre ensaio sobre *O Declínio do Ocidente*. Inspirando-se muito na *Gênese do Século XIX*, de Chamberlain, mas aparentemente procurando disfarçar esta fonte de inspiração, recusava ele "os ridículos clichês de semita e de ariano"; no lugar disto estabelecia uma dicotomia entre "nações faustianas" — em primeiro lugar, bem entendido, os alemães — e as "nações mágicas", das quais faziam parte os judeus, que também eram, ao lado dos árabes, um povo *fellah*. Assim se podia explicar o pensamento de Santo Agostinho, "último grande pensador da escolástica árabe", da mesma maneira como o de Spinoza, "no qual se encontram todos os elementos da metafísica mágica". Segundo Spengler, reinava uma total incompressão entre os homens mágicos e os homens fáusticos.

> Mesmo quando [o judeu] se considera membro do povo hospedeiro seu e toma parte de seu destino, como o foi o caso em 1914 na maioria dos países, ele não vê na realidade este acontecimento como sendo seu próprio destino, mas toma partido em seu favor, julga-o como observador interessado, e o significado último daquilo pelo qual se combate deve, por esta mesma razão, permanecer-lhe cerrada (...). O sentimento da necessidade deste entendimento recíproco resultou no ódio assustador, profundamente concentrado no sangue que se prende a marcas simbólicas como raça, gênero de vida, profissão, linguagem, e que... conduz as duas partes até a explosões sangrentas.

30. M. H. BOEHM, "Geistiger Zionismus und jüdische Assimilation", *Preussische Jahrbücher*, fevereiro de 1917; ARNOLD ZWEIG, "Jude und Europäer", *Der Jude*, II (1917-1918), pp. 21-28, e "Juden und Deutsche", *ibid.*, pp. 204-207; M. H. BOEHM, "Emanzipation und Machtwille im modernen Judentum", *ibid.*, pp. 371-378.

Do ódio assim descrito, os judeus, na Alemanha pelo menos, tornavam-se para Spengler, o próprio padrão, porquanto "o ódio racial não é menos forte entre franceses e alemães do que entre alemães e judeus" (e ele continuava: "desta mesma pulsação nasce, por outro lado, entre homem e mulher, o amor verdadeiro, que é parente do ódio. Aquele que não tem raça não conhece este amor perigoso")[31].

Até aqui, temos somente um sistema biometafísico a mais, tais como desde Schelling e Hegel, eles não cessaram de suceder-se, "cerrações passageiras obscurecendo o espírito e a consciência dos alemães" (Nietzsche)[32], e os quais quase inevitavelmente comportavam digressões mais ou menos anti-semitas. A originalidade de Spengler aparece no quinto e último capítulo da sua obra, capítulo intitulado "O Mundo Formal da Vida Econômica". Encontram-se aí, entre outras coisas, fórmulas nazistas *avant la lettre* sobre "a tradição racial enraizada no solo, lutando desesperadamente contra o espírito do dinheiro", ou sobre a superação tanto do socialismo quanto do capitalismo[33]. Tanto mais surpreendente parece a ausência, neste capítulo, de toda menção aos judeus, de toda referência, excessiva ou não, "à finança judaica", de modo que, neste tópico, isto era de regra, sobretudo na época. A respeito desta singularidade, dá para ver apenas uma explicação: assim como Boehm, Spengler não queria levar água ao moinho do "anti-semitismo vulgar" como se, confusamente, pressentindo as conseqüências, ele procurasse distanciar-se da demagogia e dos movimentos de rua.

Quanto aos futuros protagonistas destes, a carta de um soldado em combate contra os ingleses em Flandres pode oferecer uma idéia de seu estado de espírito: "Cada um de nós, escrevia ele, não tem mais que um só desejo: ajustar logo suas contas com o bando, definitivamente". Que bando? — O dos "estrangeiros", em geral:

[Nós esperamos] que aqueles dentre nós que terão a sorte de rever a mãe-pátria, encontrá-la-ão purgada dos metecos (*Fremdländerei*) e de que graças a nossos sacrifícios e a nossos sofrimentos, graças aos rios de sangue que derramamos todos os dias frente a um mundo internacional de inimigos, não somente os inimigos externos da Alemanha serão retalhados em pedaços, mas que nosso internacionalismo interno também será esmagado. Esta seria a conquista mais importante de todas.

Datada de 5 de fevereiro de 1915, esta carta era assinada: Adolf Hitler[34].

31. O. SPENGLER, *O Declínio do Ocidente, Esboço de uma Morfologia da História Universal*, 2.ª parte, "Perspectivas de História Universal", trad. fr. Paris, 1948, pp. 293, 221, 294-95, 151 e *passim*.
32. Cf. *Além do Bem e do Mal*, "Povos e Pátrias", § 251.
33. SPENGLER, trad. cit., p. 447 e p. 432, onde se encontra ainda esta "nota do tradutor". "Esta fórmula é o próprio credo do programa hitleriano, que deve toda a sua ideologia a Spengler, sem mencioná-lo".
34. A carta era endereçada a um dos seus protetores de Munique, o assessor Ernest Hepp; cf. WERNER MASER, *Hittlers Briefe und Notizen*, Düsseldorf, 1973, pp. 78-100.

Neste inverno de 1915, os profissionais do anti-semitismo organizado não folgavam de sua parte. À medida que o entusiasmo de agosto de 1914 cedia a uma morna atenção entre a população civil e se esboçava um movimento de opinião contra os "emboscados" e os "aproveitadores da guerra", formavam eles planos para desviar o descontentamento contra os judeus, esperando desta maneira matar dois coelhos com uma só cajadada, pois uma tal diversão seria "mais popular", nas palavras de um deles [35]. Ao fim do ano de 1915 ocorreu uma discreta conferência dos principais agitadores dos quais alguns, como o Conde Reventlow ou o crítico Adolf Bartels, ilustraram-se mais tarde no movimento nazista. Ficou decidido reunir materiais para uma obra que, intitulada *Os Judeus no Exército*, seria gratuitamente distribuída entre os oficiais e os estudantes, ficando (tacitamente) entendido que sua publicação só seria possível quando após a guerra a censura fosse abolida [36]. Ao mesmo tempo o Professor Hans von Liebig fazia circular uma memória criticando a política de Bethmann-Hollweg, que ele foi o primeiro a qualificar de "chanceler dos judeus alemães", partidário "de uma paz de compromisso podre" [37] (esta prioridade não o impediu de ser expulso em 1919 pelo "Alldeutscher Verband", na qualidade de "não-ariano" [38].

Pouco depois, em março de 1916, Theodor Fritsch e seu procurador Alfred Roth endereçavam a Guilherme II e às principais personalidades políticas um *memorandum* no qual pintavam em vivas cores a vida dissoluta dos aproveitadores de guerra, o mercado negro e as outras injustiças, "a dança ao redor do bezerro de ouro que aniquilou todos os sentimentos elevados e nobres despertados desde os primeiros arrobos patrióticos (...). A plutocracia cosmopolita que só pensa no lucro, antinacional em caso de necessidade, só quer servir aos interesses da finança internacional; é assim que se tecem de parte a parte fios que, tais quais os da aranha, já envolvem os príncipes, os países, os povos". Na Alemanha, as posições econômicas de Ballin, de Rathenau e de outros judeus já lhes permitiram "instituir um sistema de interpenetração de inúmeras sociedades dirigido pelo espírito judeu" [39]. Tudo leva a crer que memorandos ou mensagens similares, inspirados ou redigidos pelos mentores de outras organizações semi-secretas, chegavam, na época, em grande número aos mesmos destinatários ou outros, tanto no *front* quanto na retaguarda. No verão de 1916, o Ministério da

---

35. Cf. W. JOCHMANN, estudo citado, *Deutsches Judentum in Krieg und Revolution*, op. cit., p. 412, nota 7 (o nome do agitador não está indicado).
36. ZECHLIN, p. 521.
37. *Ibid.*, pp. 518-519.
38. *Ibid.*, p. 558 nota 200. O almanaque anti-semita *Semi-Gotha* revelara em 1914 que Hans von Liebig era bisneto de uma judia convertida no século XVIII, e por esta razão foi excluído da "comissão judaica" do "Alldeutscher Verband".
39. ZECHLIN, pp. 521-523.

Guerra era "literalmente inundado" pelas denúncias contra judeus insubmissos ao serviço militar. Em agosto de 1916 Walther Rathenau que, por ver desde o início claro [40] em relação à maioria dos problemas, foi odiado como judeu derrotista antes de sê-lo como "sábio de Sião", já testemunhava um desespero lúcido:

> Não tente, escrevia ele ao seu amigo nacionalista Wilhelm Schwaner, dissuadir as pessoas: sua crença na corrupção dos outros lhes ajuda a viver... Tirando-lhes esta crença, você lhes tira algo de insubstituível; mesmo que seja o ódio, ele aquece quase tão bem quanto o amor. Quanto mais numerosos os judeus mortos no *front*, melhor saberão provar seus inimigos que todos eles permaneceram na retaguarda, enriquecendo-se como usurários que são. O ódio duplicará e triplicará...

Logo se confirmava o pessimismo de Rathenau. Tendo Schwaner comunicado o teor de sua carta a um oficial anti-semita, o Tenente Graeff, este respondia: "Mesmo que Rathenau fosse nosso salvador, seria desonroso para o povo alemão ser salvo por um semita. Eu acredito na sentença de Friedrich Ludwig Jahn" [41]. "Apenas alemães podem salvar alemães, salvadores estrangeiros somente podem levá-los à perdição" [42].

Mas o pior estava por vir.

Pode-se considerar como momento decisivo da Primeira Guerra Mundial este mesmo mês de agosto de 1916, quando o comando supremo passava das mãos do General Falkenhayn às do diunvirato Hindenburg-Ludendorff, o primeiro cobrindo com sua autoridade de herói nacional de Tannanberg as decisões do segundo, estrategista e organizador brilhante, "mestre primeiro do quartel general" [43]. Logo a seguir a política militar alemã tomou um rumo novo, mais duro, já antecipando certas medidas nazistas. Em outubro, o grande quartel-general aprovava o projeto de Tirpitz de uma guerra submarina total e ordenava a deportação de 400 000 trabalhadores civis belgas [44]; uma terceira medida, promulgada em 11 de outubro pelo Ministério da Guerra, prescrevia o recenseamento dos judeus mobilizados no *front* e na retaguarda. Parece que esta

---

40. Pode-se citar uma carta de Rathenau de 14 de outubro de 1914 na qual predizia uma guerra terrível e talvez interminável: "Quem de nós sabe se chegará a ver a paz? Sofreremos provocações mais penosas do que todas aquelas que já vimos. Uma dura geração vai crescer, talvez ela quebrará nossos corações..." (Carta ao Dr. van Eeden, citada por JAMES JOLL, *Walter Rathenau, Prophet without a Cause*, Londres, 1960.
41. Sobre o inquietante personagem de Jahn, ver nosso vol. III: *De Voltaire a Wagner*, pp. 328-330.
42. Cf. W. JOCHMANN, *op. cit.*, p. 427 (carta de Rathenau de 4 de agosto de 1916, e pp. 435-436 (carta de Grâff de 8 de agosto de 1916).
43. *Erster Generalquartiermeister*.
44. Cf. FRITZ FISCHER, *Griff nach der Weltmacht, Die Kriegspolitik des kraiserlichen Deutschland 1914-1918*, Düsseldorf, 1961, p. 369 e sobretudo p. 339.

Jundenstatistik fora exigida pelo Tenente-coronel Max Bauer, um oficial do Estado-Maior dado às intrigas políticas, que foi o principal artesão da nomeação de Ludendorff e que veio a ser o homem de confiança do "Alldeutscher Verband" de Class junto ao comando supremo [45]. Ludendorff assegurava depois que foi só durante a guerra que ele veio a conhecer a "questão judaica", em especial graças a Muller von Hausen, o editor alemão dos *Protocolos*, que lhe fora apresentado por Bauer [46]. O fato é que à medida que o conflito mundial se aproximava do fim, os dirigentes alemães sucumbiram em número crescente à idéia fixa de uma Internacional Judaica a ditar o curso dos acontecimentos.

Anotemo-lo desde já (teremos de voltar a este ponto): na sua qualidade de fantasma, o judeu internacional parecia querer degolar a mãe-pátria em *todos* os países beligerantes; em povo algum cristão podia ele fazer papel de Aliado!

Dito isto, é evidente que seu recenseamento não aumentou as simpatias dos judeus, por mais patriotas que fossem, para com os senhores de guerra alemães. É verdade que o ministério o justificava pela necessidade de desmentir estatisticamente os rumores segundo os quais comumente os soldados judeus conseguiam fazer com que fossem designados para os serviços de escritório ou da retaguarda. Mas os resultados do recenseamento, por probantes que tenham sido [47], jamais foram tornados públicos e, em certas circunscrições, todos os judeus dispensados tiveram de passar de novo diante dos conselhos de revisão, ou os soldados designados para a retaguarda, eram transferidos de posto, de sorte que o ministério teve de especificar que não se tratava de modo algum "de retirar os judeus das posições por eles ocupadas", mas unicamente de recenseá-los [48]. De repente, o fosso tradicional entre "o exército" e "os judeus" transformava-se em abismo. Além do mais, a idéia dos militares suscitava imitações: já em 19 de outubro Erzberger, o líder do "Zentrum" católico, reclamava ao Reichstag um inquérito sobre os judeus empregados nos escritórios e órgãos da economia de guerra. Durante o debate que se seguiu, ele assim justificou sua proposição: "Como tem sido dito que os judeus e os sociais-democratas dominam o Reich alemão, a questão da confissão deve ser colocada", enquanto um outro deputado católico ironizava que ele precisava declarar sua religião até ao registrar-se num hotel [49]. Na retaguarda, o patético anciāo Hermann Cohen falava "de uma punhalada no coração... Chega-se à diabólica suspeita de uma tentativa de aba-

---

45. ZECHLIN, pp. 530-531.
46. LUDENDORFF, *Vom Feldherrn zum Weltrevolutionär und Wegbereiter Deutscher Volksschöpfung, Meine Lebenserinnerungen...*, Munique, 1941, vol. I, pp. 42, 61, 68.
47. Indicações estatísticas e bibliográficas em ZECHLIN, p. 538. De fato, a proporção de judeus alemães caídos no campo de honra era ligeiramente inferior àquela do total da população, mas ela era a mesma da população alemã *urbana* (ao redor de 2,4%).
48. ZECHLIN, p. 534.
49. ZECHLIN, p. 526.

lar o patriotismo dos judeus, porque eles comprometem a idéia que os alemães formam de seu ódio"[50]. No *front* o Deputado Haas, promovido a tenente em 1914, resumia a reação geral de seus correligionários: "Eis-nos marcados, convertidos soldados de segunda zona"[51], e suboficiais judeus admiravam-se de ver seus homens continuar a lhes obedecer[52]. O jovem voluntário Ernst Simon, que em 1914 se alegrava de poder "imergir no vasto rio do destino nacional", constatava em 1916 que o recenseamento era "uma coisa muito popular, a real expressão de um real sentimento" — e aderia ao movimento sionista[53]; mas sem dúvida Rathenau exprimia melhor a posição majoritária ao exclamar: "Que outros sigam para fundar um reino na Ásia; a nós nada nos atrai para a Palestina"[54]. Como o observa o historiador W. Jochmann, "a maioria dos judeus decidia lutar por uma ordem melhor e mais justa, e, no estado das coisas, isto só podia ser a democracia parlamentar"[55]. A diminuição imediata em prol das obras de guerra dizia mais ainda de seus sentimentos[56].

A revolução russa de 1917 iria criar uma situação nova e ainda mais explosiva, que se compreende melhor ao lembrar que já de 1905 era considerada no círculo do Kaiser como uma "revolução judia"[57].

Desde o início das hostilidades, o governo de Guilherme II havia tentado paralisar ou debilitar a Rússia atiçando nela os movimentos revolucionários e as tendências alógenas. Seus dois principais agentes eram Alexandre Helphand-Parvus e o estoniano Keskula; o primeiro, ele mesmo antigo menchevique, preconizava agir através dos mencheviques enquanto o segundo, mais atilado, apostava em Lenin, com o qual ele tinha elaborado na Suíça, já em setembro de 1915, um programa de paz em separado[58] — mas é o nome do primeiro que as paixões anti-semitas retiveram na história mundial. A revolução "burguesa" de fevereiro de 1917 permitiu que se concretizassem estes desígnios. O projeto de Keskula

50. Citado por EVA REICHMANN, "Der Bewusstseinswandel der deutschen Juden", *Deutsches Judentum in Krieg und Revolution, op. cit.*, p. 606.
51. ZECHLIN, p. 533.
52. Cf. EVA REICHMANN, *op. cit.*, p. 518.
53. ZECHLIN, pp. 532-533. Depois da guerra, Ernst Simon instalou-se em Jerusalém a fim de ensinar História da Filosofia; dirige aí ainda o Instituto de Educação, no momento que escrevemos estas linhas.
54. Carta ao Dr. Apfel, citada por J. JOLL, *Walther Rathenau Prophet without a Cause, op. cit.*
55. WERNER JOCHMANN, "Die Ausbreitung des Antisemitismus", estudo citado, *Deutsches Judentum...*, pp. 427-428.
56. Em Frankfurt, estas doações decresceram a partir do outono de 1916 de 90.000 marcos por mês para 30.000; cf. ZECHLIN, p. 536.
57. Cf. mais acima, p. 26.
58. Cf. FRITZ FISCHER, *Griff nach der Weltmacht, op. cit.*, p. 138, 172-177, 420-424, 472-484, 506-523, e Z. A. ZEMAN, *Germany and the Revolution in Russian, Documents from the Archives of the German foreign Ministry*, Londres, 1958, pp. 2-6 e *passim*.

de 1915, pôde ser posto em execução, e um trem "extraterritorial" foi colocado à disposição de Lenin e seus amigos; mas, de outro lado, a repercussão européia ao apelo do Soviete de Petrogrado por "uma paz sem anexações nem contribuições" (27 de março) suscitava uma viva inquietude entre os dirigentes alemães. Com efeito, já a 6 de abril, o Partido Social Democrata, após ter-se separado da sua "ala esquerda" (da qual faziam parte Rosa Luxemburgo e Liebknecht), adotava a idéia de uma paz sem anexações; seguiram-se greves e até um primeiro motim dos marinheiros em Kiel, "segundo o modelo russo" (junho/julho de 1917)[59]. Aos poucos, a maioria do Reichstag se deixava seduzir por este clima contestatório e votava, em 19 de julho, sua famosa "resolução de paz" antianexionista.

Uma furiosa reação do campo belicista, que reunia, por trás do comando supremo, a indústria pesada, os pangermanistas de Class e inúmeras outras associações patrióticas e volkistas não se fez esperar. Ludendorff mandou distribuir entre as tropas, unidade por unidade, uma brochura sobre *O Futuro da Alemanha numa Boa e Má Paz*, na qual em substância era dito que no caso de uma paz ruim de compromisso a Alemanha, dobrando sob o peso de uma dívida de 170 bilhões, seria economicamente escravizada, enquanto no caso contrário "o inimigo pagará!"[60] Outros escritos deste gênero multiplicaram-se, bem como não podia faltar a diversão anti-semita, que um órgão judeu descrevera nos seguintes termos:

> O Reichstag vota uma resolução de paz que não convém aos pangermanistas: isto é uma resolução judia; o Reichstag em seu conjunto não tem a honra de agradar aos anti-semitas; isto é, um Reichstag judeu; uma paz de compromisso lhes repugna; é uma paz judia...[61]

Ameaçando renunciar, Ludendorff e Hindenburg obtiveram então a cabeça do "chanceler judeu", Bethmann-Hollweg. Durante este verão de 1917, os judeus "insubmissos" tornaram-se também "judeus revolucionários", e pouco importava sua posição pessoal: os ataques tomavam indiferentemente por alvo o antianexionista Theodor Wolff do *Berliner Tageblatt* ou então o belicoso Georg Bernhard da *Vossische Zeitung* (após a guerra alcunhada de *Gazette de Foch*)[62]. Certamente um determinado número de judeus alemães era revolucionário; globalmente os revolucionários eram tidos como sendo judeus, outros assim se tornavam em número crescente, de acordo com a dialética de "bronze" que soara precedentemente na Rússia czarista — e que, depois de 1967-68, e sobretudo na França, tornou "sionistas" tantos judeus.

59. Cf. PIERRE BROUÉ, "La Revolution russe et le mouvement ouvrier allemand", *La Revolution d'Octobre et le mouvement ouvrier européen*, Paris, 1967, pp. 51-74.
60. Cf. FRITZ FISCHER, *op. cit.*, pp. 428-429.
61. *Im deutschen Reich*, outubro de 1917 (citado por E. REICHMANN, *op. cit.*, p. 519).
62. Cf. WERNER BECKER, "Die Rolle der liberalen Presse", in *Deutsches Judentum...*, *op. cit.*, p. 101.

Multiplicavam-se as publicações abertamente anti-semitas. Nos fins de 1916 Muller von Hausen, fundador da Associação Contra a Arrogância do Judaísmo [63], pôde reiniciar a publicação de sua revista *Auf Vorposten* (Posto Avançado); em janeiro de 1917 as *Deutschvölkische Blätter* ostentavam sob sua cobertura uma cruz gamada; em abril, Class e Chamberlain lançavam a revista *Deutsche Erneuerung* [64]. Em outubro, von Hausen anunciava por ocasião de uma reunião da secretaria de sua associação "um encorajador ascenso dos sentimentos anti-semitas que já atingiram enormes proporções", e assegurava que "a luta pela vida começa agora pelos judeus" [65]. Do seu lado, o deputado judeu Georg Davidsohn escrevia que "os anti-semitas sabem muito bem que após uma guerra, sobretudo quando ela alcança as dimensões desta guerra mundial, a procura de pára-raios se torna considerável... Quando haverá o primeiro *pogrom*, em Berlim ou em outro lugar da Alemanha?" [66] Em Kopenhagen, o veterano arqui-assimilacionista Georg Brandes (o crítico que havia descoberto Nietzsche e Strindberg) lançava um grito de alarme: "O ódio aos judeus aumenta vigorosamente em toda parte. Em todos os países se lhes faz saber que eles não fazem parte da população propriamente dita" [67].

Logo após a Revolução de Outubro, as palavras de certos responsáveis pelos destinos alemães frisaram o delírio. Notemos com Georg Brandes que este delírio se propagava durante essas semanas em escala intereuropéia: tomando formas diferentes segundo o país, ele refletia em todos os casos a recusa de admitir que uma reviravolta tão completa e tão escandalosa da ordem estabelecida podia produzir-se sem a intervenção de forças ocultas — as quais, porquanto um número incerto de bolcheviques eram de origem judia, não podiam ser outras senão forças judaicas. Cabe citar um memorando redigido na primavera de 1918 pelo Coronel Bauer, que na época era o representante de Ludendorff em Berlim:

> As negociações com os judeus de Brest-Litovsk, escrevia ele, tiveram a grande vantagem de nos revelar por intermédio do judeu fanfarrão Trotski os alvos das sociedades secretas internacionais... [Estas sociedades] se arrogam o direito, ao fomentar subversões políticas, de intervir nos destinos dos povos. Em conseqüência, os Estados monárquicos têm o sagrado dever de lutar pelos princípios monárquicos mesmo além de suas fronteiras[68].

As idéias eram portanto as mesmas que as do ministro russo Lamsdorf em 1906: monarcas de todos os países, uni-vos!

---

63. *Sic!* "Verland gegen die Uberhebung der Judentums".
64. Cf. W. JOCHMANN, *op. cit.*, pp. 429, nota 67; S. FRIEDLÄNDER, "Die politischen Veränderungen der Kriegszeit", in *Deutsches Judentum...*, p. 46; FRITZ FISCHER, *op. cit.*, p. 429.
65. ZECHLIN, p. 549 (reunião da secretaria do Alldeutscher Verband, de 6 de outubro de 1917).
66. ZECHLIN, p. 550.
67. G. BRANDES, "Meine Stellung zum nationalen Judentum", *Der Jude*, 1917, pp. 592-595.
68. ZECHLIN, pp. 530-531, nota 74.

A tendência delirante acentuou-se quando se tornou evidente que a Alemanha tinha perdido a guerra. Alguns, especialmente Class e seus pangermanistas, sonharam então em preparar sistematicamente o futuro. Por volta de 15 de setembro de 1918, foi criado um "comitê judeu" sob a presidência do General von Gebsattel, com a missão de "aproveitar da situação para fazer soar as fanfarras contra o judaísmo e usar os judeus como pára-raios de todas as injustiças". Class acrescentava: "Eu não recuarei ante nenhum meio e me aterei neste sentido à divisa de Heinrich von Kleist, que visava aos franceses (em 1813): "Matai-os, o tribunal mundial não vos pede razões!" [69] Certos membros da "Germanenordem" que se reagruparam em agosto de 1918 em Munique sob o nome de "Thulegesellschaft", tomavam por seu lado disposições para uma campanha anti-semita [70].

Para outros, isto é, para os supremos responsáveis militares e civis, tratava-se, depois que em setembro Ludendorff exigira a conclusão imediata de um armistício, de negociar com os Aliados. Para este fim, pediu-se ao Príncipe Max de Baden para constituir um governo democrático, tal como o exigia o Presidente Wilson, com a participação dos sociais-democratas. Segundo o Coronel Bauer, esse governo "estava inteiramente enfeudado aos dirigentes judeus que operavam atrás dos bastidores"; os conselhos de soldados que nesta altura se constituíam dentro do exército alemão eram, eles também, compostos de "judeus insubmissos" [71].

Na realidade, é o judeu Albert Ballin que, impelido por Bauer, Ludendorff e o grande industrial Hugo Stinnes, foi encarregado de abrir os olhos do Kaiser sobre a verdadeira situação da Alemanha; e é ainda ele que, no total caos dos últimos dias, era pressionado por Stinnes, em nome do "Zentrum" e da social-democracia, no sentido de oferecer aos Aliados a capitulação alemã [72]. Ballin preferiu o suicídio.

2. A LOUCURA EXEMPLAR DE ERICH LUDENDORFF

Concluiremos este capítulo examinando mais de perto o caso do General Ludendorff, cuja vida ativa comporta dois lados, dos quais sendo o segundo, em geral relegado ao silêncio, aquele que

---

69. ZECHLIN, pp. 558-559.
70. ZECHLIN, p. 564, e S. FRIEDLÄNDER, "Die politischen Veränderungen der Kriegszeit", in *Deutsches Judentum...*, p. 46.
71. Cf. BAUER, *Der grosse Krieg in Feld und Heimat*, Tübingen, 1912, pp. 265 e 260.
72. Cf. B. HULDERMANN, *La Vie d'Albert Ballin d'après ses notes et sa correspondance*, trad. fr. Paris, 1923. O diário escrito por Ballin termina em 2 de novembro de 1918, com a anotação: "Stinnes me observou que tanto o Centro quanto os socialistas pensam que eu deveria dirigir as negociações de paz. Eu lhe transmiti que não me furtarei, mas que preferiria deixar esta tarefa a qualquer outra pessoa", p. 291.

nos concerne aqui. Com efeito, depois de ter sido o estrategista que dirigiu em 1916-1918 os exércitos das potências centrais, ele foi acometido pela loucura anti-semita mais arrematada ao que parece, que jamais homem algum do século XX foi tomado. Será que é por esta razão que este senhor da guerra, cujo nome permanece familiar ao homem da rua, encontra-se tão amiúde obliterado da memória coletiva que em nossos dias é encarnada pelas enciclopédias e bibliografias? [73] Neste caso, os historiadores não fazem mais do que seguir os memorialistas que, já em sua vida, preferiam evitá-lo. Após a guerra, ele se tornou comprometedor até o escândalo, primeiro para seus pares, depois para os nazistas; no entanto, de uma certa maneira, tanto uns quanto os outros compartilhavam das dementes visões do mundo que ele desenvolvia com uma lógica soberana.

Erich Ludendorff nasceu em 1865 na Posnânia; seu pai era oficial de cavalaria; a família era tradicionalmente luterana, e ele mesmo deve ter sofrido a influência da seita dos Irmãos Morávios, pois na véspera de uma decisão importante ele consultava seu almanaque para saber se o dia seria propício ou nefasto [74]. Após ter abraçado a carreira das armas, atraiu a atenção dos seus chefes por sua personalidade forte e sua dedicação ao trabalho, foi promovido a oficial do Estado-Maior e participou na elaboração do "plano Schlieffen". Já no verão de 1914 foi o artífice da tomada de Liège no Oeste e da vitória de Tannenberg no Leste. Em 1916 ele se tornou o homem mais poderoso da Alemanha, "ditador sem sabê-lo" como o chamava Rathenau, que lhe reconhecia o gênio [75]; a outra grande figura da República de Weimar, Gustav Stresemann, via nele na época "o Cromwell alemão" [76]. Entre as decisões políticas que lhe couberam figura o envio de Lenin à Rússia, no dia 4 de abril de 1917 (não se sabe se nesta ocasião ele consultou o almanaque dos Irmãos Marávios). Do ponto de vista das operações militares, a iniciativa lhe escapou das mãos entre 15 ("mau" dia) e 18 de julho de 1918, quando a um ataque alemão malogrado seguiu-se a contra-ofensiva francesa de Villers-Cotterêts. A partir deste momento entrou num período de distúrbios psíquicos: crises de lágrimas alternavam-se com crises de fúria, suas palavras eram por vezes incoerentes, e certas testemunhas falam até de um ataque de paralisia

---

73. A *Encyclopaedia Universalis* não contém o verbete "Ludendorff"; no fichário de obras da Biblithèque National, somente se encontra sobre ele uma obra posterior a 1945.

74. Cf. CORELLI BARNETT, *The Swordbearers*, Londres, 1963, pp. 304 e 344.

75. Cf. W. RATHENAU, *Tagebuch 1907-1922*, Düsseldorf, 1967, p. 211; M. VON EYNERN, *Walther Rathenau in Brief und Beld*, Frankfurt am Mein 1967, pp. 13 e 444-445; W. GÖRLITZ, *Hindenburg, Ein Lebensbild*, Bonn, 1953, p. 137.

76. Cf. D. J. GOODSPEED, *Ludendorff, Genius of World War I*, Boston, 1966, pp. 212-213.

histérica [77]. O médico militar que o tratava no curso destas semanas espantava-se com a pobreza da vida afetiva deste titã intelectual [78]. Às vezes, a esperança o reanimava: foi o que aconteceu em 14 de agosto, em uma conferência militar em Spa, na presença do Kaiser: após ter-se lançado numa longa tirada contra o relaxamento da disciplina na retaguarda e a urgência que tinha de enviar ao *front* os jovens judeus simuladores, ele se reanimou e de próprio punho substituiu na ata da conferência as palavras "Ludendorff espera poder impor nossa vontade ao inimigo" por "Ludendorff poderá impor..." [79].

Logo após o armistício, fugia para a Suécia sob um nome falso, de onde enviava cartas à sua mulher nas quais se queixava do estado de seus nervos, mas sempre preocupando-se com sua glória póstuma: "...não deixe de dizer a todos até que ponto meu destino se assemelha ao de Aníbal. Isto lhes permitirá compreender. Querida, conserve minhas cartas..." [80] Ao mesmo tempo, redigia suas *Memórias de Guerra*, nas quais ainda não havia menção de um complô dos judeus; pelo contrário, ele lhes reservava até algumas frases bastante elogiosas, especialmente a propósito do "forte sentimento de solidariedade deste povo" [81]

Voltando para a Alemanha na primavera de 1919, instalou-se Ludendorff em Munique, onde a efêmera "República Revolucionária da Baviária" acabava de ser derrubada, cidade que logo se tornou o principal centro alemão de manobras reacionárias e anti-semitas. Aparentemente é neste momento que ele vislumbrou a luz e, à semelhança de tantos de seus irmãos de armas e antigos subordinados, começou a denunciar a grande traição dos judeus [82]. Simultaneamente, militava nos movimentos volkistas e terminou por associar-se ao partido nazista (de acordo com J. Fest, o biógrafo de Hitler, este no início resignava-se a ser apenas o "heraldo" do "salvador" Ludendorff) [83]. Ele participou portanto do *putsch* de 9 de no-

---

77. As numerosas lembranças dos generais alemães evocam todas, se bem que de maneira diferente, essas perturbações psíquicas; com respeito ao ataque de paralisia histérica, cf. C. BARNETT, *op. cit.*, p. 355.
78. Cf. W. GÖRLITZ, *Hindenburg, op. cit.*, p. 172 (citando o diagnóstico do Dr. Hochheimer).
79. Cf. D. J. GOODSPEED, *Ludendorff, op. cit.*, p. 262.
80. *Ibid.*, p. 277.
81. Cf. ERICH LUDENDORFF, *Souvenirs de guerre*, trad. fr., Paris 1920, p. 207, pp. 217-218. Discorrendo sobre o abastecimento da Polônia ocupada, Ludendorff escrevia especialmente: "Os comitês judaicos que dispunham de maiores recursos provindos da América fizeram uma obra considerável e muito útil. Sua atividade é digna de elogios, ela é a prova do forte sentimento de solidariedade deste povo. A primeira cozinha popular judia, organizada em Kovno, tinha meu nome" (p. 217).
82. Cf. *Kriegsführung und Politik*, Berlim, 1923, especialmente pp. 126, 133, 141: "Os especuladores e aproveitadores da guerra eram sobretudo os judeus... Ancestrais patrióticos ("deutsch empfindenden Kreise"), sentiam que o povo alemão, que de armas na mão lutava pela sua liberdade, fora vendido, traído pelo povo judeu", p. 141.
83. Cf. JOACHIM FEST, *Hitler*, trad. fr. Paris, 1973, vol. I, p. 181.

vembro de 1923, e junto com Hitler e seu lugares-tenentes foi submetido a julgamento; por sua parte foi absolvido, tendo o tribunal estimado que ele, estando intelectualmente estafado, não se encontrava (na ocasião) de posse de todas as suas faculdades de raciocínio. Isto não o impediu de tornar-se, de 1924 a 1928, deputado (nazista) no Reischstag, e de candidatar-se em 1925 à presidência da República de Weimar [84]. Porém, cada vez mais, e sobretudo depois que em segundas núpcias desposara a mística germanómana Mathilde Kemnitz, mergulhava no estudo da filosofia da história, e sua paranóia se tingia de um hiperdeterminismo animista ou mágico.

A chave da história mundial [escrevia em 1933] se encontra na imperfeição desejada por Deus, dos homens, e na ignorância das leis da alma humana e da alma do *volk*... Nós descobrimos esta chave estudando a ação dos poderes secretos supranacionais: o judeu, com suas doutrinas falaciosas, do cristianismo ao comunismo e ao bolchevismo, e Roma, com sua doutrina errônea, enraizada, tal qual no judeu, na Bíblia e no ocultismo[85].

Por "ocultismo" Ludendorff entendia em primeiro lugar a franco-maçonaria cujos ritos, que consistiam "numa circuncisão simbólica", transformavam os cristãos em "judeus artificiais" (*Künstliche Juden*), constrangidos doravante a trabalhar para o triunfo mundial de Judá com uma intensidade decuplicada. O que não o impede de admitir uma divergência de interesses e mesmo uma rivalidade entre Judá e Roma: o assassinato de Walther Rathenau por exemplo representava para ele uma derrota judia, pois "com Rathenau extinguia-se uma esperança de Judá e um adversário perigoso para as pretensões à dominação mundial do Papa de Roma"[86].

Pode-se dizer que a visão de Ludendorff era racista apenas acessoriamente: embora cultivando, sob a influência de sua mulher, a idéia de uma alma ou substância racial germânica, censurava Theodor Fritsch e seus adeptos por desconhecerem o caráter profundamente religioso da luta milenar que constituía a chave da história mundial [87]. Assim, pois, se os judeus eram malfazejos não era em virtude de sua natureza, mas porque haviam sucumbido à nefasta superstição de Jeová. Neste respeito, os mecanismos de seu delírio podem ser desamontoados com admirável simplicidade:

> não somos, minha mulher e eu que somos supersticiosos [escrevia ele], são os adoradores de Jeová aos quais até acontece, na sua estúpida superstição (*blöder Aberglaube*) revelar furtivamente certas verdades, como se quisessem verificar se os *goim* eram suficientemente estúpidos para não

84. Seu principal rival não era outro senão o Marechal Hindenburg, que foi eleito; ele próprio amealhara algumas centenas de milhares de votos.
85. Cf. *Vom Feldherrn zum Welrrevolutionär...*, *op. cit.*, vol. II, p. 16.
86. *Ibid.*, vol. I, p. 208.
87. Acusava o próprio Fritsch de ter sucumbido às influências judio-maçônicas: "Ich habe erfahren, dass Herr Theodor Fritsch Grossmeister eines Geheimordens, wenn ich mich nicht irre, des *Germanenordens* war, der von dem Freimaurer Guido von List, der völling in kabbalistischen Anschauungen lebte, gegründet war" etc., *ibid.* vol. I, p. 249, nota.

compreender aquilo que acabava de ser revelado. Ao denunciar a superstição judaica, expomo-nos à censura de sermos supersticiosos nós mesmos. É dura a batalha que os alemães devem travar para conduzi-los àquela verdade à qual eles aspiram[88].

Numa outra ocasião, em uma reunião pública, Ludendorff exortava seus ouvintes a ler em Heinrich Heine "as claras e talvez imprudentes revelações de um iniciado". Ele próprio leu-lhes esta memorável passagem:

> Heinrich Heine escreveu:
> O cristianismo suavizou, até um certo ponto, o ardor belicoso dos germanos; mas ele não pôde destruí-lo, e quando a cruz, este talismã que os acorrenta, vier quebrar-se, aí então irromperá novamente a ferocidade dos antigos combatentes, a frenética exaltação dos *berserkers* [tribo de guerreiros ferozes] que os poetas do Norte cantam ainda hoje. Então, e este dia, ai de nós, há de vir, os velhos Deuses guerreiros levantar-se-ão das suas tumbas fabulosas, limparão dos seus olhos a poeira secular: Thor se erguerá com seu martelo gigantesco e demolirá as catedrais...[89].

"Senhores, um alemão jamais destruirá obras de arte", exclamava Ludendorff neste ponto. Durante esta mesma reunião pública tratava também da história pré-cristã dos germanos: escavações recentes teriam revelado sua elevada cultura, mas Carlos Magno, instigado pela Igreja, teria se empenhado em apagar todos os traços deste passado glorioso, e assim por diante [90].

O mesmo mecanismo simples — "Isto não sou eu, são eles" — determinava suas declarações no processo de Hitler, na primavera de 1924: "Não fui eu quem atacou Roma e os judeus, são eles que a mais de 1000 anos começaram sua ofensiva contra o povo alemão; nós, outros alemães, limitamo-nos a nos defender..." [91] Raciocínio que não deixa de lembrar aquele que os dirigentes alemães, e muitos outros, apresentavam a seus povos em 1914-1918. Mas no que concernia a Ludendorff, ele não mais podia pôr em marcha as divisões, dirigir os exércitos; e se o antigo exegeta do calendário morávio continuava a atribuir uma significação às datas e aos milésimos, não era mais ele, eram doravante os judeus que podiam ajustar suas decisões em conseqüência, por superstição, ou para ridicularizar os germanos. Assim, 1923 segundo seus cálculos um ano propício a Jeová, podia o judeu Helphand-Parvus decretar a estabilização do marco em 9 de novembro de 1923 (dia do aniversário da fuga do Kaiser para a Holanda) [92]; a mesma *guema-*

---

88. *Ibid.*, vol. II, pp. 71-72.
89. Lundendorff citava dessa maneira a conclusão da *História da Religião e da Filosofia na Alemanha* de HEINE; cf. nosso vol. III: *De Voltaire a Wagner*, pp. 340-341.
90. Cf. *Vom Feldherrn...*, vol. II, pp. 62-63. Ernest Jünger também participava desta reunião, em Munique em 17 de janeiro de 1927.
91. *Ibid.*, vol. I, p. 316.
92. De fato, a estabilização fora decretada em 15 de novembro de 1923, mas de acordo com Ludendorff, a decisão fora tomada em 9 de novembro, na propriedade que Helphand-Parvus possuía em Schwanenwerder, nas cercanias de Berlim, *ibid.*, vol. I, p. 261.

triá cabalística teria presidido a assinatura do Tratado de Versailles, a 28 de junho de 1919 (aniversário de Saravejo!) [93]; em 11 de agosto de 1919, data da promulgação da constituição de Weimar era um "outro número de Jeová" (isto é, 30, como o demonstra a adição sucessiva dos algarismos) [94].

No correr dos anos, estes delírios o impeliam à ação, e para melhor lutar contra as forças supranacionais, criou em 1926 o "Tannenbergbund". No ano seguinte, provocou um escândalo memorável, ao atacar Hindenburg por ocasião da inauguração do memorial de Tannenberg, na Prússia Oriental. É que na realidade esta edificação, coberta de emblemas cabalísticos que ele soube decifrar, era um monumento a Jeová, "destinado a insultar o vigor alemão e a vontade de viver dos alemães"; ademais, o Presidente Hindenburg lançara um apelo em prol da união, "vale dizer da sujeição à coletivização desejada por Judá e Roma" [95]. Após este estouro, só lhe restava denunciar um segundo traidor do povo alemão, mais perigoso ainda, por ter o futuro a seu favor: em 1931, publicava uma brochura intitulada *Hitler traiu os Alemães em Proveito do Papa de Roma* (*Hitlers Verrat der Deutschen an den romischen Papst*) [96].

A síndrome da mania de perseguição do "revolucionário mundial" que Ludendorff pretendia ser doravante não podia ser mais eloqüente; porém, como se sabe, esta psicose permanece localizada, não impede uma perfeita lucidez em outros domínios. A imensa capacidade de trabalho lhe permitia, embora publicando livro após livro sobre os judeus ou sobre Roma e ainda dirigindo (em conjunto com sua mulher) uma revista semanal, a *Ludendorffs Volkswarte*, de redigir obras sobre a guerra total que continuam causando admiração de determinados especialistas [97], e nas quais adaptava o pensamento de Clausewitz às ferozes realidades do século XX (a política tornava-se continuação da guerra, mais por outros meios). A casa editora que ele havia fundado era florescente, a ponto de sobreviver à Segunda Guerra Mundial [98]; um folheto que ele publicara em 1932 atingia a tiragem de 800 000 exemplares [99]; em parte, esta irradiação era internacional (em 1927, a imprensa de Hearst lhe encomendava uma série de artigos [100]). Mas ele, é claro, neste modo de agir, se desentendeu sucessivamente com todos seus

93. *Ibid.*, vol. I, p. 61.
94. *Ibid.*, vol. I, p. 88.
95. *Ibid.*, vol. II, pp. 103-110.
96. Cf. D. J. GOODSPEED, *Ludendorff...*, op. cit., p. 304.
97. Cf. o verbete "Ludendorff" em *The New Encyclopaedia Britannica*, vol. XI, 1974.
98. A "Ludendorffs Verlag" em Munique, que publicava, além da produção de obras de Ludendorff, os escritos antijudaicos de Martin Lutero. A firma existiu até o ano de 1961.
99. *Genug der Verelendung* ("Basta à miséria"); cf. *Vom Feldherrn,* vol. II, p. 333.
100. *Ibid.*, vol. II, p. 166.

antigos irmãos d'armas e foi excluído de todas as associações de oficiais e ex-combatentes; também é óbvio que Hitler, depois de sua ascensão ao poder, mandou dissolver o "Tannenbergbund" ("após a tomada do poder, nossa luta e nossa vida tornaram-se dificílimas", queixava-se ele [101]). Nem por isso deixou de prosseguir em seu combate até a sua morte, em dezembro de 1937, enganando, em caso de necessidade, a censura do III Reich, bastante liberal neste ponto. Seu último escrito, intitulado *O Grande Horror — A Bíblia não é a Palavra de Deus* [102], acabava num protesto contra o apoio prestado pela legislação nazista às "doutrinas de propaganda dos judeus, de Roma e da teocracia, doutrinas que repugnam ao sentimento moral de nossa raça nórdica" [103].

Considerando tudo, eram tão novas as chaves da história mundial descobertas pelo casal Ludendorff? Não, declarava um homem ainda mais ilustre que o "revolucionário mundial" ante o areópago mais respeitável e o mais conservador que possa existir:

> Todos os primeiros cristãos foram judeus. A religião cristã foi de início pregada por homens que haviam sido judeus, antes de se converter; na primeira fase da igreja, cada um dos homens cujo zelo, pujança ou gênio propagaram a fé cristã eram judeus... Mas vós permaneceis influenciados pelas obscuras superstições...

Assim falava Benjamin Disraeli perante a Câmara dos Comuns, ao pronunciar aí seu primeiro discurso em 1847. Pouco antes, colocara na boca de "Sidonia", sua porta-voz romanceada, muito mais do que isso:

> Neste mesmo momento, apesar de séculos e séculos de perseguição, o espírito judeu exerce uma vasta influência sobre os assuntos europeus. Eu não falo de suas leis, às quais vós obedeceis ainda, nem de sua literatura da qual estais saturados, mas do intelecto hebraico vivo. Não existe movimento intelectual na Europa no qual os judeus não tomem parte. Os primeiros jesuítas foram judeus: a misteriosa diplomacia russa que perturba tanto a Europa Ocidental é essencialmente conduzida por judeus; esta revolução possante que se prepara na Alemanha e a que, tão pouco conhecida na Inglaterra, se tornará uma nova e mais vasta reforma, se desenvolve por inteiro sob os auspícios de judeus, que quase monopolizam as cátedras professorais na Alemanha[104].

101. *Ibid.*, vol. II, p. 376.
102. *Das grosse Entsetzen — die Bibelist nicht Gottes Wort!*, Munique, 1937. Na conclusão desta brochura, Ludendorff protestava contra uma lei recente, conhecida sob o nome de "Ketzerparagraph" (parágrafo dos heréticos), que decretava apenas contra injúrias e difamações dirigidas aos membros do clero católico e protestante.
103. *Ibid.*
104. Cf. o volume precedente, *De Voltaire a Wagner*, pp. 277-285.

Se nenhum outro autor de cepa judia levou tão longe as pretensões deste gênero quando o futuro Lorde de Beaconsfield, foram em todos os tempos legião os que como ele quiseram tirar alguma glória da "contribuição judaica à civilização". Certos judeus alemães, incomodados por uma origem que aos seus olhos não passava de um desagradável acidente de nascimento, compraziam-se desta maneira em enumerar nomes-faróis a título de uma última consolação. Contentemo-nos em citar uma última vez Walther Rathenau, ocasional filósofo místico:

> Sob a noção de gênios historicamente decisivos eu não entendo um número qualquer de homens muito eminentes, mas unicamente as encarnações humanas que influenciaram a marcha da história por séculos ou milênios. Destes podem-se enumerar uma dúzia, dos quais não fazem parte alguns dos maiores homens, mas dentre os quais cumpre alinhar alguns outros que a consciência européia nem sempre leva em conta, como Confúcio, Lao-Tsé, Maomé. A esta curta série, o judaísmo contribuiu com a personagem certamente histórica de Moisés, seguida por Cristo, Paulo, Spinoza e, a uma considerável distância, Marx. Nenhum outro povo oferece uma série deste gênero...[105].

Ora, por hipótese, se se decide julgar nefasta a influência exercida por Moisés ou Karl Marx (ou por Jesus ou ainda por Einstein), o delírio de Ludendorff que afinal de contas observara corretamente que a Bíblia, escrita por e para judeus, remanescia o livro-chave da história ocidental, ou que a maçonaria declara querer idealmente reconstruir o templo de Salomão, não adquire um valor heurístico? Com efeito, a *coincidentia oppositorum* ilustra para nós como, por ocasião de qualquer tomada de posição com respeito ao povo judeu, o primário é a fascinação pela força invisível ou pela imortalidade que se lhe atribui o secundário, o signo de valor adotado: a isto se pode acrescentar que, se os judeus, como todo grupo humano, estão inclinados a se apreciarem positivamente (identificação positiva), enquanto que fora de seu grupo a identificação é facilmente negativa, os matizes e as combinações de toda ordem são singularmente variados e complexos. No caso das figuras de proa, ocidentais sobretudo, as exceções são quase tão numerosas quanto a regra. Como prova, os desdenhadores do judaísmo, Marx ou Spinoza e seus admiradores J.-J. Rousseau ou Nietzsche; a este respeito remetemos o leitor ao que escrevemos mais acima bem como a nosso volume precedente.

---

105. Carta a Paul Bernhard, 28 de julho de 1920, cf. M. VON EYNERN, *Walther Rathenau in Brief und Bild, op. cit.*, pp. 369-370.

5. O Império Russo

A estranha explosão de alegria que, no verão de 1914, marcou a abertura das hostilidades, não excluiu a Rússia; e numa parte pelo menos, a parcela russificada ou assimilada, os judeus partilharam dos sentimentos do ambiente que os cercava. Já em 26 de julho de 1914 o deputado judeu Friedmann declarava na Duma:

> Malgrado as leis de exceção que nos regem nós outros, judeus, sempre nos sentimos cidadãos da Rússia e somos filhos fiéis da nossa pátria... Força alguma do mundo conseguiria separar os judeus desta pátria, da terra à qual laços seculares os prendem. Os judeus irão defendê-la não somente por dever de consciência, mas também porque lhe dedicam profunda afeição...[1].

Os jornais judeus proclamavam seu patriotismo em todos os tons. Assim o *Novy Voskhod*, publicado em Vilna, a "Jerusalém da Lituânia", dizia:

> Nosso querido país, a grande Rússia, foi provocado para um duelo formidável e sangrento. É uma luta sem perdão pela integridade e grandeza da Rússia. Todos os fiéis filhos da pátria se levantaram como um só homem para fazer do seu peito uma muralha contra o ataque inimigo. Em todo o Império russo, nossos irmãos de religião, os judeus, se apressaram a cumprir seu dever; muitos até se alistaram voluntariamente...[2]

Uma "União Sagrada" esboçou-se na Duma, agrupando todas as tendências, com exceção dos extremistas dos dois lados, "Cem

---

1. J. G. FRUMKIN, "A Propósito da História dos Judeus Russos", *Kniga...*, op. cit., p. 85.
2. Cf. M. VINAVER, *Rapport sur la question juive...*, Paris, 1916, p. 7.

Negros" ou bolcheviques. Logo depois o anti-semita moderado Chulgin explicava-se como segue:

> O judaísmo deu o primeiro passo "a crédito", sem impor condições, aderindo (no começo da guerra) ao poder histórico russo (...). Os judeus russos, que de fato dirigiam a imprensa russa, adotaram uma posição patriótica e lançaram a divisa: "Fazer a guerra até a vitória final". Assim procedendo, eles negavam a revolução. E eu me tornei "filo-semita". Eu estava disposto a seguir este caminho até o fim, a fim de aliviar desta maneira a terrível pressão exercida pela guerra sobre o Estado russo[3].

Mas outros anti-semitas julgavam a questão de outro modo, e em momento algum a imprensa dos "Cem Negros", subvencionada por Nicolau II e liberalmente distribuída entre as tropas em campanha, interrompeu sua agitação antijudaica. Para compreender a seqüência dos acontecimentos é necessário ter em conta a onda de "espionite" a preludiar a decomposição geral que arrebentou sobre a Rússia, desde os primeiros reveses militares e que desembocou na queda do czarismo.

Quem afinal traía a Rússia? Duas teses apresentavam-se. A versão de longe a mais difundida, aquela sem a qual a pacífica revolução "burguesa" de fevereiro de 1917 seria incompreensível, punha em causa a Imperatriz Alexandra, seu ídolo Rasputin, e os ministros (em especial Boris Stürmer) escolhidos pelo trágico par. Entre a *intelligentsia* e a alta sociedade a horrível suspeita circulava inicialmente de boca em boca, convertendo-se aos poucos em certeza e semeando o desespero ou o cinismo, até que o dirigente "cadete" Miliukov a fizesse pública no outono de 1916 do alto da tribuna da Duma [4]. Mas também entre as massas populares ninguém em 1916 ignorava a estranha maneira pela qual a Rússia era governada, e os soldados estavam em geral convictos de que o *staretz* era o amante da "alemã" [5].

A outra versão, a dos "Cem Negros", partilhada por uma parcela dos quadros do exército, culpava a espionagem dos judeus, e de um modo mais geral sua vontade deliberada de aproveitar da conjuntura para vingar-se dos cristãos de todas as maneiras. Uma ordem do dia prevenia os soldados contra os doces vendidos pelos judeus, "nefastos para a saúde" [6]; um artigo de jornal descrevia,

---

3. Cf. V. V. CHULGIN, *O Que Não Nos Agrada Neles, Sobre o Anti-Semitismo na Rússia* (em russo), Paris, 1929, pp. 61 e 79.
4. Discurso memorável de 14 de novembro de 1916, ao refrão de "é estupidez ou é traição?" Cf. BERNARD PARES, *The Fall of the Russian Monarchy*, Londres, 1939, p. 391.
5. *Ibid.*, p. 280.
6. Ordem do dia de 25 de agosto de 1915, assinada pelo Coronel Godlevski; cf. "Documentos sobre a Perseguição dos Judeus", *Arkhiv russkoi revolutzii*, t. XIX, Berlim, 1928, vol. XIX, p. 262.

"segundo fontes oficiais", o martírio a que os prisioneiros de guerra judeus submetiam seus camaradas de infortúnio cristãos, nos campos alemães

> Aprisionados, os judeus conseguem ser nomeados intérpretes ou responsáveis; todos os prisioneiros evadidos sem exceção falam com indignação da atitude dos judeus para com seus próprios camaradas, os prisioneiros de guerra russos. Depois de costurarem galões de suboficial em suas mangas, eles obtêm matracas com as quais moem de pancadas nossos prisioneiros. Os judeus prisioneiros circulam livremente nas cidades...[7].

Observar-se-á de passagem a dicotomia entre "judeus prisioneiros" e "nossos prisioneiros", sejam estes ortodoxos, católicos ou muçulmanos. Inaugurando uma prática retomada mais tarde no tempo de Stalin, a censura proibia de tornar público os altos feitos dos combatentes judeus mandando suprimir, nas listas de soldados condecorados, os nomes ou os prenomes, quando eram tipicamente judaicos[8]. No entanto — e neste ponto reproduzir-se-á de maneira idêntica em 1939-1945 o paradoxo de 1914-1918 — é ainda sob o uniforme que os judeus sofrem menos por sua condição[9]. Com efeito, desde os primeiros reveses do outuno de 1914, os civis judeus na retaguarda das linhas de frente — uma frente que recuando varreu a maior parte da "zona de residência" — começaram a ser sistematicamente evacuados, ou melhor dito deportados.

No correr do primeiro ano da guerra, o comando supremo estava a cargo do Grão-Duque Nicolau assistido pelo General Ianuchkevitch, e em seu Estado-Maior pululavam estes extremistas cuja obra já vimos em 1905-1906. Quando começou a retirada das tropas russas, esboçou-se a tendência de recorrer à manobra "moscovita" de 1812, isto é, à estratégia da terra arrasada, e de evacuar em consequência toda a população, mas evidenciou-se rapidamente que, no caso, o procedimento estorvava mais os russos que os alemães. Decidiu-se então limitar as evacuações aos "judeus e outras personagens suspeitas de espionagem", como se expressava uma circular de 16 de janeiro de 1915[10]. No curso deste primeiro ano mais de meio milhão de judeus foi assim deportado para o interior da Rússia; um meio mais sumário, preconizado pelo comando do XVIII corpo de exército, consistia em "expulsar os judeus em direção das linhas inimigas, sem deixar um só na zona das tropas"[11]. É nestas

---

7. *Zemchtchina* (órgão dos Cem-Negros) de 14 de setembro de 1916, artigo "Os Judeus em Cativeiro".
8. Cf. o estudo acima de J. J. FRUMKIN, *Kniga...*, p. 84.
9. Durante a Segunda Guerra Mundial, os prisioneiros de guerra judeus, freqüentemente reagrupados em campos especiais, escapavam à deportação para os campos de extermínio.
10. "Documentos sobre a Perseguição dos Judeus", *op. cit.*, p. 250.
11. *Ibid.*, p. 258.

condições dramáticas que as massas judaicas puderam enfim pisar o chão da Rússia tradicional, esfaimadas e desprovidas de tudo, reserva de escol para o recrutamento revolucionário.

No outono de 1915, Nicolau II tomou a decisão de ele próprio assumir o comando-chefe, escolhendo o General Alexeiev como chefe do Estado-Maior. A prática das deportações foi então substituída pela da tomada de reféns, e as detenções e os processos foram se multiplicando. Em certos casos tratava-se de uma justiça ultra-sumária, seguida de enforcamentos; em outros, em se tratando de tribunais militares regulares dos corpos de exército, os debates, na maioria seguidos por absolvições, confirmavam que os judeus haviam sido escolhidos arbitrariamente como bodes espiatórios [12]. Segundo certos boatos, dissimulavam eles aparelhos de telegrafia sem fio debaixo de suas longas barbas tradicionais; um outro hábito que causava suspeitas é por um contemporâneo descrito como segue:

> É um antigo costume judeu guardar nas sinagogas das pequenas comunidades um arame de ferro ou uma corda bastante comprida para permitir cercar com ela o vilarejo inteiro, ao sábado. Quando um espaço é rodeado desta maneira, todo mundo está autorizado a carregar consigo os objetos usuais, no sábado, isto é, no dia do repouso. É uma ficção da lei judaica assimilar uma cidade circundada por uma corda a um pátio. Os soldados, não compreendendo a razão do uso destas cordas acreditaram serem elas destinadas para telefonar ao inimigo. O Sr. Z. Frenkel, que foi membro da primeira Duma, assistiu inteiramente por acaso a uma cena desse gênero. Graças a sua enérgica intervenção, um velho guarda judeu foi salvo da execução. Aos seus acusadores que declaravam tê-lo surpreendido com a corda incriminatória e ter trazido a polícia local como testemunha, o Sr. Frenkel pôde demonstrar que o objeto em questão era uma corda muito comprida e muito grossa que o velho estendia todas as sexta-feiras em torno do povoado. O velho absolutamente não tinha entendido por que ele fora detido e condenado à morte; ele era, de resto, incapaz de explicar em russo o emprego desta corda. Mas, nos casos em que não puderam dar-se semelhantes intervenções oportunas, os acusados foram enforcados, e sua execução reforçava a convicção de serem os judeus traidores e que os desgraçados arames de ferro conservados nas sinagogas tinham um destino criminal[13].

Embora não todo o exército, ao menos uma parte do corpo de oficiais se via fortalecida na crença de que os judeus eram espiões quase que por definição; e é lícito também lembrar-se que, antes de servir de pretexto às provocações anti-semitas, esta crença fora cultivada por alguns dos mais gloriosos autores russos[14]. É possível perguntar também o que havia aí na realidade: o conhecimento do alemão, ou a vivacidade de espírito ou mais simplesmente a exasperação, não incitavam eles, em muitos casos, os judeus a ajudar o inimigo? Sem poder excluí-lo totalmente, este fato, cabe observar a propósito que, via de regra, os espiões trabalham para quem ofere-

---

12. Cf. M. VINAVER, antigo deputado do Duma, *Rappel sur la question juive*, Paris, s.d., pp. 14-15.
13. *Ibid.*, pp. 27-28.
14. Ver acima, p. 72.

ce mais; como havia tão pouco cheiro no dinheiro russo quanto no alemão, guardemo-nos de atribuir aos traidores judeus uma dose demasiado forte de idealismo.

É ainda possível acrescentar que, se a Impetratriz e Rasputin eram suspeitos de maneira muito errada de trabalhar para a Alemanha, não se poderia dizer o mesmo de sua *entourage*, e apelos às vezes muito francos em favor de inversão de alianças partiam do campo dos "Cem Negros". No *Grajdanin* do Príncipe Mechtcherski, conselheiro preferido de Nicolau II, seu primo, o Rei George V, era friamente acusado em 1916 de ser um franco-maçom e revolucionário [15]; a *Zemchtchina* escrevia em 1915 que "não é a Alemanha que tinha declarado a guerra, mas os judeus, que escolheram a Alemanha como instrumento de seus desígnios; era-lhes necessário jogar uma contra a outra as duas potências onde é mais forte o princípio monárquico, para debilitar todas as duas". [16]

Certos oficiais russos demonstravam uma espécie de gênio para semear o ódio entre os judeus e os soldados de outras nacionalidades, globalmente qualificados de "soldados russos". Imagine-se o efeito que devia produzir sobre uns e outros a leitura da seguinte instrução, emanada do Tenente-general Idanovitch, comandante da primeira brigada de infantaria:

> No decurso da atual guerra patriótica, todas as numerosas nacionalidades que povoam a Rússia, com a única exceção dos *jids*, se encontram, por ocasião da ação comum, tão bem fundidas que as dissensões nacionais foram inteiramente esquecidas. Os *jids* poderiam valer-se deste momento histórico excepcional para restabelecer a reputação do seu povo, apresentar a prova de sua dignidade humana e obter a igualdade de direitos, eles que pretendem ser objeto de um tratamento injusto. Que tirem portanto proveito disto para manifestar seu apego e seu amor à pátria; verão que uma tal conduta não passará despercebida. Que eles adquiram, não por manha, mas por meio de atos exemplares, o direito de dizer: "Nós derramamos nosso sangue pela pátria", e a pátria não os esquecerá. Os oficiais devem imperiosamente fazer entender aos soldados judeus que a guerra há de terminar algum dia e que o soldado russo, de volta ao seu lar, não deixará de contar como os *jids* russos multiplicavam os subterfúgios para evitar de participar na defesa da pátria. A cólera e o ódio encontrarão então um exutório que será infinitivamente mais perigoso para eles que os riscos que eles correm ao se desincumbir de suas obrigações militares, pois a vingança popular não se voltará unicamente contra aqueles que com suas atuações criminosas ajudaram o inimigo, mas contra seus pais e filhos inocentes (8 de julho de 1915)[17].

Certamente não caberia dizer aqui que esta pérfida mensagem tenha sido representativa do estado de espírito dos oficiais russos (mas ela virá a sê-lo como veremos, em seguida, no decurso da guerra civil), e menos ainda as provocações da imprensa dos "Cem Ne-

---

15. Cf. BERNARD PARES, *The Fall of the Russian Monarchy*, op. cit., p. 345.
16. Citado por ANDRÉ SPIRE, *Les Juifs et la Guerre*, Paris, 1917, anexo XXVIII, pp. 246-247.
17. "Documentos sobre a Perseguição dos Judeus", op. cit., 258-259.

gros" o eram no que se refere à opinião pública. Esta, tornando-se cada vez mais hostil ao casal imperial e a sua corte, tomava tanto mais de bom grado o partido dos judeus. A maior parte dos escritores russos de renome na época, Gorki ou Korolenko, Merejkóvski ou Leonid Andreiev, levantavam protestos, subscreviam manifestos pró-judeus, denunciavam em seus artigos as iníquas acusações e processos. Assim, Máximo Gorki escreve:

> Nosso povo, irritado pelas nossas derrotas e tão freqüentemente induzido em erro, quer saber a quem cabe a responsabilidade por nossas desgraças militares. Apresentam-lhe o judeu e dizem-lhe: Eis o culpado! Há muito tempo se lhe afirma que os judeus são um povo mau, que crucificou Cristo. Esquecem de lembrar-lhe que o próprio Cristo era um judeu, que todos os profetas eram judeus assim como os apóstolos, esses pobres pescadores judeus que criaram o Evangélio. Se Cristo foi condenado à morte, é porque ele era caro ao coração dos pobres (...). A exasperação suscitada pela guerra reclama uma vítima, e personagens astutas, procurando obter o endosso de outro para sua culpabilidade, designam o judeu como o autor de todos os nossos males. Tornaram a consciência do povo russo surda e cega com os clamores contra os judeus, e não lhe permitem perceber onde se encontra seu verdadeiro inimigo. Esta cegueira é muito útil a este inimigo e muito prejudicial ao próprio povo.

Não é sem interesse ressaltar a insistência com que Gorki procurava refutar neste artigo, destinado evidentemente às grandes massas (e que foi confiscado pela censura), a secular acusação de deicídio [18].

O governo e a administração por sua parte permaneciam obcecados pelo espectro do judeu internacional, e sobretudo do judeu revolucionário. É interessante conhecer as idéias dos ministros em exercício, cujas deliberações são conhecidas para os meses de verão de 1915, às vésperas da decisão de Nicolau II de instalar-se no grande Quartel-General, para assumir a responsabilidade pessoal das operações militares, e deixar o governo da Rússia cair em mãos de sua mulher; tratava-se portanto ainda na época de servidores antigos da coroa, e não dos protegidos da Imperatriz e de Rasputin.

Estamos, pois, no mês de agosto de 1915, quando os alemães, após conquistarem toda a Polônia russa, se dirigem para Riga, e quando o Estado-Maior russo, tomado de pânico, já encara a evacuação de Petrogrado. Vamos dar a palavra ao Ministro do Interior, o Príncipe Chterbatov:

> É inútil que procuremos chamar à razão o alto comando. Nós todos já intervimos, quer coletiva, quer individualmente. Mas o todo-poderoso Ianuchkevitch não leva em nenhuma consideração os interesses do Estado. O que ele quer é servir-se dos preconceitos de que os judeus são objeto a fim de torná-los responsáveis por todos os nossos malogros. Esta política rende

---

18. O artigo de Gorki foi primeiro publicado na revista russa *Novyi Koloss*, n.º 11, mas este número foi imediatamente confiscado pela censura. Depois tornou a ser publicado em Genebra, no mesmo conjunto que um artigo de V. KOROLENKO, sob o título "Ô naviétié protiv Iévréev" (Sobre as Calúnias Antijudaicas).

seus frutos, e as tendências pogromistas no exército crescem. É penoso para mim dizê-lo, mas estamos aqui entre nós, e posso dizer que desconfio que Ianuchkevitch quer servir-se dos judeus como álibi. De resto, mesmo se o Alto Comando desse ordem de pôr um termo aos excessos antijudaicos, o mal já fez seu trabalho. Atualmente, centenas de milhares de judeus de todas as idades, sexo e condição, caminham para o Leste. As autoridades locais informam que não estão em condições de garantitr a segurança dos deportados, considerando a excitação dos espíritos e a agitação pogromista, especificamente a dos soldados que regressam do *front*. Somos portanto obrigados a autorizar a instalação dos judeus fora da zona restrita de residência. As leis em vigor tinham em vista condições normais; ora, nós sofremos uma catástrofe, e devemos levar isto em conta.

Os dirigentes do judaísmo russo insistem em medidas de ordem geral com o fito de aliviar a condição de seus compatriotas. No calor das conversas, me foi falado com franqueza do ascenso do estado de espírito revolucionário entre as massas judias, de projetos de autodefesa ativa, da ameaça de distúrbios de envergadura e assim por diante. Disseram-me que também no exterior se começa a perder a paciência e que a Rússia corre o risco de ver cortados os seus créditos. Em outras palavras, as exigências chegam ao ultimato: se quereis dinheiro para fazer a guerra, neste caso... Essas exigências requerem a publicação de uma lei que, aliviando a situação dos refugiados, teria ao mesmo tempo a significação de uma reabilitação das massas judias, estigmatizadas pelos rumores a respeito de sua traição[19].

A maior parte dos ministros presentes aprovava a sugestão do Príncipe Chterbatov, encarando a apresentação de um "contra-ultimato", que o Ministro da Agricultura Krivochein formulava assim: "Nós iremos mudar as leis: queiram por vosso lado facilitar nossos empréstimos nos mercados russo e estrangeiro e parar a agitação revolucionária na imprensa". O conselho dos ministros, aliás, conveio que os territórios cossacos do Sudeste deviam permanecer interditados aos judeus: como o dizia Polivanov, o ministro da guerra:

Historicamente falando, cossacos e judeus jamais puderam entender-se. Seus encontros sempre terminaram mal. Além do mais, os destacamentos cossacos são atualmente os principais executantes das ordens do General Ianuchkevitch sobre a preservação do exército das ameaças judias.

Apenas dois ministros exprimiram reservas sobre o âmago da questão. O procurador do Santo-Sínodo Samarin, se bem que em princípio concordando, falou de "sua dor de ter que consentir com uma medida cujas conseqüências serão incalculáveis". Indo mais longe, o Ministro das Comunicações Rukhlov pronunciou uma violenta diatribe anti-semita e, agitando o espectro da revolução, perturbou, ao que tudo indica, seus colegas:

Rukhlov: Meus sentimentos e minha consciência se insurgem contra as vantagens que os judeus vão tirar de nossas derrotas militares. Os russos estão na miséria e suportam sofrimentos sem nome tanto no *front* quanto na retaguarda, ao passo que os banqueiros judeus compram de seus congêneres o direito de aproveitar das desgraças da Rússia para explorar melhor

19. Cf. A. N. IAKHONTOV, "Os Tempos Difíceis, As Reuniões Secretas do Conselho dos Ministros, 16 de julho-2 de setembro de 1915", *Arkhiv Russkoi Revolutzii*, Berlim, 1926, t. XVIII, pp. 5-130.

ainda nosso povo (...). Acabamos de falar das considerações econômicas, políticas ou militares que falam em favor de um gesto pró-judeu, mas ninguém ainda falou do perigo de uma disseminação dos judeus através da Rússia do ponto de vista do contágio revolucionário. Basta lembrar-se do papel desempenhado por esta raça nos acontecimentos de 1905; com respeito ao presente, penso que o Ministro do Interior não ignora a proporção de judeus entre os indivíduos que se dedicam à propaganda revolucionária e participam das diversas organizações clandestinas.

Príncipe Chterbatov: Verdade, o Sr. Rukhlov tem absolutamente razão quando fala da ação destrutiva dos judeus. Mas que podemos fazer uma vez que nos põem a faca na garganta? Se a nocividade dos judeus é incontestável, nossas necessidades de dinheiro não são menos. Ora, o dinheiro se encontra nas mãos dos judeus.

Krivochein: Também para mim a revolução se identifica com os judeus, mas concessões em favor deles me parecem inevitáveis. Como já tive ocasião de dizê-lo, é impossível fazer a guerra aos alemães e aos judeus ao mesmo tempo. Mesmo um país tão poderoso como a Rússia não tem condições de fazê-lo.

Vê-se que o espectro imperecível de um centro de comando ou de um governo secreto judeu estava a ponto de ressurgir; um centro hostil por definição, inclinado a pactuar com o inimigo qualquer que fosse, e o anti-semitismo é indissociável de uma tal representação: examinaremos mais adiante o caso da França, e em separado o da Inglaterra, sob este aspecto. No que concerne à situação dos judeus na Rússia, as concessões em apreço tropeçaram mais uma vez no veto de Nicolau II, assim como o anunciava duas semanas mais tarde o presidente do Conselho dos Ministros Goremykin:

Senhores, devo advertir-vos de que o Imperador me declarou nada poder fazer na questão judia. Resta uma única saída possível — por intermédio da Duma. Se ela for capaz disto, que se ocupe, pois, da questão da igualdade de direitos. Ela não irá muito longe nesta questão.

De fato, a zona restrita de residência foi administrativamente suprimida pouco depois, sem tambor nem clarim, por um simples decreto ministerial, tal como o Ministro do Interior estava habilitado a expedir em casos de "circunstâncias excepcionais", conforme o artigo 158 do Código de Leis [20].

Quando após a demissão do ministério Goremykin começou o jogo do "pula-mula ministerial" ditado pela Imperatriz e Rasputin, certos ministros ou altos funcionários começaram a rivalizar com o alto comando, expedindo disposições anti-semitas de sua própria lavra. Uma circular do Ministro das Finanças anunciava que os alemães haviam aperfeiçoado engenhos destinados à destruição das

---

20. Cf. SLIOSBERG, *Diéla minuvchikh dnéi, op. cit.,* vol. III, pp. 335-341. Sliosberg, que era um dos interlocutores ou informantes judeus de Chterbatov, escreveu que havia indicado a este a possibilidade de recorrer em tempos de guerra ao artigo 158, possibilidade que Chterbatov teria ignorado.

colheitas e que haviam recrutado traidores judeus para acioná-los [21]; o departamento da polícia acoplava alemães e judeus de uma outra maneira:

> ... Considerando que nem as derrotas militares nem a agitação revolucionária exercem influência notável sobre as massas populares, os revolucionários e seus inspiradores judeus, bem como os partidários secretos da Alemanha têm a intenção de semear o descontentamento e o derrotismo por meio do encarecimento dos preços e da fome. Comerciantes malvados escondem suas mercadorias, retardam seu despacho e, tanto quanto possível, freiam sua distribuição e entrega (...). Os judeus espalham o boato de que o governo russo está em bancarrota, a ponto de faltarem metais para a cunhagem das moedas; ao mesmo tempo, eles recolhem por alto preço as moedas de prata e de cobre. A ativa participação dos judeus nestas manobras criminosas se explica sem dúvida pela intenção de obter a supressão de sua zona de residência, e a situação atual parece-lhes prestar-se a perseguição deste objetivo, graças à generalização das desordens e do caos do país[22].

Veremos como o tema de um conluio judio-alemão terá fortuna *urbi et orbi*, no decurso dos anos seguintes. Pode-se citar entre seus primeiros adeptos o Príncipe Iussupoff, o patriótico assassino de Rasputin, que assegurava ter observado com seus próprios olhos, na antecâmara do favorito todo-poderoso, tratativas entre espiões "nórdicos" e espiões "semíticos". [23]

A revolução de fevereiro de 1917 irrompia pouco depois, uma revolução popular russa inteiramente espontânea, na qual os judeus se destacaram tão pouco quanto os revolucionários profissionais. Restava que ambos foram os primeiros beneficiários dela, porquanto as iníquas leis antijudaicas foram abolidas ao mesmo tempo que os condenados políticos voltavam do presídio ou do exílio. Durante as semanas de grandes esperanças que se seguiram, numerosos judeus manifestavam sua vontade de russificação integral: não tendo suas reivindicações particulares mais razão de existir, eles aspiravam apenas "a fundir-se na massa dos novos cidadãos" (Marc Ferro [24]). Este julgamento recente do historiador francês da revolução aproxima-se daquele que raivosamente emitia na época um dos seus atores, Simon Dimanchtein, chefe da "secção judaica" no Comissariado das Nacionalidades de Stalin.

> Para os partidos judeus pequeno-burgueses, o primeiro lugar cabia então à solução da questão nacional e à luta contra o desenvolvimento da revolução e contra o bolchevismo. Assim que a burguesia judia de todos os matizes aderiu imediatamente ao Governo Provisório e impregnou-se de

---

21. Citado por FRUMKHIN, "A Propósito da História dos Judeus Russos", *Kniga, op. cit.*, pp. 104-105.
22. *Ibid.*, pp. 103-104.
23. Cf. FELIX IUSSUPOFF, *Avant l'exil 1887-1919*, Paris, 1952.
24. Cf. MARC FERRO, *La Revolution de 1917*, Paris, 1967, vol. I, p. 209, sob o título "A *Nação Judia* se desintegra": "O êxito da revolução russa modificou o comportamento dos judeus da Rússia e transformou seu ponto de vista (...). Numerosos judeus esqueceram-se doravante de suas reivindicações para fundir-se com a massa dos novos cidadãos..."

um profundo patriotismo, militando em favor de uma guerra conduzida até a vitória final, da ofensiva em todos os *fronts*, e grande número de tenentes judeus recém-saídos da fôrma, filhinhos de papai burgueses, revelaram-se autênticos chauvinistas, dirigindo-se à linha de frente para exortar os soldados ao combate[25].

Dimanchtein só fazia exceção para o proletariado industrial judeu (inexistente em Petrogrado, onde a partida estava sendo jogada, e de um modo mais geral na Rússia propriamente dita). Seu furor retrospectivo explica-se com a hostilidade manifestada pela grande maioria dos judeus russos ao golpe de Estado de Lenin: se há duas gerações eles haviam, quase como um só homem, esposado a causa antigovernamental, desejando uma mudança de regime e tinham militado eficazmente para este fim, não era isto certamente em nome do regime bolchevista. Não é menos verdade que alguns entre eles desempenharam nele um papel de primeiro plano, quer desde o início, quer se lhe filiando logo a seguir: papel amplamente suficiente para ratificar aos olhos da grande massa dos antibolchevistas de todos matizes e de todas as extrações, e acima de tudo aos olhos do corpo de oficiais, o velho mito da "revolução judaica". Assim, pois, os "Cem Negros" e outros tambores do perigo, Pobiedonostsev e os Rosanov, tiveram razão, no fim das contas ... Antes de ver como esta interpretação da história universal se propagou entre 1917 e 1921, em escala russa primeiro e a seguir mundial, a ponto de chamar a atenção de Henry Ford nos Estados Unidos, ou de Winston Churchill na Grã-Bretanha ou de Georges Clemenceau na França, tentaremos fixar, na medida do possível, os fatos reais que vieram — tarde demais — envolver o mito numa auréola profética.

Um paradoxo desta história é que os revolucionários judeus que no fim do século XIX serviram de parteiros ao Partido Social-Democrata Russo [26] filiaram-se, na sua maioria, quando do célebre cisma de 1903, à facção menchevique: suas reticências ante as tendências centralizadoras, e até ditatoriais, de Lenin, eram bem conhecidas, e já em 1907 nenhum outro senão Joseph Stalin levava em consideração os gracejos equívocos a respeito de um "pequeno *pogrom*" no seio da social-democracia russa [27]. Dentre os "velhos bolcheviques", os que haviam aderido a Lenin antes de 1917, a proporção de judeus parece não ter sido maior que 10% [28], porém as adesões dos anos 1917-1918 haviam se elevado para mais de 16%,

25. Cf. S. DIMANCHTEIN, verbete "Judeus" da *Grande Enciclopédia Soviética*, 1.ª ed., Moscou, 1932, t. XXIV, p. 115.
26. Cf. mais acima, p. 97.
27. O relatório de Stalin sobre o V Congresso do Partido Social-Democrata Russo continha a seguinte passagem: "Um bolchevique (o camarada Alexinski, creio) disse brincado que os mencheviques eram uma facção judia, enquanto os bolcheviques eram verdadeiros russos, e que seria uma boa idéia para nós outros bolcheviques efetuarmos um pequeno *pogrom* no seio do partido". Cf. *Obras*, ed. russa, Moscou, 1946, vol. III, pp. 50-51.
28. Cf. DIMANCHTEIN, *A Região Autônoma Judia, um Filho da Revolução de Outubro*, em russo, Moscou, 1936, p. 8.

o que parece muito, tendo-se em conta sua porcentagem no seio da população, mas que não é absolutamente desproporcional se se leva em conta somente a população urbana (voltamos a encontrar desta maneira o problema dos viveiros revolucionários que foram os liceus e as universidades [29]). Como regra geral, as diversas etnias alógenas, mais ou menos oprimidas forneciam um percentual maior de "elementos antigovernamentais" que os russos; bem à frente neste sentido, eram os judeus seguidos pelos alemães, os armênios e os georgianos. Deste ponto de vista estatístico, dispomos hoje de certos dados sérios e precisos. É desta maneira que o historiador americano W. E. Mosse, que se dedicou à análise da origem étnica e social dos 246 militantes cujos nomes figuravam num dicionário enciclopédico publicado na URSS antes das Grandes Depurações, chegava às seguintes conclusões, submetidas por ele a um congresso histórico levado a cabo em Moscou em 1968 [30]:

> Os russos, mais de 65% da população total, forneciam apenas 55% (127 em 246) dos revolucionários enumerados pelo [dicionário] *Granat*. Conseqüentemente, os "não-russos" forneciam 45% (119 em 246), provenientes de menos de 35% da população total. (Números separados sobre os ucranianos teriam acentuado a desproporção). O grupo minoritário mais importante era o dos revolucionários de origem judaica. Representando menos de 4% da população total os judeus forneciam 16,6% (41) dos revolucionários. Eles eram seguidos por aqueles de origem alemã (15), algo mais que 6%, provenientes de 1,6% da população. A estes dois, os grupos judeu e alemão, correspondendo apenas a 5,5% da população total, forneciam mais de um quinto dos revolucionários... O número de armênios e de georgianos era igualmente desproporcional, mas em menor grau (...).
>
> É lícito concluir que uma elite revolucionária se recrutaria sobretudo entre os grupos relativamente cultos, que alimentavam queixas vigorosas. Nas condições da Rússia czarista, uma tal justaposição encontrava-se entre as minorias nacionais e religiosas, sobretudo aquelas que apresentavam uma classe média relativamente desenvolvida. Eis aqui o que explica a participação desproporcional — se bem que de maneira alguma preponderante — do elemento judaico, e que explica a proeminência relativa de militantes de origem alemã e, em grau menos espetacular, armênia...

A análise quantitativa era rigorosa, mas praticamente não se dava conta do fator qualitativo, ao qual se ligava um outro sovietólogo americano, Leonard Schapiro, aquele do poder mobilizador dos nomes, ou pseudônimos, que difundiam o terror [31].

> [Logo após a Revolução de Outubro] milhares de judeus se aliaram aos bolcheviques, nos quais eles viam os campeões mais determinados da revolução, e os melhores internacionalistas. No exato momento da tomada do poder, a participação judaica estava longe de ser insignificante, na cúpula suprema do partido. Cinco dos vinte e um membros titulares do Comitê Central eram judeus, e entre eles, Trotski, bem como Sverdlov, o verdadeiro chefe da máquina do secretariado (...).

29. Cf. mais acima, p. 98.
30. Cf. W. E. MOSSE, "Makers of the Soviet Union", *The Slavonic and East European Review*, XLVI, 1968, pp. 141-143.
31. Cf. L. SCHAPIRO, "The Role of the Jews in the Russian Revolutionary Moviment", *The Slavonic and East European Review*, XL, 1962, pp. 148-167.

Numerosos inimigos do bolchevismo que tendiam a acoplar o antisemitismo ao antibolchevismo eram de opinião que o bolchevismo era um movimento estranho aos corações dos verdadeiros russos, um movimento sobretudo judeu. Este raciocínio era corriqueiro entre os russos médios, principalmente no decorrer dos primeiros anos da revolução. De fato, após Lenin, a personagem mais eminente e espetacular era Trotski; em Petrogrado, a figura mais importante e mais odiada era Zinoviev; e aquele que tivesse a má sorte de cair nas mãos da Tcheka teria boas chances de ser interrogado e talvez fuzilado por um inquisidor judeu.

Pode-se também meditar sobre a classificação proposta às vésperas do golpe de Estado de 1917 por Anatoli Lunatcharski, futuro comissário do ensino público: 1.º Lenin, 2.º Trotski, 3.º Sverdlov, 4.º Stalin, 5.º Dzerjinski, 6.º Zinoviev, 7.º Kamenev, ou seja quatro judeus (assim como um georgiano e um polonês) [32].

Um historiador dos *pogroms* perpetrados pelo exército branco restringiu suas ponderações ao "catalisador excepcionalmente perigoso" que era, sob este ponto de vista, a personagem de Trotski — no fundo ele próprio um *filiado* ao bolchevismo! [33] — mas o qual na época "encarnava por si só o poder soviético"[34], constituindo-se na principal personagem, mefistofélica a seu modo, dos cartazes da propaganda antibolchevique, bem como tema de um refrão popular entre todos, na Rússia Meridional de 1918-1920:

> O açúcar é de Brodski
> O chá é de Vissotski
> E a Rússia é de Trotski[35].

Não ocorreu a ninguém pôr em dúvida os monopólios comerciais cedidos às firmas Brodski e Vissotski; nem aparentemente, indignar-se com a violação da Rússia por Vladimir Lenin.

Voltemos agora ao ano de 1917.
Desde o outono de 1916 os agentes da Okhrana assinalavam a iminência de distúrbios populares em Petrogrado, distúrbios que, pensavam eles, acabariam num *pogrom* de judeus (ou ainda de alemães!) [36]. Mas ninguém tinha dúvidas que a guarnição da Capital faria causa comum com os operários esfomeados, e que o regime czarista ia ser varrido em três dias; os meios revolucionários ou ati-

32. Cf. JEAN MARABINI, *La Vie quotidienne en Russie sous la Révolution d'Octobre.*
33. Logo após a cisão de 1903, Trotski aderira aos mencheviques. Em seguida fundou seu próprio grupo, o dos "internacionalistas unificados", que só se funde com o partido bolchevista em agosto de 1917.
34. Prefácio de L. TCHERIKOVER para M. CHEKHTMAN, *Os Pogroms do Exército dos Voluntários na Ucrânia,* em russo, Berlim, 1932, p. 15.
35. Lembrança da infância do autor.
36. Isto é, súditos russos de extração germânica; cf. B. GRAVÉ, *A Burguesia na Véspera da Revolução de Fevereiro,* em russo, Moscou, 1927, p. 188.

vamente opositores, menos que todos os outros. O fato consumado foi acolhido com satisfação pelo conjunto da população. Inicialmente, o derramamento de sangue se limitou a algumas dezenas de agentes de polícia, e o corpo de oficiais se aliou ao novo regime, mesmo sendo caro a certos generais, tal como Nicolau II aconselhara no ato da sua abdicação. O "Governo Provisório" não tardou em proclamar a igualdade de todos os cidadãos perante a lei, para júbilo dos judeus, seus partidários tanto mais indefectíveis quanto, desde as primeiras semanas da revolução uma propaganda em surdina alimentada pelos Cem Negros e os antigos *okhraniks* os acusava, como de costume, de todos os males, tanto antigos quanto novos: alta do custo de vida ou desorganização dos serviços públicos, prosseguimento da guerra, principiante decomposição do exército. Desde os meses de março e abril, *pogroms* eclodiram em certas cidades do interior, dos quais os desertores que refluíam por dezenas de milhares em direção da retaguarda parecem ter sido os principais artesãos. Houve outros excessos: "em Moscou, um regimento recusava aceitar oficiais judeus e não deixava que oradores enviados pelo Soviete falassem, porque este se encontra em mãos de judeus; em Ekaterinodar, os alunos das escolas haviam formado um grupo eslavo, destinado a fazer a propaganda anti-semita no campo"[37]. Como de costume, é na Ucrânia que as manifestações antijudaicas de toda ordem se revestiam de maior amplitude, desta vez no quadro de um irredentismo de data recente dirigido contra todos os "exploradores históricos"[38], mas a Rússia do Norte desta vez não foi poupada, tanto que em junho de 1917 o procurador regional de Petrogrado reclamava a promulgação de uma lei antipogromista, cuja necessidade ele explicava da seguinte maneira:

> Conforme minhas informações, uma agitação pogromista crescente se processa nas feiras e outros lugares de reunião do público. É sobretudo em Vitebsk e Petrogrado que os apelos a um *pogrom* antijudeu se fazem ouvir. Os pogromistas insistem sobre a influência dos judeus na milícia, nos sovietes e nas dumas distritais e ameaçam assassinar certas figuras políticas...[39]

O "poder paralelo" dos Sovietes adotava por seu lado uma resolução na qual acusava os contra-revolucionários de usar "os preconceitos obscurantistas" das massas para fins de uma diversão, tendo em conta a crise geral que o país atravessa.

> Esta agitação antijudaica, freqüentemente marcada por palavras de ordem radicais, constitui um perigo enorme tanto para o povo judeu quanto para todo o movimento revolucionário, porque ela ameaça afogar no san-

---

37. Cf. MARC FERRO, *La Revolution de 1917*, op. cit., pp. 444-445.
38. Cf. K. OBERUTCHEV, *Vdni revolutzii*, New York, 1919, pp. 97-99. Segundo seu autor, que havia exercido a função de comissário militar vam a inscrição: "Viva a Ucrânia livre, sem judeus nem poloneses!"
de Kiev junto ao Governo Provisório, certas bandeiras ucranianas ostentavam
39. Cf. *Retch* ou *Novoie Vrémia* de 5 de julho (18 de julho) de 1917.

gue fraternal toda a causa da libertação do povo, e a cobrir o movimento revolucionário de uma vergonha indelével...[40]

É verdade que a propaganda anti-semita era sobretudo produto de elementos reacionários ou pró-czaristas, mas amiúde aconteciam, sobre o fundo do caos crescente, surpreendentes desencontros. Um antigo dirigente revolucionário de 1905, o advogado Khrustalev-Nossar, tentava organizar na sua cidade natal ucraniana uma "república anti-semita"[41]. Um antigo órgão dos Cem Negros, a *Groza*[42], que fazia a partir daí campanha para a paz imediata, acusava os judeus nestes termos:

> Os trabalhadores e os soldados da Capital passaram em revista suas forças no decorrer da manifestação [bolchevique] anticapitalista de 18 de junho, na intenção de pôr fim à guerra e de substituir os ministros de origem burguesa e mercantil por ministros saídos do seu próprio meio. Os judeus tentaram se opor a isto, apoiando os capitalistas e exigindo a continuação da guerra. Os operários e os soldados precipitaram-se sobre os judeus, e os espancaram e rasgaram suas bandeiras.

O prudente *Novoie Vrémia* descrevia esta manifestação de 18 de junho, que marcava a adesão popular ao programa bolchevique[43], de maneira muito diferente: os porta-bandeiras humilhados tornavam-se oficiais russos, em relação aos quais o jornal tomava pateticamente a defesa, e os perseguidores, judeus, que ele denunciava de forma ainda muito tímida, mas destinada a obter sucesso[44]. Onde pois os antigos Cem Negros haviam feito seu domicílio? Um mês mais tarde, um comunicado do governo Kerenski anunciava que no curso de uma busca, um quartel-general dos bolchevistas (Casa Kchessinski) um estoque de literatura anti-semita e cartões postais apresentando assassinatos rituais fora descoberto em meio de outros documentos comprometedores. Material análogo fora encontrado na "Villa Durnovo", onde se tinham instalado os anar-

40. Citado por I. TCHERIKOVER, *O Anti-semitismo e os* Pogroms *na Ucrânia*, em russo, Berlim, 1923, pp. 208-209. Resolução adotada em junho de 1917 pelo I Congresso Panrusso dos Sovietes.
41. Cf. TCHERIKOVER, *op. cit.*, p. 32.
42. *Groza*, 25 de junho de 1917.
43. "A influência dos bolcheviques crescia com uma rapidez inaudita. No verão de 1917, quase todos os proletários de Petrogrado haviam adotado a divisa 'Todo poder aos Sovietes!' Em 18 de junho (1.º de julho) mais de 400 000 operários e soldados fizeram uma manifestação aos gritos 'Todo poder aos Sovietes', 'Abaixo a guerra', 'Abaixo os dez ministros capitalistas'", cf. *Grande Enciclopédia Soviética*, 2.ª ed., vol. 50, Moscou, 1957, p. 206.
44. Em 24 de junho (7 de julho) o *Novoie Vrémia*, que após a queda do czarismo adotara uma posição conformitas e republicana, tornou público um protesto da União dos Oficiais contra a condição que lhes era imposta doravante, contra os ultrajes e sevícias dos quais se tornavam objeto em número crescente. No mesmo exemplar, o jornal publicava a "Carta de uma esposa de um oficial", de grande violência: "...Mãe pátria, durante três longos anos teus filhos te protegeram contra o inimigo. E tu, em lugar de lhes prodigar tua afeição materna, tu lhes respondeste como o fez Judas. Assim como Judas vendeu Cristo, tu vendeste teus defensores, com teu silêncio..." No dia seguinte, o *Novoie Vrémia* comentava este protesto num artigo de redação intitulado "A Voz da Verdade". Lia-se aí que, na verdade,

quistas [45]. As informações deste tipo afluíam de todas as províncias: a correspondência abaixo, datada do mês de abril, evoca melhor que nada o clima conturbado que reinava nestes tempos nas terras da Rússia eterna:

> No vilarejo de Dubovo, província de Tiraspol, diversas esposas de soldados invadiram a casa do comerciante local e começaram a devastar sua loja, exigindo a partilha das mercadorias. Ao fazer isso elas diziam que "pessoas bem informadas" lhes haviam explicado que fora dado liberdade para dividir tudo em partes iguais e para tomar-lhes os bens aos ricos. Na própria Tiraspol o comissário de polícia Sergueiev, que falava muito de sua devoção ao novo regime, fora eleito chefe da milícia. À pergunta de se ele possuía armas, respondera dando sua palavra de honra que não as tinha. Entretanto 80 fuzis e 50 revólveres foram encontrados em sua casa; as munições haviam sido escondidas por ele numa caixa em que se lia "macarrão". Um agente de polícia que fora demitido fez duas tentativas de simular assassinatos rituais [46].

Em julho o *Novoie Vrémia* descrevia, sob o título "Delitos Bolchevistas", as atividades de um bando pogromista formado em Moscou por antigos agentes de polícia [47]. Compreende-se melhor, nessas condições, a guerra sem trégua que Lenin declararia ao anti-semitismo. A provocação grassava de parte a parte, e foi exatamente procurando desacreditar o partido bolchevista que o governo de Kerenski se viu colocado na origem da versão internacional mais comum do complô judeu ou judio-alemão.

No entanto, quando em abril de 1917 Lenin chegou a Petrogrado — via Alemanha — e impôs a seu partido o programa de uma paz imediata, o Governo Provisório, seguido pelos Aliados ocidentais, tentou de início receber com boa cara o mau jogo (em Paris, Georges Clemenceau qualificava então os bolcheviques de "defensores inconscientes do militarismo alemão") [48]. Foi depois do abortado golpe de Estado de julho que o ministério Kerenski mandou incriminar Lenin e uma dezena de outros dirigentes ou militantes bolcheviques por cumplicidade com o inimigo, na base de documentos, aliás falsos [49], divulgados e talvez fabricados por agentes

---

os oficiais haviam fornecido às massas russas, em fevereiro-março de 1917, os quadros, sem os quais a revolução seria condenada a um fracasso certo. E, pela primeira vez, acusava os "judeus-bolcheviques" como segue: "... Estes homens modestos e silenciosos nem mesmo tentavam impor-se a nossa memória. E eis que seu lugar encontra-se de repente ocupado pelos Nakhamkess-Steklov, pelos Bernstein-Zinoviev (*sic*) e pelos Rosenfeld-Kamenev".

45. Cf. *Novoie Vrémia* de 22 de julho (4 de agosto) de 1917, "Documentos sobre Lenin e Cia".
46. Cf. "Utro Rossii", *O Amanhecer da Rússia*, 5 de abril de 1917.
47. Cf. *Novoie Vrémia* de 5 de julho de 1917.
48. Cf. *L'Homme enchaîné* de 26 de abril de 1917, "A Rússia nova", bem como um artigo anterior de 17 de abril, "Os Leninistas Descobrem ser Amigos e Aliados da Alemanha".
49. Correspondendo mais a um estado de coisas real, já que antes da tomada do poder, eram os bolcheviques efetivamente financiados pelo governo imperial alemão, tal como resulta de diversos documentos de arquivos que vieram a público após 1945.

da contra-espionagem francesa [50]; simultaneamente, fez com que fossem difamados pela imprensa na pretensa qualidade de agentes da Alemanha. O furor dos seus protestos [51] sugere que o golpe atingira o alvo. Pouco depois (em 22 de julho) o governo julgou chegado o momento para revelar detalhes — e sobretudo nomes: foram perseguidos por cumplicidade com o inimigo e revolta armada os cidadãos Ulianov, Apfelbaum, Helfand, Fürstenberg e Koslóvski, as senhoras Kollontai e Surenson, e quatro militares de nomes neutros [52]. É de se perguntar sobre os critérios que haviam presidido a escolha dos nomes assim entregues ao escárnio do público russo. Há tanto mais razão ainda em fazê-lo quanto, ao fim do comunicado oficial das autoridades judiciárias aparecia um nome suplementar, seguindo o de Ulianov-Lenin, a saber o de "Ovsei Hersch Aronov"; só podia tratar-se de V. Antonov-Ovséienko, perito militar dos bolcheviques, cujo nome fora deformado ou "judaizado" desta maneira. Três dias mais tarde o governo anunciava a prisão de dois outros dirigentes, Bronstein (Trotski) e Rosenfeld (Kamenev). Veremos como, na escala do mundo civilizado, a conclusão foi aquela que devia ser: a Rússia estava a ponto de ser traída ou escravizada por um bando de judeus alemães.

Para rematar, certos propagandistas quiseram fazer crer em seguida que o verdadeiro nome de Lenin era Zederbaum ou Zedelbaum, jogando com uma confusão entre o líder bolchevique e um líder menchevique (Zederbaum-Martov), mas eles não foram ouvidos e com razão, sem dúvida: afinal, o russo, rodeado por uma dezena de judeus, exceção que confirmava a regra, só tornava mais verossímil a tese de uma conjura judaica. Acrescentemos que, logo que a acusação e as diligências foram tornadas públicas, o Soviete de Petrogrado (de maioria menchevique, na época) decidiu instituir uma comissão visando a reabilitação de Lenin, mas por uma certa ironia do destino a "comissão dos cinco" eleita com esta finalidade foi composta por cinco judeus, de sorte que se julgou ser mais prudente designar uma outra... [53] Da mesma maneira, o pri-

50. Cf. as memórias do Coronel NIKITIN, *The Fatal Years*, Londres, 1938, pp. 118-119; os documentos em apreço lhe haviam sido remetidos, em sua qualidade de chefe da segurança militar sob o governo Kerenski, pelo capitão francês Pierre Laurent. Ver também as memórias de KERENSKI, *The Crucifixion of Liberty* (Londres, 1934, p. 285), que recebeu as mesmas informações por intermédio de Albert Thomas, em visita à Rússia.
51. Cf. o discurso de Zinoviev ao Soviete de Petrogrado, tal que o relata NICOLAU SUKANOV, *La révolution russe de 1917*, ed. Paris, 1965, p. 233: "Camaradas, um ato ignóbil foi cometido! Uma monstruosa calúnia apareceu na imprensa e já exerceu seu efeito sobre as camadas mais ignorantes das massas populares..." etc.
52. Os oficiais Semachko, Sakharov, Ili'in e Rochal. Aliás, é claro, que nem Koslóvski nem Alexandra Kollontai eram judeus. Cito segundo o texto publicado no *Vrémia* de 22 de julho (4 de agosto) sob o título *Documentos sobre Lenin e Cia., Os Dados do Inquérito Transmitidos pelo Procurador junto ao Tribunal de Apelação de Petrogrado*.
53. Cf. N. SUKHANOV, *La révolution russe de 1917, op. cit.*, p. 233.

meiro governo formado em novembro de 1917 pelos bolchevistas só contava com um judeu (Trotski) em quinze membros; mas no ponto que se encontravam as coisas, podia-se duvidar da utilidade da precaução [54]: não asseguravam os últimos jornais "burgueses" que o comissário para a guerra, Nicolau Krylenko, chamava-se, na verdade, Abraão? (mas não há fumaça sem fogo; em um determinado momento de sua vida clandestina, Krylenko utilizara de fato este pseudônimo).

Como se vê o jogo estava feito; que se tratava, realmente, aos olhos de uma fração imprecisa mas considerável do público russo, de uma "revolução judaica", ressalta notadamente dos derradeiros gritos de angústia da imprensa não-bolchevista de todos os matizes que, durante algumas semanas pôde ainda vir à luz, mudando de tipografia ou até de título, e a *Malenkaia Gazeta*, o *Petit Journal* russo, conclamava abertamente a um *pogrom* geral dos bolchevistas e dos judeus [55]. Veremos como a tese foi logo retomada no campo aliado, dos dois lados do Atlântico: o *Times* de Londres a resumia em algumas palavras já em 23 de novembro de 1917, ao escrever que "Lenin e vários de seus confederados são aventureiros de sangue germano-judeu, a soldo dos alemães".

Mas faltava ainda uma peça no quebra-cabeça. Revolução judia ou judio-alemã, vá lá: mas qual era o papel que desempenhavam nela os capitalistas internacionais judeus? Uma outra série de falsificações, vendida na trágica Petrogrado do inverno de 1917-1918 pelo jornalista Eugenio Semionov ao diplomata americano Edgar Sisson, veio fornecer a resposta: os bolcheviques, isto é, em primeiro lugar Trotski, eram financiados e telecomandados por um "sindicato renano-westfaliano", por intermédio do banqueiro judeu Max Warburg e do bolchevista judeu Fürstenberg. A identidade de pontos de vista entre judeus revolucionários e judeus financistas não poderia ser mais perfeita, porquanto eram todos alemães. O governo americano, após ter-se assegurado dos conselhos de dois historiadores especializados [56], os endossou publicando ele mesmo os documentos em 1918, sob o título *The German-Bolshevik Conspiracy*. A data merece ser guardada, pois marca a primeira publicação oficial de uma falsificação anti-semita por um governo que não era nem czarista nem nazista, mas dos Estados Unidos da América. Destarte, o sistema estava pronto e as democracias ocidentais, como veremos, conhecerão uma obsessão do judio-germano-bolchevismo que as ditaduras terão apenas que explorar, suprimindo o termo médio.

---

54. *Ibid.*, p. 348.
55. Cf. J. MARABINI, *op. cit.*, p. 114.
56. Cf. ROBERT DE WARTH, *The Allies and the Russian Revolution*, Durham N. C., 1954, p. 203.

Se os bolchevistas puderam apoderar-se, praticamente sem resistência, das duas capitais e da Rússia européia propriamente dita, as regiões periféricas, principalmente o Sul ucraniano e a imensa planície siberiana escapavam, quase, ao poder. Seus adversários mais determinados, em especial as dezenas de milhares de oficiais, tomavam o rumo dessas regiões "brancas": a seqüência dos acontecimentos sugere a existência de uma correlação entre sua combatividade e sua judeofobia. A correlação só podia aumentar quando se soube que o último czar e sua família haviam sido massacrados em Ekaterinburg (Sverdlovsk), por ordem, assim se dizia, do judeu Jacob Sverdlov, e sob a direção pessoal, se dizia ainda, dos judeus Iuróvski e Golochtchekin. O drama não tardou em ornar-se de detalhes tão impressionantes quanto fantasiosos: citemos a versão que o adido militar inglês, o General Alfred Knox, telegrafava em fevereiro de 1919 a seu governo:

> Havia duas facções no Soviete local: uma queria salvar a família imperial, a outra era dirigida por cinco judeus dois dos quais eram partidários encarniçados do assassinato. Estes dois judeus, Vainen e Safarov, haviam acompanhado Lenin por ocasião de sua viagem através da Alemanha [57].

A execução, porém, que ainda hoje comove muitos corações, foi acompanhada de outros signos providencialmente antijudaicos. Não era a cruz gamada o emblema pessoal da Imperatriz Alexandra? E não se encontram entre os livros que ela lera durante seu cativeiro, os *Protocolos dos Sábios de Sião*? [58] Foi ao menos o que anunciaram os investigadores do exército branco siberiano de Koltchak, o "regente supremo" das forças antibolchevistas, e é lícito crer que aqueles mesmos que há pouco suspeitavam da "alemã" inflamavam-se a partir daí com a idéia de vingar a mártir.

Dispõe-se de um notável testemunho sobre a impressão que causara ao próprio Almirante Koltchak a leitura dos *Protocolos,* nos quais se iniciou pouco após o massacre de Ekaterinburg, durante uma viagem de inspeção. Um dos seus companheiros no-lo relata:

> Que é que lia pois o almirante? Ele levara muitos livros. Lia com interesse o *Mensageiro Histórico*. Mas foi sobretudo dos *Protocolos dos Sábios de Sião* que ele se ocupou no curso de nossa viagem, e não conseguia largar deles. Não cessava de falar deles durante nossas conversas, e sua cabeça estava repleta de figurações antimaçônicas. Estava, doravante, disposto a encontrar franco-maçons tanto entre os que o rodeavam ou ainda no seio do seu diretório, quanto entre os membros das missões estrangeiras... [59]

Na falta de judeus autóctones na Sibéria, as suspeitas do "regente supremo" limitavam-se aparentemente aos franco-maçons.

---

57. Cf. *Bolshevism in Russia* (A Collection of Reports presented to the Parliament of Great Britain by Command of His Majesty...), Canadá, abril de 1919, p. 29.
58. Cf. NORMAN COHN, *Histoire d'un mithe, La "Conspiration" juive...*, op. cit., 120-121.
59. Cf. G. E. GUINSS, *A Sibéria, os Aliados e Koltchak*, em russo, Pequim, 1921, p. 368.

Mas havia judeus no corpo expedicionário americano; este corpo também estava, no dizer de um informante de Koltchak, todo ele infectado de bolchevismo [60]. Um parlamentar britânico em missão na Sibéria, o Coronel Kard, desenvolvia esta idéia e fornecia especificações precisas num trabalho destinado ao público anglo-americano [61]. Cabe citar também uma proclamação de Koltchak, dirigida aos soldados do exército vermelho:

> Desperta, povo russo, pega no teu bastão e empreende a caça à canalha dos *jids*, que arruínam a Rússia... Na Alemanha, em toda a Polônia, na Galícia, em Kiev, em Berditchev, esta canalha está sendo encurralada e expulsa. Só vós, em vossa burrice e simplicidade, continuais a obedecer as ordens de Trotski, Nakhamkess, Zederbaum e Cia." (15 de fevereiro de 1919).

De acordo com uma outra proclamação, não era de *pogroms* que a terra russa necessitava, mas de uma Cruzada Antijudaica [62]. O mesmo tom caracterizava a propaganda dos exércitos brancos da Rússia do Sul, os de Denikin que, não o esqueçamos, avançaram no início do outono de 1919 até Tula, a 200 quilômetros de Moscou, percorrendo portanto uma parte das províncias da antiga "zona de residência" dos judeus. Os *Voluntários* brancos podiam pois satisfazer à vontade sua sede de vingança, uma sede desde sempre inextinguível, sendo que os assassinatos, as violações e os saques apenas exasperavam, através da engrenagem fatal do remorso e do crime, os furores antijudaicos [63]. Os *pogroms* eram aliás nada mais que um dos sintomas da depravação geral dos antigos "voluntários", como tantas vezes o provam as memórias e as crônicas de seus generais. "Nossos costumes são bestiais; nossos corações estão cheios de vingança e de um ódio mortal; nossa justiça sumária é atroz, assim como o são as voluptuosas matanças nas quais se comprazem tantos dos nossos voluntários" [64]. "Um exército acostumado ao arbítrio, às pilhagens e às bebedeiras, e conduzido por chefes que lhe davam o exemplo dessas práticas — um tal exército não podia salvar a Rússia" (General Wrangel) [65]. Mais surpreendente ainda é a condenação emitida pelo próprio General Denikin contra suas tropas: "O povo as acolhia jubilosamente e com genuflexões e as despedia com maldições" [66]. Daí se pode inferir o que deviam ser as

---

60. Cf. WILLIAM S. GRAVES, *America's Siberian Adventure 1918-1920*, New York, 1931, p. 110.
61. Cf. Coronel JOHN WARD, *With the "Die-Hards" in Siberia*, New York, 1920, pp. 276-77.
62. Cf. I. CHEKHTMAN, *Os* Pogroms..., op. cit., Berlim, 1932, p. 22.
63. Este círculo vicioso do ódio supersticioso se manifestou pela primeira vez na Europa logo após a primeira Cruzada (1096); cf. vol. I: *De Cristo aos Judeus da Corte*, pp. 44 e ss.
64. *Diário do General Drosdóvski*, em russo, Berlim, 1923, pp. 71.
65. Citado pelo General Denikin em suas memórias *Otcherky russkoi smuty*, Berlim, t. V, 1926, p. 338.
66. *Ibid.*, p. 270.

provações dos judeus; aqueles que foram poupados, isto é sobretudo os residentes das grandes cidades, nem por isso sofriam menos, quando da entrada dos Brancos, de uma "tortura pelo medo", segundo a crua expressão de Chulgin [67].

Assim, no tempo do *batiuchka-czar*, os *pogroms* amiúde duravam três dias inteiros, durante os quais o código militar se via suspenso *de facto*, e é óbvio que eles se tornavam tanto mais sangüinários. Acrescentemos que os "Verdes" e outros bandos ucranianos rivalizavam em crueldade com o exército assim dito regular; uma proclamação coletiva dos principais chefes de bando ("atamãs") chegava até a invocar a memória dos grandes santos nacionais, exortando em seu nome os cristãos a acabar de uma vez por todas com a diabólica corja judia [68]. O número total de judeus assassinados na Ucrânia em 1918-1920 é calculado em mais de 60 000 [69]. No que concerne às tropas brancas, o General Denikin, de sua parte, reprovava os *pogroms* e outros excessos, mas era incapaz de impedi-los: de resto, ele era correntemente acusado de "ter-se vendido aos judeus" [70]. Desta forma ele estava ainda menos apto a frear a propaganda anti-semita ou a prevenir a publicação de falsificações, algumas das quais iriam dar a volta ao mundo, no correr dos inquietos anos do primeiro pós-guerra.

Foi o caso de um pretenso relatório secreto do governo francês, fabricado em New York por um emigrado russo [71], que fornecia a lista dos principais dirigentes comunistas, todos judeus com exceção de Lenin, e descrevia seus desígnios de um domínio universal sionista: "Os judeus já obtiveram o reconhecimento formal de um Estado judeu na Palestina; conseguiram igualmente constituir uma república judaica na Alemanha e na Áustria-Hungria; são esses os primeiros passos rumo ao futuro domínio mundial pelos judeus, mas não é o seu último esforço". Este documento, tornado público em 23 de setembro de 1919 em Rostov, foi em 1920 reproduzido por *La Vieille France* em Paris e pelo *The Morning Post* de Londres [72]; ao lado deles pode-se colocar o "Relatório do Camarado Rappoport" (reproduzido em maio de 1920 por *L'Intransigeant*, que por sua vez

---

67. Cf. CHULGIN, *op. cit.*, p. 69.

68. "Trotski-Bronstein arrasará as igrejas ortodoxas e nos reduzirá à escravidão (...). Todos os santos intercessores os conclamam a ingressar nas nossas fileiras, para acabar de uma vez por todas com esta espécie maldita" etc. Cf. CHEKHTMAN, *op. cit.*, pp. 182-183.

69. Cf. o verbete "Pogroms" na *Jewish Encyclopaedia*, Jerusalém, 1972, t. XIII, p. 701.

70. Cf. CHEKHTMAN, *op. cit.*, p. 20 e anexos.

71. Cf. mais adiante, p. 219.

72. Cf. A. NETCHVOLODOV, *L'Empereur Nicolas II et les Juifs*, Paris, 1924, pp. 96-102, e os artigos do *The Morning Post*, publicados em volume sob o título de *The Cause of the World Unrest*, Londres, 1920, pp. 131-132. A fonte original era o jornal *A Moscou!*

serviu de fontte a uma compilação americana) [73]. Por sionista que fosse, o camarada Rappoport deitava suas vistas sobre a Ucrânia, e não sobre a Palestina:

(...) Após a *débâcle* das cooperações nacionais, o nacionalismo ucraniano perdeu sua base econômica. São os bancos de descontos dirigidos por nossos camaradas Nazert, Gloss, Fischer, Krauss e Spindler que desempenham aqui o papel principal. A classe dos proprietários russos, frívolos e estúpidos, nos seguirá como carneiros destinados ao matadouro. Como representante do Poalei-Zion, devo constatar, para minha grande satisfação, que nosso partido e o do Bund se tornaram centros de atividade que manobram o imenso rebanho dos carneiros russos.

É característico que o General Denikin, que não ignorava tratar-se de uma falsificação, o qualificasse de mistificação com todas as aparências da verdade, redigido por mão de mestre [74]. Assim, este honrado soldado, adversário resoluto dos *pogroms*, julgava plausível um boletim de vitória redigido numa linguagem de uma inverossimilhança notória, o que prova a seu modo a existência de quimeras que obcecam nestes pontos as imaginações cristãs de uma maneira talvez crônica (em nossos dias a imprensa soviética não atribui aos "sionistas" metas análogas?). O mesmo Denikin imputava aos militantes judeus a perseguição da Igreja russa [75], como se estes "bolcheviques não batizados" se dedicassem à propaganda anti-religiosa em sua qualidade de judeus e não na de bolchevistas (uma visão que Soljenitsin fará sua em o *Primeiro Círculo*)[76].

Uma terceira falsificação, o "documento Zunder", teve em 1922 a honra de ser lido integralmente na tribuna do jovem parlamento tcheco-eslovaco [77]. Segundo uma quarta falsificação, difundida em 1922 nos Estados Unidos pelo rei do automóvel Henry Ford, os judeus do East Side de New York já haviam designado o substituto do último czar [78]. Foi assim que as fábulas chocadas nos laboratórios de Rostov ou de Kiev alertavam todos ou quase todos os povos da terra ou pouco faltava para isso sobre a existência de uma conspiração mundial dos judeus. Não esqueçamos o mito historicamente mais dinâmico, os *Protocolos dos Sábios de Sião*, impressos às centenas de milhares nos territórios controlados pelos Brancos. O terror que este mito inspirava era evocado em 1924 pelo General Netchvolodov nos seguintes termos:

O autor da presente obra viu em 1919 em Ekaterinodar três russos de origem humilde que vinham a Kiev, então ocupada pelos bolchevistas,

---

73. Cf. ANDRÉ CHÉRADAME, *La Mystification des peuples alliés*, Évreux, 1922, pp. 244-247, e BRASOL. *The World at the Cross Roads*, New York, s.d., pp. 267-271.
74. Cf. DENIKIN, *Otcherky*..., op. cit., t. V, p. 148.
75. *Ibid.*, p. 147.
76. Cf. o capítulo no qual o major do NKVD Roitman evoca suas lembranças de infância.
77. Cf. A. NETCHVOLODOV, *op. cit.*, pp. 241-243.
78. *Ibid.*, p. 109, citando o vol. II de *The International Jew* de HENRY FORD, p. 145.

depois de terem atravessado as linhas dos Vermelhos. Eles tinham trazido, dividido em três partes e costurado em suas vestes, um exemplar da edição 1917 e diziam que se os bolcheviques soubessem disso, tê-los-iam imediatamente fuzilados [79].

Em suas memórias publicadas em 1926, Denikin lembrava com horror os *pogroms* e massacres dos judeus, indo a ponto de lhes atribuir em parte a indisciplina e a desmoralização de suas tropas, que resultou na rápida derrocada do inverno de 1919-1920. Ao mesmo tempo assegurava que a boa vontade de seus generais mais fiéis era incapaz de refrear esses excessos: "A animosidade antijudaica das tropas atingira uma espécie de furor enraivecido contra o qual nada se podia fazer" [80]. Mais que todos esses superlativos, um pormenor citado por ele dá a medida de um ódio espontâneo talvez sem par na longa história do anti-semitismo. Com efeito, Denikin relata como foi obrigado a tomar a decisão de formar destacamentos especiais ou "isolados" de soldados judeus, a fim de poupar-lhes as sevícias com que os soldados cristãos os cumulavam; e como dezenas de oficiais de origem judia, que tinham tomado parte na "longa marcha" [81] dos primeiros voluntários brancos, foram a seguir literalmente expulsos do exército por seus irmãos de armas [82].

No fim das contas, as militâncias revolucionárias dos judeus surpreendem menos do que a persistência de um estado de espírito antibolchevista em grande parte deles, ao ponto de uma delegação de eminentes judeus vir suplicar a Denikin a reintegração dos oficiais judeus em seu exército! [83] Mas, no conjunto, a moral desta história foi tirada do melhor modo possível em um recente trabalho do historiador russo-britânico George Katkov:

> O medo de que, acordando um dia pudessem assistir à restauração do antigo regime naturalmente não cessava de cecar numerosos judeus (...). Esta atitude explica o entusiasmo com que a *intelligentsia* e a semi-*intelligentsia* judias saudaram a revolução e aderiram aos movimentos de esquerda que pretendiam defender "as conquistas revolucionárias". Daí por que inúmeros judeus ofereceram seus leais préstimos de "funcionários soviéticos" ao regime bolchevista no curso dos anos de guerra civil e de reconstrução. Os membros complexos fundamentos da cooperação judio-bolchevista explicam em seguida a dissolução e o retorno, sob o regime stalinista, às práticas anti-semitas, que desde então cessaram de manifestar-se. "O partido e o governo" nunca demonstraram grande confiança na fidelidade política dos judeus, que decorria não de alguma afinidade inata com o bolchevismo, mas de um instinto coletivo de conservação pelo qual a ideologia comunista não manifestava nem interesse nem simpatia [84].

---

79. NETCHVOLODOV, *op. cit.*, p. 252.
80. A. DENIKIN, *Otcherky...*, *op. cit.*, t. V, p. 149.
81. "Pervopokhodniki" ou sobreviventes de uma época quando o exército branco do Sul era autenticamente composto de oficiais voluntários.
82. DENIKIN, *loc. cit.*, p. 145.
83. *Idem*, *op. cit.*, p. 150.
84. Cf. GEORGE KATKOV, "Rússia 1917", *The February Revolution*, Londres, 1967, p. 61.

6. A Grã-Bretanha

Na época em que se desencadearam no Continente as primeiras campanhas anti-semitas, William Gladstone declarava que uma agitação contra os judeus na Inglaterra era tão improvável quanto uma agitação contra a gravitação da terra [1]. Não que os súditos judeus da Rainha Vitória tenham sido súditos exatamente iguais aos outros, as crianças judias, crianças igual às outras. Sabemos de Lewis Carroll que, tendo decidido oferecer sua *Alice no País das Maravilhas* aos hospitais infantis, um notável perguntou-lhe se era preciso incluir também no caso um hospital judeu, pois relatava Carroll, com uma ponta de ironia indignada, "acreditava que eu não tivesse vontade de lhes doar livros...." [2].

A delicadeza era tipicamente inglesa. Podemos acrescentar que a partir dos primeiros anos do século XX, William Gladstone teria algumas boas razões para rever seu diagnóstico.

Em primeiro lugar houve o caso Dreyfus, com suas múltiplas facetas, uma das quais exprimia a disputa secular entre católicos e protestantes. Enquanto no seu conjunto, a imprensa britânica esbravejava contra as iniqüidades da justiça francesa, simpatizava a minoria católica com os correligionários de além-Mancha, e alguns artigos antijudaicos escritos por jesuítas ingleses vieram à luz a partir de 1898-1900 [3]. Mas foi com o advento de Eduardo VII em 1901 que o clima comegou a agravar-se, seriamente.

[1]. Ver História do Anti-Semitismo, vol. III: *De Voltaire a Wagner*, p. 274.
[2]. Cf. L. CARROLL, *Lettres adressées à Alice et à quelques autres*, Paris, s.d., p. 102. Agradeço ao meu amigo Maurice Olender por ter-me gentilmente comunicado esta passagem.
[3]. Assim, S. F. SMITH, S. J., "The Jesuits and the Dreyfus Case", *The Month*, janeiro 1899; e R. F. GLARKE, S. J., em *The Nineteenth Century*, fevereiro 1900, cf. MALCOLM HAY, *The Foot of Pride*, pp. 191-192 e 131.

Ao que se sabe, o alegre filho da Rainha Vitória preferia a companhia de atrizes e de judeus à dos aristocratas e prelados. Seu banqueiro, o judeu alemão Ernst Cassel era ao mesmo tempo um de seus íntimos, que ele cobriu de honrarias e títulos. Por volta de 1907, Sir Ernst Cassel estabeleceu relações com Albert Ballin, cortesão de Guilherme II, e um "telefone vermelho" de bom augúrio parecia assim delinear-se, na pessoa desses dois judeus, entre os dois monarcas, entre Londres e Berlim. Assim poder-se-á compreender as iras de uma parte da alta sociedade e do corpo diplomático. De resto, certos agentes e administradores britânicos esforçavam-se por sabotar os projetos financeiros de Cassel, especialmente quando este, logo após a Revolução dos Jovens Turcos, no Império Otomano, foi convidado a ir a Constantinopla para reorganizar as finanças otomanas [4]. No fim de contas essas intrigas suscitaram em 1911-1912 uma campanha de imprensa, que atribuía a revolução turca a uma conspiração judio-sionista, segundo o *Times*, judio-maçônica conforme o *Morning Post* [5]. Os *die-hards* ingleses estavam na escola dos "Cem Negros" russos? Em 1918, o embaixador britânico em Washington, Sir Cecil Spring-Rice, dava isso como certo, e comparava deste ponto de vista a Revolução de Outubro à dos Jovens Turcos (mesmo de férias, Spring-Rice ainda desabafava nos mesmos termos, assegurando que somente duas coisas estorvavam a paz de sua alma: "os judeus" e "a imprensa") [6].

Porém, mais exasperador ainda que o ascenso dos financistas judeus era para alguns o dos políticos. Em 1909, Rufus Isaacs, o futuro Lorde de Reading, era nomeado procurador-geral do Reino Unido; em 1910, Herbert Samuel tornava-se o primeiro membro não-cristão [7] de um gabinete britânico (o gabinete liberal Asquith). Um escândalo financeiro que eclodia em 1912, "o caso Marconi", e no qual Lloyd George e outros liberais estavam igualmente implicados, era resumido nesses termos pela jovem revista *The Eye Witness*:

O irmão de Isaacs é o presidente da Sociedade Marconi. Isaacs e Samuel se acumpliciaram secretamente para que o povo britânico invista na Sociedade Marconi uma altíssima soma de dinheiro, por intermédio do dito Samuel, e em benefício do dito Isaacs...

4. Cf. KURT GRUNWALD, " 'Windsor-Cassel', The Last Court Jew", *Yearbook of the Leo Baeck Institute*, XVI (1969), pp. 120-121; e PHILIP GRAVES, *Britons and Turks*, Londres, 1941, pp. 145-156.
5. A respeito dessas interpretações da revolução turca, ver o estudo pré-citado de K. Grunwald, bem como o de LEONARD STEIN, *The Balfour Declaration*, Londres, 1961, pp. 37-40; sobre os artigos insanos do *Morning Post* ver a obra anti-semita *The Cause of the World Unrest*, Londres, 1920, pp. 144-150. Os rumores dessa ordem foram de início propagados pelos adversários muçulmanos dos Jovens Turcos. De fato, a seita criptojudaica dos Doenmeh desempenhou certo papel na sua revolução; no que se refere a esse tema consulte os artigos "Ottoman Empire" (de B. Lewis) e "Doenmeh" (de G. Scholem), da *Jewish Encyclopaedia*.
6. Cf. *The Letters and Friendships of Sir Cecil Spring-Rice*, ed. por St. Gwynne, Londres, 1929, vol. II, pp. 422-423 (conversa com Louis Brandeis) e vol. I, pp. 342-243.
7. É preciso lembrar que Benjamin Disraeli era um judeu converso?

Uma comissão parlamentar de inquérito isentou os dois judeus de toda suspeita, mas o escândalo não foi esquecido. Rudyard Kipling lhe dedicou em 1913 um poema, "Gehazi" ("um juiz em Israel, um leproso branco como a neve"), que permanece uma autêntica obra-prima de ódio; e, ainda em 1936, o anti-semita católico G. K. Chesterton assegurava que o caso Marconi assinalava uma linha divisória da história inglesa, comparável somente à Primeira Guerra Mundial [8].

Estas paixões montantes se viam favorecidas por um fator de uma ordem totalmente diversa. Uma colônia de mais de 100 000 judeus provenientes da Europa do Leste constituíra-se na época em Londres, nos bairros de Whitechapel e de Stepney, e os nativos não viam com bons olhos esta mão-de-obra que podia ser manipulada e explorada à vontade. Em 1902, o Bispo de Stepney comparava esses miseráveis a um exército conquistador, "que come o pão dos cristãos e os expulsa de seus lares" [9]. Certas ofertas de emprego especificavam que os postos estariam reservados aos ingleses de raiz, e à véspera da guerra o *Times* publicava, sob o título "London Ghettoes", um artigo no qual se censurava os judeus estrangeiros por formarem um Estado dentro de um Estado [10]. É verdade que via de regra a imprensa e os políticos britânicos, com seu costumeiro uso de perífrases lenientes, não falavam de uma *jewish question* (questão judia) mas de uma *alien question* (questão alienígena), e é verdade também que Londres abrigava numerosos outros proletários estrangeiros, nomeadamente alemães; mas entre as duas categorias de "germanófonos", as massas populares não se preocupavam em fazer distinção. Uma apologia da "raça judia" que Francis Galton, o fundador da eugenia, julgou-se na obrigação de publicar em 1910 [11] sugere em todo caso que eram os filhos de Israel que estavam sendo visados em primeiro lugar; a raça germânica não tinha necessidade de defesas desta ordem.

O desencadeamento das hostilidades veio envenenar brutalmente todas essas questões. É óbvio que os judeus ingleses se apressaram em proclamar seu patriotismo com o mesmo ardor que os de outros países, e é óbvio também que as primeiras suspeitas escolheram como alvos os judeus originários dos países germânicos. Um lugar à parte cabe a Cecil Spring-Rice que, de Washington, não cessava de alertar seu governo e seus amigos altamente colocados sobre "a influência dos alemães, e sobretudo dos judeus alemães, que aqui tem sido muito grande e decisiva em determinados lugares" [12]. Falamos suficientemente dos sentimentos pró-alemães

---

8. Cf. FRANCIS DONALDSON, *The Marconi Scandal*, Londres, 1962.
9. Cf. ST. ARIS, *Jews in Business*, Londres, 1971, p. 32.
10. Cf. *The Jewish World*, 15 de julho de 1914, p. 6.
11. F. GALTON, "Eugenics and the Jews", *The Jewish Chronicle*, 30 de julho de 1910.
12. Cf. *The Letters and Friendships of Sir Cecil Spring-Rice, op. cit.*, vol. II, pp. 218-219 (relatório de 25 de agosto de 1914).

(ou anticzaristas) dos judeus americanos para permitir que o leitor possa apreciar a parcela de realidade contida nos relatórios de Spring-Rice; quanto à parcela de delírio, bastará indicar que aos judeus, ele associava os jesuítas, embora assegurando que de uma maneira geral os católicos tinham tomado como sua a causa dos Aliados. Em 13 de novembro de 1914, endereçava duas mensagens a Londres. A Edward Grey, seu ministro, escrevia:

> No seu conjunto, os católicos não nos são desfavoráveis, se bem que os jesuítas se tenham colocado como um só homem do lado da Prússia, e perderam por este fato uma parte da sua influência... Os judeus preferem o Kaiser, e certa alcovitice se tornará necessária. Após a morte de Morgan, são os bancos judeus que ditam a lei aqui, e eles se apoderaram do Departamento do Tesouro... obtendo a nomeação do alemão Warburg para o Federal Reserve Board, onde ele reina como senhor. O próprio governo se sente algo incomodado, e o Presidente me citou o versículo "o guardião de Israel não deve dormitar nem dormir". Os judeus se apoderaram dos principais jornais e os fazem pender para o lado alemão, um após outro [13].

Mais alarmante ainda era a carta que ele dirigiu no mesmo dia a seu amigo Valentine Chirol, antigo chefe dos serviços estrangeiros do *Times*:

> Dernburg[14] e sua equipe são incansáveis, e os banqueiros judeu-alemães constituíram uma poderosa falange que trabalha para nossa perdição. Eles se apoderaram, um após outro, dos principais jornais de New York, e fui informado hoje que o *New York Times*, que era dirigido por um judeu corajoso que defendia valorosamente a causa aliada, foi praticamente comprado por Kuhn, Loeb e Cia. e Schiff, o arquijudeu e protegido especial do Kaiser. Warburg, que é estreitamente ligado a Kuhn, Loeb e Schiff, e que é irmão do famoso Warburg de Hamburgo, o associado de Ballin, é membro do Federal Reserve Board, ou melhor, *o* membro. De fato é ele que controla a política financeira da Administração, e é com ele que Paish e Blackett devem negociar. O que obviamente significa negociar com a Alemanha. Resulta disso que todos os arranjos favoreciam os bancos alemães, para grande irritação dos bancos cristãos [15].

Segundo Spring-Rice, os "bancos cristãos" haviam anteriormente feito aliança com a administração republicana do Presidente Taft, de sorte que sob a do democrata Woodrow Wilson a jogada passava naturalmente para a mão dos "bancos alemães", aliás bancos judeus. Pode-se crer que houvesse um quinhão de verdade nesta interpretação. Nem por isso é menos verdade que no correr dos anos, as obsessões do embaixador britânico iam crescendo. Em janeiro de 1917, na véspera da entrada dos Estados Unidos na guerra, se referia ele a "misteriosas relações entre a Casa Branca, a Alemanha e certos financistas judeu-alemães" [16]. Pelo fim de

---

13. *Ibid.*, p. 245.
14. Antigo ministro alemão das Colônias, encarregado em 1914 de dirigir e coordenar a propaganda alemã nos Estados Unidos.
15. *Ibid.*, p. 242-243.
16. *Ibid.*, p. 373.

1917, durante uma entrevista com o líder sionista Louis Brandeis, amigo do Presidente Wilson e fiel partidário da causa aliada, não hesitava em censurá-lo pelas intrigas revolucionárias do judaísmo internacional [17]. Pouco depois, ele foi repentinamente exonerado de seu cargo, e morreu de desgosto — o que talvez o tenha poupado de tornar-se um êmulo inglês do General Ludendorff.

Em maio de 1915, o torpedeamento do "Lusitania", um acontecimento que emocionou mais que qualquer outro, e de longe, os corações ingleses, levou a convergência da xenofobia das massas populares e do anti-semitismo *distingué* das elites. No *Times*, Valentine Chirol atribuía esse crime de guerra a Albert Ballin em pessoa [18], enquanto se desencadeava uma campanha para que Sir Ernst Cassel fosse privado de seus títulos ou até da nacionalidade britânica [19] (não haviam errado duas vezes esses dois judeus alemães por terem interferido em assuntos cristãos ao procurar impedir a guerra, e por não o terem conseguido?) Um outro artigo do *Times* assegurava que os círculos judeus de Hamburgo teriam se regozijado em especial com a perda do transatlântico [20]. Os jornais judeus de Londres criticavam amargamente o *Times* por "qualificar de alemães todos os judeus", ou "de induzir o povo, dia após dia, a identificar os judeus com os alemães" [21]. Seja lá quem tenha sido o verdadeiro responsável, tal foi com efeito a reação das massas que, em todas as grandes cidades inglesas, tomavam de assalto e saqueavam as lojas pertencentes a estrangeiros sem perguntar por suas origens. Para poder avaliar a situação cumpre ter em conta o fato de que a conscrição obrigatória só foi introduzida na Grã-Bretanha na primavera de 1916, e que no início os súditos estrangeiros enfrentavam todas as dificuldades do mundo a fim de se alistar no exército, de modo que pela força das circunstâncias eles passavam a figurar como "insubmissos". O que permitia aos grandes jornais "amarelos" tocar no teclado todas as notas das paixões desencadeadas em tempos de guerra, e foi desta forma que o *Daily Mail* de Lorde Northcliffe, sob o título de "Aliens Eating Us Out", trata-

---

17. *Ibid.*, p. 422.
18. Cf. *The Times*, 11 de maio de 1915. Valentine Chirol adotava a forma de uma "carta do leitor", na qual assegurava que a influência de Albert Ballin teria sobrepujado "a repugnância natural que persistia nos meios marítimos profissionais contra a adoção de métodos de guerra tão descarados" por parte da marinha alemã.
19. Cf. K. GRUNWALD, *Windsor-Cassel...*, *op. cit.*
20. Cf. *The Times*, 12 de maio de 1915, sob o título "Through German Eyes".
21. Cf. *The Jewish World*, 19 de maio de 1915 e *The Jewish Chronicle*, 14 de maio de 1915.

va como desertores "os jovens judeus russos que estão numa boa, vivendo do bom e do melhor de nosso país" [22].

Diversos hebdomadários iam mais longe. Em *The New Witness*, G. K. Chesterton lembrava os assassinatos rituais cometidos pelos judeus; em *The Clarion*, um certo Mr. Thompson instruía seus leitores sobre as fontes do militarismo prussiano: "Os prussianos, como os judeus, eram originários de um território exíguo, rochoso e estéril, e eles também conquistaram seu lugar ao sol praticando o banditismo. Os prussianos, como os judeus, possuem um Deus tribal cujos princípios de combate se baseiam no pavor que ele inspira" etc. Em *The National Review* o membro do Parlamento, Leo Maxse, que em 1912 fora um dos principais perseguidores de Rufus Isaacs e Herbert Samuel, levantava em março de 1917 uma acusação infinitamente mais grave, ainda que anônima; o "judeu internacional", informado da partida de Lorde Kitchener para a Rússia, teria participado isto ao alto comando alemão para que se torpedeasse o navio que transportava o herói nacional [23]. Esse judeu era amiúde atacado desta maneira (de preferência no singular e não no plural) em sua qualidade de "miserável criatura calculista, sem rei nem pátria" [24], e vê-se que na Inglaterra a guerra estimulava o ascenso de anti-semitismo de muitas maneiras na expectativa de que a Revolução de Outubro viesse a fornecer-lhe armas tanto mais eficazes. Antes de chegar a este ponto, notemos alguns fatos e algumas expressões que entre 1914 e 1918 ilustram a persistência da tradição oposta, aquela que, como escrevia o panfletário católico (de origem francesa) Hilaire Belloc, levava a considerar os judeus como "os heróis de uma epopéia, os altares de uma religião": uma atitude, acrescentava ele, que persistia sobretudo em determinados britânicos das províncias, alimentados pelo Velho Testamento [25].

A história da Declaração Balfour fornece algumas luzes notáveis sobre esse estado de espírito. O primeiro ministro da época, o "feiticeiro galês" David Lloyd George, político cínico que era, assegurava que a conquista da Palestina pelos ingleses era para ele "a única coisa verdadeiramente apaixonante na guerra". É que se tratava, dizia ele, de lugares e de nomes que lhe eram mais familiares que os do *front* do Oeste ou os de sua terra natal: "Na minha juventude ensinaram-me a história dos judeus bem melhor que do meu próprio povo" [26]. De fato, Lloyd George fora educado por um

---

22. Cf. *The Jewish Chronicle*, 11 de maio de 1917, "A Mischievous Article".
23. Cf. *The Jewish World*, 3 de maio de 1916, 1.º de dezembro de 1915 e *The Jewish Chronicle*, 16 de março de 1917.
24. Cf. *The Jewish World*, 22 de setembro de 1915, citando (sob o título "The 'International' Jew") um artigo do *The Globe*.
25. Ver H. BELLOC, *The Jews*, Londres, 1922, p. 221.
26. Cf. RENÉE NEHER-BERNHEIM, *La déclaration Balfour*, col. Archives, Paris, 1969, pp. 242, 219, 218.

tio, pastor batista; e imagens bíblicas coloridas surgiam aos borbotões de sua pena quando em 1938, justificando sua atitude do passado, descrevia a conquista da Palestina:

> Em 1915-1916, a Grã-Bretanha acumulara numerosas tropas para proteger o Canal de Suez, ameaçado pelos turcos. No início, elas se arrastavam lentamente e sem meta aparente através do deserto, em direção ao país dos filisteus. Mas em 1917 a atenção dos guerreiros foi atraída pelas montanhas da Judéia, que surgiam no horizonte. O zelo dos Cruzados se reanimava em suas almas. A redenção da Palestina tornou-se a coluna de fogo que os guiava. Os acordos Sykes-Picot pereceram neste fogo. Não valia a pena combater por Canaã a fim de condená-lo à sorte de Agag e retalhá-lo em pedaços ante o Senhor. A Palestina reconquistada devia permanecer una e indivisível, e reencontrar sua grandeza como uma entidade viva.
>
> O outro fator de uma mudança espetacular foi a decisão de entender-se com os judeus, que reclamavam o país de Canaã para aí refazer o lar de sua raça. Há mais irlandeses vivendo no estrangeiro que na sua ilha; no entanto, a Irlanda permanece a pátria do povo irlandês. Ninguém imaginava que os quatorze milhões de judeus dispersos pelo mundo encontrariam lugar na Palestina; não obstante, esta raça errante procurava um lar nacional e um refúgio para os filhos perseguidos de Israel, na região que o esplendor de seu gênio nacional tornou gloriosa para sempre...[27]

O que em Lloyd George era talvez apenas uma exaltação retórica constituía uma convicção profunda no artistocrata escocês James Arthur Balfour. Pelo testemunho de sua sobrinha (que foi sua primeira biógrafa),

> durante toda sua vida não cessou de interessar-se pelos judeus e sua história: este interesse era devido à sua familiaridade com o Velho Testamento, no qual fora iniciado por sua mãe, e à sua educação escocesa (...)
>
> O problema dos judeus no mundo moderno parecia-lhe de uma importância imensa. Gostava de discutir sobre isso, e desde minha infância ele me inculcou a idéia de que a religião e a civilização cristãs haviam contraído com o judaísmo uma dívida única em seu gênero, vergonhosamente mal reembolsada. Em 1902, seu interesse foi estimulado pela recusa dos judeus sionistas de aceitar um território na África do Leste, que seus dirigentes lhes ofertaram por intermédio de Mr. Chamberlain, secretário das Colônias...[28]

Um biógrafo mais recente resumiu essa atitude ao escrever que "para Balfour, a questão judaica não era nem um problema político entre outros, nem sequer um interesse especial: era uma faceta do seu caráter"[29]. Algumas de suas expressões destoavam estranhamente do clima mental da sua época, antecipando o da era pós-hitleriana. Assim, por exemplo, este discurso pronunciado na Câmara dos Lordes em 1922:

---

27. Cf. LLOYD GEORGE, *The Truth about the Peace Treaties*, Londres, 1938, vol. II, pp. 1115-1116.
28. Cf. BLANCHE DUGDALE, *Arthur James Balfour*, Londres, 1936, vol. I, p. 436.
29. Cf. KENNETH YOUNG, *Arthur James Balfour, The Happy Life of the Politician, Statesman and Philosopher*, Londres, 1963, p. 258.

Pensai como os judeus foram tratados ao longo dos séculos, durante séculos que em certas partes do mundo se estendem até a hora e o instante em que vos falo. Pensai como foram tiranizados e perseguidos; dizei que toda a cultura européia, toda a organização religiosa da Europa se tornaram culpados de tempo em tempo de grandes crimes contra essa raça. Eu não ignoro que alguns de seus membros puderam fornecer, e sem dúvida forneceram, muitas ocasiões para despertar má vontade. Não vejo como poderia ser diferente; mas se vós insistis nisso, não esquecei o papel que eles desempenharam nos domínios intelectual, artístico, filosófico e científico. Nada direi sobre o aspecto econômico de suas atividades, pois a atenção cristã se tem concentrado o tempo todo neste aspecto aí.

Tratando a seguir da contribuição dos judeus à filosofia e às ciências, Balfour enumerava os autores das três grandes teorias que dominavam o pensamento de sua época: seus amigos pessoais Bergson e Freud, assim como "Mr. Einstein, um gênio matemático e científico de primeira ordem que é igualmente um judeu" [30].

E no entanto, até o próprio Lorde Balfour chegou a insurgir-se contra uma certa invasão judia, como o testemunha uma carta de uma ironia toda proustiana que dirigiu a Lady Elcho, sua amante:

Em Brighton, na casa dos Sassoon, encontrei Roseberry, Devonshire e H. Farquhar. Descobrimos para nossa profunda indignação que havíamos sido convidados sob um falso pretexto. O príncipe [de Gales] inaugurara um hospital pela manhã e ficou com os Ruben Sassoon até segunda-feira! Nas duas noites, tivemos de assistir a um jantar demorado, quente e pomposo, povoado pelas senhoritas Sassoon... Creio que os hebreus efetivamente constituíam a maioria — embora eu não tenha contra a raça nenhum preconceito (muito ao contrário), comecei a entender o ponto de vista daqueles que se opõem à imigração dos estrangeiros! [31]

Outros ilustres ingleses foram muito além no que diziam ou faziam a este a respeito, o que leva a pensar numa observação venenosa de Belloc, segundo o qual dois cristãos, depois de terem-se despedido de um judeu, quase que inevitavelmente se derramam em palavras maldosas a propósito deste [32]. Foi desta maneira que o estadista Herbert Asquith, anti-sionista que era, tratava os sionistas, com muita antecipação, de "racistas" e fazia ironia sobre a "atraente comunidade" que os judeus iriam constituir na Palestina (1915) [33]. Lorde Robert Cecil, a quem Weizmann convertera ao sionismo, escrevia que o entusiasmo contagiante deste judeu "levava esquecer seu físico antes repelente e até sórdido" (1916) [34]. Pode-se citar também a gafe quase histórica cometida por Joseph Chamberlain (o homem que ofereceu um território na África à Organização Sionista), quando declarou ao ministro italiano dos Ne-

---

30. Discurso de 21 de junho de 1922; cf. *Opinions and Arguments from Speeches and Adresses of the Earl of Balfour*, Londres, 1927, pp. 245-254.
31. Citado por K. YOUNG, *op. cit.*, p. 139 (esta carta deve datar aproximadamente de 1900).
32. Cf. BELLOC, *The Jews, op. cit.*, p. 127.
33. Cf. *Memories and Reflections*, Londres, 1928, vol. II, p. 59.
34. Nota para o Foreign Office; cf. *The Letters and Papers of Chaim Weizmann*, Londres, 1975, vol. VII, p. 232.

gócios Estrangeiros Sonnino, filho de judeu, que desprezava apenas uma única raça, a dos judeus: "Eles são todos frouxos, fisicamente" [35]. O homem-chave da política britânica no Oriente Próximo, Sir Mark Sykes, pensava e falava pior a respeito, comprazendo-se nas caricaturas clássicas, até que pega fogo e se entusiasma calorosamente com o projeto sionista. Eis como este católico ardente descrevia o projeto às autoridades pontifícias:

> O principal objetivo do sionismo é criar uma comunidade judia autônoma que não somente desenvolveria o respeito dos judeus para consigo mesmos, mas que demonstraria aos povos do mundo inteiro que os judeus são capazes de criar uma população agrária simples e virtuosa; o que, graças a estes dois resultados cortaria de vez a raiz das dificuldades que causaram tantas desgraças no passado [36].

O ódio de Sykes concentrou-se doravante nos "anti-sionistas semíticos" dos quais suspeitava que trabalhassem como um só homem a favor da Alemanha. Se, como é o caso às vezes, seu anti-semitismo original foi uma das molas de seus entusiasmos sionistas, o lugar que a partir daí consignava aos judeus era excepcional, sobretudo para um católico. Não ia a ponto de escrever a um lugar-tenente de Weizmann:

> Vossa causa é de uma perenidade que desafia os tempos. Quando todas as questões temporais que preocupam nosso mundo estiverem tão mortas e esquecidas quanto os reis perfumados e anelados da Babilônia que conduziram Vossos ancestrais ao cativeiro, haverá ainda judeus, e enquanto houver judeus o sionismo deve existir [37].

Vê-se que as flechas disparadas por Hilaire Belloc aos seus compatriotas às vezes visavam o alvo justo.

É óbvio que a Declaração Balfour, qualquer que pudesse ter sido seu plano de fundo sentimental, foi acima de tudo ditado pelo interesse nacional, e mais especificamente pela esperança de atrair os judeus americanos e russos à causa aliada. A história não justificou este cálculo pela simples razão de que na data de sua promulgação, 9 de novembro de 1917 (data retardada em várias semanas pela oposição obstinada de Edwin Montagu, único ministro judeu do gabinete de Lloyd George) os Estados Unidos já haviam entrado na guerra, enquanto que em Petrogrado o golpe de Estado de Lenin ratificava a defecção russa. Nem por isso Lloyd George deixa de assegurar que os judeus doravante se empenhariam em

---

35. Cf. HENRI WICKHAM STEED, *Through Thirty Years*, op. cit., vol. I, p. 163.
36. Cf. LEONARD STEIN, *The Balfour Declaration*, 1961, pp. 275-276.
37. *Ibid.*, p. 281 (carta de 27 de maio de 1918 a Nahum Sokolov).

sabotar as entregas do trigo ucraniano aos alemães [83], e cabe ressaltar também a reflexão de um alto funcionário britânico: "Que pena que nossa Declaração não tenha sido promulgada quatro meses mais cedo. Tudo teria sido diferente na Rússia". Um outro especialista assegurava que, "se a Declaração tivesse sido publicada antes, o curso da Revolução talvez fosse afetado" [39].

Por gratuitos que tenham sido, estes reparos falam alto do poder atribuído na época aos judeus; um poder maléfico desde o primeiro dia, a crer em Robert Wilton, o correspondente russo do *Times*. Logo após a abdicação de Nicolau II esse jornalista descrevia o estado de espírito das tropas como se suas palavras lhe fossem ditadas, por assim dizer, pelos generais anti-semitas russos. Com efeito, a moral destas estaria acima de todo elogio, e até um batalhão letão ter-se-ia comprometido em Riga a permanecer fiel à bandeira russa até a morte: a conduta dos judeus era a única sombra lançada no quadro:

> ... As notícias de Iurieff (Dorpat) são menos satisfatórias. Os estudantes judeus formaram sua própria milícia na universidade e desacatam a autoridade da milícia local e do Governo Provisório. Sob a influência da anarquia daí resultante, bens foram destruídos e o sangue correu.
> Lamento ter que declarar que os judeus não se conduzem bem. Eles se tornaram livres cidadãos russos, mas não manifestam o senso de responsabilidade que corresponde a sua nova posição.

E assim é que desde a primavera de 1917 o *Times* se constituiu em um relé entre os "Cem Negros" e as elites britânicas. Dois anos mais tarde Robert Wilton irá superar-se ao anunciar que um monumento a Judas Iscariotes fora inaugurado em Moscou pelos bolcheviques [40]. O *Morning Post*, decano dos jornais ingleses, se especializava de sua parte na agitação contra os ministros ou os altos funcionários judeus na própria Grã-Bretanha, enquanto seu correspondente russo, Victor Marsden, fazia a seguir tanto e mais que Robert Wilton, invocando suas provações pessoais:

> Quando assediamos Mr. Marsden com perguntas, indagando dele quais eram os autores das perseguições das quais ele fora objeto e os destruidores da Rússia, ele respondia com duas palavras: "Os judeus". Quando nós lhe pedimos para dar provas que justificassem suas afirmações, respondia que os judeus haviam sido seus carcereiros e algozes, que eles se encontravam à testa de toda a organização de terror, da qual ele tanto sofrera; ele sabia pelo que ele próprio havia passado. Como fato de prova evidente, tinha o que seus olhos haviam visto. Além disso, possuía um documento: *Os Protocolos* [41].

---

38. Cf. *The Truth about the Peace Treaties*, pp. 1139-1140.
39. Cf. DUGDALE, *Balfour, op. cit.*, t. II, p. 234; o nome do funcionário não é mencionado.
40. Cf. ROBERT WILTON, *The Last Days of the Romanovs*, Londres, 1920, p. 148.
41. Cf. a tradução francesa em NETCHVOLODOV, *L'Empereur Nicolas II et les Juifs, op cit.*, p. 258, referindo-se ao *The Morning Post* de 24 e 26 de outubro de 1921.

Sem dúvida, os dois veneráveis órgãos dos conservadores não eram os únicos a ter tal ponto de vista na Grã-Bretanha. Lembremo-nos que o "ano conturbado" de 1917 foi também o das sondagens e das negociações indiretas entre os beligerantes bem como o de uma agitação em favor de uma paz "sem anexações nem indenizações" ou ainda "sem vencedores nem vencidos", que não se limitava, longe disso, apenas à Rússia. Neste domínio, os capitalistas judeus parecem ter efetivamente alimentado, em conjunto com os socialistas judeus, ainda que por motivos bem mais prosaicos, um certo antibelicismo de princípio (fiéis à antiga tradição familial [42], os próprios Rothschild haviam tentado debalde, *in extremis*, salvar a paz [43] nos últimos dias de julho 1914). Nestas condições, as campanhas dos "até-o-fim" comportavam logicamente, em numerosos casos, uma ponta anti-semita, e o *Evening Standard* insistiu no seu direito de difamar como judeu Lev Bronstein aliás Trotski, isentando, porém, deste predicado, devido a seus méritos o general australiano John Monash ou o sindicalista americano Samuel Gompers [44] (reatando, assim, a despeito de si, com erros que remontam ao *Evangelho Segundo S. João*).

É evidente que o comunicado publicado em julho de 1917 pelo governo Kerenski [45] foi reproduzido e abundantemente comentado pelo conjunto da imprensa inglesa. Observemos, logo em seguida, que a judaicidade dos dirigentes bolcheviques era correntemente admitida por autores ou informantes de modo algum hostis aos judeus (como, por exemplo, E. H. Wilcox, correspondente do *Daily Telegraph* na Rússia) [46]. Sem dúvida era necessário ser um simpatizante para ver os novos senhores da Rússia por outro prisma e assegurar por exemplo, como o fez H. G. Wells no retorno de sua viagem de 1920, que "muitos dos bolcheviques dos mais interessantes" que ele encontrara eram "nórdicos loiros" [47]. Para o *Times* de

---

42. Cf. a propósito desta tradição o tomo precedente, *De Voltaire a Wagner*, pp. 291-292.
43. Este episódio foi relatado com indignação por Wickham Steed, em suas memórias: "O chefe de uma das principais casas financeiras da City" teria convocado o redator de finanças do *Times*, ter-lhe-ia mostrado uma carta que acabava de dirigir ao "chefe da casa parisiense de sua família", e teria exigido que o jornal adotasse uma linha mais pacífica, cf. *Through Thirty Years*, op. cit., vol. II, pp. 8-9. É característico que, escrevendo em 1924, Steed não ousasse citar nominalmente os Rothschild; ver porém a respeito deste assunto *The History of The Times*, Londres, 1952, vol. IV/1, p. 208.
44. Cf. o artigo "The Jew", *The Jewish Chronicle*, 27 de setembro de 1918, p. 6.
45. Ver atrás, p. 169.
46. Cf. E. H. WILCOX, *Russia's Ruin*, Londres, 1919, pp. 246-247. "Lenin... is almost the only prominent Bolshevik leader who is not a Jew". Aliás, Wilcox criticava a propaganda aliada que consistia em denunciar os bolcheviques como agentes alemães e/ou judeus, sem entender que se tratava de adeptos convictos do socialismo marxista.
47. Cf. "The Quintessence of Bolshevism", o terceiro artigo publicado por WELLS no *The New York Times*, após sua viagem.

11 de setembro de 1917, não somente os chefes mas também as tropas pertenciam na sua maioria ao povo de Moisés:

... o Soviete de Petrogrado é um organismo que só é acreditado junto a si mesmo, composto de idealistas, teóricos e anarquistas... na maioria das vezes típicos judeus internacionais, sem contar, quase nunca, com nenhum operário ou soldado; alguns deles são conhecidos por estarem a soldo dos alemães...

Muito mais pérfidos eram os conselhos que, em outubro de 1917, G. K. Chesterton prodigalizava aos judeus britânicos:

Gostaria de acrescentar uma palavra a respeito dos judeus... Se eles continuam a se expandir em palavras estúpidas sobre o pacifismo, incitando os espíritos contra os soldados e suas mulheres ou viúvas, aprenderão pela primeira vez o que a palavra anti-semitismo significa. Em resumo, iremos tolerar seu erro, mas certamente não toleraremos que eles prevaleçam. Se tentarem educar Londres como já tentaram educar Petrogrado, irão despertar algo que os confundirá e os aterrorizará infinitamente mais que uma simples guerra.

À guisa de conclusão a estas palavras ameaçadoras (ou, se assim se prefere, a esta profecia que acabou por se realizar por si mesma), o ilustre ensaísta recomendava aos judeus que não mais se imiscuíssem em assuntos cristãos:

Que eles digam o que têm a dizer em nome de Israel, e nós poderemos aperceber-nos do que há de trágico e até mesmo simpático em sua situação excepcional. Mas se eles ousam dizer uma só palavra em nome da humanidade, irão perder seu último amigo [48].

No *Jewish Chronicle* de 9 de novembro, ao lado da Declaração Balfour (isto é, da célebre carta endereçada a Lorde Walter Rothschild), um rabino se queixava dos "jornais reacionários que todos os dias cobrem os fiéis da religião judia de ultrajes que teriam sido impossíveis em tempos normais" [49]. Na mesma data, sob o título "A Revolução foi feita na Alemanha", o *Morning Post* expunha sua interpretação dos acontecimentos históricos que acabavam de acontecer na Rússia:

... Desde o início, a influência alemã no Soviete estava apenas disfarçada. Faz algum tempo, publicamos uma lista daqueles membros deste notável Conselho que julgaram útil mudar de nome, e o seu número era considerável. Estes conspiradores evidentemente eram judeus russos de origem alemã, e receamos que agora se diga que os judeus russos traíram a Rússia. Antigamente se dizia que os judeus espanhóis foram expulsos da Espanha porque haviam aberto as portas aos mouros; na verdade seria uma desgraça para os judeus do mundo inteiro se doravante se pudesse dizer que os judeus russos abriram as portas da Rússia aos alemães.

48. Cito do *The Jewish Chronicle* de 2 de novembro de 1917. Deve tratar-se de um artigo publicado por Chesterton no *The New Witness*.
49. Cf. STEIN, *op. cit.*, p. 562.

Três dias mais tarde, Victor Marsden fornecia detalhes:

> Os extremistas, dirigidos por personagens de duplo nome, de origem germano-judaica, que se fazem passar por russos, Lenin-Ulianov-Zederblum, Trotski-Bronstein e outros da mesma laia, se apoderaram de Petrogrado inteira e proclamaram seu próprio governo. Na maioria, os ministros pararam de trabalhar... A imprensa está ativa e publica numerosas proclamações que denunciam o governo judaico (...). A segunda etapa do grande jogo que aqui se joga é a derrubada do governo judeu, seguido provavelmente de uma nova tentativa da tarefa ingrata que consiste em "salvar a revolução", tentativa que sem dúvida terá como palco Moscou...

Tais escritos não deixam de ter efeitos, ainda que os grandes jornais populares escolhessem de preferência por objetivo os judeus (ou os "estrangeiros") da própria Londres, numa época em que os *raids* dos zeppelins alemães começavam a semear um certo pânico na Capital. Aos judeus acusava-se especialmente de superlotar os lugares de refúgio, Maidenhead, Reading ou Brighton, enquanto panfletos anônimos e até assinados insinuavam que eles guiavam as incursões inimigas [50]. Uma volumosa brochura intitulada *A Inglaterra sob a Bota do Judeu* os acusava "de comer o pão inglês, de apoderar-se do comércio inglês e de poluir a vida inglesa seguindo ordens dos agentes [do Kaiser] Bronstein-Trotski e Zederblum-Lenin, que acabavam de trair a Rússia e a Romênia" [51].

Por volta do fim de julho de 1918, o jornal *The Herald* resumia os resultados desta agitação sob o título "Perseguição dos Judeus":

> Nossa atenção foi atraída para o terrorismo praticado contra os judeus e os estrangeiros em certos bairros de Londres. Somos informados que todos os gêneros de vil perseguições são exercidos: homens portadores de barba são insultados na rua, puxando-se-lhes a barba; os comerciantes são obrigados a submeter-se a uma verdadeira chantagem organizada. No Hyde Park, um soldado judeu de nacionalidade britânica, ferido e gaseado em combate pela Grã-Bretanha, foi agredido por ter feito uma observação favorável a Mr. Asquith. Estas manifestações podem ser relacionadas diretamente com a livre distribuição de incitações que a polícia permite circular, e aos venenosos ataques contra os estrangeiros publicados pela Imprensa Amarela [52].

Segundo Hilaire Belloc, cujos pontos de vista freqüentemente merecem ser ouvidos, é da revolução russa que datava na Grã-Bretanha o anti-semitismo franco e aberto.

---

50. Cf. *The Jewish Chronicle* ou *The Jewish World* para os anos 1917 e 1918, *passim*.

51. *England under the Heel of the Jew, A Tale of Two Books*, Londres, 1918, p. 61. É digno de nota que o primeiro desses dois livros consistia unicamente em citações extraídas de *Die Juden und das Wirtschaftsleben* de WERNER SOMBART.

52. Cf. *The Jewish World*, 13 de julho de 1918, p. 6.

O bolchevismo [escrevia ele em 1922] pôs a questão judaica com uma tal violência e uma tal insistência, que ela não podia ser mais negada nem pelo mais cego fanático nem pelo mais descarado mentiroso (...). Pois o movimento bolchevista, ou melhor a explosão bolchevista, eram judeus (...). A ameaça para as tradições nacionais e para a ética cristã da propriedade era imediata [53].

E Belloc escrevia mais adiante que antes de 1917, o mundo dos negócios especialmente só via os judeus como financistas, e que o anti-semitismo lhe parecia como um perigo para a ordem estabelecida, mas que logo após a "explosão bolchevista", estes círculos e a opinião toda inteira, ficaram apavorados com os judeus revolucionários. "As minorias dirigentes do capitalismo ocidental, que até então guardavam silêncio pelas razões que acabo de assinalar sobre a questão judaica, retomaram o uso da palavra; tinham liberdade de dizer o que traziam no coração, e começaram a dizê-lo... dando nome aos bois" [54]. Mais adiante ainda, Belloc predizia que "a questão anti-semita" implicava no risco de colocar problemas mais árduos que "a questão judaica" [55].

Criticando por outro lado os judeus que dissimulavam suas origens, enumerava os prejuízos que as práticas equívocas deste gênero infligiam à sua própria causa: "Além do mais, esse procedimento leva as pessoas a atribuir um caráter judeu a tudo que lhes desagrada... um movimento estrangeiro dirigido contra a nação, um homem público impopular, uma doutrina detestada são tachados de judeu" [56]. A respeito deste ponto ao menos, os jornais judeus da época faziam observação idêntica. "[As campanhas anti-semitas do *Evening Standard*] são ditadas de um lado pelo desejo de lisonjear os preconceitos supersticiosos de certos leitores, e de outro, pela intenção de desacreditar perturbações lamentáveis designando-as como judias" (*The Jewish Chronicle*, 14 de fevereiro de 1919); "o *Times* opina que não há melhor meio para excitar a indignação do público contra o bolchevismo do que qualificando-o de judeu" (*idem*, 21 de novembro de 1919). Mas na realidade, em 1919, as coisas já haviam ultrapassado esse estágio: escapando, ao menos em parte, das mãos dos diretores de jornais, a orquestração anti-semita resvalava entre as mãos dos serviços de informações e da guerra psicológica, e transformava-se desta maneira num assunto de Estado.

De fato, o sucesso da revolução comunista criara uma situação pejada de ameaças. Havia, para todos os efeitos, o reforço iminente das tropas alemãs no Oeste, e os coices de Ludendorff não tardariam a vir. Mas do ponto de vista dos dirigentes do Império Britânico, um perigo ainda mais premente ameaçava suas possessões

---

53. Cf. H. BELLOC, *The Jews, op. cit.*, pp. 46, 55 e 57.
54. *Ibid.*, p. 64, "The Cat... is out of the Bag".
55. *Ibid.*, p. 146.
56. *Ibid.*, pp. 99-107, "The Jewish Reliance upon Secrecy".

mundiais, em primeiro lugar a da Índia. Já em 3 de dezembro de 1917, Lenin e Stalin tinham lançado seu manifesto aos povos orientais, e mais especialmente aos da Índia, exortando-os a sublevar-se contra os "bandidos e escravagistas" europeus. As autoridades britânicas empenharam-se por todos os meios em impedir a difusão desse texto explosivo [57]. O próprio Winston Churchill admitiu em seguida que, nesta conjuntura, era oportuno realizar uma paz de compromisso com a Alemanha e a Turquia [58]. No verão de 1918 se pensava muito seriamente, no grande Estado-Maior imperial, que a maior parte da Ásia devia tornar-se, com o tempo, uma colônia alemã, salvo se houvesse a reconstituição de uma "Rússia democrática" independente [53]. Enfim — e sobretudo — havia a "ameaça para as tradições nacionais e para a ética cristã da propriedade", como se exprimia Belloc, uma ameaça que o adido militar na Rússia, o General Knox, descrevia mais simplesmente nestes termos: "Distribuir hoje as terras na Rússia, significa que daqui a dois anos teremos de distribuí-las na Inglaterra" [60].

Por conseguinte, a derrubada da ditadura do proletariado em Moscou convertia-se num objetivo tão primordial quanto a derrota dos Impérios Centrais, e indissociável desta. Londres pôs-se então à testa da cruzada antibolchevista [61]. Naturalmente, os militares ou agentes britânicos procuraram apoiar-se nos seus antigos irmãos de armas russos, mobilizá-los a serviço da causa comum, e não menos naturalmente, deixaram se influenciar pelas concepções e métodos destes. No verão de 1918, as forças britânicas desembarcadas no Norte da Rússia distribuíam por avião, à população, folhetos anti-semitas; este procedimento foi logo interditado [62]. Mas a visão que do regime comunista tinha o Reverendo B. S. Lombard, capelão da Marinha britânica na Rússia, foi integrada a um relatório oficial, logo publicado dos dois lados do Atlântico [63]; e

57. Cf. RICHARD H. ULLMANN, *Anglo-Soviet Relations (1917-1921)*, Princeton, 1961, vol. I, pp. 28-29 (Londres interveio especificamente em Washington, para impedir a difusão do manifesto).
58. Cf. W. CHURCHILL, *The World Crisis, 1916-1918*, Londres, 1927.
59. Cf. ULLMANN, *op. cit.*, pp. 304-305, citando um relatório do General Henry Wilson, G.I.G.S. de 25 de agosto de 1918, bem como um do General H. W. Studd de 25 de março de 1918.
60. Essas palavras foram proferidas numa reunião dos agentes ingleses e americanos em Moscou; cf. ROBERT D. WARTH, *The Allies and the Russian Revolution*, Durham N. C., 1954, p. 148.
61. Cf. ULLMANN, *op. cit.*, p. VII (e também vol. II, Princeton, 1968, p. VII).
62. Cf. LUCIEN WOLF, *The Myth of the Jewish Menace in World Affaires*, New York, 1921, p. 37.
63. *Bolshevism in Russia, A Collection of Reports presented to the Parliament of Great Britain by Command of His Majesty...* Cito de acordo com a edição datada, Canadá, 29 de abril de 1919.

esse depoimento de um sacerdote, testemunha ocular, falava tanto da "nacionalização das mulheres", instituída pelo novo regime assim como de sua essência judio-alemã:

> [O bolchevismo] é um produto da propaganda alemã, e é dirigido pelos judeus internacionais. Os alemães provocaram tumultos, a fim de semear o caos na Rússia (...). O comércio ficou paralisado, as lojas foram fechadas, os judeus tomaram posse da maior parte das empresas, e horríveis cenas de fome tornaram-se quotidianas (...). Por ocasião da minha partida, em outubro [1918], a nacionalização das propriedades rurais era considerada um fato consumado.

Segundo um sensacional artigo do *Chicago Tribune* (19 de junho de 1920), ao qual voltaremos, os serviços secretos da *Entente* alertavam seus governos desde o verão de 1918 a cerca de um movimento revolucionário "sem ser o bolchevismo", e que puxava os cordões deste último, com a finalidade de assegurar "a dominação racial" dos judeus sobre o mundo; Trotski teria sido o chefe supremo desta conspiração [64]. Um historiador judeu prudente e sério, Lucien Wolf, registrava em 1921 um rumor segundo o qual os *Protocolos dos Sábios de Sião* teriam sido traduzidos e publicados na Grã-Bretanha graças aos cuidados do Intelligence Department do Ministério da Guerra [65]. O fato é que lhes coube o privilégio de serem impressos pelos "impressores oficiais de sua Majestade", "Eyre & Spottiswoode". Lembremo-nos que o texto redigido nos antros da polícia política russa, e de que sua primeira edição fora publicada sob a cobertura da guarda imperial [66]. O Intelligence Service parecia portanto tomar o lugar da Okhrana, cercando-se também ela de um semblante de augusta precaução. Sem dúvida jamais se chegará a saber até os seus últimos detalhes a extensão dessas maquinações: seus autores sabiam enterrar os seus segredos.

A capitulação da Alemanha não mudou, de início, grande coisa nesta situação, e até pareceu tornar mais premente a ameaça de uma derrubada da ordem estabelecida em toda a Europa, porquanto manifestações revolucionárias e motins ocorreram não só entre os vencidos, mas também na Suíça, na França e na própria Grã-Bretanha, especificamente em Belfast e em Glasgow, ao passo que, fato até então inaudito, em Calais produziu-se um amotinamento de soldados ingleses. Nessa conjuntura, duas políticas se

---

64. Artigo de primeira página de JOHN CLAYTON, intitulado: "Trotsky Leads Jew-Radicals to World Rule, Bolshevism only a Tool for His Scheme". Cf. N. COHN, *Warrant for Genocide*..., Londres, 1967, p. 156.

65. L. WOLF, *op. cit.*, p. 2.

66. Cf. NORMAN COHN, *Histoire d'un mythe*..., *op. cit.*, pp. 70, 154.

opuseram: à "linha dura" preconizada por Winston Churchill (Ministro da Guerra) e por Lorde Northcliffe (proprietário do *Daily Mail* e do *Times*) e que era também a da França, fazia face as tendências conciliatórias do Presidente Wilson e de Lloyd George. Na Conferência de Paris, no começo de 1919, os dois estadistas cogitaram reconhecer o regime bolchevista, após uma conferência prévia que devia ser realizada nas Ilhas Prinkipo, e para a qual seriam convidados tantos os russos brancos quanto os vermelhos. A idéia fora inspirada, trovejava o *Times*, "pelos grandes financistas judeus de New York, que desde há muito se interessam por Trotski", e "faria feder o nome britânico nas narinas de todos os patriotas russos" [67]. O General Knox telegrafava da Sibéria expressando seu horror de ver "os bolcheviques cobertos de sangue e dirigidos pelos judeus *(blood-stained, Jew-led Bolsheviks)*, postos no mesmo pé que os homens corajosos que aqui defendem a civilização" [68]. Wickham Steed, o redator-chefe do *Times*, descreveu em suas memórias como, na época, torpedeara o projeto:

> Na tarde do 22 de março, um amigo americano revelou-me por inadvertência que o projeto Prinkipo, sob uma forma ou outra, estava de novo no ar. A noite, eu escrevia a Lorde Northcliffe:
> "Os americanos falam novamente do reconhecimento dos bolcheviques. Se eles querem destruir todos os fundamentos morais da paz e da Sociedade das Nações, é só fazê-lo."
> E no *Daily Mail* de Paris, eu me opunha vigorosamente a qualquer projeto de reconhecer "os desperados cuja meta confessada é derrubar todos os fundamentos da civilização ocidental".
> No mesmo dia, o Coronel House [confidente de Wilson] pediu-me que lhe fizesse uma visita. Eu o encontrei preocupado com minhas críticas (...). Mostrei-lhe que não somente Wilson ficaria radicalmente desacreditado, mas que a Sociedade das Nações capotaria, pois todos os pequenos e alguns dos grandes povos europeus seriam incapazes de resistir aos bolcheviques se esses fossem reconhecidos pelo Presidente Wilson. Insisti no fato, ignorado por ele, de que os promotores do projeto eram Jacob Schiff, Warburg e outros capitalistas internacionais, que se empenhavam sobretudo em consolidar os bolcheviques judeus a fim de abrir um campo de ação para a exploração germano-judia da Rússia [69].

São estas palavras e estes escritos que teriam levado a mudar de opinião os dois estadistas anglo-saxões [70]. Pode-se acrescentar que Wickham Steed e Lorde Northcliffe tinham cada um as suas razões para condenar o reconhecimento dos bolcheviques: Steed parece ter acreditado no que escrevia e dizia sobre as ligações

67. Cf. ULLMANN, *op. cit.*, vol. II, p. 306, citando *The Times* de 10 de novembro de 1919.
68. *Ibid.*, pp. 114-115, citando um telegrama de Knox datado de 29 de janeiro de 1919.
69. WICKHAM STEED, *Through Thirty Years, op. cit.*, vol. II, pp. 301-307.
70. *Ibid.*
71. Cf. as considerações desenvolvidas por Steed em sua conclusão geral, vol. II, pp. 380 e ss. No que concernia aos judeus, ele fazia uma exceção para os sionistas.

entre comunismo, judaísmo e germanismo [71], enquanto que o "Napoleão da Fleet Street" perseguia Lloyd George com um ódio maníaco [72]. Outros adversários censuravam neste tempo o "bruxo galês" por acanalhar-se com os judeus, por receber o Presidente Millerand na residência estival dos Sassoon, por cercar-se dos conselhos de Alfred Mond (o futuro Lorde Melchett). De uma maneira geral, este confrontamento correspondia, no plano interno da Inglaterra, à divisão entre "direita" e "esquerda", e a opinião pública e a imprensa judias pendiam naturalmente para o segundo campo. As polêmicas que se seguiram nos ensinam incidentalmente que os anti-semitas ingleses continuavam a respeitar certos limites. Atacando o *Jewish World* por causa de sua indulgência para com o comunismo, o *Morning Post* exigia dos judeus britânicos que deles se distanciassem publicamente, e várias personalidades, notadamente o General Monash e Lionel de Rothschild cederam, condenando sem reserva tanto o comunismo quanto o sionismo.

Durante todo o ano de 1919, a questão dos judeus estrangeiros continuou a ser discutida na Grã-Bretanha, sob o nome convencionado de *alien question*, mas é a grande política, isto é, as relações com a Alemanha e sobretudo com a Rússia soviética que dominava o problema. É extremamente característico o fato de ter sido um dos melhores amigos dos judeus no mundo político, a saber, Winston Churchill que, na qualidade de partidário irredutível da "intervenção", o primeiro a proferir, na Câmara dos Comuns, palavras ambíguas ou até ameaçadoras.

No dia 5 de novembro de 1919, a Câmara teve que debater a questão dos créditos militares, em especial daqueles que diziam respeito à ajuda em material aos diversos exércitos brancos. A discussão mostrou que a opinião estava dividida: se não havia nenhum parlamentar inclinado a prestar à causa de Moscou um apoio incondicional, muitos tendiam já a rejeitar lado a lado os dois campos russos em questão. Competia a Churchill a conclusão final, e ele não hesitou em justificar a cruzada antibolchevista evocando em sua peroração o velho espectro de Lenin, agente dos alemães:

> Lenin foi enviado à Rússia pelos alemães da mesma maneira como podeis enviar um frasco contendo uma cultura de tifo ou de cólera para despejar nos reservatórios de água de uma grande cidade, e o efeito foi de uma precisão espantosa. Logo após a sua chegada, Lenin começou a fazer sinal com o dedo aqui e acolá para obscuras personagens nos seus esconderijos de New York, de Glasgow, de Berna e em outros países, e reuniu os espíritos dirigentes de uma seita formidável, a mais formidável do mundo, da qual era o sumo-sacerdote e o chefe. Rodeado desses espíritos, se pôs a retalhar em pedaços, com uma habilidade diabólica, todas as instituições das quais dependiam o Estado e a nação russos. A Rússia jazia na poeira... [73]

72. Cf. *The History of The Times, op. cit.,* passim, e especialmente as pp. 678-679.
73. *Official Report, Parliamentary Debates: House of Commons,* col. 1633, 5 de novembro de 1919.

Mas afinal o que era essa seita, e quem eram esses espíritos? Dois meses mais tarde, Churchill pareceu precisar este ponto, por ocasião de um discurso em que investia contra os derrotistas, pacifistas e socialistas ingleses: "...Eles querem destruir todas as crenças religiosas que consolam e inspiram as almas humanas. Eles acreditam no Soviete Internacional dos judeus russos e poloneses. Nós continuamos a ter confiança no Império Britânico..." [74] Cabe admitir que seus amigos judeus ou judio-aristocráticos o tenham pressionado a explicar melhor ainda sua idéia; em todo caso, em 8 de fevereiro de 1920 publicava um grande artigo no qual dividia os judeus em três categorias: aqueles que se conduzem como leais cidadãos de seus respectivos países e aqueles que querem reconstruir sua própria pátria, "templo da glória judia", de um lado; os judeus internacionais, aliás, "judeus terroristas", de outro [75].

A descrição que Churchill fazia desta terceira categoria raiava o delírio, e os anti-semitas mais frenéticos podiam aproveitar-se disto. De fato, ela era por ele acusada de tramar desde o século XVIII uma conjura universal; em apoio, citava a obra que uma certa Nesta Webster acabava de publicar sobre as fontes ocultas da Revolução Francesa [76]. Assegurava também que na Rússia "os interesses judeus e os lugares do culto judaico são isentos pelos bolcheviques de sua hostilidade universal". Sobretudo, e deixando de lado os termos judeus assimilados e leais que segundo ele podiam opor ao bolchevismo apenas uma "resistência negativa", é o Dr. Weizmann e seus partidários que ele em conclusão opunha a Leão Trotski, "cujos projetos de um Estado comunista sob domínio judeu são contrariados e comprometidos pelo novo ideal [sionista]". Os projetos de Trotski eram portanto puramente judeus; vê-se que, para terminar, o Ministro da Guerra aderia a uma tese cuja elaboração ou propagação os rumores correntes atribuíam a seus próprios serviços de inteligência [77].

O artigo era intitulado "O Sionismo contra o Bolchevismo, a Luta pela Alma do Povo Judeu". No preâmbulo, Churchill falava desse povo com reverência, quase à maneira de Disraeli:

Uns amam os judeus, outros não os amam, mas homem nenhum dotado de pensamento pode negar que eles aparecem sem contradição como a raça mais notável de todas as raças conhecidas até o dia de hoje (...). Em lugar nenhum a dualidade da natureza humana se exprime com mais força, de maneira mais terrível. Devemos aos judeus a revelação cristã e o sistema de moral que, mesmo completamente separado do maravilhoso, permanece o mais precioso tesouro da humanidade, que vale por si só mais

---

74. Discurso pronunciado por Churchill em 3 de janeiro de 1920 em Sutherland; cf. *The Times* de 5 de janeiro de 1920.
75. Cf. *The Illustrated Sunday Herald* de 8 de fevereiro de 1929, "Zionism versus Bolshevism, A Struggle for the Soul of the Jewish People".
76. Nesta H. WEBSTER, *The French Revolution*, Londres, 1919.
77. Ver mais atrás, p. 192.

que todos os conhecimentos e todas as doutrinas. E eis que em nossa época, esta raça surpreendente criou um outro sistema de moral e de filosofia, este saturado de tanto ódio quanto o cristianismo o era de amor.

Só homens de muito maior estatura que os comuns mortais se permitem em geral falar deste modo do "povo de elite, seguro de si mesmo e dominador" (a gente se põe a pensar nas palavras que possam ter sido trocadas entre de Gaulle e Churchill a respeito deste povo, entre 1940-1945).

Outros partidários da cruzada antibolchevista não punham tantas delicadezas para acusar "os judeus". Logo depois de 5 de novembro, num momento quando o último exército branco, o de Denikin, começava por sua vez a bater em retirada e desagregar-se, no banquete anual do prefeito de Londres [78], Lloyd George anunciava, em termos apenas velados, sua irrevogável decisão de negociar com Moscou. Ao passo que no dia seguinte o *Morning Post,* criticando as recentes declarações de Churchill sobre a "seita", concluía que o bolchevismo era uma conspiração 100% judaica, o *Times* interveio de uma maneira mais insidiosa — e tanto mais eficaz. Para começar publicava, sob o título "Os Horrores do Bolchevismo", uma carta dirigida a sua mulher por um oficial britânico em serviço junto a Denikin. O oficial, que assinava com "X", não deixava de falar do papel dirigente dos Comissários judeus; de resto, acrescentava ao fim de sua carta: "Eu não sei por que desperdicei tanto tempo a propósito da questão menor que é a dos judeus" [79]. Leitores judeus criticaram as asserções de "X", e foram por sua vez criticados por leitores cristãos. Em conseqüência, o *Times* pôde inaugurar na página das cartas de leitores a rubrica cotidiana "Os Judeus e o Bolchevismo"; e disso aproveitar-se para expressar sua própria opinião por mais surpreendente que fosse. Em 27 de novembro o jornal publicava, na augusta página dos editoriais e em grandes caracteres, uma profissão de fé assinada "Verax", redigida nos seguintes termos:

(...) Em primeiro lugar, os judeus são uma raça cuja religião é adaptada a seu temperamento racial. O temperamento e a religião agiram e reagiram um sobre o outro durante milênios, até produzirem um tipo que se distingue ao primeiro golpe vista de qualquer outro tipo racial.

(...) A essência da judiaria não é tão-somente religiosa. Ela é, acima de tudo, um orgulho racial, a crença numa superioridade, a fé no triunfo final, a convicção que o cérebro judeu é superior ao cérebro cristão, em resumo, uma atitude correspondente à persuasão inata que os judeus são o povo eleito, destinados a um dia tornar-se os regentes e legisladores do gênero humano (...).

O traço mais típico do espírito judeu é sua incapacidade de perdoar ou, em outros termos, sua fidelidade à lei de Moisés na medida em que

---

78. "Guildhall speech", 3 de novembro de 1919.
79. *The Times,* 14 de novembro de 1919.

esta se distingue da lei de Cristo. Na verdade, vingar-se da Rússia devia ser algo delicioso para os judeus, e eles devem achar que preço nenhum é elevado demais para obter tal satisfação...

É desta forma que o *Times*, para melhor desacreditar Lloyd George ou para intimidar seus amigos judeus, proclamava um racismo virulento e elementar. O grão-rabino Dr. Hertz, tentou protestar e tomar a defesa da antiga lei maltratada:

> o ataque de "Verax" iguala em intolerância todos aqueles que me lembro ter lido na imprensa continental. Se eu descrevesse para "Verax" como desde o começo até o fim a doutrina judaica ensina a dar provas de respeito e boa vontade para com todos, mesmo para com nossos inimigos (...), de que serviria isso? Na melhor das hipóteses, "Verax" apenas procuraria novos pretextos para apoiar seu preconceito. Devo, pois, me dirigir a vós, em vossa qualidade de redator-chefe do jornal mais influente do mundo... (29 de fevereiro de 1920).

Como seria de se esperar, essa carta, que não mereceu a honra da página editorial, foi seguida de uma outra, subscrita "Pró-Denikin", que repetia os principais argumentos de "Verax". Dois dias mais tarde, o *Jewish World* comentava: "A carta de Verax marca o início de uma era nova e má... não será mais possível dizer que não existe anti-semitismo neste país que amava sua Bíblia acima de tudo..."

Na véspera do Natal de 1919, a rubrica "Os Judeus e o Bolchevismo" desaparecia das colunas do *Times*. Lloyd George, por sua parte, perseguia em seu desígnio: "Nós não pudemos sanear a Rússia por meio da força, mas creio que poderemos fazê-lo por meio dos negócios", proclamava em fevereiro de 1920; em abril, contatos foram estabelecidos em Copenhague, que resultaram no convite a Leonid Krassin para vir a Londres, a título de negociador oficioso [80].

Em 8 de maio, o *Times* tentava uma derradeira manobra insinuando, sob o título de "O Perigo Judeu", que o Premier britânico estava a ponto de encetar negociações com um grupo de conspiradores que procuravam instaurar o Império Mundial de Davi. A demonstração baseava-se nos *Protocolos dos Sábios de Sião*, que haviam sido publicados alguns meses antes, sem ter suscitado até então o menor eco na imprensa inglesa. É certo que o jornal os citava mais ao modo interrogativo do que ao modo afirmativo e reclamava "um inquérito imparcial", mas tratava-se apenas de um procedimento retórico. Assim como o constatava logo em seguida um especialista na matéria, tratava-se "de um fato novo e muito grave": "cada linha do artigo trai a intenção

---

80. Cf. ULLMANN, *op. cit.*, t. II, pp. 42 e 96.

bem nítida de sugerir ao leitor que *Os Protocolos* são autênticos, que uma organização secreta de judeus existe"[81].

Eis com efeito a demonstração a qual o *Times* se entregava:

(...) É certo que o livro foi publicado em 1905. Ora, certas passagens têm o aspecto de profecias devidamente cumpridas, a mesma que se atribuía a presciência dos *Sábios de Sião* ao fato de eles serem efetivamente os instigadores secretos destes acontecimentos. Quando se lê "que é indispensável para nossos planos que as guerras não acarretem modificações territoriais", como não pensar no grito de "Paz sem anexações" lançado por todos os partidos radicais do mundo, e especialmente na Rússia. Do mesmo modo, "provocaremos uma crise econômica universal por todos os meios possíveis com a ajuda do ouro que se encontra totalmente em nossas mãos" (...)

Tampouco se pode deixar de reconhecer a Rússia soviética no que segue:

Ao governar o mundo, os melhores resultados são obtidos pela violência e pela intimidação. (...) Em política, devemos saber como confiscar os bens sem a menor hesitação (...). O que significam esses *Protocolos*? São autênttcos? Será que um bando de criminosos realmente elaborou tais projetos, regozijando-se neste momento mesmo com sua efetivação? Trata-se de uma falsificação? Mas como explicar então o terrível dom profético que predisse tudo isso? Teríamos lutado no curso dos anos passados contra a dominação mundial da Alemanha somente para enfrentar agora um inimigo bem mais perigoso? Teríamos escapado, ao preço de esforços enormes, à *pax germanica* somente para sucumbir à *pax judaica*? (...). Em que circunstâncias foram elaborados os *Protocolos,* e para responder a que urgente necessidade interjudaica? Iremos descartar o assunto sem proceder a um inquérito?

Os agitadores anti-semitas da era pré-hitleriana para os quais esse artigo marcava o ano zero da sua hégira, não se enganaram com o fato: "Quando o *Times,* em 1920, procedeu ao lançamento mundial dos *Protocolos* e os denunciou..." escrevia em *La Vieille France* Urbain Gohier [82]. Deste ponto de vista, a campanha logo depois iniciada nos Estados Unidos por Henry Ford, rei do automóvel, fala a mesma linguagem que a ascensão vertiginosa da edição alemã dos *Protocolos,* que a princípio passou despercebida [83]. Mas

---

81. Ver o artigo de SALOMON POLIAKOFF, em *La Tribune Juive* n.º 21 de 21 de maio de 1920. Este semanário, publicado em Paris, era o órgão dos judeus russos emigrados.

82. Cf. *La Vieille France,* 6 de abril de 1922, p. 17. "A estranha história dos *Protocolos* e do *Matin.* Também um jornal belga, *Le Rappel* de Charleroi: "O *Times,* que se empenhou ao máximo para que a obra merecesse crédito junto ao grande público..." (25 de fevereiro de 1922). Observe-se que é através de *La Libre Belgique* de 12 de maio de 1920 que a *L'Action Française* tomou conhecimento do artigo do *Times* — e dos *Protocolos* (21 de maio de 1920, em *Revue de la Presse*).

83. No que concerne a Henry Ford, ver mais adiante (pp. 232 e ss.). No que se refere à exploração do artigo do *Times* na Alemanha, ver JACOB KATZ, *Jews and Freemasons in Europe,* Cambridge, Mass., 1970.

no que concerne a Lloyd George, a última manobra do *Times*, seguida de uma salva de editoriais visando-o diretamente [84], não obteve mais sucesso que as precedentes: em 31 de maio, Krassin se apresentava ante o Primeiro Ministro britânico ("Mr. Lloyd George o viu e continua vivo", ironizava o *Manchester Guardian* no dia seguinte). O *Times*, como se acabasse de gastar os derradeiros cartuchos, cessou então de falar do complô judeu a não ser dezesseis meses mais tarde, para fazer, hábil e espetacularmente, uma retratação honrosa [85]. Mas na própria Grã-Bretanha, muitas outras mãos apressavam-se em retomar a bandeira. No que tange à franja lunática, pode-se citar Lorde Alfred Douglas (companheiro de Oscar Wilde), acusando Winston Churchill de ser um agente dos *Sábios de Sião* [86]; ou o Dr. Oscar Levy (o tradutor de Nietzsche para o inglês), assumindo a culpa em nome de todos os judeus:

> Nós que temos adotado a postura de salvadores do mundo, que até gabamos de lhe ter dado "o" Salvador, somos hoje apenas os sedutores do mundo, seus destruidores, seus incendiários, seus algozes (...). Nós que prometemos conduzir-vos para um novo paraíso, conseguimos finalmente vos levar para um novo inferno... [87]

Apenas pouco menos excessivas foram as novas revelações do *Morning Post*, cujos redatores se apressaram em vascular todo o *corpus* internacional da *anti-semítica* a fim de estufar a tese da conspiração judaica ou judio-germano-bolchevista. Os dezoito artigos publicados no verão de 1920 foram em seguida reeditados sob forma de livro [88]. Nesta época, parecem ter sido numerosos os ingleses de bem que, tal como aquele *gentleman* entrevistado por um redator de *L'Oeuvre* de Paris, atribuíam todas as suas desgra-

---

84. Editoriais de 24, 26, 28 de maio e 3, 4, 5, 7, 9 de junho de 1920; de passagem, o *Times* afirmava de novo que a maior parte dos bolcheviques eram judeus. Cf. ULLMANN, *op. cit.*, t. III, pp. 96 e 111.
85. Nos dias 16, 17 e 18 de agosto de 1921 o *Times* publicava três grandes artigos de seu correspondente de Constantinopla, Philip Graves, seguidos de um editorial intitulado "O fim dos *Protocolos*". O editorial colocava-se sob a bandeira da verdade objetiva; o papel do *Times* no lançamento dos *Protocolos* não era mencionado. Nos seus artigos, Graves relatava como um refugiado russo, que acabava de adquirir um lote de velhos livros de um compatriota, ex-agente da Okhrana, reconhecera no *Dialogue aux enfers entre Machiavel et Montesquieu* de Maurice Joly, a fonte primária dos *Protocolos*. A história parece demasiado bonita para ser verídica; considerando as qualidades profissionais de Philip Graves, autor de obras notáveis sobre a Turquia e o Oriente Médio, pode ser considerada como verdade. Ver a esse respeito NORMAN COHN, *Historie d'un Mythe... op. cit.*, pp. 76-77.
86. Cf. a edição original inglesa da obra citada acima de N. COHN, *Warrant for Genocide*, Londres, 1967, p. 155.
87. Cf. prefácio do Dr. Levy ao livro de GEORGE PITT-RIVERS, *The World Significance of the Russian Revolutiton*, Londres, 1920, pp. X-XI.
88. *The Cause of World Unrest* (with an introduction by the Editor of the Morning Post), Londres, 1920.
89. *L'Oeuvre*, 2 de julho de 1920; ver mais adiante, p. 272.

ças, e em especial o aumento do imposto predial, aos *Elders of Zion* [89]. Por seu lado, os porta-vozes judeus se atrelavam à impossível tarefa de apresentar uma prova negativa — "como pode alguém provar que uma coisa não existe?", lamentava-se o *Jewish Chronicle* — ou contra-atacavam levantando acusações contra os "reacionários alemães" tidos como autores do escrito [90]. Um jornalista judeu teve a idéia — a título de defesa — de efabular "um perigo inglês", uma "conspiração dos normandos de Cliff" — mas a brincadeira (que visava evidentemente a Lorde Northcliff) caiu no vazio [91]. Alguns meses depois, o *Jewish Board of Deputies* publicava uma condenação coletiva do anti-semitismo contendo nomes familiares ao planeta inteiro — mas eram nomes americanos [92].

Para melhor julgar os efeitos do artigo do *Times*, detenhamo-nos, para finalizar, num hebdomadário não menos respeitável, o *Spectator*. Esse órgão dedicava aos *Protocolos* uma boa parte de sua edição de 15 de maio, e chegava às seguintes conclusões:

Em primeiro lugar, deve ter tido de fato como autor um judeu, mas tratava-se somente de "devaneios de um conspirador demente que elaborara um plano de campanha para destruir a cristandade (...). Que tais palavras tenham podido ser secretamente proferidas por outros doutos judeus meio-loucos, ou consignadas em outros escritos, não era de maneira nenhuma improvável". Especulações políticas desenfreadas eram coisa corriqueira entre eles: "É aí que se manifesta o lado oriental do judeu".

Por outro lado, os *Protocolos*, mesmo sem ter quaisquer nexos com a realidade, constituíam um documento muito perigoso, devido a seu poder quase hipnótico. "[Eles] são de uma grandíssima habilidade, e exercem uma fascinação intelectual que ao mesmo tempo subjuga e repugna." De resto, eram capazes de semear o pânico e o caos, nestes anos conturbados: "Seu principal perigo (...) reside em excitar e perturbar o espírito público, pela natureza abominável dos planos elaborados para destruir o cristianismo e a civilização. Nada transtorna tanto o espírito público, nada predispõe tanto à revolução e às loucuras políticas de toda classe quanto o sentimento de um terror geral". Assim pois, a própria demência do projeto do judeu desconhecido podia acarretar sua realização; daí por que seus correligionários britânicos eram convidados, com vista a uma pacificação geral dos espíritos, a prestar-se ao inquérito preconizado pelo *Times*, e até a exigi-lo eles mesmos, "para mostrar que não tencionavam aniquilar a religião cristã e estabelecer uma dominação judaica mundial".

90. *The Jewish Chronicle*, 14 de maio de 1920, "How can anyone prove that a thing is not?" e 18 de junho de 1920.
91. Cf. *The Jewish Chronicle*, 14 de maio de 1920, e *L'Univers israélite*, 21 de maio de 1920.
92. Os Presidentes Wilson, Harding, Roosevelt e Taft, o banqueiro Morgan etc.; ver mais adiante, pp. 237-238.

Destarte, a bomba do *Times* fornecia ao seu confrade a ocasião de manifestar sentimentos até então inconfessos ou, para falar à maneira de Belloc, "de dizer o que lhe ia no coração". Concluía pois anunciando a existência de um outro perigo judaico, esse então não podia ser mais real e concreto, e ao qual prometia retornar. Assim começava uma campanha que, diferente daquelas do *Times* e *Morning Post*, visava especificamente os judeus britânicos, sem no entanto poupar todos os outros. Eis algumas amostras:

> O verdadeiro perigo judaico nada tem de comum com uma conspiração almejando estabelecer uma monarquia judia universal (...). Estamos convencidos de que, nas circunstâncias atuais, a presença de um judeu médio e normal no Gabinete dos Ministros é contrária aos princípios do bom governo... quaisquer que possam ter sido os nossos pecados passados na questão da perseguição aos judeus, temos muitos outros mais que não merecemos, e são os da má sorte (17 de julho de 1920).

Ou, a propósito das elucubrações do Dr. Oscar Levy:

> É certo que o judeu constitui um grande perigo, uma fonte de distúrbios internacionais e universais... (mas) nós nos enganaríamos em ver nele um monstro, um demônio que não recua diante de nada, pois é o que ele quer parecer... Nosso problema é o de compreender o judeu e de batê-lo no seu próprio jogo (9 de outubro de 1920).

Ou ainda com citações de Disraeli em apoio [93]:

> A questão se existem no Continente ou mesmo aqui sociedades secretas ultra-revolucionárias inspiradas e controladas pelos judeus, e quais seriam seus alvos, continua a suscitar muito interesse, e até ansiedade... (5 de junho de 1920).

Por isso mesmo o *Spectator* reclamava, com uma energia crescente, a constituição de uma Comissão Real de Inquérito, a fim de tirar a limpo este problema angustiante. Incidentalmente, "devemos observar a maior prudência ao conceder aos judeus a cidadania plena... Devemos exibir publicamente estes conspiradores, arrancar-lhes as máscaras hediondas, e mostrar ao mundo até que ponto esta peste da sociedade é ridícula, mesmo sendo malfazeja e perigosa" (16 de outubro de 1920).

Decididamente, nesses meses, o anti-semitismo tornava-se na Inglaterra, ao menos no que diz respeito às classes superiores, uma espécie de moda política ou intelectual, provocando sem dúvida agradáveis arrepios em numerosos dos seus adeptos. Deste modo, subsiste um notável testemunho literário: no início de 1922, John Galsworthy estreava sua peça *Loyalties* (Lealdades), consagrada à luta e aos dissabores de um judeu rico e altivo, boicotado pela alta sociedade [94]. É nesse clima que Hilaire Belloc,

---

93. Sobre os escritos de Disraeli no que se refere ao papel dos judeus nas revoluções etc. Cf. meu vol. III, *De Voltaire a Wagner*, pp. 279-281.
94. Cf. CHARLOTTE LEA KLEIN, "English Antisemitism in the 1920's", *Patterns of the Prejudice* VI (2), março-abril de 1972, pp. 23-28. Agradeço à Prof.ª Klein por ter me indicado e comunicado este estudo notável.

trabalhando no seu livro sobre os judeus, podia anunciar uma catástrofe imediata de sangrentas perseguições. Ele falava de um ciclo permanente e trágico, indo de uma acolhida generosa ao mal-estar, e do mal-estar aos massacres: "Acabamos de passar do acolhimento ao mal-estar; esta passagem anuncia uma outra, do segundo [estádio] ao terceiro, e do terceiro à terrível conclusão (...). Os judeus seriam tolos em negligenciar esse fenômeno. Ele se tornou tão poderoso em número, convicção e paixão, que ameaça todo o futuro imediato de nossa civilização" — a menos que os judeus aceitem, a título preventivo, por bem ou por mal, sua segregação, o retorno ao gueto, caso em que "a paz reinará em Israel" [95].

Tudo se passava portanto como se o *Times* tivesse conseguido na Inglaterra o que Treitschke fizera pela Alemanha dos anos 1880: a saber, tornar o anti-semitismo respeitável [96]. A repercussão do debate alcançara tal envergadura que no estrangeiro, alguns já davam a velha Albion por pedida, seja porque irremediavelmente judaizada (como o asseguravam *Le Matin* e muitos outros jornais franceses) [97], seja porque era presa dos demônios anti-semitas (como pensava o jornalista americano John Spargo) [98]. Quem pois era capaz de esperar que o "*Times* tonitruante", sempre ele, voltaria atrás a todo vapor? E no entanto foi o que aconteceu quando seu correspondente em Constantinopla, Philip Graves, demonstrou em agosto de 1921 que os *Protocolos* não passavam "de um grosseiro plágio".

Graves consagrou três grandes artigos a esta demonstração, realçados por um editorial que lhes conferiu um destaque ainda maior [99]. Em conclusão, acusava os *Protocolos* de terem "persuadido toda classe de pessoas na maioria das vezes abastadas de que toda manifestação de descontentamento de parte de gente pobre era um fenômeno artificial, uma agitação factícia provocada por uma sociedade secreta judia". Cabe crer que a reviravolta do *Times* veio na hora certa, e que o público receptivo à tese da conspiração minguava, na exata medida que ele se habituava ao mundo do após-guerra, à desagregação de seus privilégios, às greves e ameaças de nacionalização e também às trincas que minavam o Império Britânico por toda parte. Além do mais, de ano em ano a ameaça da revolução mundial diminuía, o que tinha ainda maior importância. Em todo caso, quando em 1922 Belloc publi-

---

95. H. BELLOC, *The Jews, op. cit.*, pp. 141, 163 e 301-308, Cap. XV, "Habit or Law?"

96. Cf. pp. 19-20.

97. Cf. mais adiante, p. 277. Em 1921, o maurrasiano Roger Lambelin publicava uma obra sobre *Le Règne d'Israel chez les Anglo-Saxons*.

98. Cf. J. SPARGO, *The Jew and American Ideals*, New York, 1921, p. 6.

99. *The Times* 16, 17, 18 de agosto e editorial de 18 de agosto de 1921.

cava sua obra, esta, mesmo causando sensação, foi recebida com reserva até nos órgãos que acabamos de citar. Como se vê, a moda antijudaica começava a passar. Sem dúvida, o *Spectator* estava de acordo com Belloc ao escrever "que a maré do anti-semitismo está em vias de subir, e que a mínima provocação ou mesmo pretensa provocação pode desencadear uma ação antijudaica de parte do povo britânico", bem como ao proclamar que este fenômeno se devia essencialmente ao exclusivismo racial dos judeus. Mas ele não estava mais de acordo com Belloc no que concerne ao remédio, não reclamava nem uma comissão de inquérito nem a perda dos direitos civis e, esquecendo totalmente a teoria da conspiração, depositava suas esperanças em uma progressiva "absorção" dos judeus. Da mesma forma o *Times,* se bem que qualificando a obra como "um dos livros mais sugestivos jamais publicado na Inglaterra", não excluía a possibilidade de uma assimilação integral, e, a propósito da peça de Galsworthy, punha em dúvida "quer o fanatismo racial do judeu... quer o pretenso anti-semitismo da sociedade", ao menos na vida real. Quanto ao *Morning Post,* embora mantendo a tese do bolchevismo judaico, encarregado "de abrir o caminho ao capital industrial judio-germânico", criticava também o povo britânico, cujas fraquezas teriam permitido o ascenso dos judeus na própria Grã-Bretanha [100].

Mas acima de tudo a obra de Belloc atraiu sobre si os raios da Igreja Anglicana, que nesta ocasião julgou oportuno intervir através da pessoa do seu teólogo mais lustre, o Deão Ralph William Inge.

A troco de que se intrometia afinal esse católico-romano, esse francês Belloc, cujo livro suscitara tantas discussões? "Nós outros, não conhecemos na Inglaterra problema judeu nenhum. Nós pensamos que cada país possui os judeus que merece, e como nós aqui tratamos decentemente nossos concidadãos judeus, merecemos, e obtivemos, os melhores judeus." Continua o prelado lembrando à sua maneira o direito britânico à diferença:

> Nós outros ingleses, aceitamos um homem pelo que ele vale, e não o penalisamos por ser um imigrante. Em conclusão, somos sem dúvida a única raça realmente oprimida, na Europa; temos um primeiro ministro galês, dois arcebispos escoceses, e um número considerável de judeus, escoceses e irlandeses [colocados] em postos eminentes. Deste modo, somos melhor servidos...

A velha Inglaterra ignorava os estúpidos medos continentais. Orgulho racial? "Eu duvido muito que um inglês que encontra em sociedade um judeu sequer em sonhos se pergunte se seu vizinho pertence a uma raça superior ou inferior. À maioria

---

100. A respeito das reações da imprensa britânica tanto ao livro de Belloc quanto à peça de Galsworthy, ver o artigo citado acima de Charlotte L. Klein.

dentre nós, a pergunta pareceria absurda." Certamente era necessário levar em conta os fatos e convir que era o ouro dos judeus alemães que, no Continente, causara a revolução russa: mas o Deão Inge apressava-se em passar a assuntos mais graves:

> Seriamente, deveríamos ter vergonha do preconceito antijudeu. Nós não seguimos a teoria de Houston Chamberlain, de acordo com a qual Jesus Cristo (bem como Agamemnon, Dante, Shakespeare e outros grandes homens) era alemão. Fomos ensinados a crer que Ele era judeu. E seria em todo caso inconsistente, depois ter anexado os livros sacros dos hebreus para servirmo-nos deles todos os dias na hora de nossas devoções, alimentar prevenções contra a raça que os produziu.
> Sobretudo, a consciência de raça é uma coisa antes estúpida. O homem sensato aceita seus vizinhos tal como são, e não se apressa demasiado a crer em sombrias conspirações (*The Evening Standard*, 27 de abril de 1922).

Resta notar que, ao modo de C. P. Scott e de outros tantos, o Deão Inge praticava a dicotomia entre "nós" (os ingleses) e "eles" (os judeus, associados no caso a todos os outros "não-ingleses"). É preciso também avaliar corretamente todas as implicações desse distanciamento (na época, um comentarista do *Times*, repisando a tradicional comparação financeira entre os judeus e os escoceses, salientava, a título de "curiosa diferença", o fato de que os primeiros queriam a todo custo ser ingleses, e os segundos, escoceses) [101].

Em 1922, o grande temor da oligarquia britânica chegava ao termo, tanto mais quanto no findar do ano Lloyd George era deposto, sendo sucedido pelo gabinete fortemente tradicionalista de Stanley Baldwin. Os filhos de Israel reencontraram a paz, na verdade perturbada a partir de 1933 por Hitler no exterior, e por seu êmulo inglês Mosley no interior. Mas, a despeito dessas peripécias que se sucederam de uma guerra a outra, nada em nossos dias parece ter mudado na Inglaterra no tocante aos judeus: se bem que em princípio "aceitos pelo que valem" (Inge) são eles, tácita mas decididamente percebidos como sendo diferentes dos ingleses — e em conseqüência, tratados com menos subterfúgios, ou cercados de menos tabus que em outros países, mesmo aqueles que continuam a arrastar consigo as seqüelas de seus frenesis anti-semitas de outrora. Não que todas essas coisas sejam tão simples. Num livro recente denominado *Jews in Business*, seu autor, que não é judeu, observava a título liminar:

> O tema é de tal forma emocional, tanto para os judeus quanto os não-judeus, que o simples fato de singularizar os homens de negócio judeus, de descrever como eu o faço nos dez capítulos que se seguem, suas carreiras, e de dedicar-se a especulações a respeito das razões dos seus êxitos, expõe ao risco de ser taxado de anti-semitismo. As neuroses dos judeus a propósito de seus desempenhos são tão fortes, sua compreensível aversão

---

101. Cf. CHALMERS MITCHELL, "Jews and Scots", *The Times*, 2 de dezembro de 1920.

de serem assim singularizados é tão pronunciada que é difícil não sentir-se envolvido. Como o observa Paul Ferris em seu livro sobre a *City*, em se tratando de judeus é difícil permanecer neutro: a gente é irresistivelmente tentado de tomar partido, a favor ou contra [102].

Mas este livro, inimaginável em qualquer outro país europeu, a começar pela França, pôde ser escrito e publicado (de resto, é um trabalho dos mais notáveis). É possível legitimamente sustentar, e foi feito, que o direito de ser diferente implica a permissão da pessoa continuar sendo ela mesma [103] — e isto é até uma recomendação explícita; daí por que os rabinos franceses mandavam outrora seus judeus para a Inglaterra: "O judeu inglês não se ruboriza pelas suas origens, como, triste verdade, o fazem um número demasiado de seus correligionários franceses", lia-se em 1920 nos *Archives israélites* [104]. Em todo caso, e quaisquer que possam ter sido as reviravoltas de nossa época, e a decadência política e econômica da Grã-Bretanha, os ingleses, a exemplo de sua rainha, souberam conservar a arte de deixar cada um viver à sua maneira — mas guardando as devidas distâncias. E como tantas outras criações inglesas, a moda anti-semita dos anos 1917-1922 deixou sobretudo traços, através dos sete mares, na qualidade de artigo de exportação.

---

102. STEPHEN ARIS, *Jews in Business*, Londres, 1920, pp. 14-15.

103. "Vivi três anos na Grã-Bretanha e me senti aí, de início, tão estrangeiro quanto um chinês. Mas compreendi depressa que os ingleses não exigiam que os imitasse (teria sido incapaz disso!) nem mesmo que adotasse seus hábitos: exigiam apenas que respeitasse os seus. Um país onde é permitido ser 'diferente', isto é, a pessoa permanecer ela mesma, é precioso, e isto se torna raro!" (PIERRE DE BOISDEFFRE, "Cette chère vieille Angleterre", *Le Monde*, 14 de setembro de 1975).

104. H. PRAGUE, "L'Israélite d'Angleterre et l'Israélite de France", *Archives israélites*, 5 de agosto de 1920.

7. Os Estados Unidos

No meu volume precedente, eu não dedicava à grande democracia americana mais que umas poucas páginas: como para dizer, simplificando talvez as coisas, que o anti-semitismo era aí praticamente desconhecido. A coloração puritana da tradição nacional foi, desse ponto de vista, benéfica para os filhos de Israel, tal como a presença sobre solo americano de milhões de negros, sem falar dos índios ou dos imigrantes asiáticos, que os brancos de toda origem podiam desprezar unanimemente. Um outro bode expiatório para os ódios sagrados ofertava-se no século XIX com a imigração dos "papistas", sobretudo dos irlandeses católicos. São esses, de fato, de preferência aos judeus, que os Know Nothing, o Ku Klux Klan e outras organizações do gênero acusavam de querer subjugar ou destruir os Estados Unidos.

De uma maneira geral, a população americana se constituía desde sempre numa hierarquia complexa, definida por duas fronteiras imutáveis: no alto, o grupo fundador dos WASP, isto é, os anglo-saxões protestantes (e branco); e embaixo, o grupo, também de fixação não menos antiga, dos escravos ou ex-escravos negros. Entre essas duas balizas, é de costume a etnia chegada por último era a que tinha a mais baixa cotação, embora sua diferença cultural em relação aos WASP também desempenhasse o seu papel. Para elevar-se na escala social era necessário a cada grupo em primeiro lugar "americanizar-se", isto é, passar por um processo de aculturação análogo àquele que os judeus emancipados conheceram na Europa: mas o que no Velho Continente foi um caso isolado ou excepcional era regra no Novo. A diferença ia longe, tanto mais quanto a americanização constituía um objetivo cobiçado de antemão por quase todos os imigrados, contrariamente à feroz "russificação" tentada por Nicolau I, ou mesmo a "regeneração" preconizada pelo Abade Grégoire e por Napoleão [1]. É que a americanização não implicava de maneira alguma a apostasia ou qualquer outro tipo de renegação; a liberdade de consciência era uma pedra angular da ideologia americana, inscrita na constituição. Mas a convenção firmada era que ela exigia um certo prazo: o necessário para que as tradições do país de origem fossem expulsas do sangue dos imigrados pelo espírito das instituições americanas, assim como o proclamava um dia, sem perturbar-se com as antinomias, o Secretário de Estado Elihu Root [2].

No que concerne à sua cotação no país do Tio Sam, os judeus inseriam-se aproximadamente entre os irlandeses e os italianos, como aliás o queria a cronologia. Como acabamos de indicar, no século XIX os ódios mitológicos dos americanos tomavam sobretudo os católicos como alvo: de preferência àqueles de fixação recente. Foi este, em meados do século, o caso dos irlandeses; não se contentando em censurar-lhes a sujeira, o vício da bebida e o gosto pela baderna, numerosos patriotas os acusavam de tramar, instigados por Roma, uma conspiração contra as instituições nacionais, e Samuel Morse, o inventor do telégrafo, associava em 1834 a Santa Aliança a esse complô [3]. O celibato dos padres ou a vida nos conventos sugeriam outros pontos capitais de acusação: um livro descrevendo os costumes dissolutos do clero católico. *The Awful Disclosures of Maria Monk* (As Terríveis Revelações de Maria Monk) (1938) obteve uma tiragem de 300 000 exemplares [4]. Essa agitação levou à constituição do partido especificamente anticatólico Know Nothing, que em 1854 quase chegou a ganhar as eleições no Estado de New York: vê-se que com respeito a uma certa demagogia clerical o pastor Stoecker ou o burgomestre vienense Karl Lueger não inventaram nenhuma novidade [5].

Duas ou três gerações mais tarde, os católicos italianos, os "Dago", passavam por tribulações parecidas, senão piores. Talvez

---

1. Ver pp. 68-69, assim como o volume anterior, *De Voltaire a Wagner*, pp. 133-136 e 270-285.
2. Em janeiro de 1916, no banquete anual dos advogados do Estado de New York. Cf. LOUIS MARSHALL, *Selected Papers and Adresses*, Filadélfia, 1957, vol. I, p. 274.
3. No seu livro *Foreign Conspiracy Against the Liberties of the United States;* cf. NATHAN GLAZER e DANIEL P. MOYNIHAN, *Beyond the Melting Pot*, New York, 1964, p. 240.
4. Cf. R. ERTEL, G. FABRE e E. MARIENSTRAS, *En marge, Les minorités aux États-Unis*, Paris, 1971, p. 49.
5. Ver p. 17 e s.

a tez mais morena agravasse seu caso; o fato é que, de acordo com seus detratores, eram eles criminosos congênitos "portando a marca de Caim", e no curso dos anos 1890 parecia que eles iam partilhar da sorte dos negros, na qualidade de vítimas predestinadas da Lei de Lynch. Essa onda de perseguições sangrentas provocou a chamada do embaixador da Itália e já certos jornais falavam da iminência de uma guerra ítalo-americana [6]. É óbvio que essa crise repercutiu sobre a endêmica tensão entre protestantes e católicos — a ponto de que na convenção republicana de 1896, foi um rabino que foi encarregado de pronunciar a prece inaugural [7]. Em vão se procuraria na Europa o exemplo de um compromisso desse gênero implicando a equivalência religiosa dos judeus — a não ser retrocedendo à medieval "Espanha das Três Religiões" [8]; mas é que os Estados Unidos eram, e continuam sendo, um país triconfessional de uma forma quase oficial [9].

Isto não impede que, tal como mostrou um recente inquérito, já em nossos dias, o espectro do povo deicida e criminalmente culpado continue a obsedar o espírito de milhões de americanos [10]. É forçoso concluir que essa condição necessária, inicial e perversamente típica do anti-semitismo não é uma condição suficiente para fazê-lo adquirir sua virulência costumeira. É por isso que, no caso dos Estados Unidos do século XIX, a gente hesita falar em anti-semitismo, se com isso se entende a singularidade dos ódios que os judeus conheceram no Velho Continente. Resta que sua condição na América se ressentia, como iremos ver, de suas condutas, quer dizer, em última análise, e através das inúmeras mediações de que tratei nos volumes precedentes, do anti-semitismo europeu. Mas o próprio termo não demorou em adquirir uma ressonância odiosa aos ouvidos americanos, devido a sua associação com os regimes autocráticos, esse mau lado por excelência da velha Europa [11]. Vemo-nos deste modo reconduzidos aos princípios fundamentais da democracia americana.

É sobretudo em meados do século XIX que se especificou a doutrina dos Estados Unidos, cadinho das nações, e que autores

---

6. Cf. JOHN HIGHAM, *Strangers in the Land, Patterns of American Nativism*, New Jersey, 1955, pp. 90-92.

7. Cf. CHARLES HERBERT STEMBER, *Jews in the Mind of America*, New York, 1966, p. 241.

8. Sobre as relações judio-islâmico-cristãs na "A Espanha das Três Religiões", ver meu vol. II, *De Maomé aos Marranos*, Livro II, Parte I.

9. Sobre as relações "interconfessionais" americanas, ver especialmente a já clássica obra de WILL HERBERG, *Protestant-Catholic-Jew, An Essay in American Religious Sociology*, New York, 1960.

10. Cf. C. Y. GLOOK & RODNEY STARK, *Christians Beliefs and Anti-Semitism*, New York, 1966.

11. Mesmo sendo o propagador dos *Protocolos dos Sábios de Sião* que ele foi, Henry Ford negou ser anti-semita; ver mais adiante, pp. 232 e ss.

como Ralph Emerson ou Hermann Melville proclamaram a vantagem de uma mistura que, sem necessariamente excluir as raças ditas de cor, devia conduzir à constituição de uma espécie humana melhor e nova. Na época o argumento já podia ser defendido ao modo científico, sendo os imigrantes considerados como uma "seleção natural" de todos os países europeus (assim como o próprio Charles Darwin já o observara) [12]. Por outro lado, correspondiam a essas posições ideológicas preocupações de ordem política, pois toda discriminação relativa a um grupo étnico qualquer ameaçava fornecer um precedente para a segregação de um outro grupo; sob esse ponto de vista, especificamente os católicos, colocados sob o mesmo rótulo minoritário como os judeus, deram nos Estados Unidos prova de uma insólita largueza de espírito, e a tolerância recíproca sob o signo comum do americanismo parecia inscrita nos fatos.

Eis como G. K. Chesterton, depois de ter feito uma visita a Henry Ford que acabava de desencadear uma campanha antijudaica, descrevia ou melhor precisava estes hábitos:

[Os americanos] se acostumaram a uma cidadania cosmopolita na qual os homens de todos os tipos de sangue se misturam e na qual os homens de todas as religiões são considerados como iguais. O seu maior orgulho moral é o humanitarismo; seu maior orgulho intelectual são as Luzes. Em uma palavra, são eles os últimos homens no mundo capazes de envaidecer-se com o preconceito antijudeu. Eles não têm religião particular, a exceção de um sentimento sincero que qualificariam da sua parte como "verdadeiro cristianismo", e que proíbe especialmente todo ataque contra os judeus. Seu patriotismo consiste em orgulhar-se da assimilação de todos os tipos humanos, os judeus incluídos[13].

Ao ler as declarações de muitos homens públicos americanos, parece tratar-se bem mais de algo como uma obrigação. Não dizia o Presidente Eisenhower em 1954 que o regime americano lhe teria parecido insensato "se ele não tivesse sido baseado numa fé religiosa profundamente sentida — e pouco importa qual"[14]. Outros políticos invocavam, na segunda metade do século XX, um Ser Supremo — "seja ele Buda, Alá ou Deus"[15].

Por outro lado porém uma certa imagem medieval dos judeus precedeu seu afluxo aos Estados Unidos, mesmo além do tradicional clichê teológico. É assim que em 1832, uma descrição dos costumes

12. C. DARWIN, *The Descent of Man*, New York, The Modern Library, s.d., p. 508. Dando prova de um otimismo ainda maior, Herbert Spencer, numa entrevista concedida em 1882 por ocasião de sua chegada aos Estados Unidos, afirmava, a título de "verdade biológica", que a imigração e a mistura produziriam uma raça superior a todas as outras; cf. J. HIGHAM, *op. cit.*, p. 22.
13. Cf. G. K. CHESTERTON, *What I saw in America*, Londres, 1922, pp. 48 e s.
14. Citado por W. HERBERG, *Protestant-Catholic-Jew, op. cit.*, p. 84.
15. Proposição defendida pelo político republicano Louis Wyman, cf. C. Y. GLOOK & R. STARK, *op. cit.*, p. 83.

e das maneiras americanas investia contra os vendedores ambulantes nos seguintes termos: "A raça dos mascates ianques é de uma desonestidade proverbial. São milhares a mentir, embrulhar e enganar as pessoas... Nesse aspecto, eles se assemelham aos judeus, uma raça a cujo respeito me asseguram que ela não conta, na Nova Inglaterra, com um único representante" [16]. Vê-se que o estereótipo europeu do judeu esperto e por demais hábil não era ignorado, além-Atlântico, sem que no entanto se possa falar de "anti-semitismo sem judeus" [17].

A partir da metade do século XIX, esse estereótipo pôde apresentar ilustrações cada vez mais numerosas, hauridas na vida real. O número de judeus nos Estados Unidos, que era de apenas 15 000 em 1840, decuplicou-se no curso dos vinte anos seguintes para atingir cerca de 300 000 em 1880 [18]: essa primeira grande onda de imigração constituía-se principalmente de judeus alemães, dos quais alguns fizeram efetivamente sua estréia, no Novo Mundo, na qualidade de vendedores ambulantes. Seu espírito de iniciativa ressalta igualmente da importância de sua participação na grande "corrida ao ouro" californiana, na maioria das vezes como comerciantes ou artesãos que como buscadores de ouro propriamente ditos: em 1848-1850, centenas de judeus partiram à procura da fortuna dessa maneira, e alguns a encontraram (é o caso de Levi-Strauss, o criador do famoso *blue-jean*) [19]. Nestes termos, eles prosperaram mais rapidamente ou em maior número que os irlandeses ou os italianos; ou, como o escreve John Higham, "é altamente inverossímil, proporcionalmente falando, que em qualquer outro grupo de imigrados um tão grande número de homens se tenha elevado assim rapidamente da indigência à riqueza" [20]. Pode-se crer portanto que é menos o estereótipo medieval do que uma figura doravante familiar, o novo-rico judeu, que no curso dos anos de 1870 suscitou uma vontade de distanciamento de parte de americanos cuja riqueza remontava a datas mais antigas. Talvez nem tudo fosse falso nas acusações de más maneiras e de ostentação que os milionários cristãos da Costa Este dirigiam aos milionários judeus. Em 1889, o autor de um livro sobre *Os Judeus Modernos*, que aliás lhes testemunhava real benevolência, exprimia-se a este respeito como segue:

16. *Men and Manners in America*, Filadélfia, 1833; cf. *The Jews of the United States (1790-1840)*, ed. por Joseph L. Blau e Salo W. Baron, New York, vol. I, 1963, p. 56.
17. A propósito do fenômeno do "anti-semitismo sem judeus" ver o volume I: *De Cristo aos Judeus da Corte*, pp. 175-208.
18. Cf. o verbete "United States of America", *Jewish Encyclopaedia*, New York, 1971, t. XV, col. 1596.
19. *Ibid.*
20. J. HIGHAM, ed. cit., p. 8.

O judeu alemão caracteriza-se pela falta de educação e de cultura do pequeno comerciante. Acrescenta-lhe a astúcia de sua nação e a vaidade engendrada pela certeza secular de ser desprezado. Quando um tal homem se torna muito rico num país onde a fortuna se converteu em bezerro de ouro e é adorado em conseqüência, ele adota muito naturalmente as maneiras de um pavão, e suscita os mesmos ressentimentos que esse pássaro entre seus semelhantes [21].

Cabe adicionar que quarenta anos mais tarde um judeu de cepa alemã criticava ainda mais vigorosamente sob este ponto de vista seus congêneres polono-russos: "As leis não prevêem castigo para a vulgaridade dos novos-ricos, nenhuma pena de reclusão para uma agressividade desenfreada, nenhuma multa pela ostentação de um luxo de mau gosto. Um número demasiado de judeus perde todo senso das proporções... Resultado, ultrapassam amiúde os não-judeus..." [22]. Não se diz que os irlandeses ou sicilianos enriquecidos tivessem gozado de melhor fama, mas é somente na segunda ou terceira geração que alguns entre eles chegaram a franquear o muro do dinheiro que os separava dos milionários americanos. É nessas condições que uma discriminação de início puramente mundana se estabeleceu unicamente no que tange aos judeus. A ironia da situação, como o observa John Higham, é que ela era devida à aceleração de um venerando o clássico processo americano.

Essa discriminação exerceu-se para começar nos lugares onde as pessoas se divertem e gastam dinheiro [23]. Em 1876, um hotel da orla marítima de Jersey anunciava nos jornais de New York que os judeus não eram admitidos em seu recinto. No ano seguinte, na estância de termas de Saratoga, um hoteleiro com um nome destinado a tornar-se famoso no seu ramo, John Hilton, proibia o acesso ao seu estabelecimento ao multimilionário Joseph Seligman. O incidente causou sensação. Os milionários judeus de New York reagiram comprando diversos hotéis em Saratoga, e a rivalidade mundana que se desencadeou dessa maneira acabou na divisão das estações de veraneio da região nova-iorquina entre "estações cristãs" e "estações judias". Pelo fim do século, essa discriminação ganhou os clubes da moda, os escalões superiores das lojas maçônicas e, o que era mais grave, determinados estabelecimentos de ensino, que introduziram quotas para alunos ou estudantes judeus. Sem dúvida a situação tornou-se mais complicada pelo afluxo, literalmente de milhões, de uma categoria de judeus totalmente diversa, os miseráveis emigrantes da Europa do Leste, que não se importavam de serem admitidos nas estações de

---

21. Cf. ANNA LAURENS LAWES, *The Modern Jew: His Present and Future*, Boston, 1884, pp. 29-30.
22. R. BOAS, "Jew-Bailing in America", *Atlantic Monthly*, maio de 1921, pp. 661.
23. O que segue está de acordo com S. W. BARON, *Steeled by Adversity, Essays on American Jewish Life*, Filadélfia, 1971, pp. 269-414. "Climax of Immigration", e J. HIGHAM, *op. cit.*

água da moda ou nas lojas maçônicas, mas cujo atavio e maneiras exóticas pareciam confirmar e perpetuar as idéias relativas a um imutável "tipo judeu", com o qual os judeus alemães da segunda ou terceira geração não mais tinham grande coisa em comum. Foi sobretudo em New York, convertida no fim do século XIX na maior cidade judia do mundo, que essa população dava na vista, parecendo onipresente — a tal ponto que Mark Twain, ao ler na *Encyclopaedia Britannica* que seu número era de 250 000, declarava a quem queria ouvi-lo que ele pessoalmente conhecia um número mais elevado [24]. Autores os mais notáveis, tal como Henry James, desviavam-se destes judeus miseráveis e prolíficos com uma certa revulsão [25].

O papel do esnobismo nestas questões sobressai com maior clareza no caso de uma escola reputada, cujo diretor recusava por princípio introduzir uma quota para os judeus. Nessas condições, seu número crescente incitou os pais dos alunos cristãos a retirá-los da mesma; mas à medida que a escola se tornava judia por causa disso, os pais dos alunos judeus por seu turno se puseram a tirá-los, tanto que no fim de contas a escola teve que fechar [26].

Em suma, e neste ponto de uma maneira que faz lembrar as tragicomédias mundanas tão bem descritas por Marcel Proust, foram, para começar, os judeus envergonhados e mesmo os judeus anti-semitas que eram assim punidos. Mas as instituições e os costumes americanos colocavam à disposição dos filhos de Israel meios de luta que não existiam na velha Europa, e para cujo emprego especialmente os irlandeses lhes haviam ensinado o caminho. Organizando-se em minoria étnica mais que em minoria religiosa, eles procuraram combater, em nome de princípios constitucionais, a segregação nascente. Antes mesmo da criação de organizações tais como o American Jewish Committee (1906) e a Anti-Defamation League (1912), o caso de Melville Dewey, bibliotecário-chefe do Estado de New York, serviu de primeiro teste.

Este alto funcionário, reputado em sua qualidade de autor do método de classificação dito decimal, fundara em 1905 um clube do qual por estatuto eram excluídos "os enfermos contagiosos, os inválidos e os judeus". Por iniciativa do advogado Louis Marshall, vários notáveis judeus, todos de origem judio-alemã, entre os quais o banqueiro Jacob Schiff e Adolph Ochs, proprietário do *New*

---

24. Cf. o verbete "United States Literature", *Encyclopaedia Judaica*, t. XV, col. 1570. Cumpre observar que, de seu lado, Mark Twain absolutamente não era anti-semita.

25. Assim lê-se em *The American Scene* de H. JAMES, a respeito dos judeus de New York: "A Jewry that has burst all bonds... The children swarmed above all — here was multiplication with a vengeance... There is no swarming like that of Israel when once Israel has got a start"; cf. o verbete citado acima na *Encyclopaedia Judaica*.

26. Cf. J. HIGHAM, ed. cit., p. 15 e S. W. BARON, *Steeled by Adversity*, op. cit., p. 324.

York Times, endereçaram às autoridades do Estado um protesto, no qual se manifestavam em qualidade de cidadãos americanos ultrajados:

> Perto de 750 000 judeus residem neste Estado. A maior parte entre eles são contribuintes, que se desincumbem de seu dever para com a manutenção das instituições do Estado e o pagamento dos salários dos funcionários, inclusive o que compete a Mr. Melville Dewey na qualidade de bibliotecário-chefe. Eles sentem-se orgulhosos deste Estado e de sua administração. Esforçam-se para elevar o nível da cultura pública, favorecer o estudo e favorecer as artes, as ciências e a literatura. Procuraram fazer progredir a causa da educação, ao menos na mesma medida que qualquer outro grupo de cidadãos dessa Comunidade. Eles têm portanto a sensação de possuir o direito de exigir que um homem, que em sua qualidade de funcionário representa a população inteira do Estado, seja impedido, nessa sua qualidade de assalariado pago pelo Estado, de manifestar o preconceito mais vil de que um homem é capaz[27].

Este vigoroso protesto causou alguma repercussão, e alguns meses mais tarde Dewey teve que demitir-se de suas funções. Pouco depois seus signatários, aos quais se juntaram mais alguns homens de destaque, constituíram uma associação, o American Jewish Committee, com o objetivo de "prevenir as infrações aos direitos civis e religiosos dos judeus em todas as partes do mundo". As duas personalidades marcantes que eram Louis Marshall e Jacob Schiff tornaram-se igualmente os dirigentes de fato do Comitê e determinaram a tática a ser seguida, que devia ser discreta e isenta de toda demagogia.

No plano interior americano, o Comitê obtinha em 1907 a interdição de toda publicidade ou propaganda julgadas em si ofensivas, da não-admissão de judeus em hotéis e estabelecimentos de diversão[28]. Ele lutou sobretudo com êxito, ao menos antes da Primeira Guerra Mundial, contra os diversos projetos de uma limitação da imigração (na medida em que essa permanecesse "branca"). Esta questão tornava-se depois dos anos 1880 objeto de campanhas que unia numa estranha mas inevitável aliança os sindicatos que temiam o afluxo de uma mão-de-obra sub-remunerada e os patrícios da WASP que temiam o "abastardamento da raça". No início do século XX, estas campanhas começaram a reunir a maioria na Câmara dos Deputados e no Senado, mas as decisões se viam bloqueadas por vetos presidenciais, devido sobretudo às intervenções nos bastidores de Marshall e de seus amigos[29]. Assim sendo, estes judeus se achavam na vanguarda do combate pela manutenção das antigas tradições americanas, luta que assu-

---

27. Cf. LOUIS MARSHALL, *Selected Papers and Addresses*, ed. C. Reznikoff, Filadélfia, 1957, pp. 12-18, "This Dewey matter".

28. *Ibid.*, pp. 249-250, carta ao Senador Saxe, pp. 245-246, a S. O. Levinson e p. 253, a Hugo S. Mack.

29. A este respeito ver NAOMI W. COHEN, *Not Free to Desist, A History of the American Jewish Committee*, Filadélfia, 1972, pp. 37-53, "In defense of the immigrant".

mia por vezes formas bastante acaloradas. Deste modo o membro do Congresso John E. Burnett, que em 1912 conseguira que se adotasse uma proposição de lei visando vedar a imigração de analfabetos, lei que se chocara com o veto do Presidente Taft, escrevia a Marshall: "Quanto mais depressa alguns dentre *vós* compreenderem que se não for promulgado uma legislação conservadora, uma legislação mais radical será reclamada, tanto melhor será para *vós* e para o país"[30]. Pode-se reconhecer a dicotomia entre "vós" e "nós" entre os judeus e os cristãos, que salientamos no caso britânico[31]; no caso, uma réplica apaixonada de Marshall contribuiu talvez para superar o incidente[32].

No que se refere aos assuntos internacionais, os homens do A.J.C., saindo da sua reserva, se lançaram publicamente a uma questão que já fora discutida um quarto de século antes, por ocasião dos *pogroms* russos de 1881; a saber, a recusa do governo czarista de conceder vistos de entrada na Rússia aos americanos de origem judaica, uma recusa incompatível com a letra do tratado russo-americano de 1832. Contrariamente aos problemas da imigração, a opinião pública era favorável a uma medida de retalhação, enquanto a administração hesitava em empenhar-se numa querela diplomática. A luta durou seis anos, passando por vivos incidentes como o da recusa do impetuoso Schiff de apertar a mão do Presidente Taft, à saída de uma audiência que o deixou insatisfeito[33]. O ardor dos militantes do A.J.C. devia-se à convicção de que a ab-rogação do tratado conduziria o governo russo a amenizar ou até mesmo suprimir a legislação antijudaica[34]. No fim de contas, o Senado e a Câmara dos Deputados votaram unanimemente, pela ab-rogação, em dezembro de 1912. Os judeus exultaram de alegria: "Tenho a sensação de ter ganho o mais importante processo da minha vida", escrevia Marshall. "Não posso deixar de pensar que o ato deve trazer conseqüências de grande importância para a história da civilização", encarecia Schiff[35]. No que o combativo banqueiro se enganava redondamente, e se o ato deixou traços históricos, não são o que ele esperava: não só nada foi mudado na condição dos judeus russos, mas ele mesmo e seu banco (Kuhn, Loeb and C.º) não tardaram em tornar-se, ao lado de "Warburg", os símbolos por excelência das maléficas finanças judias — uma função que eles

---

30. Os grifos são de Marshall, que citava na sua resposta este trecho da carta que Burnett lhe havia endereçado. Cf. LOUIS MARSHALL, *Selected Papers... op. cit.*, p. 119.

31. Cf. mais acima.

32. É o que parece ressaltar da continuação da correspondência Marshall-Burnett, cf. *op. cit.*, p. 156.

33. Cf. NAOMI COHEN, *op. cit.*, p. 69.

34. Este raciocínio, que hoje parece ingênuo, tinha sua lógica, cf. a este respeito N. COHEN, pp. 58-59.

35. Cf. LOUIS MARSHALL, *Selected Papers...*, *op. cit.*, p. 103 e N. COHEN, p. 79.

detêm ainda, em certas publicações dos nossos dias, tanto soviéticas quanto americanas [36].

Mais felizes se mostraram os resultados das tratativas do A.J.C. a propósito da impossível questão da "definição racial" dos judeus. Sobre este ponto, Marshall dava em 1913 livre curso à sua ironia:

> Num sentido, eu sou caucasiano, em outro, sou semita. Durante várias gerações, meus antepassados habitaram na Alemanha. Nesse sentido aí eu talvez me tenha impregnado de certas características da raça teutônica. Nasci nesse país. Não sei se isto faz de mim um membro da raça americana, seja lá o que isso possa querer dizer...[37].

Nesse domínio, o A.J.C. não só precisava lutar contra os agitadores para os quais os judeus eram orientais ou asiáticos, mas também contra certos sionistas militantes, que queriam vangloriar-se de sua raça, "hebraica" ou outra. Felizmente, talvez, para o futuro dos judeus americanos, um colega de Marshall, o juiz Julian W. Mack, conseguira em 1909 convencer a comissão competente (Comissão Dillingham) que não existia uma verdadeira raça judia, e dessa maneira a *hebrew race* foi administrativamente incluída na "subdivisão eslava da família ariana" — onde ela permaneceu até 1943 [38].

Não é que as ameaças mais graves tenham partido deste lado. Mas é fato que os últimos anos de paz viram crescer a agitação em favor da manutenção, ou melhor, da reconstituição do tipo "nórdico" dos americanos. À véspera da entrada dos Estados Unidos na guerra, aparecia o livro de Madison Grant, *O Declínio da Grande Raça*, que inspirou as leis "restricionistas" de 1921 e 1924 [39]. Parece efetivamente que, para Grant, os judeus eram os inimigos públicos n.º 1:

> O homem de estirpe antiga [escrevia ele] é substituído em muitos distritos rurais por estrangeiros, da mesma forma que ele é hoje literalmente expulso das ruas de New York pelos enxames de judeus poloneses. Estes imigrantes adotam a linguagem do americano de origem, vestem sua roupa, roubam-lhe seu nome e começam a tomar-lhe suas mulheres (...). New

---

36. Estes nomes, a princípio popularizados pela propaganda antisemita dos "russos brancos", foram a seguir divulgados por toda parte pela propaganda nazista antes de o serem pela propaganda stalinista. Por fim eu os encontrei nos livros (em russo) de IURI IVANOV, *Prudência, Sionismo!*, Moscou, 1969, pp. 91-02, e EVGUENI EVSEIEV, *O Fascismo sob a Estrela Azul*, Moscou, 1971, p. 75. No que concerne aos Estados Unidos, trata-se certamente de publicações marginais, porém numerosas; podem-se citar: A. K. CHESTERTON, *The New Unhappy Lords, An Exposure of Power Politics*, Hawthorne, 1970, pp. 180-185 e GARY ALLEN, *None Dare Call in Conspiracy*, Rossmoor, 1971, p. 69.
37. L. MARSHALL, *Selected Papers...*, p. 276 (resposta a um questionário da "Bar Association" (Ordem dos Advogados) de New York.
38. N. COHEN, *op. cit.*, p. 47, "The Classification of Jewish Immigrants", *Yivo Scientific Institute*, New York, 1945.
39. Cf. J. HIGHAM, *Strangers in the Land...*, *op. cit.*, pp. 330-330, e especialmente p. 307.

York está em vias de tornar-se uma *cloaca gentium*, que produzirá numerosos híbridos de tipo surpreendente e horrores étnicos que os futuros antropólogos não saberão identificar[40].

Bem entendido, Grant, qual racista conseqüente, julgava os acontecimentos de seu tempo em função de suas convicções. Por isso mesmo ele era hostil às guerras, porquanto os nórdicos, heróis descuidados como eram, precipitavam-se por ocasião dos conflitos armados para um suicídio racial:

> Como em todas as guerras desde a época romana, é no fim de contas o pequeno homem moreno que é o vencedor. Todos os que viram a partida dos nossos regimentos para a guerra contra os espanhóis ficaram impressionados pelo contraste entre a estatura dos homens loiros nas fileiras e do cidadão satisfeito que, bem tranqüilo na calçada, aplaudia os combatentes e permanecia na retaguarda para perpetuar seu tipo moreno[44].

É sob o mesmo ângulo de proteção dos arianos que Madison Grant julgou a Revolução de Outubro:

> Quando o regime bolchevique for derrubado na Rússia, o que é apenas uma questão de tempo, haverá um grande massacre de judeus, e eu suponho que nós receberemos o excedente, até que nós ponhamos termo a isso[42] (21 de outubro de 1918).

A América que entrou na guerra na primavera de 1917 já era a América de Edison e de Ford, o país mais povoado e mais poderoso do Ocidente. Embora sua integridade não estivesse de modo algum em jogo, estando excluída uma invasão inimiga, ela experimentava um fervor patriótico que não cedia em nada ao dos países europeus, e dobrou-se a uma autocensura que, sem dúvida mais severa do que a dos ingleses ou até dos alemães, só poderá ser comparada à da "união sagrada" francesa (coincidindo a decisão americana com a queda do regime czarista, nada mais impedia os judeus de compartilhar do entusiasmo geral). O conformismo específico que se manifestava destarte era bem aquele que Tocqueville anunciava profeticamente ("Nos Estados Unidos, a maioria se encarrega de fornecer aos indivíduos uma multidão de opiniões inteiramente feitas... é de se prever que a fé na opinião pública tornar-se-á aí uma espécie de religião cujo profeta será a maioria") [43]. Um jornal de Iowa resumia assim os três deveres de um bom americano em tempo de guerra: "Aderir a uma sociedade patriótica; pregar a in-

---

40. *The Passing of the Great Race*, 1916, trad. fr., *Le Déclin de la Grande race*, Paris, 1926, pp. 111-112.
41. *Ibid.*, p. 96.
42. Carta de Madison Grant citada por J. HIGHAM, *Strangers in the Land...*, p. 306.
43. *De la démocracie en Amérique*, Livro II, Cap. 1: "Les idées et les hommes".

conveniência de considerar as condições de uma paz; descobrir o que pensam os vizinhos" [44]. E as ondas de ódio que se ergueram imediatamente contra os alemães, a intensidade da *bourage des crânes* e a enormidade de certos boatos, tudo isso também só é comparável às extravagâncias francesas neste domínio. Segundo certos rumores, os agentes alemães tramavam criar nos Estados Unidos a escassez de sal, fósforos e de anil para lavar roupa [45]; segundo outros, esses agentes espalhavam os germes da gripe espanhola, ou introduziam em submarinos, para os serviços dos espiões, uma variedade especial, alemã, de pombos-correio [46]. Em numerosos Estados o ensino do alemão foi interditado; o chucrute, o *sauerkraut* alemão, foi rebatizado de *liberty cabbage* (couve da liberdade); os suspeitos de origem alemã eram coagidos pela multidão a beijar o pendão americano, ou eram metidos em piche e penas, à maneira do Ku Klux Klan, ou simplesmente linchados [47].

O fato de que logo após o armistício esses furores patrióticos, longe de acalmar-se numa América superequipada para a guerra, tenham logo tomado os bolcheviques como alvo, não é de admirar. Foi assim que a comissão senatorial encarregada de investigar cervejeiros e destiladores, suspeitos de servir de agentes à Alemanha imperial, acabou investigando o perigo comunista [48]. É necessário no caso levar em conta uma certa ingenuidade dos políticos americanos, e singularmente, o amadorismo reinante nos serviços de informações, presas fáceis aos manipuladores engalonados do Intelligence Service — e também da Okhrana.

Em fevereiro de 1918, Edgar Sisson, representante em Petrogrado do Committee on Public Information, comprara um lote de documentos fabricados para provar que os bolcheviques obedeciam no todo e em tudo ao alto comando alemão. O governo americano duvidava tão pouco de sua autenticidade que os tornou públicos [49]; uma acusação parecida, é verdade, de fonte britânica, já tinha sido levantada em outubro de 1917 contra Kerenski [50]. E como não associar os judeus a uma conspiração internacional? Em setembro de 1918 um órgão intitulado *The Anti-Bolshevist* veio à luz em New York, que combinava o já clássico tema do domínio judio-germânico com um novo tema: eram os judeus que haviam impelido os Estados Unidos a entrar na guerra: eram eles que se empenhavam

---

44. Citado por J. HIGHAM, *Strangers in the Land*..., p. 206.
45. *Ibid.*, p. 208.
46. Cf. PAUL COODMAN & FRANK GATTEL, *America in the Twenties*..., New York, 1972, p. 114.
47. J. HIGHAM, *op. cit.*, p. 209.
48. "Brewing and Liquor Interest and German and Bolshevik Propaganda", *Reports and Hearings of the Subcommittee on the Judiciary, United States Sonate*, Washington, 1919, 3 vol.
49. Ver mais atrás, p. 171.
50. ANTONY G. SUTTON, *Wall Street and the Bolshevik Revolution*, New Rochelle, 1974, p. 193.

em prolongá-la [51]. Pode-se acrescentar que já em 19 de agosto de 1918, Marshall chamava a atenção de Jacob Schiff para os rumores que atribuíam a Revolução de Outubro aos judeus e que Schiff, numa carta ao Departamento de Estado, se apressava em distanciar-se dos "vermelhos" [52]. Entrementes, informações cada vez mais alarmistas afluíam a este Departamento. Uma importância particular cabe a um relatório intitulado "Bolshevism and Judaism", datado de 30 de novembro de 1918, porque iria alcançar uma notoriedade internacional que não deve nada à dos *Protocolos*.

Os arquivos do Departamento de Estado referentes ao assunto (acessíveis desde 1960) [53] indicam o nome do autor, o refugiado russo Boris Brasol, um antigo funcionário do Ministério da Justiça que havia participado do preparo do processo Beilis. Note-se que um ano mais tarde o relatório era novamente submetido ao Secretário de Estado Lansing, após ter percorrido o seguinte caminho: comunicação, sem dúvida pelo próprio Brasol, ao Príncipe Iussupov (o assassino de Rasputin), que o comunicou a Sir Basil Thompson, chefe do Intelligence Service, que por seu turno o comunicou à embaixada americana, de onde ele foi encaminhado às mãos de Lansing — que o achou sumamente suspeito. É assim que a imaginação dos russos brancos alimentava os circuitos de informações anglo-saxônicas!

Encontram-se também nos arquivos do Departamento de Estado diversos documentos forjados (não se sabe por quem) para dar maior credibilidade ao relatório: um deles assegurava que o Intelligence Service lograra interceptar uma série de mensagens que os conspiradores judeus trocavam entre si.

Quanto ao próprio relatório, três pontos merecem especial atenção:

Para começar, ele indicava com precisão quando, como e onde foi tomada a decisão de derrubar o governo czarista: a saber, em 14 de fevereiro de 1916, no bairro judeu de New York, por um grupo de revolucionários encabeçados por Jacob Schiff.

À guisa de conclusão, este relatório citava uma passagem dos *Protocolos* que, curiosamente, era uma falsificação de segundo grau,

51. Cf. HIGHAM, *op. cit.*, p. 387, nota 3.
52. *Ibid* e A. G. SUTTON, *op. cit.*, p. 196.
53. Estes documentos são citados por SUTTON, pp. 187-188. Foram extraídos do dossiê do "State Department Decimal Fire 861.00/5399" que contém o relatório "Bolshevism and Judaism" e diversas peças anexas. Resulta dele especificamente que Sir Basil Thompson exigia que os EUA verificassem a veracidade das acusações de Brasol. Lansing mandou responder-lhe: "The author of the statement has been interviewed since the receipt of your letter, and he is unable to add anything to the statements contained in the document itself. It is obvious that the document has no special validity..." 28 de novembro de 1919. Agradeço ao Sr. Antony Sutton por ter chamado minha atenção para o dossiê 861.00/5399, que me foi amavelmente comunicado pelo Sr. Ronald E. Swerczek, dos Arquivos Nacionais dos EUA.

pois fora redigida especialmente para a circunstância: os *Sábios* judeus asseguravam nela poder impedir toda rebelião dos *goim* "com a ajuda dos canhões americanos, chineses e japoneses"[54].

Finalmente, o relatório trazia a lista dos 31 dirigentes, todos judeus, à exceção de Lenin, que governavam a Rússia. Essa lista não demorou em dar a volta ao mundo: em setembro de 1919, é encontrada no primeiro número do jornal do exército branco *A Moscou!* (Rostov sobre o Don); em março de 1920, em *La Documentation Catholique* (Paris); em julho de 1920, no *Morning Post*; o órgão de Henry Ford, o *Dearborn Independent* irá buscar aí diversos empréstimos. Pela primeira vez, a lista foi tornada pública em fevereiro de 1919, diante da Comissão Senatorial dita "dos cervejeiros e destiladores", no momento em que o "Grande Temor Vermelho" (*Big Red Scare*) do após-guerra começava a realizar suas devastações nos Estados Unidos.

Com efeito, no começo de 1919, a América estava inquieta. Assim como na Europa, uma onda de greves se seguira ao fim das hostilidades (uma das mais espetaculares, e a primeira em data, foi a dos operários, judeus em grande parte, da indústria da confecção)[55]. Outros trabalhadores reclamavam a nacionalização das estradas de ferro e das minas de carvão. Em março, uma sensacional daclaração publicada pelo *New York Times* anunciava que os "Vermelhos" contavam como certa a possibilidade de apoderar-se do poder num futuro próximo[56]. Uma série de atentados à bomba e cartas ameaçadoras aumentaram a inquietação[57]. Um terror confuso angustiava nos anos 1919-1920 milhões de corações americanos; grupos de cidadãos e associações patrióticas constituíram-se por centenas, o Ku Klux Klan renascia das suas cinzas. Afora isso, a caça às bruxas podia aproveitar o pretexto dado por muitas palavras exageradas das simpatias manifestadas por numerosos liberais e radicais, sobretudo no início, com respeito à grandiosa experiência social empreendida na Rússia; circunstância agravante: os primeiros militantes pró-comunistas eram recrutados na sua grande maioria entre os imigrados, antigos súditos do czar (proporcionalmente, os finlandeses ocupavam o primeiro lugar, muito à frente dos judeus)[58]. Mas um certo número de banqueiros e de empresários de pura cepa anglo-saxônica também julgava que se devia dar

---

54. Cf. o dossiê citado acima, "Memorandum the Protocols of the Meetings of the Wise Men of Zion".
55. HIGHAM, *op. cit.*, p. 225.
56. Declaração da sociedade patriótica "United Americans"; cf. SUTTON, *op. cit.*, p. 165.
57. "As cartas forjadas não surgiram ontem! — e uma remessa maciça a uma vintena de personalidades americanas foi retida em 28 de abril de 1929 em New York... por selagem insuficiente", cf. F. L. ALLEN, *Only Yesteday*, ed. New York, 1964, pp. 41-42.
58. Cf. THEODORE DRAPER, *The Roots of American Communism*, New York, 1957, p. 392; em 1923, 45% dos membros do partido comunista americano eram de origem finlandesa!

aos "Sovietes" uma oportunidade e até ajudá-los a manter-se no poder para desenvolver um comércio proveitoso com eles [59].

Sendo este o plano de fundo, alguns entre a trintena de testemunhas interrogadas pela Comissão Senatorial louvavam as virtudes quase evangélicas do novo sistema russo, "mais humano", assegurava o quacre escocês Frank Keddie, "como jamais o foi a cristandade":

> Penso, continuava ele, que graças ao sucesso dos ensinamentos de Tolstói na Rússia, encontra-se lá um grande número de pessoas que, no que tange à paz e à guerra, são melhores pacifistas, melhores cristãos que os de todos os outros países[60].

O jornalista Albert Rhys Williams falava de uma imensa esperança:

> Eis o que aconteceu lá: um grande povo, contando 150 milhões de homens, rompeu seus grilhões e viu a luz. No início esta os cegou, mas em seguida eles se atrelaram à tarefa de uma reorganização da vida humana sobre uma base de justiça, tendo por ideal uma nova fraternidade dos homens[61].

Essas testemunhas de uma revolução autenticamente russa nem sequer mencionavam os judeus, mas outros que lhe tinham horror falavam deles abundantemente, e sabiam até indicar a proporção dos judeus entre os novos senhores da Rússia: 2/3, de acordo com o cônsul William Huntigton, a primeira testemunha; 3/4, segundo William W. Welsh, ex-diretor das sucursais russas do National City Bank; 19/20, segundo o pastor George A. Simons, delegado da Igreja Metodista na Rússia [62]. Mas de onde tirara o pastor este número? No curso de seu depoimento, revelava que na véspera o Dr. Harris A. Houghton, diretor dos serviços de informações militares para o Estado de New York, lhe fizera uma visita e lhe mostrara um exemplar dos *Protocolos*, assim como a famosa lista dos dirigentes judeus. Ele procedeu à leitura dessa lista perante a Comissão, e no dia seguinte ela saía publicada em todos os grandes jornais americanos. O pastor Simons fazia uma revelação ainda mais sensacional: os fautores da revolução não eram alguns judeus quaisquer, eram quase todos judeus americanos vindos do East Side de New York!

Tais palavras, parcialmente corroboradas no dia seguinte pelas de um outro membro do serviço consular, o Dr. Dennis, tiveram evidentemente uma considerável repercussão. Aqui estão alguns extratos textuais:

---

59. Cf. SUTTON, *op. cit., passim.*
60. Cf. "Brewing and Liquor Interests...", *Reports and Hearings...*, Washington, 1919, vol. II, pp. 759 e 743.
61. *Ibid.*, p. 684.
62. *Ibid.*, pp. 61, 269 e 115.

Mr. Simons: ... disséramos que centenas de agitadores que haviam seguido Trotski-Bronstein vinham do East Side de New York. Fiquei surpreso de deparar com um grande número desses homens subindo e descendo o Nevski. Alguns deles, ao saber que eu era o pastor americano de Petrogrado, me paravam e pareciam muito contentes de ver alguém falando inglês, mas seu péssimo inglês demonstrava que não eram verdadeiros americanos; alguns vieram me visitar; sentimo-nos impressionados pela preponderância, desde o início, do elemento ídiche nesse assunto, e logo ficou patente que mais da metade dos agitadores eram ídiches...

Senador Nelson: Hebreus?

Mr. Simons: Hebreus, judeus apóstatas. Não quero dizer nada contra os judeus como tais. Não simpatizo com o movimento anti-semita, nunca o fiz e jamais o farei; abomino os *pogroms* de toda espécie, mas estou firmemente convicto de que toda essa questão é ídiche...

Senador Overman: Não seria uma coisa notabilíssima se se verificasse que o movimento bolchevista nasceu em nosso país, financiado pelos alemães?

Mr. Simons: Eu não penso que o movimento bolchevista teria obtido êxito, na Rússia, sem a ajuda que lhe prestaram certos elementos nova-iorquinos, aquilo que se chama o East Side...

O pastor Simons afirmava a seguir que o homem da rua, em Petrogrado, dizia: "Isto não é um governo russo, isto é um governo alemão e hebreu", e que segundo uma fonte segura, dos 388 membros do Soviete de Petrogrado, somente 16 eram russos autênticos, sendo todos os outros judeus — dos quais 265, bem como um negro, "o Professor Gordon", vinham de New York. Ele dava a conhecer sua fonte:

Mr. Simons: Ontem à noite um cavalheiro americano, o Dr. Harris A. Houghton, veio me procurar. Ele é capitão no exército americano. Há anos que não o via. Perguntou-me se eu sabia alguma coisa sobre os elementos anticristãos do movimento bolchevista. Respondi-lhe: "Sim, sei tudo a esse respeito". Ele disse: "Estás ao par daquilo que se chama os *Protocolos?*" Respondi-lhe que eu os conhecia. "Tenho aqui um memorando, me disse ele, e no inverno passado, após muito esforço, pude obter um livro intitulado *Redusti, Antéchrist*[63]. Entrementes, o Dr. Houghton estudou toda essa questão. Ele possui o livro, muito raro agora, porque desde sua publicação toda a tiragem foi recomprada pelos judeus de Petrogrado e de Moscou. O livro estabelece a existência de uma verdadeira organização. Mas o homem médio, em nossa vida oficial, aqui em Washington como alhures, tem medo de tocar nisso. Houghton me disse que mesmo nos serviços de informações se tinha medo desse livro.

Senador King: Falai-me deste livro. Em que sentido ele é tão perigoso? É anticristão?

Mr. Simons: Ele é anticristão e mostra o que faz essa sociedade secreta judia para conquistar o mundo, e para paralisar as forças cristãs...

O pastor Simons exibia a seguir o rol dos dirigentes judeus, acrescentando que listas deste gênero circulavam em Petrogrado desde agosto de 1917, e que ele, de sua parte, conhecia quatro variantes delas. Concluindo ele pedia novamente que não se equi-

---

63. *Ibid.*, p. 135. O título, assim estropiado, sem dúvida por uma estenógrafa, poderia ter sido *Griaduchti Antikhrist* (O Anticristo por vir).

vocassem sobre suas intenções: "Alguns dos meus melhores amigos são judeus".

O pastor Simons relatava ainda que "quando os bolcheviques tomaram o poder, tivemos em toda Petrogrado uma multidão de proclamações em ídiche, grandes cartazes, todo isso em ídiche. Era evidente que esse idioma ia tornar-se uma das grandes línguas da Rússia". Além do mais, assim como seu homólogo britânico o Reverendo B. S. Lombard [64], ele não deixava de descrever a "nacionalização" das mulheres e os estragos do amor livre: no conjunto, o americano estava ainda mais traumatizado, ou melhor, intoxicado, que o inglês. Mas seu informante, o Dr. Houghton, um médico militar designado pelos fins de 1917 ao Army Intelligence Service, parece, ele também, ter-se tornado um joguete nas mãos dos agentes ou funcionários russos que povoavam seu escritório. Visivelmente fascinado pelos *Protocolos*, assegurava ter mandado traduzi-los para o inglês às suas próprias custas: de acordo com sua descrição, constituíam "o programa anticristão do movimento nacionalista judeu, ou movimento palestinense" [65]. Acrescentemos que depois de sua baixa no exército, este curioso médico terminou miseravelmente seus dias, na qualidade de um dos investigadores antijudeus apontados por Henry Ford [66].

No dia seguinte, a imprensa americana dedicava largo espaço ao Dr. Simons. O *New York Times* dava em manchete na primeira página: *Os agitadores vermelhos dessa cidade no poder na Rússia; os antigos habitantes do East Side são os grandes responsáveis pelo Bolchevismo, diz o Dr. Simons.* O *New York Tribune* ostentava um cabeçalho ainda mais incendiário: *O East Side de New York é o berço do bolchevismo. O terrorismo russo parte da América, diz no Senado o Dr. Simons.* Tais manchetes deixam rastros: este mito foi legado à posteridade pelo filósofo inglês Bertrand Russell que, na volta de uma viagem à União Soviética, da qual não gostou, escrevia que a insolente aristocracia bolchevique "era composta de judeus americanizados" [67].

Do Dr. Houghton sabe-se ainda que ele fazia circular os *Protocolos* nos escritórios ministeriais, e que dava conferências sobre este tema excitante nos salões mundanos [68]. Sabe-se também que não foi o único provocador, ou "enganador enganado" desse gênero. A seu lado pode-se citar o oficial de informações John B. Trevor, advogado na vida civil, que depois da guerra se dedicou ao estudo

---

64. Cf. mais atrás, p. 191.
65. Statement by Dr. Harris A. Houghton, 9 de fevereiro de 1919; A. J. C. Archives, Box 132.
66. Cf. NORMAN HAPGOOD, "The Inside of Henry Ford's Jew-Mania", *Hearst's International*, junho-novembro de 1922.
67. Cf. SIDNEY HOOK, "Bertrand Russel the Man", *Commentary*, julho de 1976, p. 52.
68. Cf. N. COHEN, *Not Free to Desist, op. cit.*, pp. 128-129.

dos meios "radicais" judeus de New York, e conseqüentemente instruía os políticos hostis à imigração [69]; a seguir, ele se tornou presidente da Coalition of American Patriotic Societies, isto é, das organizações que a partir de 1933, serviram à causa hitleriana nos Estados Unidos [70]. Mais adiante falaremos de seu colega, o jornalista Kennetts Roberts. Por trás desses homens se percebem seus informantes, refugiados russos na maioria (Natália de Bogory, o General Cherop-Spiridovitch, o Conde Sosnóvski, e sobretudo o publicista Boris Brasol, que se vangloriava de ter escrito "dois livros que causarão aos judeus mais mal que dez *pogroms*" [71]), bem como os profissionais do Intelligence Service britânico; como já se viu, tanto no caso de uns, quanto de outros, qualquer que tenha sido a causa à qual serviam, tratava-se de derrubar o regime soviético. Encontraram eles aliados inesperados de tipo totalmente diferente? Será que é verdade que certos grandes financistas americanos, que graças aos bolcheviques esperavam abrir para si o imenso mercado russo, se empenhavam em descarregar nos ombros dos judeus o opróbrio da operação? É a hipótese que propõe o historiador inglês A. Sutton, em sua recente obra *Wall Street and the Bolshevik Revolution* (1974). Eis aqui sua argumentação, escorada em certos documentos do Departamento de Estado que se tornaram há pouco tempo acessíveis:

> A persistência com que o mito da conspiração judia era propagado sugere poder tratar-se de um estratagema para desviar a atenção dos verdadeiros problemas e das verdadeiras causas. Os documentos que citamos neste livro sugerem que os banqueiros nova-iorquinos que por acaso eram judeus desempenhavam um papel relativamente menor na ajuda prestada aos bolcheviques, enquanto os banqueiros não-judeus (Morgan, Rockefeller, Thompson) tiveram papel mais importante. Como desviar melhor a atenção dos *verdadeiros* operadores do que agitando o espantalho medieval do anti-semitismo?[72]

Por admissível que possa parecer, tal hipótese permanece indemonstrável: a embriaguez grassava em toda parte, os documentos em questão permitem diversas leituras. Assim é que após uma nota conservada nos arquivos do A.J.C. o próprio Presidente Wilson, após ter lido os *Protocolos*, teria censurado o seu amigo judeu, o

---

69. Sobre este rico patriarca WASP, ver HIGHAM, *op. cit.*, pp. 314-324.

70. Sobre este aspecto das atividades de Trevor após 1933, ver JOHN ROY CARLSON, *Under Cover. My Four Years in the Nazi Underworld of America*, New York, 1943, pp. 149, 217-222 e 228.

71. Carta ao General Cherop-Spiridovitch citada por N. HAPGOOD, *op. cit.* Brasol, antigo funcionário do Ministério Russo da Justiça, desempenhara um certo papel no preparo do processo Beilis: nos EUA publicou em especial *The World at the Cross Roads*, interpretando a história universal à luz do drama mundial "Jesus *versus* Judas" etc.

72. *Op. cit.*, p. 189.

juiz Brandeis, de tê-lo traído. Mas não teria sido inventado o espanto de Wilson totalmente no laboratório do Dr. Houghton, para melhor semear o terror entre os judeus?

As revelações do pastor Simons e do Cônsul Dennis foram logo contestadas por diversas personalidades americanas altamente colocadas, bem como por certas testemunhas, de maneira que finalmente a Comissão não as tomou em grande conta [73]. Bem diferente foi a reação dos dirigentes e militantes das principais "associações patrióticas" e de muitos outros americanos, a começar por Henry Ford, tanto mais que o pastor Simons manteve diante dos jornalistas tudo o que dissera e acrescentava mais algumas coisas [74]. O problema de uma limitação da imigração, desde há muito na pauta do dia, recebia assim novo alento. As campanhas encetadas para esta finalidade desembocaram em maio de 1921 na promulgação de uma lei instituindo uma *quota* anual de 3% para cada nacionalidade [75]: de acordo com diversos testemunhos, o alvo principal desta lei era barrar os imigrantes judeus, assim como o desejava especialmente o velho patrício Henry Cabot Lodge, o líder dos republicanos no Senado [76]. Em todo caso, sobre o plano interior americano, somente os judeus eram visados pelas ofertas de emprego que em quantidade crescente exigiam dos postulantes declinar sua religião, quando essas ofertas não especificavam abertamente: "Para cristãos so-

---

73. Declarações que enalteciam o patriotismo e as virtudes cívicas dos judeus vieram a público de 13 a 16 de fevereiro de 1919, sendo prestadas pelo Secretário do Estado Charles Evans Hughes, por seu predecessor Mac Adoo, pelo governador do Estado de New York Alfred Smith e pelo Prefeito Hylan. No que concerne à Comissão Senatorial, é sobretudo o depoimento firme e bem documentado do jornalista Herman Bernstein que parece ter suscitado o abandono da idéia de uma "conspiração dos judeus do East Side".

74. Cf. o *New York Times* de 17 de fevereiro de 1919: *"O Dr. Simons mantém o que disse; o pastor metodista afirma que seu testemunho sobre os judeus e os bolchevistas representa a pura verdade; as proposições anarquistas são coisa corrente nos restaurantes do East Side".*

75. Esta quota era calculada em função do número de imigrantes de cada nacionalidade, tal como era registrada em seus passaportes, presentes em solo americano em *1910*. Em 1924, esta lei foi substituída pelo "Johnson Act", que substituía no ano de 1910 a de *1890*, o que reduzia praticamente a zero as oportunidades dos egressos da Europa Oriental e Meridional, tanto mais que a quota era reduzida de 3% para 2%.

76. Cf. HIGHAM, pp. 310, 99 e 279. A partir de 1897, Lodge tentara impor a todos os imigrantes um *"literacy test"*, que, no caso dos judeus, devia efetuar-se no idioma de sua nacionalidade registrada — o que teria eliminado automaticamente um grande número de "idichífonos". (cf. HIGHAM, "American Anti-Semitism...", *op. cit.*, em C. H. STEMBER, *Jews in the Mind of America*, New York, 1966, p. 252).

mente"[77]. As discriminações deste tipo estavam em vias de alcançar seu auge (restam ainda hoje alguns vestígios)[78]. Em 1922, logo após uma viagem aos Estados Unidos, nosso velho conhecido Hilaire Belloc louvava os americanos por terem sabido organizar sua defesa:

> ... mesmo em New York, a organização defensiva apenas começa... [Na Grã-Bretanha] uma certa proporção de judeus tornou-se necessária à classe dirigente inglesa em seu conjunto (...) Nada disso ocorre nos Estados Unidos. O judeu só dificilmente é aí admitido nos grandes clubes, e no mais das vezes não pode penetrar neles; raramente seus talentos são utilizados nos Estados-Maiores do exército; ele absolutamente não goza de uma verdadeira posição civil (...) Existem não sei quantos hotéis que recusam receber judeus. Como acabo de dizer, os principais clubes se recusam a admiti-los; as universidades, em especial Harvard, organizaram abertamente sua defesa contra a invasão de novos estudantes judeus...[79].

A satisfação de Belloc se explica: em junho de 1922, James Russel Lowell, o presidente de Harvard, tornava público o projeto de um *numerus clausus* oficial de 10% para os estudantes judeus. Vindo da universidade americana mais antiga e mais prestigiosa, tal medida teria constituído um precedente dos mais temíveis, e Louis Marshall considerava o assunto como sendo mais grave que as provocações dos monarquistas russos ou a propaganda de Henry Ford. Finalmente o projeto foi repelido e Harvard retornou aos métodos de barragem ocultos e dissimulados, tais quais eram aplicados pela maior parte das universidades da Costa Leste. Resta que pelas razões mais diversas — "velocidade ascensional" demasiado grande para uns, ameaça à ordem estabelecida para outros, e por aí, voltamos a encontrar o clássico anti-semitismo cristão-burguês — no começo dos anos 1920, os judeus dos Estados Unidos pareciam destinados a polarizar os ódios da mesma forma como na Europa. Esboçando então uma espécie de balanço, o filósofo Horace Kallen julgava ter base para erigir o anti-semitismo como regra universal, válida para todos os países da cristandade[80]. Estas sombrias perspectivas conduziam o orientalista Cyrus Adler, um dos membros fundadores do A.J.C., a entregar-se a uma autocrítica:

---

77. Cf. LOUIS MARSHALL, *Selected Papers...*, op. cit., pp. 256-294.
78. Cf. NATHAN GLAZER e DANIEL P. MOYNIHAN, *Beyond the Melting Pot...*, Cambridge, Mass., 1970, pp. 147-155. Certas cifras são surpreendentes: é assim que os judeus, que constituem 3% da população dos EUA, detêm 8% dos diplomas universitários, mas ocupam apenas 0,5% dos postos de responsabilidade ("executivos") na vida econômica (industrial ou financeira). Igualmente, à concentração em determinados ramos (confecção, cinema etc.) corresponde a uma exclusão quase total em outros (seguros, ferrovias, companhias de gás e eletricidade).
79. Cf. H. BELLOC, *The Contrast*, Londres, 1923, pp. 196-199.
80. H. M. KALLEN, "The Roots of Anti-Semitism", *The Nation*, 28 de fevereiro de 1923.

No mundo desses últimos anos, produzimos um barulho totalmente desproporcional ao nosso número. Manifestamos e gritamos e alardeamos, promovemos congressos e agitamos as bandeiras de uma maneira que não podia deixar de atrair sobre os judeus a atenção mundial. Obtida essa atenção, não podíamos esperar que ela fosse unicamente favorável a nós... [81]

Também no cenário literário começavam os judeus a sofrer golpes duros. Putnam e Doubleday, os dois grandes editores de New York, publicavam ou cogitavam publicar obras anti-semitas, e em conversa particular o Major Putnam se expandia em palavras sobre os horrores do sionismo e do bolchevismo. Já em 1920, o brilhante crítico anticonformista Henry Mencken escrevia: "Os agravos contra os judeus são longos, e sua causa execrável: ela justificaria dez mil vezes mais *pogroms* do que os que se produzem atualmente através do mundo"; e anglicizava um velho argumento germânico: "Eles pensam em ídiche e escrevem em inglês" [82]. Scott Fitzgerald descrevia "Jew York" através de seu *alter ego* romanceado Anthony Patch:

Para baixo, numa rua movimentada e comercial de altos edifícios, ele leu uma dúzia de nomes judeus sobre uma fileira de lojas. No umbral de cada uma delas havia um pequeno homem trigueiro que observava os transeuntes com olho penetrante — um olho que brilhava de suspeita, de orgulho, de lucidez, de cupidez, de compreensão. Em New York — ele não podia presentemente dissociar a cidade da lenta e rastejante ascensão dessa gente —, as pequenas lojinhas, crescendo, adquirindo extensão, consolidando-se, agitando-se, vigiadas por olhos de abutre e toda atenção minuciosa de uma abelha para os mínimos detalhes — elas pululavam por toda parte. Espetáculo impressionante e, como perspectiva, formidável (*Les beaux et les damnés*, 1922) [83].

Passados eram os tempos quando o americano se banhava em seu esplendor de Branco, tendo só o Negro como contra-imagem; o secular privilégio da pele branca doravante se via abalado pela presença de uma imigração "não-nórdica", tida como sendo de má qualidade. Este tema era propagado pelas revistas mais populares, nas quais os insultos de Boche, de Rital ou de Yupin estavam camuflados sob os termos de raça "alpina" ou "mediterrânea" ou "hebraica" ou "oriental" [84], continuando a reinar a imprecisão no tocante à classificação dos judeus. Não se poderia duvidar que o clima do "Grande Temor Vermelho" alimentava e agravava esta insegurança tipicamente racista. Publicado em 1915, *The Passing of the Great Race* de Madison Grant obtivera apenas um sucesso

---

81. Citado por N. COHEN, *Not Free to Desist, op. cit.,* p. 132.
82. Cf. *Jewish Encyclopaedia,* verbete, "United States Literature", t. XV, col. 1571, e EDGAR KEMLER, *The Irreverent M. Mencken,* Boston, 1950, p. 127. Cabe notar que em 1934 Mencken publicou uma brilhante reportagem pró-sionista sobre a colonização judaica em Palestina (*Pilgrimage*).
83. *Les beaux et les damnés,* trad. fr., Paris, 1964, pp. 271-272.
84. Cf. PRESTON W. SLOSSON, *The Great Crusade and after,* New York, 1930, p. 305.

restrito; em 1920, *The Resing Tide of the Peoples of Color* do seu discípulo Lothrop Stoddard tornou-se um *best seller* e foi altamente louvado pelo Presidente Harding, esta encarnação do americano médio: "Quem quer que se dê ao trabalho de ler atentamente o livro de Mr. Stoddard ... se convencerá que o problema racial que se apresenta aos Estados Unidos é apenas *um* aspecto do conflito das raças em que o mundo inteiro se encontra acuado"[85].

Percebe-se em Stoddard a influência de Gobineau, quando ele escreve: "Um milhão de anos de evolução humana poderiam não chegar a sua meta, e o produto supremo da vida terrestre, o homem, poderia nunca cumprir o destino que lhe fora prometido". Assim como Gobineau, ele não atacava os judeus (aos quais não classificava entre os povos de cor), mesmo quando esbravejava contra "Lenin, rodeado de seus carrascos chineses":

> Os pontos cardeais do bolchevismo... são verdadeiramente odiosos. É possível imaginar-se o efeito de tais idéias se estas conseguissem se impor, não somente à nossa civilização, mas, pior ainda, à própria fibra da raça. A morte, ou a degradação de quase todos os indivíduos que manifestam faculdades criativas, e a tirania dos elementos ignorantes e anti-sociais constituiriam o maior triunfo disgênico que jamais se viu. Ao lado dela, os males engendrados pela guerra pareceriam de uma palidez insignificante...

De resto, a "fibra da raça" americana já estava gravemente atingida, na opinião de Stoddard, pelo afluxo "das hordas verdadeiramente estrangeiras da Europa do Leste e do Sul" (denominação sob a qual era preciso entender, parece, tanto os judeus quanto os eslavos e os latinos). "Todo nosso equilíbrio tão penosamente adquirido — físico, intelectual e espiritual — foi abalado e nós nos debatemos hoje num verdadeiro lodaçal..."[86]

Se Stoddard era o apóstolo mais ilustre da raça nórdica, estava ele longe de ser o único, e outros autores foram bem mais longe. Dois rápidos exemplos bastarão. Para Clinton S. Burr, "o americanismo era o pensamento radical da raça nórdica, desenvolvido após mil anos de experiência", enquanto que as outras raças européias estavam "impregnadas de radicalismo, de bolchevismo e de anarquia": era este sobretudo o caso da raça eslava, de origem parcialmente asiática[87]. Alfred E. Wiggam tentava outro caminho, invocando a religião estabelecida nos seguintes termos:

> Se Jesus estivesse presente entre nós, teria presidido o Primeiro Congresso Eugênico. Teria sido o primeiro a compreender o grande significado idealista e espiritual das generalizações de Darwin, do microscópio de Weismann, das pequenas ervilhas de Mendel (...) A primeira lição que a bio-

---

85. Cf. *New York Times*, 27 de outubro de 1921, p. 11.
86. Cf. L. STODDARD, *Le flot montant des peuples de couleur contre la suprématie mondiale des Blancs*, trad. fr., Paris, 1925, pp. 265, 192 e 230-231.
87. CLINTON STODDARD BURR, *America's Race Heritage*, New York, 1922, pp. 208 e 3.

logia dá à política é a de que as raças humanas avançadas regridem; que as raças civilizadas mergulham no abismo, biologicamente falando...[88]

Os trabalhos de Wiggam alcançaram muito maior sucesso junto ao público americano que os de Burr [89].

Deter-nos-emos mais longamente em Kenneth Roberts, um colaborador do *Saturday Evening Post*, o maior semanário americano. Também este jornalista tivera alguma relação com o serviço de informações (e sem dúvida exercitara sua imaginação em conseqüência) na qualidade de oficial designado em 1918 para o corpo expedicionário americano na Sibéria [90]. Após a desmobilização, foi encarregado de uma reportagem sobre a Europa do após-guerra, sobretudo sob a perspectiva de um reaceleração da emigração para os Estados Unidos. Em 1922, Roberts publicava suas reportagens em dois volumes; um deles, intitulado *Why Europe Leaves Home* (Por que a Europa Vai Embora de Casa?), continha os artigos relativos à emigração. Esta obra compunha-se de partes fortemente contrastantes: cento e vinte páginas antijudaicas por excelência eram seguidas de cem páginas benevolentes sobre os refugiados russos; a seguir, quarenta páginas antigregas precediam uma centena de páginas enternecidas sobre os ingleses e os escoceses. Sendo a obra ilustrada, a escolha dos documentos revelava uma das fontes de inspiração de Roberts, pois às repugnantes cabeças dos judeus eram opostas às encantadoras "moças da velha aristocracia russa" ou "uma aula de costura para as jovens russas". O texto correspondia:

"A gente se comove pela novidade de uma princesa servindo num restaurante." A descrição vinha mais adiante: "Uma das moças mais belas que jamais vi servia a sopa de repolho. Ela tinha vinte e dois anos, seus cabelos eram da cor das espigas de milho em setembro, seus olhos eram azuis..." Essa "princesa Vodoskaya" era de origem tártara; cumpre pois acreditar que a ascendência principesca beneficiava a extração eslavo-asiática. Com efeito, Roberts assegurava que, de maneira geral, os refugiados russos não eram gente de valor a não ser quando eram de estirpe nórdica:

> Se eu precisasse escolher quinhentos russos para confiar-lhes um trabalho qualquer: aterros ou corridas automobilísticas, agricultura ou contabilidade, eu os escolheria sempre entre os aristocratas. Há uma boa razão para isso: a aristocracia russa é recrutada sobretudo entre a raça nórdica — homens altos, loiros, de crânios alongados — enquanto o grosso da população pertence à raça alpina (...) é o estúpido e obtuso temperamento eslavo agravado por séculos de servidão sob amos severos que pensavam por eles.

88. ALFRED E. WIGGAM, *The New Decalogue of Science*, Indianopolis, 1923, pp. 44-45 e 17-18.
89. Cf. T. F. GOSSETT, *Race: The History of an Idea in America*, New York, 1965, p. 404.
90. *Ibid.*, p. 402.

Nem por isso Roberts deixava de mostrar-se bem disposto para com todos os refugiados russos, independentemente de sua origem, e não escondia sua indignação: "A escória da terra se derrama na América a cada navio com relativa facilidade, mas os russos devem remover céus, terra e o Departamento do Estado antes de poder partir" [91].

A escória da terra, isto era em primeiro lugar os judeus, inaptos até para os trabalhos pesados dos quais italianos, poloneses e eslovacos podiam se incumbir [92], contanto que fossem devidamente controlados e confinados em locais de residência para não atravancarem as grandes cidades.

Roberts preconizava além do mais substituir o critério de *nacionalidade* em vigor pelo de *raça*, a fim de estancar o afluxo — sob a bandeira da procedência polonesa ou rumena, de judeus "inassimiláveis, improdutivos e econômica e socialmente indesejáveis". Além do mais, não eram eles asiáticos? Em apoio, invocava um artigo da *Jewish Encyclopaedia*, nestes termos:

> Ademais, não se deve esquecer que os judeus da Rússia, da Polônia e de quase toda a Europa do Sudeste não são europeus: são asiáticos e, pelo menos em parte, mongólicos. Há muito tempo que a Califórnia compreendeu que é preciso barrar a entrada em território branco aos mongólicos: mas se o Oeste lhes está fechado, eles inundam aos milhões o Leste. Verdade, muitas pessoas bem-intencionadas hão de negar que os judeus russos e poloneses têm sangue mongólico. Mas este fato é confirmado pelo artigo da *Jewish Encyclopaedia* que trata dos khazares. Nele se diz que os khazares eram "um povo de origem turca cuja história está entremesclada desde os primórdios com a história dos judeus da Rússia[93].

Vê-se que no tocante à "origem khazar" dos judeus, Arthur Koestler não inventou nada [94].

Aliás, falando da Grécia é que Roberts fazia a exposição mais coerente de sua antropologia:

> Todo cruzamento de troncos produz inevitavelmente híbridos, seja cruzando cachorros ou homens, quer isso se faça no Vale do Nilo ou na planície ática ou à sombra das sete colinas romanas ou nas margens rochosas da Nova Inglaterra (...). As páginas da história estão juncadas de exemplos das grandes civilizações que periclitaram por causa de uma imigração incontrolada e das hibridações que daí resultavam. Como conseqüência de uma imigração descontrolada, nada resta da raça grega, do gênio grego e da nação grega. Há dois mil anos, a Grécia não produz nem literatura, nem arquitetura, nem filosofia, nem artes, nem ciências... Os gregos modernos querem convencer os visitantes que descendem em linha direta dos verdadeiros gregos da época de Péricles; mas se este é o caso, então todo engraxate grego da Nova Inglaterra descende direta-

---

91. ROBERT L. KENNETH, *Why Europe Leaves Home. A True Account of the Reasons which Cause Central Europeans to Overrun America...*, s.l., 1922, pp. 147, 198, 145 e 168.
92. *Ibid.*, pp. 109-110.
93. *Ibid.*, pp. 36, 117-118.
94. Cf. A. KOESTLER, *La Treizième tribu*, Paris, 1976.

mente dos primeiros colonos de Massachusetts. Os gregos atuais descendem de escravos asiáticos e africanos, de italianos, dos antigos búlgaros, dos eslavos, hunos, dos hérulos, ávaros, egípcios, dos judeus...[95]

Vê-se que as diatribes que se espalhavam em 1920-1921 pelas colunas do *Saturday Evening Post* não ficavam atrás em virulência das dos racistas alemães. E longe de ser isso um caso isolado: uma outra revista popular e instrutiva, *Good House-Keeping*, quase chegava ao mesmo ponto em fevereiro de 1921, ao publicar um artigo do Vice-presidente Calvin Coolidge intitulado: "A quem Pertence esse País?"[96]. Aos americanos nórdicos, argumentava esta importante personagem e a moral da história era óbvia: para que o conservassem, deviam levar na devida conta as leis da biologia, evitando toda "miscigenação", segundo a expressão consagrada.

Resta acrescentar que nem Coolidge nem Roberts se apegavam ao tema do "bolcheviques judeus". Mesmo ao falar do "bando de patifes mais vis que jamais arruinaram uma nação", Roberts não punha em causa a extração do grupo; e em outra passagem, manifestava certo orgulho por jamais ter acreditado no mito "de um movimento sionista para controlar e subjugar o mundo". Após ter pesquisado o assunto havia se convencido tratar-se apenas "de um falatório dos mais rançosos", concluía ele [97].

Outros pesquisadores chegavam a conclusões contrárias: em 19 de junho de 1920, seis semanas após o incendiário artigo do *Times* de Londres, o *Chicago Tribune* publicava informações ainda mais sensacionais. A matéria, enviada de Paris por seu correspondente europeu John Clayton, era intitulada: "Trotski conduz os radicais judeus para a dominação mundial; o bolchevismo não é mais que um instrumento de seus projetos". Lá se lia em especial:

Há dois anos, os oficiais de informações dos diversos serviços secretos da *Entente* acumulam relatórios referentes a um movimento revolucionário mundial que não o do bolchevismo. No início, estes relatórios confundiam os dois, mas no fim, as linhas gerais começaram a tornar-se cada vez mais claras (...). O espírito diretor que dá ordens aos chefes menores e financia a preparação da revolta tem sede na capital da Alemanha. O chefe executivo não é outro senão Trotski (...). Os objetivos do partido radical judeu não têm nada de altruísta além da liberação de sua própria raça. Afora isto, seus fins são puramente comerciais. Querem controlar as ricas rotas de comércio e centros de produção do Leste, fundamentos do Império Britânico... Pensam que a Europa está demasiado cansada e a Inglaterra demasiado fraca para reprimir uma rebelião concertada nas suas possessões orientais ...

95. *Ibid.*, pp. 230-232.
96. "Whose Country Is This?" Cito de acordo com T. F. GOSSETT, *op. cit.*, p. 405. Não pude, na França, consultar este artigo da *Good House-Keeping*.
97. *Why Europe Leaves Home*, p. 49. Em nota, Roberts se congratulava por ter enxergado com clareza muitos meses *antes* que o *Times* publicasse, em agosto de 1921, os artigos desmistificadores de Philip Graves. (Ele se referia ao seu próprio artigo "Ports of Embarkation", estampado no *Saturday Evening Post* de 7 de maio de 1921).

No caso, uma embriaguez de fonte britânica parece patente.

E depois houve ainda o americano mais popular e mais marcante do primeiro quarto de século XX, Henry Ford.

Os contemporâneos comparavam Ford a Abraham Lincoln, ou a Karl Marx — ou a Jesus Cristo [98]. Faltou pouco para que fosse eleito presidente dos Estados Unidos, no lugar de Coolidge. Uma tal popularidade, que chegava a ser internacional, podia ser justificada por suas duas inovações fundamentais e complementares: popularização do automóvel e política de altos salários. Mas ao mesmo tempo que fazia figura de benfeitor ou de herói dos tempos modernos, Ford, nascido numa granja de Michigan, guardou sempre a nostalgia desta vida rural simples para cujo abandono e desconsideração ele contribuiu, mais que qualquer outra pessoa no mundo. Foi sobretudo à luz deste paradoxo que se pretendeu explicar a judeofobia do saudosista rei do automóvel [99]. Entretanto outras singularidades, e em primeiro lugar o vegetarianismo, e outras abstinências ou fobias (nem bebidas fortes, nem café ou chá, nem fumo) o aproximam ainda mais de Richard Wagner, Houston Chamberlain ou Hitler [100]. Em tais casos, o medo de envenenamento estende-se facilmente, dadas suas raízes arcaicas inconscientes, a outros domínios, e à compulsão da "rejeição do corpo estranho", transposta para as relações inter-humanas, se volta eletivamente contra os judeus por razões sócio-históricas evidentes. (Pode-se acrescentar que, tão logo os judeus culturalmente assimilados se tornam irreconhecíveis enquanto judeus e prestam-se a confusões, estas crenças supersticiosas só tendem a crescer: sobre este ponto, a teoria psicanalítica acerca do "narcisismo das pequenas diferenças" é confirmada por diversos escritos e fatos históricos) [101]. Sem dúvida certas índoles excepcionais estão mais predispostas às obsessões desse gênero que o comum dos mortais.

Em 1921, V. K. Chesterton, após ter visitado Henry Ford, deixava deste encontro uma descrição entusiástica a seu modo:

98. Cf. EDMUND WILSON, *The American Earthquake*, New York, 1958, p. 233.

99. Foi o que fez efetivamente NORMAN COHN, *Histoire d'un Mythe...*, pp. 156-161; e antes dele, diversos biógrafos de Ford; cf. especialmente ALLAN NEVINS e F. E. HILL, *Ford: Expansion and Challenge, 1915-1933*, New York, 1957, pp. 311-323.

100. Cf. NEVINS & HILL, *op. cit.*, pp. 430 e 489. No que se refere às manias análogas de R. Wagner e H. Chamberlain, ver *De Voltaire a Wagner*, pp. 363-386 e *O Mito Ariano*, pp. 310-317.

101. "Todo judeu que se vê, todo judeu confesso, é relativamente pouco perigoso", escrevia Edmond Drumont. "O judeu perigoso, é o judeu vago...". Ver, no mesmo sentido, os textos ou declarações de Wilhelm von Humboldt, de Bismarck, de Frederico Guilherme IV da Prússia, de Hitler etc., em *De Voltaire a Wagner*, pp. 251-254. No que concerne ao "narcisismo das pequenas diferenças", Freud introduziu este conceito em 1918: fala deste em *Psicologia Coletiva e Análise do Eu*, Cap. VI, *no Mal-estar da Civilização*, Cap. V, e o aplica ao anti-semitismo em *Moisés e o Mo-*

Cumpre admitir que ele é um bilionário; mas não se poderia acusá-lo de ser um filantropo. Não é um homem que simplesmente quer dirigir; são suas idéias que o dirigem e talvez levantem vôo com ele. Tem um rosto distinto e sensitivo; por sua parte ele fez verdadeiramente invenções, ao contrário da maioria das pessoas que tiram proveito das invenções; há algo de artista nele, e ele é um lutador (...). Se tal homem descobriu que existe um problema judeu, é porque existe um problema judeu. Não é certamente porque existe um preconcento antijudeu...[102]

É possível imaginar o ensaísta inglês nostálgico das certezas da Idade Média e o empresário americano apegado aos valores rústicos da época colonial comungando em sua desconfiança com respeito ao incompreensível povo ubíquo e eterno. Em tal caso, os anti-semitas se apressam em sublinhar "a diferença". Na sua autobiografia, Ford falava do contraste entre "a robusta grosseria do homem branco, a rude indelicadeza, por exemplo, das personagens de Shakespeare, e o nauseabundo orientalismo que insidiosamente afetou todos os meios de expressão"[103]. Na França, um escritor melhor, Georges Bernanos, opunha do mesmo modo, ao descrever seu mestre Drumont, "o cabotino parisiense, passeador e quimérico, tão cordial com seus camaradas, [mas que] odeia o gato felpudo, calculista, cujas maneiras de viver lhe permanecem incompreensíveis"[104]. O cão e o gato! Sobre este plano epidérmico ou psicológico (na medida em que distinto do plano sócio-político) não há, ao que parece, duas maneiras de ser anti-semita dos dois lados do Atlântico.

Dito tudo isso, chegamos às inevitáveis determinações acidentais. No caso de Ford, houve o papel desempenhado pela pacifista Rosika Schwimmer na principal derrota de sua vida; com efeito, esta judia húngara foi a principal animadora da "Cruzada da Paz" empreendida pelo bilionário em fins de 1915, a fim de convencer os europeus a deter sua sangrenta luta. O publicista Hermann Bernstein fazia igualmente parte da expedição, que naufragou no ridículo. Seis anos mais tarde Ford, durante uma entrevista, externava seu rancor acomodando suas reminiscências, como segue:

---

noteísmo, Cap. III, I(D). Em um ensaio sobre "As Abordagens Psicanalíticas do Problema do Racismo" (1975), o Dr. Jacques Hassoun procurou aprofundar a questão, mostrando como o anti-semitismo racista se intensifica com a assimilação dos judeus: "Quanto mais o judeu se torna alemão, mais numerosas se tornarão as racionalizações racistas (...). Enquanto o portador da diferença estiver presente, enquanto for um quase chupim e quanto mais for um quase chupim, para retomar a imagem de Adolf Hitler, tanto mais perigoso ele será. Perigo mítico, irredutível, por interpelar o outro na sua fragilidade..."

102. Cf. G. K. CHESTERTON, *What I saw in America*, Londres, 1922, pp. 139-140.

103. Cf. HENRY FORD (em colaboração com SAMUEL CROWTHER), *My Life and Work*, New York, 1922, p. 250.

104. G. BERNANOS, *La grande peur des bien-pensants*, Paris, Edouard Drumont, 1931, p. 213.

Havia no barco dois judeus muito proeminentes. Nós não havíamos percorrido ainda 200 milhas quando estes judeus começaram a me falar do poder da raça judia e da maneira como eles controlavam o mundo graças ao controle que exerciam sobre o ouro: o judeu, e só ele, podia deter a guerra. Eu me recusava crer neles e lhes disse isso; entraram então em detalhes para me descrever como os judeus dominavam a imprensa e como tinham dinheiro. Acabaram por me convencer. Fiquei de tal modo aborrecido que tinha vontade de fazer o barco dar marcha-ré...

Ford explicava a seguir que, tendo descoberto a causa das guerras e revoluções, empenhou-se em levá-la ao conhecimento de seus concidadãos [105]. De fato, é de uma forma inteiramente natural no clima americano de 1920, e ainda sob o impacto imediato do artigo provocador do *Times*, que empreendeu em meio deste ano sua cruzada anti-semita. Cabe adicionar que o porta-voz por ele escolhido, o jornalista canadense William Cameron, pertencia à estranha seita cristã dos "British Israelites", mal disposta ao máximo em relação aos filhos de Israel [106]. (Mais tarde, Cameron tornou-se presidente da pró-nazista Anglo-Saxon Federation of America [107].)

Em 22 de maio de 1920, o *Dearborn Independent*, semanário que Ford adquirira em novembro de 1918, publicava um primeiro artigo no qual denunciava o poder econômico dos judeus. O artigo seguinte denunciava o poder político detido pela entidade bizarramente denominada "All-Judaan". O quadro terminava com uma nota muito sombria:

All-Judaan tem seus vice-governos em Londres e New York. Tendo-se vingado da Alemanha, está a ponto de conquistar as outras nações. Já possui a Grã-Bretanha. A Rússia luta ainda, mas suas possibilidades são minguadas. Os Estados Unidos, tolerantes como são, oferecem um campo promissor. O teatro das operações muda, mas o judeu permanece o mesmo ao longo dos séculos[108].

A um furioso telegrama de protesto de Louis Marshall, Ford respondeu pondo em dúvida seu equilíbrio mental [109]. Por uma vez, os judeus entregaram os pontos: "Se entrarmos numa controvérsia, iremos acender uma fogueira que ninguém pode prever como poderá ser extinta", escrevia em fins de junho Jacob Schiff [110]. No mes-

---

105. Cf. NEVINS & HILL, *op. cit.*, pp. 26-54 e *New York Times* de 5 de dezembro de 1921, p. 33.

106. Sobre os "British Israelites", que se atribuem uma filiação hebraica aos seus olhos mais pura que a dos judeus confessos, ver *O Mito Ariano*, pp. 36-38. A influência desta teoria se manifestava no artigo "Will Jewish Zionism bring Armaggedon?", *Dearborn Independent*, 28 de maio de 1921.

107. Cf. JOHN ROY CARLSON, *Under Cover, My Four Years in the Nazi Underworld of America*, New York, 1943, pp. 204-210.

108. *Dearborn Independent*, 29 de maio de 1921. Cf. *The International Jew*, vol. I, p. 31.

109. Cf. *Selected Papers...*, *op. cit.*, p. 329.

110. Cf. N. HAPGOOD, "The Inside Story...", *Hearst's International*, 1922.

mo dia, o *Dearborn Independent* começava a citar os *Protocolos*, que doravante iriam servir-lhes de argumento principal. Ao mesmo tempo, a Companhia Ford contratava uma agência de polícia particular e montava uma rede de informações da qual, sob cognomes, faziam parte o Dr. Houghton, Natália de Bogory e diversos outros refugiados russos; um deles, Serge Rodionov, se punha em campo para reencontrar na Mongólia o original hebraico dos *Protocolos* [111]. Outros detetives saíam à procura da linha secreta pela qual Louis Brandeis transmitia suas ordens à Casa Branca [112]. As extravagâncias imaginativas do pastor Simons viam-se assim claramente ultrapassadas; mas as novas versões se beneficiavam do incomparável crédito que lhes conferia o nome Ford. A edição americana dos *Protocolos* veio à luz em agosto de 1921: "ela contém uma segunda parte", escrevia Louis Marshall, "destinada a provar a realização da conspiração supostamente descoberta nos *Protocolos*... isto é pior que dinamite" (10 de setembro de 1921). E dez dias mais tarde:

> Os acontecimentos mostraram que a política do silêncio foi um erro. Não só os artigos de Ford aparecem toda semana sem diminuir em violência, mas o que é pior, os *Protocolos* circulam em cada clube, em todo jornal, foram recebidos por todos os membros do Congresso e postos nas mãos de milhares de personalidades. São tema de discussão em todos os salões e em todos os meios sociais... [113]

A acreditar na revista *America,* em New York estas discussões se realizavam igualmente em praça pública, mas a descrição que delas dava este órgão católico sugeria que no seu próprio feudo os judeus estavam rapidamente levando de novo a melhor:

> ... Não se haviam escoado três semanas e já em todas as esquinas da Broadway ressoavam os gritos estridentes dos jornaleiros. "Leiam tudo sobre o traidor Henry Ford! Leiam tudo sobre o mentiroso Henry Ford!" Tornou-se rapidamente evidente que no mínimo em New York o Sr. Ford não ia monopolizar o ouvido paciente do público.

E *America* apresentava aos seus leitores a combatividade dos judeus como exemplo: "Nem sempre suas maneiras merecem imitação, mas sua rapidez e sua eficiência em reagir a todo insulto feito à sua religião são admiráveis" [114].

Entretanto outras falsificações, desta vez devidamente americanas, começavam a aparecer: George Washington teria escrito que

---

111. *Ibid.*
112. Cf. N. COHN, *op. cit.*, p. 161, nota 1, e o artigo de 26 de fevereiro de 1921, "Rule of the Jewish Kehillah Grips New York", *The International Jew,* vol. II, pp. 137-148.
113. *Selected Papers...*, pp. 334, 335-336.
114. *America,* 7 de maio de 1921, "Jews, Flivvers and Catholics" (Judeus, Fords e Católicos).

os judeus eram inimigos mais perigosos que o exército inglês; Benjamin Franklin teria ido mais longe ao anunciar a dominação mundial desses vampiros para a segunda metade do século XX (esses textos continuam a ser difundidos também em nossos dias) [115]. Mas por razões que sem dúvida levam muito longe [116], é o libelo antibonapartista do necessitado advogado Maurice Joly, disfarçado em os *Protocolos* judeus e comentado pelo "israelita" William Cameron, que melhor acolhida encontrou para os corações americanos. Ford, que vendia mais automóveis que todos seus concorrentes juntos e que comercializara mais de um milhão em 1919, encontrava-se então no zênite da sua popularidade e de seu poder. Seus concessionários e agentes eram obrigados a assumir o compromisso de angariar um certo número (288, num dado caso) de assinantes do *Dearborn Independent*; os artigos antijudeus eram igualmente vendidos sob a forma de brochuras, nos EUA e no estrangeiro [117]. As principais "sociedades patrióticas" de New York acompanhavam Ford de perto; no caso da National Civic Federation os judeus conseguiram submeter à censura a propaganda anti-semita, mas a American Defense Society continuou a recomendar através da América inteira a leitura dos *Protocolos,* "sejam eles autênticos ou falsos"[118].

No outono de 1920, a envergadura tomada pelas campanhas anti-semitas incitou as grandes organizações judaicas, laicas ou religiosas, neutras ou sionistas, a fazer ao menos por uma vez causa comum a fim de melhor enfrentar "o problema mais sério que jamais se colocou para o judaísmo americano" [119]. Em 1.º de dezembro davam a público um "apelo aos seus concidadãos", intitulado *Os "Protocolos", o Bolchevismo e os Judeus*. Uma vez mais na longa história da diáspora, os judeus se esforçavam por explicar que as acusações levantadas contra eles eram falsas e absurdas; mas nos EUA, puderam brandir um argumento novo:

Abstraindo-se de uma história esmaltada de inverossimilhanças, a análise dos *Protocolos*... mostra que eles devem emanar dos mais encarniçados inimigos da democracia. Neles abundam em cínicas referências à Revolução Francesa e às noções de liberdade, igualdade e fraternidade. Glorificam os privilégios e a autocracia. Convertem a educação em objeto de derrisão. Condenam a liberdade de consciência. Afirmam que as liberdades políticas são uma idéia, não um fato, e que a doutrina segundo a qual um governo é o servidor do povo não passa de uma frase oca.

115. Cf. a compilação de citações intitulada *Os Judeus, traduzida do inglês por S. D. Michael* (s.l., 1972), difundida em 1973-1974 e distribuída entre os jornalistas franceses pelas autoridades da Arábia Saudita, n.º 1, p. 3 e n.º 40, pp. 16-17.

116. Cf. mais acima, p. 58-59.

117. Cf. NEVINS & HILL, *op. cit.*, pp. 264, 685 e 316.

118. Ver HIGHAM, *Strangers in the Land, op. cit.*, pp. 280, 387, nota 37.

119. Cf. NAOMI COHEN, *op cit.*, pp. 132-133. Essas organizações eram o American Jewish Committee, o B'nai B'rith, o American Jewish Congress, a Zionist Organization of America, a Central Conference of American Rabbis e a United Synagogue.

Em conclusão, este longo apelo exprimia a esperança de que os "verdadeiros americanos" não deixariam de reprovar as calúnias e as difamações antijudaicas [120]. Uma primeira reação não se fez esperar; no dia 4 de dezembro, o Conselho das Igrejas Protestantes declarava "deplorar os ataques cruéis e infundados dirigidos contra nossos irmãos judeus, e exprimir uma confiança total no seu patriotismo e no seu civismo" [121]. Um outro manifesto "triconfessional", tipicamente americano, seguia em 24 de dezembro: com as assinaturas de eminentes representantes das três religiões, condenava as perseguições das minorias em todos os países do mundo, e se detinha em seguida no caso da propaganda anti-semita nos EUA. Ao fim — o detalhe é digno de nota — este manifesto admitia que os judeus levavam um pouco demais a que se falasse deles à testa dos movimentos revolucionários:

> Reconhecemos livremente que há judeus proeminentes em certos movimentos perigosos para a sociedade e o governo, mas cumpre reconhecer também que os judeus são proeminentes na maioria dos movimentos filantrópicos, que certos cidadãos dos mais patrióticos e dos mais inteligentes deste país são judeus e que todos os movimentos perigosos incluem não-judeus. Os judeus podem ser bons, maus ou indiferentes, como é o caso de todos os outros povos. Bem que os americanos poderiam lembrar-se com vergonha de que certos bolcheviques residiram durante algum tempo nos EUA, e que a lembrança que eles conservaram das pocilgas de New York, das minas da Pennsylvania e dos matadouros de Chicago não é de natureza a diminuir seu ódio [122].

Aparentemente, as palavras alarmistas do pastor George Simons não tinham sido inteiramente esquecidas.

Um terceiro texto publicado em 16 de janeiro de 1921 reunia quase todas as personalidades que contavam na vida pública americana, mas desta vez excetuando os judeus. Três presidentes (Taft, Wilson e Harding), nove secretários de Estado, um cardeal e numerosas dignitários eclesiásticos, presidentes de universidades, homens de negócios e escritores — uma centena de assinaturas ao todo — protestavam nestes termos:

> Os cidadãos abaixo-assinados de origem gentia e de fé cristã reprovam e lamentam profundamente o aparecimento, neste país, de uma campanha organizada de anti-semitismo conduzida nos padrões de conformidade (e em cooperação com) campanhas semelhantes na Europa... Desta maneira a cidadania americana e a democracia americana estão sendo provocadas e ameaçadas. Protestamos contra esta campanha organizada de preconceitos e de ódio, não somente porque ela é manifestamente injusta com respeito àqueles contra os quais é dirigida, mas também,

---

120. Cf. *Selected Papers...*, pp. 343-350 (este apelo fora redigido por Louis Marshall).

121. Cf. *American Jewish Year Book*, vol. 24 (1922-23), pp. 331-332 (Federal Council of the Churches of Christ in America).

122. *Ibid.*, p. 332; texto reproduzido pelo *The Jewish Guardian* de Londres, 14 de janeiro de 1921.

e sobretudo, porque estamos convictos de que é absolutamente incompatível com um conjunto de cidadãos americanos leais e inteligentes (...) Acreditamos não ser necessário remeter apenas aos homens e mulheres de confissão judia a tarefa de lutar contra este mal, mas que, num sentido muito especial, é o dever dos cidadãos que não são judeus pela origem ou pela confissão...[123]

Concluindo, o manifesto apelava para os "modeladores da opinião pública", exortando-os a combater por todos os meios "esta agitação antiamericana e anticristã". Mas os homens americanos mais influentes ou mais conhecidos constavam já embaixo do texto: o famoso advogado Clarence Darrow, um ateu militante, encontrava-se ao lado de Evangeline Booth, comandante do Exército da Salvação e de David Jordan, presidente da Universidade de Stanford, que pouco antes denunciara a hegemonia financeira dos judeus, e de W. R. P. Faunce, presidente da Universidade de Brown, que não admitia discriminação a respeito deles [124]. Alguns signatários enviavam cartas para melhor assinalar sua solidariedade; desta maneira o antigo Secretário de Estado Robert Lansing revelava que no ano anterior os *Protocolos* haviam circulado nos serviços de seu Departamento e chegaram à sua mesa, sendo detido apenas neste nível. Também pode ser citada a carta do Cardeal O'Connel, proclamando ser antiamericana toda discriminação religiosa ou racial [125] (parece ter escapado totalmente a este prelado existirem também nos EUA uma dezena de milhões de cidadãos negros...).

Seja como for, este grande manifesto encontrou uma acolhida tão unanimemente favorável na imprensa e na opinião pública, que ao fim de algumas semanas Henry Ford pareceu ser um homem só nos EUA: em 26 de abril de 1921, Marshall escrevia que a agitação anti-semita "praticamente se exaurira", e de que "o movimento Ford morria de morte lenta" [126]. O rei dos automóveis, entretanto, longe de capitular, anunciava aos jornalistas, pelos fins de 1921, que logo iria oferecer a seus compatriotas "um curso de história" à sua maneira: mostrar que nos EUA os judeus tinham provocado a Guerra de Secessão, mandado assassinar o Presidente Lincoln, "e muitas outras coisas ainda, algo de história americana que não é ensinado nas escolas "[127].

Ele só se ateve a esta promessa parcialmente pois, na realidade, os artigos antijudeus do *Dearborn Independent* começaram a

---

123. Texto difundido pelo "The Jewish Board of Deputies", *America and the Jews*, Londres, 1921, pp. 7-127.
124. Numa obra publicada às vésperas da guerra (*Unseen Empire*, Boston, 1912), Jordan afirmava que os banqueiros judeus eram os verdadeiros senhores da Europa (mais não estendia esta censura aos banqueiros judeus, ou outros, dos Estados Unidos). No que se refere ao W. R. P. FAUNCE, cf. *Selected Papers*..., p. 270, nota.
125. Cf. *America and the Jews, op. cit.*, p. 5.
126. *Selected Papers*..., pp. 351, 358.
127. Cf. *New York Times*, 5 de dezembro de 1921, p. 33.

espaçar-se em 1922, e jamais falou-se da Guerra de Secessão nem de Lincoln. De outro lado, o jornal, que até então havia atacado "os judeus" apenas de uma maneira vaga, cometeu o erro de envolver-se diretamente com alguns deles. O advogado de cooperativas Aaron Sapiro, acusado de querer apoderar-se do mercado de cereais, apresentou queixa, e o processo prenunciava um curso bastante desfavorável para Ford. Além do mais, tendo a General Motors lhe arrebatado o primeiro lugar, ele estava preparando para 1928 o lançamento de um modelo "A" totalmente novo, no qual apostara o futuro de sua empresa [128]. Foi nestas condições que repentinamente decidiu no verão de 1927 fazer paz com os judeus. Chegou até a solicitar de Louis Marshall que lhe redigisse o texto de suas retratações, e estas, pretextando a ignorância como desculpa, foram tão completas e humildes quanto se queira:

...Confesso ter ficado fortemente chocado após o meu recente estudo da coleção do *Dearborn Independent* e do *The International Jew*. Julgo ser meu dever de homem honesto efetuar uma retratação honrosa pelas injustiças infligidas aos judeus, meus compatriotas e irmãos, pedindo-lhes perdão pelo mal que eu lhes fiz, retirando, tanto quanto me é possível, as acusações levantadas por estas publicações, e assegurando-lhes que doravante podem contar com minha amizade e minha boa vontade. É inútil dizer que os escritos que foram distribuídos através de nosso país e no estrangeiro serão retirados de circulação, que farei saber por todos os meios possíveis que os desaprovo, e que doravante o *Dearborn Independent* será redigido de forma que nenhuma reflexão sobre os judeus apareça em suas colunas... [129]

Estas declarações, das quais os judeus tomaram entusiasticamente conhecimento, no entanto deixaram frio o conjunto do público americano. Sem dúvida a notícia era banal demais, carecendo de qualquer relevo: que os judeus, na sua singularidade, sejam seres que escapam às normas comuns e dos conspiradores internacionais, é isso que era interessante para o grande público. Fato que um dos biógrafos de Ford exprime em outros termos, como segue:

Como os erros de Ford eram devidos à mesma ignorância e simplicidade que caracterizavam um grande número de gente comum, as massas não quiseram reconhecer que ele se enganara, ou ainda, mesmo reconhecendo-o, não prestaram atenção a seus passos falsos [130].

Cabe acrescentar que, se Ford retomara por sua conta a tese da conspiração judaica tal qual era desenvolvida nos *Protocolos*, não acusava globalmente todos os judeus, mas distiguia entre uma oligarquia financeira, iniciada nos secredos de "All-Judaan", e uma maioria de judeus inocentes, que os manejos dos "controladores mundiais" colocavam "numa situação infeliz" [131]. De outro lado, a

---

128. Cf. NEVINS & HILL, *Ford...*, *op. cit.*, pp. 317-320.
129. Cf. *Selected Papers...*, pp. 376-379.
130. NEVINS & HILL, p. 323.
131. *The International Jew*, Dearborn, 1920, vol. I, p. 46.

influência do "israelita" William Cameron se fazia sentir em muitas passagens do escrito — por exemplo, quando era abordado o papel dos judeus na economia da salvação ou da Palestina, centro do mundo: a este último respeito, Cameron não deixava de lembrar de que Judá não era o povo inteiro de Israel, mas apenas uma das doze tribos, aquela que desde os tempos bíblicos semeava a discórdia [132]. Tratava-se portanto mais de uma forma original de anti-judaísmo cristão do que de anti-semitismo moderno.

Em todo caso nos EUA, onde Ford efetivamente mandou queimar todas as coleções de seu jornal e o estoque de *The International Jew*, o caso foi logo esquecido. Na Alemanha, a coisa foi bem diferente, lá o *Judeu Internacional* era difundido por Theodor Fritsch, "o grão-mestre do anti-semitismo alemão". Intimado por Ford a retirar a tradução de circulação, Fritsch exigiu reparação de danos; a conselho de Marshall, que temia outras chantagens, Ford não insistiu mais [133].

Esta tradução alemã merece nossa atenção por diversas razões. Folheando-a, o que primeiro salta à vista é a abundância de notas em rodapé, nas quais o tradutor declara seu desacordo com o autor. Às vezes, o anti-semita alemão está positivamente furioso: especialmento quando seu correligionário americano manifesta seu apego ao Velho Testamento; e mais ainda quando exprime a esperança de que algum dia os olhos dos judeus se abrirão e eles se converterão. Na oportunidade, Theodor Fritsch critica Henry Ford de um modo que faz pensar em Voltaire: "quase cada página do Velho Testamento é imoral" [134]. Uma outra fraqueza perigosa do rei do automóvel era a de querer distinguir entre judeus "bons" e "maus": não, exclama o tradutor, isto é uma terrível ilusão, todos os judeus desprezam como um só homem o gênero humano [135]. Do mesmo modo, quando o autor, citando *Os Judeus e a Vida Econômica* de Sombart, escrevia que o povo disperso, sejam quais forem seus defeitos, fazia florescer o comércio: também a respeito deste ponto protestava o tradutor que nada de bom podia vir dos judeus. E assim por diante. Decididamente — esta idéia voltava repetidas vezes nas notas — os americanos, cegos por seu humanitarismo ou por qualquer outra razão, eram incapazes de avaliar corretamente o problema judeu [136].

Mas nestas condições, por que os especialistas alemães se encarniçavam em promover uma literatura tão duvidosa? Sem dúvida porque ao prestígio mundial de Ford vinha associar-se sua qualida-

---

132. *The International Jew*, Dearborn, 1921, vol. III, pp. 114-127.
133. Cf. *Selected Papers...*, pp. 386-387 (carta de Louis Marshall a Henry Ford, 21 de dezembro de 1927).
134. HENRY FORD, *Der Internationale Jude*, Leipzig, 1934, notas das pp. 45, 46, 47, 58-59, 261.
135. *Ibid.*, nota da p. 243.
136. *Ibid.*, notas das pp. 19, 33, 100, 187, 299.

de de amador desinteressado, pertencente a um mundo totalmente diverso, que nada tinha a ganhar denunciando judeus, e talvez muito a perder: não permitiam mesmo suas retratações ao *Völkischer Beobachter* nazista bradar que os banqueiros judeus haviam finalmente levado a melhor sobre o velho e heróico lutador? [137] Em resumo, uma bandeira tão gloriosa podia cobrir pouco importa que mercadoria.

De resto, os adversários de Ford tampouco prestavam atenção às divergências entre ele e seus admiradores alemães. Na época, órgãos tão sérios quanto o *Berliner Tageblatt* e o *New York Times* acusavam Ford de financiar o incipiente movimento nazista [138]. Isto parece pouco provável, e, de maneira mais geral, parecem ter sido unilaterais as simpatias que os nazistas dedicavam ao bilionário americano. Hitler o cobria de elogios e, uma vez chegado ao poder, condecorou-o; Himmler declarava que a leitura de seu livro lhe abrira os olhos para o perigo judeu [139]. Ford, em vão, se esforçara em retirar de circulação a obra pela qual era responsável, o veneno continuava a agir: o exemplar de *The International Jew* que consultei numa biblioteca de Paris apresenta este sinete: "Cruzador Couraçado Jeanne D'Arc, O Capelão".

---

137. *Selected Papers...*, pp. 386-387 (*Völkischer Beobachter* de 7 de dezembro de 1927).

138. Cf. *Berliner Tageblatt* de 10 de dezembro de 1922 e *New York Times* de 20 de dezembro de 1922.

139. Cf. JOHN ROY CARLSON, *op. cit.*, p. 210 e o testemunho de Félix Kersten, massagista finlandês de Himmler (nota de 22 de dezembro de 1940, "Das Buch von Henry Ford"; arquivos do Centro de Documentação Judia Contemporânea, n.º CCX-31).

8. A França

É difícil dizer quem ia mais longe no vigor patriótico, em 1871-1914, se os judeus franceses ou os judeus alemães. Já por diversas vezes evocamos o entusiasmo germanômano dos segundos, culminando no culto a Richard Wagner [1]; na França, os "israelitas" levavam o patriotismo até a comungar na glorificação de Alexandre III, o czar dos *pogroms*. Um dramaturgo da moda, Albin Valabrègue, justificava desse modo o dever de festejar a esquadra do czar, logo após a conclusão da aliança franco-russa:

> Não somos filhos legítimos da França, somos apenas seus filhos adotivos, e dessa maneira temos a obrigação de ser duas vezes mais franceses que os outros [2].

Alguém dirá que isso não passava de expressões de um homem de teatro; mas, nas sinagogas parisienses, faziam-se orações em prol da saúde de Alexandre III, que o grão-rabino Israel Levi comentava nesses termos: "Antes de tudo, devemos lembrar-nos de que era ele um amigo da França e de que, no interesse de nossa pátria, sua vida era preciosa". Até o anti-semitismo era em parte minimizado aos seus olhos: "Ele era um convicto, um fanático mesmo, e agia de acordo com sua consciência quando nos atingiu com tanto rigor como o fez; portanto, não se poderia atacar seu caráter" [3]. Portanto, o que convinha fazer para conciliar honrosamente

---

1. Cf. acima, p. 13, e meu volume anterior, *De Voltaire a Wagner*, pp. 372-376.
2. Citado por M. R. MARRUS, *Les Juifs de France à l'époque de l'affaire Dreyfus*, Paris, 1971, p. 182.
3. *Ibid.*, p. 183.

o patriotismo francês, tal como medrava nessa época, com a dignidade judia? Já no começo da guerra, o poeta André Spire, um dos raros sionistas franceses, não via outra saída que não o heroísmo sobre-humano:

> Na Bulgária 5 000 soldados judeus, na Áustria 170 000, na Alemanha mais de 60 000 demonstram um igual espírito de sacrifício. (...) Mas por que tantos deles colocam no combate um ardor tão singular, uma tal propensão a morrer? É que todo judeu tem duas honras a defender: a de sua pátria em primeiro lugar, e depois a outra, aquela que por tantas vezes, e com tanta injustiça, ele foi acusado de não ter. Assim, no momento em que o judaísmo universal está dilacerado com a Igreja Católica, como o protestantismo universal e a Internacional operária, subsiste entre esses judeus que se entredestroem uma espécie de laço sublime: Todos eles, disse um jornalista ídiche, querem morrer pela honra do nome judeu[4].

Voltamos a encontrar, dessa maneira, o princípio muito conhecido segundo o qual somente os judeus mortos se tornavam judeus sem censura[5], e aliás alguns concordavam com isso por si mesmos: "Na hora em que lerdes estas linhas, que não devem chegar até vós antes que eu morra, terei adquirido definitivamente, misturando meu sangue ao das mais velhas famílias da França, a nacionalidade que reivindico", escrevia a Charles Maurras o Sargento Pierre David. "Graças a vós, terei compreendido a necessidade e a beleza desse batismo"[6]. Depois da guerra, alguns jovens judeus se valem abundantemente desse "herói judeu da Ação Francesa".

Os *Archives israélites*, o órgão do Consistório, se arranjavam de maneira mais discreta. Por ocasião da festa de Hanucá, "a do patriotismo judeu em sua expressão mais sublime", enumeravam os judeus combatentes de todos os países, sem omitir "os israelitas alemães, soldados do Kaiser", para concluir com uma nota de esperança:

> O patriotismo dos judeus, em todos os países, se inscreve, atualmente, com letras de sangue, e entre os resultados benéficos que se goza dessa intriga assassina, é permitido incluir o desaparecimento de todas as prevenções antijudaicas... É preciso que a fraternidade dos campos de batalha, selada no sangue, sobreviva à guerra[7].

4. Cf. ANDRÉ SPIRE, *Les Juifs et la Guerre*, Paris, 1917, pp. 31-32.
5. Cf. acima, p. 44.
6. *L'Action française*, 28 de outubro de 1918, "Un héros juif d'Action française". Minha amiga Anne-Marie Rosenthal, ao anotar para mim os termos dessa carta, levantou a hipótese de que ela poderia ter sido redigida segundo acordo prévio, "de encomenda" de alguma forma, e com vistas a uma publicação. A data dá o que pensar...
7. Cf. H. PRAGUE, "Les Juifs dans des armées", *Archives israélites*, 3 de dezembro de 1914.

Mas a causa dos combatentes cristãos de todos os países não tinha qualquer necessidade de ser defendida dessa maneira, sem falar da sua indiferença pelos "resultados benéficos" assim gozados. Mesmo que esses resultados fossem conformes à moral universal e aos objetivos da guerra altamente proclamados, não se tratava ao mesmo tempo, por efeito de uma conjunção bastante freqüente, da defesa dos interesses particulares judeus?

Daí a necessidade de outros entusiasmos patrióticos. Os rabinos não se furtavam diante dessa tarefa: a maneira como abençoavam as armas francesas foi descrita, com um humor gritante, nos termos seguintes:

> A Torá vinha do Sinai... Mas, há muito tempo, os rabinos a haviam naturalizado francesa e a transformavam numa valente Lorena, uma irmã da Cruz dessa piedosa província de piedosos cavaleiros. Em outros tempos, a Torá ordenava aos homens que não matassem, ela os punha em guarda contra a cobiça e a luxúria. Agora, suas letras cuneiformes cantavam *La Marseillaise* e *Vous n'aurez pas l'Alsace et la Lorraine*, e pronunciavam santamente o dito de Cambronne * com relação aos boches[8].

Zombaria? Mas o excelente historiador Simon Schwarzfuchs, ele também um rabino, não disse, num tom totalmente diferente, mais ou menos a mesma coisa, quando escreveu:

> E... surpreendente constatar que, não mais em 1914 que em 1870, soldados judeus alemães e soldados judeus franceses não se inquietaram com o aspecto fratricida que arriscava revestir seu combate; as reações políticas haviam levado a melhor sobre as afinidades baseadas numa religião comum[9].

Aliás, basta reportar-se a alguns textos de primeira mão da época: "Judeu ou cristão, todo boche nos é tão odioso" (*Archives israélites*, 10 de junho de 1915), ou ainda com maior força, "o Deus dos franceses, que nada tem de comum com o Deus dos boches..." (*ibid.*, 19 de agosto de 1915); poder-se-ia imaginar, num órgão católico, uma heresia desse tamanho?

Num plano diferente, Thomas Mann imortalizou, como uma burrice de 1914 bem francesa, "ainda por cima assinada Lévy", essas fortes palavras do general de infantaria Camille Lévy. "Se por desgraça me acontecesse tocar a mão de um boche, logo mergulharia a mão num vaso de merda para purificá-la"[10].

---

* Segundo uma versão, Napoleão, ao ser instado a se render em Waterloo, teria respondido com uma simples palavra de cinco letras, que se passou a chamar "o termo de Cambronne" (N. do T.).

8. ARNOLD MANDEL, *Les temps incertains*, Paris, 1950, p. 112.
9. Cf. S. SCHWARZFUCHS, *Les Juifs de France*, Paris, 1975, p. 283.
10. T. MANN, *Betrachtungen eines Unpolitischen*, Berlim, 1922, "Einiges über Menschlichkeit", este artigo deve datar de 1915 a 1917.

Sem chegar ao ponto de mencionar esse guerreiro, o *Univers israélite* atribuía aos judeus "um grau superior de amor à pátria" (6 de julho de 1917). Será preciso dizer que, no campo oposto, fazia-se mais ou menos a mesma coisa, e a Torá era invocada em nome do bom direito alemão — e, seguramente, para abençoar o assalto contra a tirania czarista? No verão de 1915, uma centena de rabinos austro-alemães lançavam um apelo nesse sentido aos judeus dos países neutros (e, mais especificamente, aos judeus americanos). O Consistório Central replicava nos seguintes termos:

> Israelitas dos países neutros (...) lembrem-se do que custou ao judaísmo o ano de 1870. As doutrinas de emancipação e de fraternidade que a Revolução Francesa havia propagado, a Alemanha vitoriosa pretendeu substituir por uma doutrina de ódio e de brutalidade; em nome de uma ciência adulterada, suas universidades elaboraram uma teoria das raças que desembocou no anti-semitismo: o alemão, o único herdeiro autêntico do sangue ariano, devia com toda a força preservar-lhe a pureza; o judeu era o intruso secular que devia ser excluído a qualquer preço. De seu lar natal o anti-semitismo se propagou pelo mundo...[11]

Evidentemente, havia muita verdade nesse diagnóstico, ao qual a Segunda Guerra Mundial veio trazer a confirmação que se conhece; mas essa trágica constatação apenas ressalta melhor a frivolidade de alguns outros entusiasmos consistoriais. "Viva o czar!" era o título dos *Archives israélites* de 17 de setembro de 1914, garantindo que o senhor de todas as Rússias prometera modificar a legislação antijudaica; de mês para mês, os órgãos judeus continuaram a confiar nessa esperança, aplicando-se nesse ínterim a enumerar as cruzes de São Jorge e outras comendas atribuídas pelos generais russos a seus soldados judeus. Quanto às sevícias anti-semitas de que eram palco então as frentes russas, esses órgãos evitavam falar delas tanto quanto possível, ou mesmo atribuíam-nas à propaganda de guerra alemã [12]. Candidamente, Émile Cahen, o diretor dos *Archives israélites*, escrevia na primavera de 1915:

> Nosso corajoso confrade da *Guerre sociale*, Gustave Hervé, continua a tratar da questão judaica na Rússia. O que é possível a um escritor de origem cristã num jornal de interesse geral me parece infinitamente delicado para um israelita... Deixaremos, portanto, que a imprensa antijudaica polemize, se lhe convier, com Gustave Hervé, muito decidido, enquanto durar a guerra, a não tomar parte em discussões dessa natureza[13].

---

11. "Appel des Israélites français aux Israélites des pays neutres", *Univers israélite*, 1915.

12. Assim, ver o artigo "En Russie", *Archives israélites*, 15 de abril de 1915, p. 59: "A imprensa austro-alemã espalhou com um objetivo fácil de penetrar a notícia de *pogroms* na Polônia, o Sr. Sansonov os desmentiu da tribuna da Duma (...) Aliás, os próprios judeus atestam que são caluniosos os dizeres dos austro-alemães..." etc.

13. *Archives israélites*, 15 de abril de 1915, p. 61.

Assim pois, o diretor do órgão consistorial, não contente de passar seu dever patriótico de francês à frente do dever religioso de judeu, convidava os anti-semitas a contestar a verdade em seu lugar! Mas o procedimento suscitava uma crítica indignada, vinda de um outro local: em setembro de 1915, o socialista Georges Pioch, depois de evocar o horror dos *pogroms* czaristas, acusava Émile Cahen e seus semelhantes:

> Deve-se dizer a esses confrades mais servis do que prudentes, e a tantos judeus ricos que se lhes assemelham, que foi a sua pusilanimidade, seu recuo diante do anti-semitismo que, dando-lhe as aparências de força e às vezes mesmo de verdade, permitiu que este último se desenvolvesse tanto em adeptos como em maldades...[14]

E Pioch investia contra os judeus *parvenus*, do tipo dos irmãos Reinach, que "ao ser procurado por um pobre diabo judeu russo ou polonês a pedir-lhe ajuda, lhes responde com serenidade: 'Vocês, os judeus russos ou poloneses, nos prejudicam muito...'" Ou ainda: "Eu não sou judeu, sou francês"[15].

Assim, a "esquarda" francesa também lembrava aos judeus na ocasião a sua posição pouco confortável, sobretudo quando não pediam outra coisa senão romper, como no caso dos Reinach, seus últimos laços com a lei de Moisés, ou mesmo com a solidariedade judaica. Théodore Reinach não chegara a escrever, em artigo muito notado da *Grande Encyclopédie*, que o judaísmo, depois de haver bem conduzido sua missão e ter entregue sua mensagem, "podia morrer sem saudade, sepultado em seu triunfo"?[16] É fora de dúvida que a maioria dos judeus franceses, no início do século XX, partilhavam essa visão, ou essa esperança, que se explicava sobretudo pela existência, na III República, de um poderoso e oficialíssimo campo da laicidade militante, que lhes parecia ser seu lugar natural. No caso, tratava-se de uma conjuntura especificamente francesa, tão propícia à assimilação integral, culturalmente, quanto rica em ambigüidade, psicologicamente. A este propósito, pode-se pensar no tipo sartriano do "judeu inautêntico" Birnenschatz, este ex-combatente do Chemin des Dames que proclamava que "os judeus não existiam"[17] — mas Theodor Herzl já observava que os israelitas franceses não eram nem judeus nem franceses[18].

Não deixa de ser verdade que, em razão da própria ambigüidade de sua posição, o superpatriotismo dos judeus franceses lhes

---

14. G. PIOCH, "Les Juifs et la guerre", *Les hommes du jour*, 25 de setembro de 1915.
15. *Ibid.*
16. Cf. *Grande Encyclopédie*, t. XXI, Art. "Juif", p. 279.
17. Cf. J.-P. SARTRE, *Le Sursis*, ed. "Livre de Poche", pp. 102-117 e p. 371.
18. Cf. acima, p. 48.

acarretava inúmeras consolações ou gratificações psicológicas, já que alguns de seus detratores mais ouvidos, como Maurice Barrès e mesmo Charles Maurras, atribuíam doravante aos combatentes judeus atestados de boa conduta. Com efeito, numa França que antes do início das hostilidades parecia profundamente dividida, e onde as lembranças ainda frescas do caso Dreyfus e da lei Combes pareciam haver levado definitivamente tanto o Exército quanto a Igreja para o campo da reação anti-semita, a união sagrada proclamada em agosto de 1914 foi mais bem observada do que em qualquer outro país beligerante. Vimos como na Rússia, na Alemanha e mesmo na Grã-Bretanha, as tensões e os sofrimentos engendrados pela guerra conduziam cedo ou tarde a acusações do velho bode expiatório dos cristãos. Na França, ao contrário, a maioria dos acusadores se calaram.

E no entanto, os mestres do pensamento da direita nada mais fizeram que "armazenar" [19] seu anti-semitismo enquanto duravam as hostilidades, adotando, se prestássemos mais atenção, uma posição muito conhecida do tipo "Eu não sou anti-semita, mas...". E ainda assim seria conveniente distinguir entre a atitude apregoada em nome da unidade nacional e as convicções enraizadas, entre os lábios e o coração dessa direita. "Em nossos meios, acreditava-se que os judeus somente se faziam matar nos artigos de Barrès...", observava cruelmente Henry de Montherlant [20].

Da forma como foi feita, sua aceitação condicional e verbal enchia de contentamento os porta-vozes dos judeus franceses. Em outubro de 1914, Émile Cahen fazia um primeiro balanço vitorioso: "Há setenta e cinco dias ... nenhuma nota discordante apareceu, nenhuma voz se ergueu [contra os judeus]..." Em seu entusiasmo, ele se confundia em agradecimentos, sem se aperceber de que torcia seu cumprimento de maneira tal que empurrava para o campo anti-semita o conjunto da imprensa francesa:

> Resta a mim, para terminar, um doce dever a cumprir. Tenho de agradecer a todos os nossos confrades da imprensa francesa de Paris e do interior seu excelente procedimento com relação aos israelitas. Nenhum deles deixa escapar a ocasião de render homenagem àqueles que consideravam antes como adversários, mas que hoje não passam de membros de uma mesma família[21].

---

19. A expressão era de Gustav Téry, o diretor de *L'Oeuvre* anti-semita de antes da guerra: "Armazenei meu anti-semitismo desde o dia da mobilização; eu o deplorei mesmo amargamente quando vi tantos nomes de judeus entre os mortos no campo de honra". De resto, tratava-se de um artigo com uma ponta ironicamente antijudaica; cf. *L'Univers israélite*, 18 de dezembro de 1914.

20. H. DE MONTHERLANT, *Un petit Juif à la guerre*, cf. *Essais*, ed. La Pléiade, p. 475.

21. Cf. "Hauts les Coeurs", *Archives israélites*, 15 de outubro de 1914.

Somente em abril de 1915 é que Émile Cahen se atrevia a ressaltar, sob o título "Ce qui ne change pas", os ataques atirados na Câmara dos Deputados contra os "estrangeiros indesejáveis". Em setembro do mesmo ano, quando dois judeus naturalizados, de origem alsaciana [22], Émile Ullmann e Lucien Baumann, foram atacados pelo nome, sua inquietação aumentava: "Na realidade, a guerra atual não parece ter modificado muita coisa da mentalidade da maioria de nossos compatriotas" [23]. Não impede que, algumas semanas depois, seu entusiasmo se reanimasse: "Apesar de algumas dificuldades, a união patriótica se faz cada vez mais completa entre todos os filhos de nossa querida pátria" (9 de dezembro de 1915). "A fusão dos diversos elementos que compõem a França se realizou graças ao sangue derramado de forma tão absoluta que nenhuma potência humana pode atribuir-lhe a menor mácula" (30 de dezembro de 1915).

Por um lado, tais contradições se explicam pelas suspeitas particulares de que eram objeto os judeus de origem germânica — ainda que, de certa maneira, os outros também participassem de sua tara. Com efeito, pode-se dizer que, tanto em tempo de guerra como em tempo de paz, dominava toda essa problemática da germanidade espontaneamente atribuída aos filhos de Israel pela massa dos franceses: o bairro "judeu" de Aubervilliers, onde depois de 1871 se instalaram numerosos alsacianos e lorenos, que haviam optado pela França, não era conhecido, ainda no século XX, pelo nome de "pequena Prússia"? [24] Como dantes, alguns judeus não deixaram de reconhecer-se no retrato que deles se fazia, e favoreceram a suspeita. Assim é que o Subtenente Robert Hertz, um aluno da École Normale Supérieure, escrevia em 1915 a sua mulher: "Havia na situação dos judeus, sobretudo dos judeus alemães recém-imigrados, alguma coisa de ambíguo e irregular, de clandestino e de bastardo. Considero esta guerra uma ocasião bem-vinda de 'regularizar a situação' nossa e de nossos filhos" [25]. — Se, desde a Idade Média, os judeus em toda a parte simbolizavam o Outro, o Estrangeiro, foram mais tipicamente, no quadro do estranho diálogo franco-alemão, "prussianos", ou "alemães", de um lado do

22. Isto é, nascidos alsacianos franceses (antes de 1871), e cujos pais não optaram pela nacionalidade francesa, em 1871; mas que, depois, tendo-se instalado eles mesmos na França, aí se naturalizaram.
23. Cf. "Ce qui ne change pas", *Archives israélites,* 8 de abril de 1914, e *France-Russie Archives israélites,* 16 de novembro de 1915.
24. Esse detalhe curioso, que acredito inteiramente esquecido, me foi assinalado por Emmanuel Berl. Parece que Pierre Laval, que foi, lembremos, prefeito de Aubervilliers no período entre as duas guerras, não o ignorava. Assim se vê levantado um interessante ponto da história judaica, pois o primeiro cemitério judaico de Paris foi instalado em 1780 perto da porte de la Villette: tratar-se-ia de uma continuidade?
25. Esta carta foi publicada em 1916, postumamente, por Maurice Barrès, em *L'Écho de Paris;* cf. BARRÈS, *Les diverses familles spirituelles de la France: Les Israélites,* ed. New York, 1943, pp. 9-10.

Reno, como foram "welches", ou "franceses", do outro: a tal ponto que a sua aceitação patriótica pela França de 1914-1918 é que pode surpreender. Ainda mais que a onomástica vinha complicar as coisas à vontade: como não fazer careta, nesta França, diante de um jovem funcionário que, adido ao Ministério da Marinha Mercante, tinha o infortúnio de usar o nome Grunebaum-*Ballin*? [26] A lógica infantil tirava dessas conjunturas conclusões mais sumárias, tal como nos informa, por exemplo, o jovem americano Julien Green, aluno do Liceu Janson de Sailly: "Compreendi que era preciso odiar tanto ao judeu quanto ao alemão, do contrário não se era francês, e eu queria ser francês" [27].

Ademais, para julgar a maneira como a união sagrada foi observada no caso dos judeus, importa saber que a censura militar, por impiedosa que tenha sido na época, não manifestava a menor propensão a frear os ataques anti-semitas. (Como não ressaltar, a esse propósito, que o conselho de censura militar foi dirigido sucessivamente pelo Capitão Joseph Reinach e pelo Comandante Lucien Klotz, e que vários outros oficiais judeus dele participaram: acaso, ou maquiavelismo do alto comando [28], é evidente que não se teria podido imaginar censores mais indulgentes, em matéria de anti-semitismo.) Os dois órgãos que tinham a denúncia dos judeus como tema principal, e que continuaram a ser publicados durante as hostilidades, *La Libre parole* de Drumont e *L'Oeuvre française* de Urbain Gohier, conservaram seu estilo, e o veneno assim destilado tornava-se evidentemente mais nocivo em tempo de guerra. Assim, *La Libre parole* denunciava em novembro de 1915 a presença em Paris, cobertos "por um firmã do grão-rabino (...), de cem mil indivíduos de nacionalidade duvidosa, que, desprovidos de todos os papéis, dizem ser russos, romenos, gregos, e que, na verdade, todos falam alemão, ou o dialeto ídiche" [29]; ou então acusava, em janeiro de 1915, a Émile Durkheim (cujo filho único acabara de ser morto no *front*), na qualidade de "boche de falso nariz" [30]. Entrementes, de maneira geral, o diário de Drumont pusera alguma surdina em suas campanhas, ou, mais exatamente, estas haviam

---

26. Comunicação pessoal do falecido Conselheiro de Estado Paul Grunebaum-Ballin.
27. Cf. JULIEN GREEN, *Partir avant le jour*, ed. "Livre de Poche", p. 97.
28. O fato é que não só os artigos anti-semitas não eram censurados (cf. a esse respeito BERGER e ALLARD, *Les secrets de la censure pendant la guerre*, Paris, 1932, pp. 129-139) mas também vários jornais, entre os quais *L'Oeuvre* de TÉRY e *L'Homme enchaîné* de CLEMENCEAU, protestaram em dezembro de 1914 contra a elevada proporção de oficiais judeus no conselho de censura. Assim, se manobra houve, seu ou seus autores matavam dois coelhos com uma cajadada.
29. Cf. JOSEPH DENAIS, "Ne sera-t-il rien fait à l'égard des indésirables?", *La Libre parole*, 20 de novembro de 1915.
30. Cf. ALBERT MONNIOT, "Aaron, Haiem et Cie", *La Libre parole*, 9 de novembro de 1915.

adquirido um tom mais especificamente *xenófobo* (ou antigermânico); atacando os Rothschild e outros judeus ricos, não cansava de lembrar que seus nomes "soavam mal aos ouvidos franceses".

O mesmo não se poderia dizer de Urbain Gohier, o frenético "anti-semita dreyfusista" de outrora [31]. Em seu *L'Oeuvre française*, podia impunemente supervalorizar a si mesmo, recomendar a leitura do folheto "de Isaac Blümchen, *Le Droit de la Race supérieure*" (edição aumentada do capítulo principal: A França é nossa!); ou denunciar, com o auxílio de outras falsificações de circunstância, "Rabi Victor Basch", que entrementes fora encarregado de missão oficial nos Estados Unidos, a fim de atrair para a França as simpatias dos judeus americanos [32].

Assim pois, a discrição doravante observada pela imprensa nacionalista e pela imprensa católica se devia unicamente a uma autocensura livremente consentida, observada de maneiras diversas.

No que diz respeito à *L'Action française*, declarava em 2 de agosto de 1914, pela pena de Charles Maurras: "Atualmente o inimigo está aí; só pensamos em vencê-lo... É a união civil que importa". "Respeitarei a união sagrada", declarava de seu lado Léon Daudet, em junho de 1915. Nos fatos, uma interessante tomada de posição data de 26 de dezembro de 1915, quando Maurras publicou um longo e fervoroso necrológico do filólogo Michel Bréal — do dreyfusista Michel Bréal!

> ...Bréal, embora nascido judeu, estava ligado com todas as forças à França: pelo essencial de suas idéias, por seu gosto, pela luz analítica de seu estilo e de sua linguagem. Formado em parte na escola alemã, dir-se-ia que aqui ele encontrou, por reação, e descobriu nossa pátria no que ela tem de mais secreto: seu gênio, sua tradição, suas humanidades...

Mais adiante, Maurras chegava a se indagar se Bréal "não era um pouco francês demais para seu mundo". Eis o que ele queria dizer com isso:

> ...Sabe-se o horror justificado que o renascimento provincial e a língua d'oc inspiram geralmente aos israelitas. O Sr. Michel Bréal ocupou-se com simpatia e admiração não só da língua e das obras-primas de Mistral, mas, de alguma forma, da manutenção dos dialetos nas regiões d'oc através da escola. Não conheço outro judeu que tenha deixado de se mostrar centralizador até os ossos.

A carta de um leitor espantado inspirava a Maurras, pouco depois, um esclarecimento: "Nosso anti-semitismo consiste em não admitir que a França seja governada pelos judeus. Essa vontade firme pode coexistir com todas as justas homenagens devidas ao

---

31. Em 1897-1898, Gohier havia colaborado em *L'Aurore* de Clemenceau; seu "dreyfusismo" decorria então de seu antimilitarismo. Ele se explicou em *La vraie figure de Clemenceau*.

32. Cf. *L'Oeuvre française*, n.º 17, pp. 6-7, 5 de abril de 1917.

mérito, o qual pode alojar-se em toda a parte" (5 de dezembro de 1915).

Tratando enfim, a 20 de junho de 1916, da união sagrada, Maurras especificava seu ponto de vista:

> Henri Casewitz, que acaba de ser morto no campo de honra, era um dos dez capitalistas judeus que fundaram *L'Humanité*. Nós o dizemos como relatamos várias vezes ações da mesma ordem, no mesmo momento em que os informamos, sem hesitar o mínimo possível a nos inclinar diante da grandeza desses sacrifícios. (...) *L'Action française* respeita os heróis judeus... Nosso anti-semitismo estabeleceu seus princípios antes dessa guerra; confundia-se com nosso nacionalismo que não mudou. Lastimamos ver os judeus governar a França; nunca nos incomodou que ela fosse servida por outros judeus. Não esperamos a morte de Henri Casewitz para dizê-lo...

Definitivamente, vê-se que *L'Action française* se contentara em aplicar a boa regra: um judeu morto pode tornar-se um bom judeu. Como que para dissipar todo equívoco, Léon Daudet, o lugar-tenente de Maurras, mandava (ou deixava) reeditar em 1915, sob o título *L'avant-guerre*, sua obra de 1912 sobre *L'espionnage juif-allemand en France*. O conteúdo justificava amplamente o subtítulo:

> Vamos mostrar como, sob a capa do regime republicano, o alemão, guiado por seu furriel judeu, chamado Weyl, Dreyfus, Ullmo ou Jacques Grumbach, soube encontrar na França todas as facilidades, todas as cumplicidades, todas as traições mesmo. (...) O leitor perceberá que a traição de Alfred Dreyfus, realizada por Jacques Reinach, ia muito mais longe do que se podia imaginar, que ela foi o sinal da entrega de nosso país ao alemão por uma horda oriental...[33]

E coube a Daudet revelar o fundo de seu pensamento: "Esse livro... continua à sua maneira *La France juive du grand Drumont*". Vemos que o rabino Maurice Liber não estava errado, quando escreveu que, a despeito dos protestos de Charles Maurras, *L'Action française*, se prestássemos mais atenção, não se tinha desviado um jota de sua linha antijudaica[34].

Caso totalmente diferente foi o do anti-semita militante que até então fora Maurice Barrès, e esse caso foi muito mais representativo para o conjunto do campo nacionalista ou "antidreyfusista". Com uma estranha exceção, que data muito precisamente de novembro de 1917, e à qual deveremos voltar, Barrès observou escrupulosamente "a união sagrada" e chegou mesmo a revisar sua antropologia política em conseqüência, purgando-a de seu fatalismo

---

33. LÉON DAUDET, *L'Avant-Guerre, Études et documents sur l'espionage juif-allemand en France*, nova edição (34 mil), Paris, 1915, p. VIII, p. 308.
34. JUDAEUS [Maurice Liber], "L'Action française antisémite", *Univers israélite*, 20 de outubro de 1916.

biológico [35]; forjou especialmente o conceito das "famílias espirituais da França" que, fossem elas socialistas ou realistas, crentes ou laicas, demonstravam um apego igual, indefinivelmente místico, à mãe-pátria: tratava-se, escrevia ele, de "algo mais profundo que a fé religiosa"; nesta nova perspectiva, o judaísmo tornava-se uma das formas de "religião francesa", uma religião aberta a todos os homens de boa vontade [36].

Em seus artigos no *Écho de Paris*, no final de 1916, Barrès se detinha na "família espiritual israelita" e passava em revista os gloriosos feitos de armas dos combatentes judeus, fossem eles praticantes ou ateus, franceses ou estrangeiros. Talvez não seja indiferente observar que essa lista de glórias abria-se com o sacrifício da personalidade fora-de-série que era o sionista russo Amédée Rothstein, morto "a serviço daqueles a quem ele mais ama, mas dos quais se empenha em se distinguir. — É uma das inumeráveis provações de Israel errante" [37]. Mas a nuança, por penetrante que fosse, não deixava de ser uma exceção: eis como Barrès entendia a regra doravante:

> Cada um de nós, em nossa aldeia, em nosso pequeno mundo, cessamos de nos classificar como católicos, protestantes, socialistas, judeus. De repente surge alguma coisa de essencial que nos é comum a todos. Franceses! Somos o rio da França prestes a se precipitar num longo túnel de esforços, de sofrimentos. (...) A honra nacional foi reconstituída. O que acaba de ser não pode mais não ter sido.

"Sempre o rabino terá mostrado o crucifixo e será ele mesmo consolado pelo padre", continuava o apóstolo do nacionalismo francês [38]. Desse modo evocava um episódio que, em agosto de 1914, tornou-se um símbolo maior da união sagrada: o capelão Abraham Bloch, procurando aliviar a agonia de um soldado católico, mostrou-lhe um crucifixo e na mesma hora foi mortalmente ferido. Pressente-se a imensa repercussão que teve tal gesto, relatado não só pela imprensa francesa, mas também pelos jornais da Suíça, do Canadá e do México [39]. Pouco depois, o bombardeio da Catedral de Reims fornecia à Sinagoga o ensejo de selar um pacto patriótico com a Igreja, e as cartas trocadas entre o grão-rabino da França

---

35. Sobre as antigas concepções antropológicas de Barrès, v. acima, p. 49.

36. Cf. M. BARRÈS, *Mes Cahiers*, t. XI, Paris, 1938, p. 264; cf. também a antologia publicada em 1963, *Mes Cahiers 1896-1923*, textos selecionados por Guy Dupré, p. 755.

37. Cf. M. BARRÈS, *Les diverses familles spirituelles de la France: Les Israélites*, ed. New York, 1943, p. 8. Sobre Amédée Rothstein, ver também L. TCHERNOFF, *Dans le creuset des civilisations*, t. IV, "Les prodromes du bolchevisme à la Société des Nations", Paris, 1938, pp. 319-321.

38. BARRÈS, *Mes Cahiers 1896-1923*, op. cit., p. 755 e p. 766.

39. Cf. "Hommage au rabbin (de Lyon) Abraham Bloch", *Univers israélite*, 25 de dezembro de 1914, pp. 159 e ss.

e o arcebispo de Reims receberam uma publicidade um pouco menor que o sacrifício do rabino Bloch [40]. Outros testemunhos da aliança interconfessional afluíam de todas as partes: dos pregadores da moda aos humildes párocos de aldeia e capelães militares, e com algumas exceções, o clero francês doravante multiplica as provas de simpatia por Israel [41]. Vinte anos após as lutas do caso Dreyfus, a França, obsedada, é de crer, pelo pesadelo de uma recaída, tornava-se o único dos grandes países beligerantes onde, pelo menos ao nível da vida pública, a união sagrada era observada mais ou menos integralmente.

Veremos agora como a trégua foi observada pelos próprios combatentes, que, segundo se sabe, o abismo separava do resto da nação: a "fraternidade das trincheiras" no caso funcionava 100%? A esse propósito, devemos voltar à clássica distinção entre judeus "nativos" e judeus estrangeiros, uma distinção especialmente evidente no caso da França [42]. Em tempo de guerra, era reforçada muito naturalmente por um fator institucional: os judeus franceses eram normalmente mobilizáveis, os judeus estrangeiros, em sua maioria, se engajaram na qualidade de voluntários — mas, de fato, foi a minoria (menos de 30%) que não se apresentou às juntas de alistamento que encarnou por excelência, especialmente aos olhos da população da capital, "os judeus" [43]. O deputado de Paris, Joseph Denais, descrevia assim essa "turba cosmopolita", não sem uma certa sutileza semântica:

Existem por aí milhares de rapazes bem constituídos, pseudo-russos, pseudogregos, pseudo-romenos, pseudopoloneses, pseudo-italianos ou ainda espanhóis, armênios etc., que temem acima de tudo serem incorporados. E essas pessoas invadem nossas casas sem pagar aluguel, recebem abonos

40. Cf. *Archives israélites*, 15 de outubro de 1914, "Échos israélites de la guerre" e 3 de dezembro de 1914, "Cardinal et Grand Rabbin".

41. Cf. PIERRE PIERRARD, *Juifs et catholiques français*, Paris, 1970, pp. 229-232, "Le court répit de la Grande Guerre", e *Archives israélites* ou *Univers israélite, passim*.

42. Ver a esse respeito, no que concerne ao século XVIII, meu vol. III, *De Voltaire a Wagner*, pp. 4-5, e sobretudo, no que diz respeito ao século XX, *Le Bréviaire de la haine*, Paris, 1951; ed. "Livre de Poche", em 1974. Neles pode-se ler como a legislação antijudaica do "Estado francês" de Vichy estava centrada em torno da discriminação entre judeus estrangeiros e judeus franceses; e como, em face das autoridades de ocupação nazistas, sua política consistia em querer se desembaraçar de uns, mas em proteger os outros.

43. Os dados seguintes, sobre os voluntários judeus, se baseiam sobretudo nos documentos reunidos por Annie Kriegel, que ela me cedeu amavelmente, bem como em seu relatório *Les Juifs, la paix et les guerres au XXe siècle*, que apresentou no XVI Colóquio dos Intelectuais Judeus de Língua Francesa, a 9 de novembro de 1975. Aproveito o ensejo para dirigir-lhe meus agradecimentos.

de desemprego, comem nas cantinas populares e insultam as mulheres cujos maridos e filhos se batem em nosso *front*. Será que esse escândalo vai durar por muito tempo?[44]

Como resultado dessas denúncias, a categoria, de longe a mais numerosa, de todos esses pseudos, isto é, os "nacionais russos" aos quais era proibido o acesso normal à sua embaixada por serem "de religião judaica"[45], foram convocados em julho de 1915 pelos chefes de polícia, para verificação de sua situação. Esse controle (em comparação, lembremos que, na Alemanha, a *Judenzählung* de 1916 dizia respeito a todos os judeus, globalmente[46]) provocou pânico entre os judeus estrangeiros e levou muitos deles a abandonar a França. A agitação antifrancesa a que se entregaram em seguida nos países neutros (sobretudo nos Estados Unidos) incitou as autoridades militares a pensar na sorte realmente dramática dos voluntários judeus.

Com efeito, esses foram incorporados à Legião Estrangeira, onde foram objeto de sevícias e trotes que, em 1916, um relatório da Comissão de Estrangeiros do Ministério do Interior descrevia nesses termos:

> Certos graduados não se deram conta das condições muito especiais em que se encontravam esses engajados; foram tratados como legionários comuns, talvez mesmo com maior dureza; eram acusados diariamente de terem se engajado apenas para terem parte na panela. "É um inferno", escrevia um deles, rapaz culto, a seu pai. Em vão solicitaram o direito de passar para os regimentos regulares: seus pedidos foram rejeitados. No entanto, crescia um estado de revolta, que um dia rebentou por causa de um incidente fútil. 27 soldados judeus russos, embora se declarando prontos a servir num regimento francês, se recusaram a obedecer a seus superiores, a fim de atrair a atenção do alto comando. Sete foram condenados à morte e executados: morreram bravamente gritando: "Viva a França, viva o exército, abaixo a Legião!"

É de compreender que, em tais condições, os voluntários judeus (e mais geralmente, estrangeiros), aos olhos de seus irmãos de armas franceses, fossem soldados "diferentes dos outros", tanto mais que a Legião Estrangeira não gozava de boa reputação entre o restante da tropa. Logo em seguida a uma batalha sangrenta, um voluntário judeu escrevia à família:

44. *La Libre parole,* 20 de novembro de 1915, "Ne sera-t-il rien fait à l'égard des indésirables?"
45. Cf. J. TCHERNOFF, *Dans le creuset des civilisations,* op. cit., t. IV, 313, citando um documento sobre os voluntários de nacionalidade russa publicado em Genebra em 1915: "A emigração não-política se dirigiu primeiramente à embaixada russa. Na porta estava a seguinte inscrição: é permitida a entrada apenas às pessoas que não pertençam à religião judaica. As de religião judaica devem dirigir-se a outra seção".
46. Cf. acima, pp. 141-143.

> Vocês devem se perguntar as razões de tanta bravura? Pois bem! a vida para nós tornou-se um fardo. Seis meses de sofrimentos físicos nas trincheiras, e como reconforto moral dos soldados franceses: "Vocês vieram por causa da panela!" E aí está, pagamos nossa comida e demos o seu preço! (...) Apóiem-me com suas cartas, eu me sinto tão sozinho ultimamente...[47]

No final de contas, sob o efeito conjunto das campanhas de imprensa americanas e francesas ("pelo prazer de dar satisfação a alguns lojistas do IV Distrito, vocês vão nos alienar três milhões de judeus da América!" escrevia em novembro de 1915 *La Guerre sociale*[48]), os voluntários obtiveram o direito de trocar de posto no exército regular, e se apressaram a fazer uso dele.

Por outro lado, tem-se a impressão de que o anti-semitismo, embora se manifestasse no exército francês de 1914-1918, era coisa muito mais dos graduados do que da tropa. A esse respeito existem dois notáveis testemunhos, os de Henry de Montherlant e de Pierre Drieu La Rochelle, que em seu contraste se completam o melhor possível em todos os pontos de vista.

Em 1927, Montherlant decidiu fixar por escrito uma lembrança singular e redigiu seu ensaio "Un petit Juif à la guerre". Relatava aí suas relações com Maurice Leipziger (na realidade, Maurice Danziger), um voluntário de 1918 e mais moço do que ele dois anos que, por ocasião de um bombardeio, o havia tirado de um má situação. "Leipziger" tornou-se depois seu companheiro inseparável: lendo-se a descrição que nos é feita dele, esse judeu corajoso, culto e serviçal era dotado, com exceção das boas maneiras, de todas as qualidades. Seus dois irmãos mais velhos haviam sido mortos na guerra, e a mesma sorte o aguardava: isso não impede que continuasse "Leipziger, habitante de Leipzig; era portanto um judeu alemão"[49]. E apesar do estreitamento de suas relações, o soldado Montherlant aparentemente não podia apagar as suspeitas de sua casta:

> Em "nossos meios", acreditava-se que os judeus só se deixavam matar nos artigos de Barrès, e mesmo se censurava a Barrès o fato de ter dedicado um artigo aos judeus combatentes: sua boa fé devia ter sido surpreendida (...) em 1918, eu seguia as idéias recebidas, e tendia antes a acreditar que a bravura não era uma virtude judaica.

Essas suspeitas eram alimentadas pela atitude dos oficiais.
Quanto à atitude dos simples soldados, eis como a descreve Montherlant:

---

47. *La Guerre sociale*, 20 de junho de 1915, cf. *Archives israélites*, 24 de junho de 1915.
48. *La Guerre sociale*, 26 de novembro de 1915.
49. "Un petit Juif à la guerre", in H. DE MONTHERLANT, *Mors et Vita*, Paris, 1932, p. 75.

Naquela noite, questionei os camaradas de Leipziger sobre seu comportamento na frente de batalha. Disseram-se que ele era novo demais no regimento para ter participado de qualquer refrega, mas que, a julgar pelo que haviam visto dele, era "como os outros". Elogio que logo em seguida descartaram, dando a entender que ninguém confiava nele. — "Mas por quê?" — "Você não está vendo que ele é dos que vivem escondidos?" Creio que eles achavam que não estava *certo* um judeu estar na trincheira com eles. Como era então? Havia algo errado. Um desses dias, ele ia fugir. E não pareciam chocados, sem dúvida porque nunca o haviam visto como um deles, Leipziger indo para a retaguarda, ou para a meia-retaguarda, era tão legítimo quanto o pato que volta ao lago, ou o pássaro que singra os céus.

Pouco depois, Leipziger me acolheu com aquele rosto sorridente, bem disposto, com que acolhia todo o mundo, e acerca do qual eu me perguntava algumas vezes se não era, sem mais nem menos, o sorriso profissional do vendedor de loja: "E essa peça, madame?"...

Era assim que o Montherlant de 1918 via as coisas. Mas o de 1927, que então podia "falar de Leipziger com amigos judeus, interrogá-los sobre Israel, se necessário mostrar-lhes essas páginas, quando forem escritas", não é mais compreensivo para com esse camarada que recitava Verlaine aos soldados, ou então, "numa crise tipicamente judia, delira sobre Wilson: 'Não é um homem, é um Deus (*sic*)'". Por isso repete em espírito, antes de fazer uma visita à mãe do "judeuzinho", as perguntas que deveria ter-lhe feito se fosse vivo:

Tudo o que eu não tinha nem aflorado em minhas conversas com Leipziger, pensava que hoje tê-lo-ia abordado de frente. Eu lhe teria dito: "Eu, sei por que luto: para viver mais forte e mais alto. Mas tu, como podes lutar por uma nação que não é a tua, por uma raça que não é a tua? O que sentes, homem de Leipzig, com relação aos alemães? Enfim, o que é que tu tens na barriga?"

"Un petit Juif à la guerre" foi publicado em 1932. Em *La comédie de Charleroi*, publicada em 1934, e que parece ser sua réplica trocista [50], Drieu La Rochelle propunha a interpretação oposta: para provar que era muito francês é que Claude Pragen, cuja mãe, "tornando-se católica, sonhara que estava na França há quinze séculos", luta e morre:

A propósito, por que Claude foi morto? Eu sei. Pela França. Ele talvez tenha combatido pela França porque era judeu. Mas eu? (...) Eu precisaria de anos para compreender...

Mas, cultivando assim o paradoxo, querendo talvez humilhar Montherlant humilhando-se a si mesmo ("Meu orgulho foi quebrado. Impossível ainda pensar no penacho"), Drieu não reencontrava

---

50. Em 1929, Drieu escrevia a Benjamin Crémieux: "Montherlant e eu estávamos na infantaria dos voluntários e dos amadores, solidamente apoiados por uma retaguarda, pronta a nos facilitar a retirada e o abrigo...", cf. PIERRE ANDREU, *Drieu, témoin et visionnaire*, Paris, 1952, p. 40.

as verdades subjetivas de um André Spire [51], ou mesmo de um René Groos e de tantos outros judeus divididos?

Claude Pragen é, fisiologicamente, um pobre combatente: "Alguns dias antes da batalha, eu o vira, pequeno, pálido sob o seu bronzeado, o binóculo em abandono, arqueado e tenso, a mão na costura das calças, suplicar ao coronel que não o evacuasse". Em compensação, o judeu argelino Élie Bensimon, que tira Drieu ferido de dificuldades, é um soldado nato, que vai buscar em "seu velho hábito das desgraças" os reflexos necessários, por um momento perigoso:

> Ele me olhava retorcer minha máscara de comediante sangrenta sob um soluço seco; ele achava que eu estava muito ferido. (...) De repente eu tinha um horror violento da França, dos franceses. Queria me separar deles. Tinha ódio deles. (...) Cala-te, me disse Bensimon, estás louco. Levaste um pancada na cabeça.
> — Tudo vai ficar bem, me repetia ele.
> — O que é que vai ficar bem? Minha ferida ou a guerra? Te digo que a guerra não vai se arranjar. A França, é um povo perdido, sem jeito, sem índole.
> — Cala-te. Estás sangrando, falas demais...

Um terceiro soldado judeu, Joseph Jacob, dá mostra igualmente de heroísmo. Com ele é que *La comédie de Charleroi* atinge, pode-se dizer, seu ápice:

> ...Isso singrava seriamente em torno de nós. A colina tornava-se insustentável.
> Não havia feridos nem mortos nesse buraco, porque quase ninguém se expunha. Mas Jacob se expunha.
> Joseph Jacob. Era um judeu. Um judeu como se diz. O que é um judeu? Ninguém o sabe. Enfim fala-se disso. Pessoalmente, era pacífico, não muito intrigante, rapaz bastante bonito, bastante vulgar, nem fino, nem intelectual. Cambista. Tinha um belo nariz fino com manchas vermelhas.
> Foi atingido na barriga. Caiu do talude. O Capitão Étienne veio de quatro, como se o talude não fosse bastante alto, perto de Jacob.
> O capitão da 10.ª companhia que se chamava Étienne era cristão. O que é um cristão? Um homem que acredita nos judeus. Tinha um deus que ele acreditava ser judeu, e, por causa disso, envolvia os judeus num ódio admirativo. Maltratara durante o ano todo no quartel da Pepinière o nosso camarada; não queria que ele fosse capitão da reserva.
> Havia algum tempo, o Capitão Étienne olhava Jacob. Era surpreendente que Jacob fosse francês, queria morrer pela França. Eles passaram muito mal, pelas Pátrias, nesta guerra, os judeus...

Os judeus, os únicos verdadeiramente patriotas, ou os únicos patriotas verdadeiramente motivados dos países cristãos? Acredita-se perceber nos paradoxos do ex-combatente Drieu essa rejeição dos valores tradicionais e esse derrotismo pacifista que tantas vezes vinha antes do "engajamento fascista", no qual acabou tristemente seus dias. Em 1928, convidava os franceses a se tornarem "os ju-

---

51. Ver acima, p. 244.

deus dos Estados Unidos da Europa"[52]; em 1941, censurava esses últimos por terem falhado com a Europa em Genebra: "Os judeus, como os odeio por terem esposado nossa pequenez"[53]. De outro lado, tinha algumas razões biográficas de conhecer de perto a mentalidade dos combatentes judeus e mais geralmente dos meios judaicos na França[54]. Mas podemos nos perguntar também se todas essas "reflexões sobre a questão judaica" não se deixam reduzir a uma certa tradição literária e moral especificamente francesa. Voltaremos a essa questão.

Depois dos "corruptores judeus" do Panamá[55], o governo czarista se tornara o Pactolo dos jornais franceses de qualquer matiz; ninguém se espantará talvez se souber que aquela corrupção, destinada a sustentar o curso dos valores russos, não encontrou seu Barrès (só foi denunciada depois da queda do czarismo[56]). Por ocasião dos distúrbios russos de 1905-1906, mais de dois milhões de franco-ouro foram distribuídos deste modo, e *La Libre parole*, sob a pena de Léon Daudet, estigmatizava mais alegremente os judeus, na qualidade de fautores desses distúrbios[57]; mas, em geral, na época esse tema não parece ter suscitado muita repercussão na França.

52. Cf. "Le programme de la jeune droite", em *Genève ou Moscou*, 1928: "Esse nacionalismo cindido do militarismo deve inventar meios modernos de eficácia. Vamos encontrá-los estudando o modelo das comunidades religiosas e mercantis que viveram sem o auxílio da espada. Os franceses devem ser os judeus dos Estados Unidos da Europa". Cf. JEAN MABIRE, *Drieu parmi nous*, Paris, 1963, p. 59.
53. Cf. "A certains", *Nouvelle Revue française*, agosto de 1941.
54. Durante a guerra, Drieu La Rochelle se tornara de amizade pelo soldado judeu Jeramec. Prometeu desposar sua irmã Colette, no caso de Jeramec ser morto. Desposou realmente Colette Jeramec em outubro de 1917. Divorciou-se em 1922, mas suas relações continuaram excelentes, e foi em casa de sua primeira mulher que Drieu se refugiou quando, depois da Libertação, ele foi procurado, na qualidade de publicista "colaborador", militante do P.P.F. de Jacques Doriot etc. (Tais informações me foram comunicadas por Clara Malraux.)
Assim, como se sabe, Drieu suicidou-se em seu refúgio, a 15 de março de 1945.
55. Cf. acima, p. 45.
56. Cf. *Histoire générale de la presse française*, t. III, p. 270, Paris, 1972: "Graças à publicação, depois da guerra de 1914-1918 pelos soviéticos, dos documentos dos arquivos czaristas, é possível reconstituir em detalhe o mecanismo dessa publicidade, sobretudo através da correspondência de Arthur Raffalovitch, economista russo muito conhecido, residente em Paris (correspondente do Institut, grão-oficial da Legião de Honra, colaborador dos *Débats*...), com o Ministério das Finanças da Rússia do qual era conselheiro muito apreciado. Esta correspondência foi em parte publicada de 5 de dezembro de 1923 a 30 de março de 1924 por *L'Humanité* e inteiramente em 1931 sob o título *L'abominable vénalité de la presse*..."
57. Cf. J.-N. MARQUE, *Léon Daudet*, Paris, 1971, pp. 227-229.

Durante a guerra, Charles Maurras, ao tratar das influências alemãs que se exercem sobre o casal imperial russo, parece ter sido o primeiro, senão o único, a se perguntar o que aconteceria no caso de uma revolução, e logo evocava "o perigo judeu alemão" (maio de 1916)[58]. Como se sabe, a revolução de fevereiro de 1917 foi uma surpresa total para todos os observadores; e, nos primeiros dias, foi comentada favoravelmente mesmo por *L'Action française* e *La Libre parole*[59]; aliás, pode-se falar mesmo de um entusiasmo geral (assim dizia Clemenceau: "Formidável coesão do povo inteiro — burgueses, operários, mujiques de todas as classes — da aristocracia e da própria família imperial, abdicando de qualquer outra consideração que não seja o interesse da grande pátria russa"[60]). A exceção era seu antigo companheiro, o delirante Urbain Gohier que, precursor à sua maneira, propunha já no começo de abril de 1917 uma interpretação da revolução à qual em 1920 o *Times* daria uma repercussão universal (a semelhança é tão flagrante que cabe perguntar se é realmente fortuita...). "A quem a revolução russa entrega a Rússia? É ao povo russo? É aos seis milhões de judeus?" exclamava o anti-semita francês. "Entre a França dominada pelos hebreus e a Rússia em poder dos hebreus, não teria a Europa escapado ao jugo alemão senão para cair numa servidão mais degradante?"[61]

O *Times* ia comparar da mesma forma a *pax germanica* com a *pax judaica*.

É verdade que, na ocasião, ninguém levou Gohier a sério. Mas, já no final de março, os jornais, e em primeiro lugar, bem entendido, os de "direita", passaram a colocar questões sobre os incidentes políticos e sobretudo militares da queda do czarismo, sem que por isso os judeus fossem incriminados (a não ser por *La Libre parole*, lembrando que em 1905 a revolução fora fomentada pelos

58. "...Ninguém pode ignorar que a Alemanha colonizou parte da Rússia. Mas, se uma fração das autoridades russas são ou foram de espírito e de formação alemães, uma parte maior, mais importante, mais influente da Rússia socialista, anarquista, ou revolucionária é também dominada por um espírito e um pessoal alemães, digamos judeus alemães. Portanto, supondo-se (que não praza aos deuses!) uma República na Rússia, sua direção seria infinitamente mais germanizante do que a direção monárquica". "Un diplomate improvisé", *L'Action française*, 1.º de maio de 1916.

59. Ver os artigos de Jacques Bainville em *L'Action française*. "Na revolução russa, tudo se realiza até agora com simplicidade, pode-se dizer mesmo com facilidade. Esse gênero de operações, que não é novo nem na Rússia nem em outros locais, se fará pois com mais facilidade do que se imagina", 18 de março de 1917. De seu lado, *La Libre parole* trazia em manchete: "Grave derrota da Alemanha. Os partidos patriotas triunfam na Rússia. Os ex-ministros e os germanófilos são detidos", 17 de março de 1917.

60. Cf. "L'Unité russe, La révolution triomphante en Russie", *L'Homme enchainé*, 18 de março de 1917.

61. *L'Oeuvre française*, 5 de abril de 1917, p. 7. Quanto ao *Times* de Londres, ver acima, p. 198.

judeus e percebendo nisso um sinistro presságio [62]). Em abril, espalha-se a inquietude, tanto mais que os apelos de Lenin por uma paz imediata coincidem com a onda de motins no exército francês (quando não a motivam); é em junho, constatava Pierre Renouvin, que "a curva da opinião pública alcança seu nível mais baixo" [63]. Em julho, quando os bolcheviques tentam apossar-se do poder pela primeira vez, os judeus começam a ser implicados na derrocada russa. *La Libre parole* logo reativa os velhos fantasmas: "É impossível compreender o que quer que seja dos grandes abalos que sacodem os povos... se negligenciarmos o fator judaico..." Segue-se uma lista dos oito "verdadeiros nomes dos principais fautores", e a conclusão: "judeus austro-boches ou judeus franco-alemães arvorarão o pavilhão de Israel sobre as ruínas do vencido" [64]. Mas os judeus são também implicados — alusivamente — pelo acadêmico *Journal des débats*, que denuncia "as equipes de indivíduos suspeitos, cuja ação e mesmo nome verdadeiro não são russos"; e o que parece mais surpreendente, eles são implicados vigorosamente, por Georges Clemenceau, que, três dias antes de *La Libre parole*, publicava em seu *L'Homme enchaîné* a mesma lista de oito nomes, reportando-se ao *Novoie Vrémia* de 3 (16) de julho; ora, o citado jornal oficioso dos czares não podia conter nada disso, pela boa razão de que fora impedido de sair, nesta data [65].

De onde Clemenceau tirava suas informações? Não teria sido, na qualidade de presidente da Comissão Senatorial do Exército, através dos agentes franceses de contra-espionagem que, ao mesmo tempo, informavam (ou intoxicavam?) Kerenski, por intermédio do Coronel Nikitin e de Albert Thomas? [66] Pode-se admitir que lhes acrescentasse plena fé; mas, de outro lado, o antigo dirigente dreyfusista, sentindo-se próxima a hora de seu destino, não pensou em se libertar um pouco com relação aos judeus? Em todo caso, sua iniciativa parece mais surpreendente porque em julho nem *L'Action française* nem *La Croix*, sem falar dos grandes jornais de informação, publicavam notícias desse gênero.

Ora, a questão estava longe de ser pequena. "Os negócios da Rússia impressionam mais gravemente porque até então se tivera uma confiança ilimitada no rolo compressor... muitos espíritos estão obsedados com o medo de que os russos se retirem da guerra,

62. Cf. A. MONNIOT, "La meilleure part, Le bout de l'oreille juive", *La Libre parole*, 24 de março de 1917.
63. "L'opinion publique et la guerre en 1917", *Revue d'histoire moderne et contemporaine*, XV, 1968.
64. MONNIOT, "Toujours vainqueurs! — Les saboteurs de la puissance russe", *La Libre parole*, 20 de julho de 1917.
65. *Débats*, 25 de julho de 1917; *L'Homme enchaîné*, 17 de julho de 1917. Devido a distúrbios em Petrogrado, o *Novoie Vrémia* não foi publicado nos dias 3 (16) e 4 (17) de julho. Também tomei o cuidado de consultar esse jornal para a semana anterior; cf. a esse respeito acima, p.
66. V. acima, pp. 169-170.

o que acarretaria o refluxo dos alemães para a frente ocidental"⁶⁷. A essas inquietações patrióticas, assim descritas no caso do Vivarais, aliás vinham juntar-se em Paris motivos mais prosaicos: "os portadores de valores russos estão muito inquietos com a sorte reservada a seus investimentos"⁶⁸. Vemos o poder das emoções em jogo, e se deixavam desviar rumo aos judeus.

O fracasso do *putsch* bolchevique de julho permitiu que tanto os patriotas quanto os capitalistas ganhassem nova esperança. Não impede que, um mês antes da vitória da revolução, *L'Heure* do socialista Marcel Sembat, indo buscar suas informações no arquiconservador *Morning Post*, atacasse os judeus (o anti-semitismo não conhece fronteiras). Somente o título "Eles vão um pouco forte", bem como o ataque e a queda, eram de fabricação francesa:

> Mesmo que não se seja anti-semita, não se pode evitar de fazer uma pequena observação sobre a composição do Soviete de Petrogrado, e sobre as origens daqueles que o compõem. O verdadeiro nome de Tchernoff, o ex-ministro da Agricultura, que atualmente é adversário encarniçado de Kerenski, é *Feldmann*. O verdadeiro nome de Steklov, o autor bem conhecido da Ordem n.º 1 ao exército russo (a que aboliu a disciplina) é *Nahinkes* — judeu da Alemanha...

Seguia-se o amálgama habitual de nomes autênticos e nomes inventados — uns vinte nomes ao todo — coroados pela conclusão: "Quanto a Lenin, todo o mundo sabe que se chama *Zederblum*. Deixem-nos colocar um pé em sua casa: logo eles terão tomado oito..."⁶⁹.

No mês seguinte, a tomada do poder pelos bolchevistas leva um bom terço dos órgãos de imprensa franceses a incriminar os judeus. Essa tomada de poder produziu na opinião pública um abalo de que são notável testemunho os *Cahiers* de Barrès: ele que, desde o início das hostilidades, se abstinha escrupulosamente de qualquer reflexão anti-semita, seus *Cahiers*, que não se destinavam a publicação, inclusive, observa nesse momento, sem outro comentário qualquer: "A Rússia desaparece porque foi infestada pelos judeus, a Romênia desaparece pela mesma razão, Israel em Jerusalém, os judeus são os senhores nos Estados Unidos e na Inglaterra"⁷⁰ (a menção "Israel em Jerusalém" nos lembra que a Declaração Balfour

---

67. Cf. GEORGES RUFFIN, "L'opinion publique em 1917 dans l'arrondissement de Tournon", *Revue d'histoire moderne et contemporaine*, XV, 1968, p. 94.
68. Citado por Annie Kriegel, "Les réactions de l'opinion publique française à la révolution russe", in *L'Opinion publique européenne devant la révolution russe de 1917*, Paris, 1968, p. 108, a citação é extraída de um relatório da chefatura de polícia.
69. Cf. *L'Heure*, 15 de outubro de 1917. O jornal não indicava suas fontes. De fato, reproduzia uma informação publicada pelo *Morning Post* de 8 de outubro de 1917, mas dando-lhe um jeito mais anti-semita.
70. MAURICE BARRÈS, *Mes cahiers*, t. XI, Paris, 1938, p. 290.

coincidiu, com diferença de alguns dias, com a Revolução de Outubro; na França, mal foi mencionada na imprensa).

A reação imediata de Clemenceau é outro sintoma — uma reação que se estende ao *Petit Journal* que, dirigido por seu fiel discípulo Stephen Pichon, foi o único dos quatro "grandes" diários a publicar "os nomes de origem dos maximalistas". Em *L'Homme enchaîné*, o próprio Clemenceau no mesmo dia (10 de novembro), sob o título *Donnant, donnant*, tratava da tragédia russa — e denunciava seus autores:

> ...Sem patriotismo, como haveria um lar? O que é um povo que não tem lar?
> Ai! podemos vê-lo através dessa turba de judeus alemães que, como não souberam conservar a terra dos grandes ancestrais, se apresentam sob falsos nomes russos, por instigação de seus irmãos da Alemanha, para desrussificar a Rússia — cuja primeira reação foi *pogroms* selvagens, agravamento supremo de todas as barbáries. Não é preciso matar, porque matar não é responder. Entre outros, antes e depois dele, o Nazareno o provou. Basta não se deixar levar — isto é, extraviar — pelas sugestões de um povo que teve suas grandezas, mas se mostrou precisamente incapaz de constituir, ele próprio, esta pátria que suas concepções atávicas lhe mostravam secundária, à maneira da raposa da fábula que desdenha em favor de outrem o apêndice de que fora privado...[71].

No que diz respeito a Clemenceau, não se pode deixar de lembrar que, alguns dias depois de ter-se entregue a tal agressão, era encarregado de formar seu famoso ministério da vitória, onde se cercava de Georges Mandel, Georges Wormser, Ignace, Abrami e Lucien Klotz.

Não se acredite que sua grande vítima do momento, isto é, Joseph Caillaux, pensasse diferente dele. Em duas frases cuidadosamente equilibradas de suas memórias, dizia mais:

> Que a subversão russa teve, como principais atores, os judeus que, depois de terem influenciado orientais como eles próprios, os citas de olhos vesgos, depois de tê-los levantado contra o Ocidente, contra as leis que regem nossa civilização, tentaram solapar a fortaleza européia atacando-a do interior através de outros israelitas igualmente obsedados por sonhos milenares que a velha Ásia lhes legou, isso dificilmente pode ser contestado. Que, para falar mais claro, o judeu, em qualquer esfera em que trabalhe, traz em si mesmo o gosto pela destruição, a sêde do poder, o apetite de um ideal preciso ou confuso, é preciso ter observado pouco para não percebê-lo...[72]

71. Sobre as contradições de Georges Clemenceau na matéria, v. acima.
72. JOSEPH CAILLAUX, *Mes mémoires*, t. I, Paris, 1942, p. 130. Agradeço meu amigo Roger Errera por ter-me assinalado essa passagem, sobre a qual é bom acrescentar que parece ter sido redigida em 1928-1929.

Por outro lado, lembremos que um dos primeiros atos do governo de Clemenceau foi levar Caillaux até a Corte Suprema, por "entendimentos com o inimigo".

Le *Journal des débats*, e *Les Temps*, mais uma vez, defendiam teses opostas. Às perfídias quase diárias dos *Débats*, que incriminavam não só "os energúmenos cosmopolitas e os traidores que se apossaram do poder", mas também "*La Gazette de Francfort*, esse órgão judio-liberal (que) deseja a restauração do czarismo"[73], o órgão de Adrien Hébrard replicava com uma análise cuja justeza nunca foi desmentida, muito ao contrário, por toda a história subseqüente da Rússia no século XX:

> Há algum tempo, parece que o judeu se tornou, para a massa ignorante, o bode expiatório, o grande responsável por todos os males de que sofre a nova Rússia, tanto do prolongamento da guerra quanto da fome. Claramente, assistimos ao desenrolar de um plano de ação sabiamente urdido e muito bem realizado. Por seus efeitos, por suas origens pode exercer uma influência considerável sobre a marcha dos acontecimentos.
>
> É fácil indicar os iniciadores desse movimento, que encontra terreno tão propício nas camadas ignorantes da população, onde durante anos e anos o governo czarista alimentava a desconfiança com relação aos judeus: são os partidários do antigo regime e os agentes do inimigo; seus motivos não são difíceis de adivinhar. (...) Favorecendo os baixos instintos das massas, atingindo o elemento judeu, essas pessoas acreditam atingir o novo regime em suas forças vivas, e se conseguissem seu objetivo, eliminariam ao mesmo tempo um fator essencial da evolução da Rússia rumo a um estado estável e democrático[74].

Quanto a *L'Action française*, nessas jornadas fatídicas, o termo judeu não apareceu uma única vez em suas colunas. Notável também foi a posição de *La Croix* que, de seu lado, denunciava diariamente os Zederblum, os Bronstein e os Rosenfeld, sem por isso incriminar os judeus ou o judaísmo: as intrigas denunciadas pelo órgão católico continuavam sendo, portanto, intrigas puramente alemãs.

Acreditamos poder dizer que esse mês de novembro de 1917 foi uma hora da verdade durante a qual — assim como em 1940-1944 — paixões partidárias enfrentavam as convicções patrióticas, o caso dos judeus servindo de pedra de toque. Mas, em 1917, essa hora foi breve, porque a comoção foi fugaz: a partir do fim do ano, o leque judeu ou judio-germânico deixou de ser agitado pela imprensa, enquanto o rancor da coletividade francesa se voltava espontaneamente contra os russos. Relatórios de toda proveniência, militares ou civis, descrevem a cólera montante: "Entre todos os acontecimentos que encheram os jornais, somente a defecção dos bolcheviques foi comentada amargamente. Os soldados russos em Marseille são muito malvistos" (General Legrand, Relatório sobre a opinião pública em dezembro)[75]. Em Paris, um relatório das Informações Gerais salienta a freqüência das propostas do gênero:

---

73. *Journal des débats*, 10 e 12 de novembro de 1917.
74. *Les Temps*, 9 de novembro de 1917.
75. Cf. GEORGES LIENS, "L'opinion publique à Marseille en 1917", *Revue d'histoire moderne et contemporaine*, XV, 1968, p. 75.

"Depois da guerra, tentaremos fazer com que aquelas pessoas paguem sua traição e sua covardia"[76], e o Comitê Geral da Colônia Russa lança um grito de socorro: "Muitos operários e empregados russos são despedidos por seus patrões que justificam essa medida pela opinião pública, hostil aos russos. (...) Chega-se mesmo a recusar vender-lhes mercadorias de primeira necessidade, como, por exemplo, leite para seus filhos"[77].

Não deixava de ser verdade que a semente anti-semita lançada na França, no outono de 1917, ia germinar logo depois do Armistício tão depressa quanto em outros locais.

Livremente consentida, a autocensura inspirada pela união sagrada não deveria sobreviver às hostilidades. Já em dezembro de 1918, recomeçam os primeiros ataques antijudaicos, e logo são estimulados pela ascensão ao poder dos comunistas na Baviera e na Hungria, e por greves agitadas na própria França. O temor de uma subversão social, que parecia iminente durante algumas semanas de 1919-1920, era propício às variações sobre o tema do bolchevismo judaico, que a tradição nacional permitia mais facilmente que em outros países qualificar de judio-germânico, ou mesmo (Charles Maurras) de "judio-germânico-wilsoniano"[78]. Mas a França mantinha um governo forte, o de Clemenceau ou de Clemenceau-Mandel que, embora dando uma prioridade absoluta à cruzada antibolchevista, preferia aparentemente não carregá-la de anti-semitismo. Quanto a *L'Action française* e aos grandes órgãos católicos, embora reiniciem rapidamente com seus antigos erros, a violência de suas palavras, ao longo de 1919, está longe de alcançar o diapasão de antes da guerra: de maneira característica, os *Archives israélites* continuam a celebrar, de mês em mês, a manutenção da união sagrada. Assim, em 1.º de janeiro de 1920 (batendo na tecla germanófoba): "Graças à loucura sanguinária de um imperador boche degenerado realizou-se a fusão completa e nada mais poderá separar os israelitas da pátria francesa". E ainda em março de 1920:

Nada mais reflete, na imprensa, preconceitos contra os israelitas. É uma consideração muito doce para nós. O estabelecimento definitivo da forma republicana de governo, em conseqüência do triunfo de nossos exércitos, tornará muito difícil no futuro qualquer recrudescência do anti-semitismo (11 de março de 1920).

No entanto, cinco dias antes, *La Documentation catholique*, um novo semanário publicado para uso das elites militantes pela

---

76. Cf. ANNIE KRIEGEL, "Les réactions de l'opinion publique à la révolution russe", *op. cit.*, p. 108.
77. "Mémorandum du Comité général de la colonie russe à Paris", 15 de fevereiro de 1918; esse documento me foi cedido amavelmente por Annie Kriegel.
78. Cf. *L'Action française* de 5 de maio de 1919.

mesma Maison de la Bonne Presse que *La Croix*, publicara, o primeiro na Europa Ocidental, um extrato dos *Protocolos*, acrescentando que lhe fora garantida "a autenticidade desta peça"[79]. Os órgãos judaicos reagiam fracamente a esses ataques da "boa imprensa", que aparentemente lhes pareciam depender da natureza das coisas. O fato é que, na França da época, os filhos de Israel quase não tinham preocupação, confiantes na "forma republicana de governo": a separação entre a Igreja e o Estado não lançara definitivamente o campo clerical às trevas exteriores? Já falamos dessa mentalidade, devida especialmente à imersão dos judeus nas vastas águas laicas, nas quais numerosos deles desejavam se perder definitivamente. Em certos tempos e locais — como em Paris no início do século, mesmo ao pé da basílica do Sacré-Coeur — aos domingos não se gritava *Abaixo os judeus*!, mas *Abaixo o barrete*! sem que por isso os gritadores voltairianos ou ateus tenham a menor simpatia pelos sectários de Moisés[80]. E é por isso que um conforto psicológico obtido por um bom preço era acompanhado de um "assimilacionismo", às vezes mesmo de um fingimento que não tinham iguais, na Europa — ver o inesquecível *Bloch du Rozier* de Marcel Proust.

O poeta André Spire, um dos raros pró-sionistas franceses, ironizava esse estado de espírito sob o título "Assimilação":

> Estás contente, estás contente!
> Teu nariz é quase reto, com efeito!
> E tantos cristãos têm o nariz um pouco curvo.
> Estás contente, estás contente.
> Teus cabelos quase não são encaracolados.
> Mas tantos cristãos não têm cabelos lisos...[81]

Os narizes judeus eram *realmente* curvos? — isso é outra história, acerca da qual diremos algumas palavras no fim desse capítulo. Os jornais mais ou menos sinagogais que citamos evitavam, é claro, tocar nesses assuntos. De resto, esses órgãos eram muito pouco representativos, pois a maioria dos "israelitas franceses" não os liam, já que desejavam ser integralmente laicos, "franceses não-crentes como os outros". Depois da guerra, muitas vezes tinham a

---

79. Cf. *Documentation catholique*, n.º 57, 6 de março de 1920; dossiê publicado sob o título "Les Juifs sont les principaux fauteurs du bolchevisme universel".

80. Cf. as lembranças de infância (inéditas) de François Musard, descrevendo os cortejos anticlericais que, a cada domingo, subiam para a igreja do Sacré-Coeur: "À frente, homens barbudos e nervosos (...) acusavam o Vaticano, suas pompas e suas obras e, para concluir, exigiam a expulsão de todas as congregações. A multidão aplaudia e urrava em coro: 'Abaixo o barrete!' Depois do que a assistência se espalhava pelo bairro, gritando o mesmo *slogan*..."

Agradeço ao Sr. Musard por ter-se dignado a me transmitir esse capítulo de suas lembranças.

81. Citado por PIERRE PIERRARD, *Juifs et catholiques français*, op. cit., p. 227.

impressão de o terem conseguido, pelo menos se acreditarmos em seus sentimentos ou suas lembranças.

Com efeito, o primeiro após-guerra é uma época suficientemente próxima de nós para que, deixando de lado por um momento os documentos, possamos apelar para a memória dos contemporâneos. Para começar, posso interrogar a minha.

Aluno do Liceu Janson de Sailly de 1927 a 1928, não creio me lembrar do menor incidente anti-semita; mas lembro-me também (será levantada imediatamente a probabilidade de uma contradição) que, por volta de 1924, eu enchia de perguntas meu próprio cunhado Boris Mirkin-Guetzevich [82], querendo saber se os *Protocolos* eram autênticos, e como meu interlocutor me garantia sem pestanejar que o eram, sim — o que não dissipava minhas dúvidas.

Mas não sou uma boa testemunha, já que nasci na Rússia e representei abertamente o adolescente estrangeiro, sem qualquer pretensão a ser francês — o que, no essencial, escondia minha qualidade complexa de judeu. Apelei portanto para franceses de origem.

Das quatro testemunhas nascidas entre 1890 e 1910 que interroguei [83], três não se recordavam de qualquer manifestação de anti-semitismo para com eles, na escola ou na universidade. Somente o quarto, que estudara igualmente no Liceu Janson, lembrou-se das desordens que ele e seu irmão tiveram de suportar contra seus condiscípulos do "curso Gerson", um internato católico cujos pensionistas faziam seus estudos no Janson. Mas seu irmão, que no entanto teve um dia o nariz quebrado, esquecera-os completamente, pelo menos no que diz respeito à sua coloração antijudaica.

Nos casos desse gênero (e em primeiro lugar, no meu!) me parece verossímil que tenha havido um certo processo de escotomia, mas será necessário especificar que um tal mecanismo de defesa só pode funcionar na ausência de incidentes demasiado espetaculares ou de lembranças por demais marcantes? Digamos logo que desse modo se observa uma disparidade entre o clima benigno que alguns testemunhos acima parecem refletir e a violência dos escritos anti-semitas de que vamos mostrar alguns exemplos. Acrescentemos antes que a questão é mais complicada porque, a partir de 1917, surgira uma nova frente na qual, logo depois do Armistício, as operações antijudaicas tornaram-se muito ativas, sem que por isso se possa falar de sério desacordo entre judeus e católicos

---

82. O Prof. Boris Mirkin-Guetzevich (1893-1955) foi um dos grandes mestres internacionais do direito constitucional, como se recordam numerosos discípulos que ele formou em Paris e em New York, entre 1936 e 1955.

83. O falecido Emmanuel Berl († 1976), o Prof. Bernard Dreyfus, M. e Mme Jacques Eisenmann e François Musard, a quem gostaria de agradecer neste ensejo pela boa vontade com que se prestaram a minhas perguntas.

franceses, isto é, o conflito internacional em torno do mandato britânico sobre a Palestina e do "Lar Nacional Judeu". Nesta questão, o Vaticano teve como aliada potencial a França, na sua qualidade de grande potência católica vitoriosa e protetora tradicional dos cristãos do Oriente Próximo. Quanto aos judeus franceses representativos, deve-se constatar que, com exceção única do poeta André Spire, acolheram a Declaração Balfour com reserva, senão com evidente hostilidade. Assim é que Joseph Reinach, um dos grandes atores do caso Dreyfus, insistia depois da tomada de Gaza pelos ingleses (abril de 1917) nos direitos históricos da França, chamava o sionismo de "devaneio arqueológico" e... sugeria a internacionalização de Jerusalém [84]. Da mesma forma, Sylvain Lévi, presidente da Alliance Israélite Universelle, dois anos mais tarde, na Conferência de Paz, após haver sugerido as ameaças de uma anarquia bolchevizante no Oriente Próximo, e de uma dupla nacionalidade judia, "à alemã" [85], nos países ocidentais, declarava: "A mim me parece chocante tanto à razão quanto ao sentimento, que, mal saídos do estágio de espera para obter a igualdade dos direitos, nós reclamemos para os judeus da Palestina privilégios e uma situação excepcional".

Voltamos a encontrar dessa forma o superlealismo dos judeus franceses. A Igreja Católica, é evidente, apoiava-se em argumentos totalmente diferentes. Ao mesmo tempo que Sylvain Lévi enunciava as palavras acima, o Papa Bento XV insistia em exprimir sua indignação à idéia de um retorno dos judeus aos lugares que, ao longo dos séculos, "nossos predecessores e os cristãos do Ocidente tentaram arrancar do jugo dos Infiéis, sabe-se ao preço de que esforços multiplicados e perseverantes" [86]. No que dizia respeito ao presente, o papa fazia distinção de forma muito característica entre duas espécies de Infiéis, desigualmente odiosos: os ingleses protestantes

---

84. "Les Portes de Gaza", *Le Figaro*, 8 de abril de 1917 (artigo assinado "Polybe").

85. Sylvain Lévi fazia parte da delegação convidada a expor, ante a Conferência de Paz, o ponto de vista dos judeus acerca do "Lar Nacional Judeu" na Palestina. Ao término de sua declaração, C. Weizmann recusou-se a apertar-lhe a mão. A respeito da idéia de um "Conselho Internacional", ele dizia notadamente: "É criar, do ponto de vista jurídico, me parece, um temível precedente pedir que homens que, em seus países, exercem em toda a sua plenitude os direitos do cidadão, exerçam, ainda que politicamente, esses mesmos direitos num outro país. É ratificar a propósito dos judeus tão facilmente suspeitos em toda a parte para a opinião pública a famosa lei Delbrück, que conferia a dupla nacionalidade. Seria singular e lamentável ter recolhido essa herança do Império alemão..." Cf. ANDRÉ CHOURAQUI, *L'Alliance israélite universelle et la renaissance juive contemporaine*, Paris, 1965, pp. 478-479.

86. Eis a seqüência da alocução de Bento XV:
"...Hoje que os entusiastas aplausos de todos os fiéis acabam de saudar o retorno (dos Lugares Santos) às mãos cristãs, nós nos indagamos com a mais viva ansiedade que decisão vai tomar, a seu respeito, em alguns dias, a Conferência de Paz. Seria, seguramente, nos infligir a nós mesmos

e os judeus sionistas [87]. Essa alocução foi feita diante de um consistório secreto, a 10 de março de 1919, mas logo foi retomada e ampliada, com adjunção do tema do povo deicida, pelo oficioso *Civiltà Cattolica*, segundo o qual os Lugares Santos estavam prestes a cair nas mãos "dos inimigos da civilização cristã", que iam se aplicar a destruir o cristianismo "em seu próprio berço" [88]. O órgão dos jesuítas italianos acrescentava um argumento de sua própria lavra: os judeus não percebiam que a formação de um Estado judeu os transformaria em estrangeiros em todos os países de residência? Assim tinha início uma campanha anti-sionista que, ao correr dos anos, não iria deter-se diante de qualquer argumento: pululação dos bordéis judaicos em Jerusalém (1922), natureza parasitária dos judeus (1936) ou mesmo disseminação do tifo (1948!).

E é assim que, voltando à França, aos olhos dos especialistas católicos do anti-semitismo, o perigo sionista relegou mesmo ao segundo plano o perigo bolchevique. Mais exatamente, e estando entendido que sionismo e bolchevismo eram as duas facetas do mesmo projeto diabólico, o primeiro é que exprimia sua quintessência. Assim é que, para Mons. Jouin (cuja *Revue internationale des sociétés secrètes*, nesse ínterim, se especializara em denunciar o complô dos *Sábios de Sião*), a finalidade secreta do projeto judaico era apoderar-se da Palestina. Projeto tanto mais revoltante, escrevia ele em sua simplicidade, quanto as Cruzadas já haviam mostrado que "a Palestina é dos franceses, e a atribuição que dela se fez a Inglaterra é uma traição. (...) Por essência, o sionismo não pode mais ser judeu, ele é católico" [89]. Não se pode deixar de citar outras fórmulas percucientes desse padre, que o Cardeal Gasparri e Bento XV felicitavam pela coragem e constância no combate contra "as seitas inimigas":

> Da mesma forma que Satã é o macaco de Deus, pode-se dizer que a maçonaria é a terceira ordem da judiaria.
>
> O judeu, lepra e sanguessuga dos povos, vai-se erguer soberbamente como uma jibóia gigantesca, cujos anéis constritores encerram, apertam e moem o mundo agonizante[90].

Seu colaborador Martial-Auricoste arrazoava ou desarrazoava da mesma maneira numa obra intitulada *L'an prochain...Jérusa-*

e a todos os fiéis um golpe bem cruel, criar uma situação privilegiada para os Infiéis na Palestina, e nossa dor seria maior ainda se não fossem cristãos aqueles a quem irão entregar os augustos monumentos da religião cristã..." Cf. *Documentation catholique*, n.º 8, 29 de março de 1919.

87. *Ibid*.

88. Cf. CHARLOTTE KLEIN, "Vatican and Zionism (1897-1967)", in *Christian Attitudes on Jews and Judaism*, n.º 36-37, junho-agosto de 1974, pp. 11-16.

89. Cf. a *Revue internationale des sociétés secrètes*, I, 1921, p. 40.

90. *Idem*, p. 7 e p. 45. Para as felicitações do Cardeal Gasparri, cf. *ibid*. (página de guarda). No que diz respeito às de Bento XV, cf. PIERRARD, *Juifs et catholiques français, op. cit.*, p. 242, Breve de 23 de fevereiro de 1918.

lem? (1922), na qual especificava: "Em 1903, os chefes judeus sabiam que haveria uma guerra mundial, uma conferência mundial, com um único resultado: o Estado judaico da Palestina. (...) Jerusalém será a cidadela e o pivô da conquista judaica do mundo"[91].

Na mesma ordem de idéias, podemos citar um silogismo tal como somente Maurras sabia construir: Na realidade, não foi Lloyd George, foi Aristide Briand quem deu a Palestina aos judeus; ora, essa doação causou a Revolução de Outubro; portanto, é Briand o verdadeiro fautor dessa revolução. "Ah! como o Sr. Briand é um grande diplomata!..."[92] (*janeiro de 1921*).

Mal nascera e já *La Documentation catholique* se estendia em expressões semelhantes. No seu terceiro número, publicava extratos, sob um título comum[93], da *Libre parole* de um lado, do *Bayrischer Kurier* de outro. "Quais são os verdadeiros vencedores da Alemanha? indagava pateticamente o jornal bávaro; são os franceses, os ingleses, os americanos? Não! Os senhores incontestes dos 'Estados livres' alemães são os judeus". Esse artigo era datado de 27 de novembro de 1918; assim, mal o armistício havia sido assinado e o anti-semitismo servia de traço de união entre franceses católicos e alemães católicos. O n.º 8 (29 de março de 1919) de *La Documentation catholique* era dedicado mais especialmente aos "judeus na Europa". "A pretensão ao domínio universal, lia-se nele, não impede que os judeus prossigam na reconstituição de seu reino particular..." Publicava também um novo dossiê sobre *O Sionismo* (*31 de janeiro de 1920*), no qual, sob a assinatura de "Christianus", se enumeravam os remédios:

É preciso criar uma "opinião pública" nos países cristãos (...) seria mister fazer eco à emocionante queixa do soberano pontífice, seria preciso falar a essas nações cristãs sobre o ideal cristão, sobre a vergonha que seria deixar cair sob a dominação política, disfarçada ou não, do judaísmo o berço de sua religião...

Um segundo remédio... persuadir os camponeses a não venderem suas terras aos judeus, afirmando que mais tarde esses terrenos teriam um valor superior. Um *banco* que adiantasse sobre hipotecas... prestaria serviços preciosos.

Finalmente (deveria dizer acima de tudo), *a união entre cristãos e entre cristãos e muçulmanos* se impõe como uma necessidade de salvação...

Reconhecemos os principais ingredientes, que se pode dizer intemporais, de uma ideologia anti-sionista, que um erro tenaz faz nascer em 1948-1949, e é ainda mais freqüentemente em 1967 (isto é, da "Guerra dos Seis Dias"). O erro é tanto mais grosseiro[94] quan-

---

91. J. MARTIAL-AURICOSTE, *L'an prochain... Jérusalem, L'antijudaisme et le grand problème*, Paris, 1922, p. 137 e p. 248.

92. Cf. *L'Action française*, 21 de janeiro de 1921, "Foi Briand quem deu a Palestina aos judeus".

93. "Le rôle des Juifs dans la reconstruction de l'Europe", *D.C.*, 22 de novembro de 1919.

to, nesse particular da opinião católica participavam personalidades tão influentes quanto os "anti-sionistas semíticos". Constatou-se isso em fevereiro de 1920, quando a questão do mandato britânico foi examinada na primeira conferência de Londres. Viu-se então o delegado da França, Philippe Berthelot, o pesadelo de Maurras, se afastar, explicando que, na qualidade de protestante, preferia deixar seu colega Jules Cambon tratar da questão dos Lugares Santos. Cambon então se exprimiu da seguinte maneira:

> Os Lugares Santos estavam nas mãos dos franceses desde o século XV. O Vaticano sempre reconhecera esse fato, e todos os governos franceses, mesmo aqueles que tinham rompido com Roma, haviam aceito esta responsabilidade. Até durante a guerra, o Vaticano reconhecera o direito da França de exercer seu protetorado sobre os Lugares Santos. A questão era da maior importância para os católicos franceses[95].

Três dias depois, sua religião não impedia que Philippe Berthelot interviesse para ridicularizar os sionistas que se conduziam como se fossem uma grande potência. Suas pretensões lhe pareciam tão derrisórias (preste-se atenção no aspecto racista do argumento) que "era provável que a grande maioria desses pretensos judeus tinham em suas veias pouquíssimo sangue verdadeiro de judeu"[96].

Mas, deixando de lado essas anedotas, vamos à segunda fase das campanhas anti-semitas na França do primeiro após-guerra. Essa fase pode ser datada claramente do mês de maio de 1920.

Visto a partir da Inglaterra, o artigo provocador, publicado a 8 de maio de 1920 pelo *Times*, parece ter sido a origem de uma enorme onda anti-semita que se derramou por todo o Ocidente. Mas visto da França — uma França que ainda vivia ao compasso de seu paroquialismo, e onde este artigo inglês passou à primeira vista quase despercebido — a tendência será atribuir a preponderância a um outro fator, isto é, à "greve geral revolucionária" de 1.º de maio, que constituiu o ponto culminante da agitação social do após-guerra (em Paris, um motim fez três mortos entre os operários, e 122 feridos entre a polícia). Por outro lado, no mesmo mês, o presidente do Conselho, Millerand, se dirigia a Londres para conferenciar com Lloyd George — e para lhe participar a recusa da França a qualquer negociação com Moscou. Foi nessa conjuntura que algum distribuidor de fundos[97], algum "chefe de orquestra invisível",

---

94. No entanto, é corroborado por W. RABI, que, em seu estudo já citado da *Histoire des Juifs en France,* escreve: "É surpreendente constatar, lendo a literatura anti-semita entre 1918 e 1940, como o tema específico do sionismo permanece continuamente em segundo plano", p. 380.

95. *Documents on British Foreign Policy 1919-1939,* ed. Butler-Bury, vol. VII, The first conference de Londres, Londres, 1958, p. 109.

96. *Idem,* p. 184.

97. Por exemplo, Ernest Billiet, o animador da "União dos Interesses Econômicos", cf. *Histoire générale de la presse française, op. cit.,* t. III, p. 493.

decidiu um ataque antijudaico geral? Ou seria mais prudente renunciar a buscar uma causa concreta e específica para um fenômeno que, ao que parece, pode-se manifestar a qualquer momento, por exemplo, sob a forma de um "boato" cuja origem se situa (na falta de melhor) no "mais íntimo da alma coletiva"?

Em todo caso, em matéria semelhante, é a imprensa judia o melhor testemunho, o guia mais seguro. Ainda em 27 de maio, Émile Cahen, rivalizando com Mons. Jouin, em algum tipo de simplicidade, alegrava-se em ver *L'Action française* falar bem de um astrônomo judeu (Charles Nordmann) e de um economista judeu (Raphael-Georges Lévy). "Se nos houvessem dito, há apenas seis anos, que o crítico literário do jornal *L'Action française* publicaria as linhas seguintes...", etc. ("Hier et aujourd'hui") [98].

Mas, já na semana seguinte, seu colega H. Prague, sob o título *Semence d'antisémitisme*, dá o alarme, citando um artigo pérfido de *La Liberté* [99]. Em 15 de julho, lê-se nos *Archives israélites* que "numerosos oficiais superiores judeus pedem sua baixa ou a liquidação antecipada de sua reforma", devido ao clima que reina "em nossas altas esferas militares". E a 22, é a vez de Émile Cahen, esquecido de seu grande otimismo de algumas semanas atrás, concluir num tom desiludido: "Quando se vê o ódio tão vivo de nossos detratores, a gente sorri diante da ingenuidade daqueles nossos concidadãos que afirmam ser o anti-semitismo apenas uma má lembrança"[100].

Reportando-se diretamente à grande imprensa de 1920, constata-se primeiramente a publicação de reportagens sensacionais sobre a Rússia dos Sovietes. É, no *Le Petit Parisien*, "Dezessete dias na Rússia bolchevista", por Ch. Petit. Em 20 de maio, por exemplo, nele se lê:

> ...seria muito fácil ver organizar-se a grande cruzada asiática contra os ingleses. O israelita Braunstein, chamado Trotski, cercado por sua camarilha semita ou oriental, aspira a tornar-se o Napoleão do Leste. É ele o chefe executivo da imensa sociedade secreta internacional que aspira a derrubar a civilização européia e que sonha expulsar os ingleses de suas possessões asiáticas...

A tese, cuja versão americana ressaltamos anteriormente (*Chicago Tribune* de 15 de junho [101]), parece realmente ter sido inspirada por uma fonte britânica, tal como o Intelligence Service. Mas a hipótese não é mais admissível no caso de *L'Excelsior*, onde um dos maiores repórteres de todos os tempos, Albert Londres, ironizava em 17 de maio sobre os novos senhores de Moscou:

98. Cf. "Hier et aujourd'hui", *Archives israélites*, 27 de maio de 1920.
99. *Archives israélites*, 3 de junho de 1920.
100. *Ibid.*, 15 de julho de 1920, "A propos d'une réception britannique", e 22 de julho, "De Jérusalem à Orléans".
101. Cf. acima, p. 231.

Os proletários são guiados pelo anel no nariz. (...) Então, quem reina? Reina todo o pessoal atuante dos congressos socialistas. Reinam todos os exilados imundos, ratos das bibliotecas internacionais, que gastaram sua juventude nos livros que falam de pauperismo, a fim de procurar como poderiam viver. Reinam: o siberiano, o mongol, o armênio, o asiático, e, no desvão de todos os corredores, comissariados, por trás dos biombos, entre dois mata-borrões, sob a cesta de papel, o rei: o judeu. Ah! o horrível massacrezinho que está esquentando no horizonte...

A esse propósito, falar-se-á ao máximo de uma idéia recebida da época, tanto mais que, alguns dias antes, Albert Londres não hesitara, ao descrever os soldados especuladores de Petrogrado, em ironizar de maneira diferente: "...soldados, em massa nas esquinas, especulando, vendendo e revendendo. Por mais que Trotski, lembrando-se de seu ilustre correligionário, lhe dê de chicote, ele os dispersa para reuni-los mais adiante" (*12 de maio*).

No que concerne aos ataques anti-semitas que nesse mês de maio se queriam assim, e que se pode acreditar devidamente inspirados, cabe assinalar ainda o artigo acima mencionado de *La Liberté* (23 de maio: "Israelitas, povo à parte, que odeia aqueles em cujo meio vive" etc.), a publicação, por *L'Intransigeant*, do "documento Zunder"[102] (27 de maio) e um artigo que *Le Correspondant* dedicou aos *Protocolos* (25 de maio) — os quais no entanto levaram algum tempo para atrair a atenção dos franceses. *L'Action française*, onde não se lia o *Times*, mencionava o escrito apenas na sua revista de imprensa de 19 de maio, baseado num artigo de *La Libre Belgique*. *Le Correspondant* era um órgão católico de pouco peso. O verdadeiro lançamento se deveu a Gustave Téry, que nele consagrava a primeira página de *L'Oeuvre* de 2 de julho, sob o título de "Jewry über alles, L'entourage juif de M. Lloyd George" — o que incitou *L'Action française* a retomar o tema. Daí por diante, Charles Maurras lhe deu uma atenção cada vez maior, dedicando à onipotência dos judeus uma dúzia de artigos, no decurso do segundo semestre de 1920. Foi assim que, a 27 de setembro, sob o título "La question juive, un schéma", ele se aplicava em mostrar que todos os acontecimentos maiores dos últimos anos podiam ser melhor explicados dessa maneira, para concluir: "Sem dúvida, outras causas influíram no curso de todos esses acontecimentos, mas esse esquema não contém uma parte de verdade confirmado pelos resultados magníficos, pelos privilégios inauditos recolhidos pelos judeus?"[103] Mais adiante, no mesmo artigo, sob o subtítulo "Novida-

---

102. Sobre o "documento Zunder", v. acima, p. 175.
103. O artigo ilustrava, da melhor forma possível, a maneira de Maurras. Como ele o fazia de boa vontade, nesse "esquema" ele se apoiava na carta de um admirador:

"A carta que ele me escreveu é tão próxima dos pensamentos que nós mesmos formamos que não há necessidade de compô-la em caracteres diferentes. Decerto, parece um pouco esquemático resumir dessa maneira a guerra, ou pelo menos algumas de suas fases:

des e uma voz da razão", citava e aprovava a carta de um correspondente judeu, que lhe propunha uma espécie de plano de desjudaização. Mas antes de passar a essas "novidades", que podem ser descritas como a "fase III" das campanhas anti-semitas da época, assinalemos ainda a entrada em campo da *Revue des Deux Mondes*, esse bastião da civilidade francesa. Seu último número de 1920 continha dois longos requisitórios: um, assinado Maurice Pernot, visava os judeus da Polônia, o outro da lavra dos irmãos Tharaud (com o título de "Quand Israel est roi"), acusava os judeus da Hungria. Uma vez tomado o caminho, a *Revue* propagará algumas outras acusações em uso: falará do judeu Aaron Kerenski, ou dos ódios anticristãos dos judio-bolchevistas, e os irmãos Tharaud continuarão a descrever, até a primavera de 1924, as atrocidades ou loucuras judaicas (sob o novo título *L'an prochain à Jérusalem*) [104]. Não se poderia deixar de dar alguma razão a Jean Drault, o ex-lugar-tenente de Drumont, quando escreveu em 1934: "Os irmãos Tharaud, sem percebê-lo, serviram de traço de união entre o que Drumont proclamou e o que Hitler realizou" [105].

Enfim, cabe dizer algumas palavras sobre um boato que os órgãos israelitas nem mesmo ousavam mencionar: a propagação, pelos judeus, de uma doença tão terrível que os serviços de Assistência Pública não se atreviam nem mesmo a chamá-la pelo nome... Em dezembro de 1920, *La Tribune juive*, um novo semanário publicado por judeus russos, que ignoravam as inibições de seus correligionários franceses, relata como segue essa peripécia:

No verão de 1920, alguns casos de peste foram descobertos em Paris. Para evitar o pânico, sobretudo logo em seguida à terrível epidemia de gripe espanhola, as autoridades colocavam os pestilentos no pavilhão n.º 9 de um hospital de subúrbio e falavam da "doença n.º 9". Logo em seguida, uma campanha a princípio sus-

"Intervenção da Rússia detida pelo triunfo dos judeus.
"Intervenção da América sob a influência dos judeus até que a Alemanha sob pretexto de democracia tenha adotado um governo judeu.
"Intervenção dos judeus wilsonianos para fazer respeitar a unidade e a força de uma Alemanha submetida aos judeus.
"Mudança de atitude da Inglaterra para com a Alemanha sob a mesma influência.
"Sem dúvida, outras causas influíram no curso de todos esses acontecimentos, mas..." etc.

104. Cf. *Revue des Deux Mondes* de novembro-dezembro de 1920, pp. 171-187, "La question juive en Pologne", e pp. 809-846, "Bolchevistes de Hongrie". No número de novembro-dezembro de 1921, p. 243, trata-se de "Aaron Kerenski, que, com o discernimento particular de sua raça, tomara suas precauções..." No de julho-agosto de 1922, uma certa Émilie Vernaux garantia que "os chefes do movimento bolchevista são quase todos judeus; por isso o ódio religioso se mescla a todas as suas ações..." (p. 671).

105. Cf. JEAN DRAULT, *Drumont — La France juive et La Libre parole*, Paris, 1934, p. 328.

surrada atribuiu essa doença aos judeus imigrados da Polônia ou da Rússia. Os jornais transmitiram-na; uma discussão realizou-se em novembro no Conselho Municipal; mas deixemos a palavra a *La Tribune juive:*

> ...Até *L'Humanité* de 3 de dezembro afirmava que os judeus que se salvam dos *pogroms* são mais ou menos atingidos por uma infecção especial que os cientistas chamam "doença n.° 9". [No Senado] o Sr. Gaudin de Vilaine interpelou o governo a propósito do n.° 9, insistindo para que se "fechem as portas" a esse "miserável povo" ...O Senado ouvia; o representante do governo respondia, os jornalistas anotavam e o público lia tudo isso (*24 de dezembro de 1920*).

Le Rappel, órgão da esquerda radical, também dava o alarme: "Em geral são os judeus do Oriente que nos trazem toda espécie de doenças, especialmente a lepra, e sobretudo o mal n.° 9. (...) É preciso, como dissemos, interditar os quartos onde vinte israelitas trocam entre si seus piolhos e suas taras. Devemos estabelecer uma sólida barreira nas fronteiras" (15 de novembro de 1920). (A província, aparentemente, tinha nervos melhores: em 8 de agosto, o *Journal de Coutances* trazia o título: "A peste em Paris — Não devemos nos inquietar", e atribuía a epidemia aos "viajantes asiáticos, todos os orientais e levantinos tão numerosos em Paris"). No fim de contas, o governo precisou apelar a que o Instituto Pasteur publicasse um desmentido e acalmasse os espíritos. O Instituto nos cedeu amavelmente o dossiê médico do caso [106]. A esse propósito, talvez seja conveniente reiterar a observação feita anteriormente, acerca das inundações parisienses: na era da ciência, os judeus são facilmente acusados de malefícios involuntários, que procedem de sua própria natureza — ou então, como o observa Sartre, com muita sutileza, "[o judeu] é livre *para fazer o mal,* não o bem" [107] — e, por conseguinte, *irrecuperável.*

Podemos qualificar de *Fase III* a conjunção dos anúncios de um *pogrom* mundial iminente com a adesão de certos israelitas ao programa anti-semita (eram, portanto, as *novidades* anunciadas por Maurras). Essa fase decorria das duas primeiras pela natureza das coisas: estando os judeus a ponto de realizar sua grande conspiração, como as nações arianas não fariam um esforço desesperado para escapar de seu jugo? A esse respeito, e fazendo abstração dos

---

106. HENRI PERRIER, do Instituto Pasteur, nos escrevia especialmente a 16 de fevereiro de 1976: "De maio a dezembro de 1920, perto de uma centena de casos de peste bubônica foram, com efeito, assinalados entre populações de trapeiros que habitavam as favelas de Levallois, Saint-Ouen ... infestadas de ratos (...) Ver lista anexa de publicações. Ressalta daí muito claramente que foram os ratos a causa (...) Já, no decurso dos séculos anteriores, quase sempre foram os "judeus" (dos séculos XIV e XVII sobretudo e no Porto ainda em 1899), os "médicos" (peste em Marseille em 1720) e algumas vezes o "Governo" (cólera em 1832) os suspeitos de espalharem a peste ou a cólera".

107. *Réflexions sur la question juive,* p. 46, coll. "Idées".

ultraprofissionais do anti-semitismo, devemos citar, em primeiro lugar, e uma vez mais, Charles Maurras que, muito antes de brandir sua "faca de cozinha" contra Léon Blum e Abraham Schrameck [108], lançava um "apelo a todas as forças antijudaicas do universo" no sentido de "uma política antijudaica universal" (*12 de maio de 1921*). Depois, seu adepto e correspondente judeu René Groos fazia coro, em sua *Enquête sur le problème juif* — 1922 — colocada "sob o signo de nossos mortos... sob o signo do nobre e grande Pierre David": "Assitimos, paralelamente à progressão dessa conspiração judaica universal, a um renascimento do anti-semitismo. Mais exatamente talvez, à sua expansão. Antigamente, era através de assaltos locais, sem duração, sem repercussões, que o anti-semitismo se manifestava. Tornou-se agora universal, latente, permanente" (p. 19). E para evitar o pior, propunha editar uma legislação especial ("Devemos duplo serviço nessa casa, pois nela somos hóspedes, não a construímos"). Dois publicistas interrogados por ele se mostravam ainda mais pessimistas. Um colaborador de *La Croix*, René Johannet, incriminava o sionismo: "Essa situação torna cada vez mais difícil sustentar a posição política e moral dos israelitas no interior dos outros Estados, e o caráter equívoco de seu estatuto pode conduzir o anti-semitismo extremamente longe por caminhos ainda insuspeitados" (p. 167). O poeta Fagus não via salvação a não ser no sionismo: "O anti-semitismo... se anuncia como uma reação universal. Tudo indica que, em qualquer ponto em que se inicie o *pogrom*, ganhará o universo automaticamente. A salvação para os judeus seria antecipar-se: abandonar as terras cristãs e as riquezas que aí adquiriram para ir fundar um Estado judeu, por exemplo, em sua pátria de origem" (p. 128). Paul Lévy, o futuro editor do semanário *Aux écoutes*, pedia igualmente a seus congêneres que se antecipassem, mas de outra maneira: "que os judeus franceses repudiassem os procedimentos abomináveis dos financistas que, em torno do Sr. Lloyd George ou da Casa Branca, organizam as sucessivas armadilhas que são estendidas aos estadistas franceses" ("Carta aos judeus patriotas", *L'Éclair*, 21 de maio de 1921).

Voltamos a encontrar assim os problemas da grande política. O abandono da França por seus aliados anglo-saxões era tanto mais facilmente explicável por uma intriga judio-germânica quanto o tema da Inglaterra judaizada, que remontava a Toussenel e a Drumont, acabava de receber um impulso novo graças às campanhas de *L'Action française* e de *L'Oeuvre*. O maurrasiano Roger Lambelin, um dos tradutores franceses dos *Protocolos*, propagava-o em 1921 sob o título de *Le règne d'Israel chez les Anglo-Saxons*. No prefácio de seu livro ele o resumia nesses termos:

---

108. Cf. o artigo de 22 de setembro de 1935 dirigido contra Léon Blum: "Tendes em algum lugar uma pistola automática, um revólver, uma faca de cozinha?" Anteriormente, a 9 de junho de 1925, Maurras exprimia o desejo de "derramar o sangue de cachorro" de Abraham Schrameck, ministro do Interior.

Os documentos consultados, o exame dos jornais e periódicos ingleses, americanos e judeus, as observações feitas e os testemunhos recolhidos no Egito e na Palestina, as informações fornecidas por correspondentes bem situados para serem informados exatamente sobre certas manobras de Israel, me permitiram seguir de muito perto as etapas do estabelecimento do reino judeu entre os anglo-saxões (pp. 8-9).

Nesses meios, o esquema da conspiração judio-germânica estava tão profundamente arraigado que Georges Bernanos ainda o repetia, a despeito de sua célebre reviravolta, no Brasil, em janeiro de 1944! [109] Será surpreendente que grandes diários que, embora em nome da "união sagrada", se tinham abstido de falar do *"entourage judeu de Clemenceau"*, se pegassem agora com "o *entourage* judeu de Lloyd George". Assim, em 1.º de maio de 1921, *Le Matin* acusava "certos banqueiros da Cité cujas ligações com casas alemãs são conhecidas". Dois dias depois, punha os pingos nos i: "Já é hora de avisar o Sr. Lloyd George de que há banqueiros de sangue inglês na City de Londres".

A campanha foi retomada por jornais de menor importância que até então tinham evitado qualquer agitação antijudaica. No ano seguinte, um publicista de renome, André Chéradame, resumia a situação em termos que Maurras ou os irmãos Tharaud não teriam censurado:

> Os povos da *Entente* são colocados entre formidáveis tenazes acionadas pelos dirigentes pangermanistas. Os dois braços dessa tenaz são representados, o primeiro, pela ação financista internacional do sindicato judio-alemão que age sobre as camadas sociais ditas elevadas dos países da *Entente* para aí recrutar cúmplices através da corrupção; o segundo braço é representado pela ação dos bolcheviques e dos socialistas bolchevizantes que atuam sobre as classes populares dos países aliados [110].

Mas os homens de *L'Action française* e outros extremistas certamente se teriam distanciado do diagnóstico de Chéradame:

---

109. Bernanos replicava a um artigo do *Reader's Digest*, que propunha que se deixasse estabelecer, na Alemanha vencida, uma democracia autenticamente independente. E argumentava da seguinte maneira:
"Foi o capitalismo internacional que favoreceu o reerguimento da Alemanha depois de 1918. É o capitalismo internacional que teme uma falência hoje do poder econômico alemão, porque uma tal falência não estaria longe de ser também a sua. O poder econômico alemão é a viga mestra do regime capitalista. Se esse regime sobreviver à crise atual, posso predizer àqueles que me dão a honra de ler-me algumas surpresas das quais a menor não será ver, um dia próximo, os grandes bancos israelitas em todo o universo colocarem seus grandiosos meios de ação a serviço do povo cujos interesses continuam estreitamente solidários dos seus, a despeito dos milhões de inocentes mártires judeus sacrificados..." Cf. *Le Chemin de La Croix-des-Ames,* Paris, 1948, pp. 398-399.

110. Cf. *La Mystification des peuples alliés*, Évreux, 1922. André Chéradame antes da guerra já fazia campanha contra o pangermanismo. Sua correspondência com Raymond Poincaré e com Theodore Roosevelt testemunha a estima que esses dois "antipangermanistas" lhe dedicavam.

Muitos concluem daí: existe uma conspiração de todos os judeus para apossar-se do domínio universal. Quero expor claramente por que não me situo nesse terreno. (...) No estado atual das coisas, não creio, pois, que se possa afirmar a existência de um complô judeu universal sem cometer um erro e uma injustiça.

Em conseqüência, preconizava

a criação do grupo dos judeus antipangermanistas, leais súditos dos países da *Entente*. (...) Não é evidente que, se os judeus antipangermanistas não se manifestassem logo através de uma ação enérgica e elevada, a noção de um complô judeu para o domínio universal se propagaria em toda a parte? Então um movimento anti-semita formidável se desenvolveria nos próximos anos... [111]

Retrospectivamente, a predição parece digna de riso (talvez o tivesse parecido menos, se não fosse realizada, antes de realizar-se ao contrário). Resta-nos ver por que na França não houve a *Fase IV*, por que ao contrário o anti-semitismo ia alcançar nesse país o nível mais baixo por volta de 1925-1930, para crescer em seguida, sob a influência combinada da crise econômica e dos encorajamentos oriundos do além-Reno.

Pois deve-se dizê-lo: em muitos pontos, a matança de 14-18 teve na França efeitos não menos calamitosos que na Alemanha. Notadamente, perverteu ainda mais os costumes da imprensa (os grandes corruptores agora se situam uniformemente "à direita"); foi com dificuldade que esta soube se desfazer dos novos processos de "lavagem de cérebros" e outras técnicas do ódio brutalizante que encontrarão seu derradeiro desenvolvimento nos regimes totalitários [112]. Foi nessa conjuntura que a diversão anti-semita ou racista adquiriu um aspecto totalmente novo — visto que ela respondia a uma surda espera do público, tal como testemunhou em 1923 o leque das respostas a uma pesquisa sobre a voga súbita de Gobineau e do "gobinismo" [113]. Guardaremos os macabros vaticínios de Vacher de Lapouge, antecipando-se a Céline [114], e

---

111. *La Mystification...*, p. 406, pp. 43-45. Para Chéradame, a tese da "conspiração judia" era desmentida pela atitude patriótica de inúmeros dirigentes judeus, particularmente nos Estados Unidos.

112. Cf. *Histoire générale de la presse..., op. cit.*, p. 271: "Para dar ao país razões de esperar, a imprensa descobriu, levada pela censura e pelo talento de seus jornalistas, as regras da propaganda moderna: os regimes totalitários do após-guerra nada mais fizeram, no mais das vezes, que sistematizar o uso de técnicas elaboradas então, quase que inconscientemente, pelos jornais franceses e alemães".

113. Em outubro de 1923, a revista *Europe* dedicava um número especial a Arthur de Gobineau. Parte dos autores que nele colaboraram, e notadamente Paul Bourget, Élie Faure, Clément Serpeille de Gobineau e Vacher de Lapouge, declaravam sua concordância com a antropologia gobiniana. Mais destacado, Jacques de Lacretelle tratava da influência exercida pelo "teórico da raça" sobre Maurice Barrès e Marcel Proust. Somente Romain Rolland se distanciava expressamente do gobinismo.

114. Cf. mais adiante, p. 290.

sobretudo o diagnóstico de Romain Rolland: "Esta obra favorece secretamente certas predisposições atuais (...) a juventude de hoje irá encontrar sem dificuldade, em Gobineau, o mesmo desdém confesso pelo progresso, pelo liberalismo, pelo *opium humanitário*, pelas idéias democráticas — a mesma visão altiva e trágica da batalha das raças..." E com efeito "a filosofia dos haras" [115] se deixava então mostrar-se nos locais mais insólitos. Assim, no argumento elaborado por Paul Claudel para *Le Père humilié* (1916): "É preciso muita água para batizar um judeu..." — e é por isso que Pensée de Coûfontaine, uma cristã rebelde de origem parcialmente judaica, pode encarnar *o judaísmo cego* [116]. Igualmente nesta zona climática, amontoavam-se algumas nuvens que ameaçavam descarregar sobre os judeus. Por que a tempestade passou ao largo? Por que os anti-semitas franceses não enveredaram — ou ainda não — "extremamente longe por caminhos ainda insuspeitados", como predizia o publicista católico René Johannet? [117]

A esse propósito, deve-se levar em conta primeiramente essa outra seqüela da guerra que foi o enfraquecimento da influência política dos jornais, mantidos num desprezo que, desde os tempos de Panamá, só aumentava [118]; e, no fim das contas, a diferença crescente entre a opinião real dos franceses e a sugerida por uma análise da imprensa. Em 1936, a Frente Popular não irá conseguir, apesar da hostilidade, senão a unanimidade, pelo menos a esmagadora maioria dos jornais? [119] Constatamos assim uma disparidade que não deixa de ter relação com a que ressalta dos relatos dos testemunhos vivos da época [120]. Aliás, muitos outros indícios parecem corroborar seus testemunhos: em primeiro lugar, a ausência, no decorrer dos anos 1920, de organizações militantes ou "ligas" anti-semitas [121], bem como de incidentes notáveis e de

---

115. A expressão é de Tocqueville, amigo e crítico de Gobineau. Na Alemanha pós-hitlerista, falar-se-á espontaneamente de "Veterinärphilosophie".

116. Claudel chega a colocar na boca de Pensée de Coûfontaine a exclamação: "Uma alma como a minha, não é com água que se batiza, mas com sangue!" Ver todo o primeiro ato da peça, bem como as análises de JACQUES PETIT, *Bernanos, Bloy, Claudel, Péguy, quatre écrivains catholiques face à Israel*, Paris, 1972, pp. 48-59, p. 109, pp. 118-121.

117. Cf. acima, p. 276.

118. Cf. *Histoire générale de la presse...*, op. cit., pp. 143-144, p. 254, e sobretudo pp. 484-494.

119. Somente *Le Populaire* e *L'Humanité*, diários de uma tiragem relativamente modesta, e os semanários *Vendredi* e *Marianne* faziam campanha aberta à Frente Popular; cf. HENRI GUILLEMIN, *Nationalistes et "nationaux" (1870-1940)*, coll. "Idées", 1974, pp. 255-257.

120. Cf. acima, p. 267.

121. Com exceção, é claro, dos "Camelots du Roi", de obediência maurrassiana. Mas, no curso dos anos 1920, não se dedicaram a qualquer escândalo antijudaico de vulto; e mais geralmente, o programa político de *L'Action française* era monarquista antes de ser anti-semita, pelo menos em teoria.

manifestações de rua. Em suma, nada de semelhante ao que descrevemos a propósito do caso Dreyfus, ou ao que teremos de descrever ao falar na Alemanha pré-nazista.

Um sinal mais sutil é a evolução, a princípio pouco perceptível, da atitude dos jesuítas. Vimos o papel de primeiro plano que os jesuítas italianos desempenharam na adesão da Igreja Católica à propaganda anti-semita, e como, no final do século XIX, as campanhas da *Civiltà Cattolica* parecem ter inspirado ou sugerido o mito dos *Sábios de Sião* [122]. Em compensação, os jesuítas franceses ou francófonos parecem ter sido os primeiros a perceber, já em 1922, que nada de bom podia resultar para a Igreja dessa mitologia. O guizo foi atado na revista belga *La Terre wallonne* pelo Padre Pierre Charles, pouco depois da espetacular reviravolta do *Times*: ele se aplicou então a demonstrar de uma vez por todas, com uma minúcia não igualada depois, que os *Protocolos* haviam sido copiados de um panfleto antibonapartista de Maurice Joly. Sua conclusão merece ser citada:

> Pela honra do nome cristão, temos o direito de dizer que esses ódios cegos são sementes de maldição. (...) E sentimo-nos um pouco humilhados ao constatar que uma falsificação, um plágio, tão grotesco, tão barroco, tão ridículo quanto os *Protocolos*; que a obra prematura, maldosa e tola de um vulgar beleguim da Okhrana, destinada a mistificar mujiques, tenha podido passar, aos olhos de ocidentais sérios e literatos, por uma conspiração sábia, um plano satânico e genial de destruição das sociedades. *Si sal infatuatum fuerit!*... Temos aí matéria para demoradas reflexões!...[123]

Estreava assim a carreira de um grande erudito e grande precursor (que, pelo que eu saiba, ainda não encontrou biógrafo)[124]. E neste impulso o Padre du Passage publicava, em *Les Études*, um longo artigo muito recuado em relação ao do Padre Charles, mas suficientemente crítico para fazer com que Urbain Gohier delirasse sobre o conluio entre jesuítas, judeus e Moscou[125]. Por volta

---

122. Ver acima, p. 57. Por outro lado, nessa matéria, que mereceria ser mais aprofundada, seria conveniente levar em conta a considerável autonomia de que gozavam as diversas províncias ou "assistências" da Companhia de Jesus. O fato é que a equipe da *Civiltà Cattolica* levou tempo — quase um quarto de século — para aderir ao curso novo adotado pelos jesuítas franceses.

123. P. S. J. CHARLES, "L'Immonde Juif", crônica religiosa de *La Terre wallonne*, abril de 1922, pp. 54-62.

124. Foi depois desse artigo que o Padre Charles se dedicou à tarefa, ingrata na época, de denúncia do anti-semitismo e do racismo. Sobre suas obras que tratam da imagem dos negros e da "maldição de Cam", cf. *O Mito Ariano, op. cit.,* pp. 299-300. Durante a Segunda Guerra Mundial, continuou na América Latina seu apostolado, cf. PIERRARD, *Juifs et catholiques, op. cit.,* p. 309. Meu amigo Maurice Olender, de Bruxelas, pensa em lhe dedicar um estudo.

125. Cf. "Le Mouvement religieux hors de France, Henry Ford et les Juifs", *Études*, t. 171, 1922, pp. 728-744, e "Les Jésuites et les 'Protocoles'", *La Vieille France*, 20-27 de julho, p. 9.

de 1927, os jesuítas franceses desertavam definitivamente o campo anti-semita [126]. A propósito dos *Protocolos,* cabe ainda observar que, ao final das contas, não tiveram na França uma audiência tão grande quanto na Alemanha ou nos países anglo-saxões. Os grandes diários de informação fizeram silêncio total sobre eles (pode-se ver aí mais um testemunho de prudência do que de probidade ou de virtude). E pouco numerosos foram os autores — ao menos entre aqueles cujo nome manteve algum significado em nossos dias — que, de uma maneira ou de outra, se inspiraram no tema da grande conspiração judia. Foram, na ordem cronológica:

Em 1925, Paul Morand que, em *Je brûle Moscou,* fazia divagar "Ben Moïssevitch", "Vassilissa Abramovna", "Israiloff", e outros judeus de nomes extravagantes:

> Os grandes reservatórios de judeus do mundo rebentaram. Corremos em toda a parte, ardentes, intolerantes, talmúdicos. Disse Ezequiel: "Vivereis em casas que não tereis construído, bebereis de poços que não tereis cavado!" Estas casas, estes poços, ei-los. Há apenas um continente a mais, o maior laboratório do mundo, é a terra prometida; é a *Eurásia*[127].

E no mesmo ano, de uma maneira um pouco menos ingênua, Pierre Benoit que, em *Le Puits de Jacob* e em seu nome próprio, concluía: "Admirável e terrível raça, realmente, aquela que, na vitória, este seguro agente de dissolução, não relaxa um minuto, não cede nada, não concede nada ao inimigo vencido" [128].

Em 1931, é Georges Bernanos, em sua suntuosa maneira préceliniana:

> Os tempos heróicos da conquista, dos quais Drumont se fez o arauto, agora já passaram: (...) a carniça dos títulos e dos brasões, e depois essas grandes orgias rituais onde a raça profética, augural, lança todos os seus lucros no tapete, corre de novo seu risco, ganha ou perde, num verdadeiro espasmo coletivo — Panamá, o caso Dreyfus — pálidas imagens das barrigadas futuras: Bela Kun na Hungria, Bronstein em Moscou... Aquela guerra era apenas uma brincadeira de crianças. Veremos coisa bem diferente quando a minúscula fera judia, depois de mastigar o bulbo do gigante americano, o monstro inconsciente se lançar sobre o colosso russo, igualmente esvaziado de seu cérebro [129].

A exaltação de Bernanos não reflete aqui, além de um temperamento, uma tradição panfletária, e mais precisamente a marca

---

126. Cf. PIERRARD, *op. cit.,* p. 252.
127. Cf. PAUL MORAND, *L'Europe galante,* Paris, 1925, p. 193. Um judeu russo se teria chamado Veniamin (ou Benjamin) Moissevitch; uma judia russa não se teria chamado Vassilissa, prenome rústico por excelência. Vassilissa Abramovna é mais disparatado que Eulalie Lévy, por exemplo.
128. Cf. PIERRE BENOIT, *Le Puits de Jacob,* Paris, 1925, p. 287.
129. *La Grande Peur des bien-pensants,* Conclusão, p. 329 na ed. La Pléiade.

dos inspiradores diretos, Bloy e Léon Daudet? Teríamos dessa forma um novo elemento de resposta: um estilo polêmico *sui generis*, alimentado com a retórica nacional, conduzia ao final de contas à tendência de cultivar a invectiva pela invectiva. Esse jogo torna-se às vezes perigoso...

Um último exemplo poderia atestar ainda melhor o poder de contágio, quase hipnótico, dessas visões anti-semitas. Num trabalho de 1973, aliás excelente, sobre *L'image du Juif dans le roman français*, seu autor, uma judia, coloca na boca de uma personagem de Georges Duhamel uma tirada sobre "uma 'Internacional judaica' cujo objetivo seria a destruição total dos cristãos", tirada de que não se encontra vestígio no livro![130] Mas, por esse desvio, chegamos ao essencial: porque é através da produção literária no período entre as duas guerras que poderemos compreender sem dúvida o senso da disparidade entre a condição de fato dos judeus e as suspeitas cada vez mais graves e numerosas de que eram objeto, ao final das hostilidades.

Certamente, o filão do romance antijudaico não se esgotou no curso desse período tão fecundo. Ao lado dos irmãos Tharaud, que voltavam à carga em 1933 com seu *Jument errante*[131], pode-

---

130. CHARLOTTE WARDI, *L'image du Juif dans le roman français*, Paris, 1973, p. 97, citando *Le Désert de Bièvres* de G. DUHAMEL. Ora, nesse livro, a personagem em questão, "Sénac", fala mal dos judeus, mas sua incriminação se limita à solidariedade judaica, "eles se agarram todos entre si". Tomei o cuidado de verificar esse ponto tanto na edição de 1955 indicada por Mme Wardi quanto na edição original de 1937.

A hipótese mais verossímil me parece ser um erro de ficha — uma ficha que versa, "como que por acaso", sobre os *Sábios de Sião*.

131. Assinalemos que, em janeiro de 1940, Jérôme Tharaud, que anteriormente se escondera por trás de Charles Maurras, fora eleito para a Academia Francesa.

La Jument errante relata de uma maneira supostamente divertida a história dos judeus. Em 1917, esta história entra num período de milagres: "...Milagre também que fossem lançados no Schéol, entre as coisas mortas para sempre, esses czares que tanto nos humilharam! Milagre ver os judeus se instalarem em seu lugar, e dar livre curso à sua velha mania de transformar o mundo! Ah! desta vez, eles estavam em seu negócio! (...) Outro milagre. Viu-se um judeu reinar sobre a Hungria (...) Milagre ainda, Kurt Eisner, que, no mesmo momento, fazia a revolução em Munique (...) Milagre também, esses judeus de Viena que, sem tambor e sem trombeta, expulsaram os Habsburgos, como nós fomos tantas vezes expulsos por eles das cidades da Áustria e da Boêmia!"

Depois de haver descrito dessa forma, na hora do advento do III Reich, a instauração do reinado judeu na Europa, os futuros acadêmicos concluíam: "Ia esquecendo um milagre! [A criação de um lar judeu na Palestina.] Sim, eu gostaria de rever tudo isso, mas não tenho mais vontade de viver aí". Cf. JEAN E JÉRÔME THARAUD, *Le Chemin d'Israel*, 3.ª parte, Paris, 1948.

se colocar Marcel Jouhandeau, ele também ao mesmo tempo panfletário (*Le péril juif*, 1934) e romancista. Em *Chaminadour* (1934), os judeus venderam ao pároco vinho de missa adulterado:
— De quem é a culpa? perguntam.
— Dos judeus que me venderam, responde o cura.
— Do cura que nos comprou, retorquem os judeus.

Assim, com os mesmos cúmplices, Judas especula sempre com o sangue de Cristo [132].

E haveria muito a dizer sobre as sombras imemoriais que premeiam muitos romances de Georges Simenon [133]. Mas, antes de prosseguir nessa direção, voltemo-nos para os maiores, principalmente os prêmios-Nobel, quase sempre predispostos favoravelmente para com os filhos de Israel. Comecemos ("posdatando-o" de um decênio, e sem esquecer que esse, 1908-1918, foi sob todos os pontos de vista capital) por Romain Rolland. Ele falou muito dos judeus, mais bem do que mal; mas contentar-nos-emos em mencionar *Dans la maison* (1908) onde se fala de Tadée Mooch, o judeu autodidata, tão simples quanto bom, mas horrivelmente feio — "mais judeu do que convém!" [134]

Detenhamo-nos nessa equação entre judaísmo e feiúra. Não é que ela seja inevitável. Em François Mauriac, o judeu bordelês Jean Azévedo de *Thérèse Desqueroux* (1927) não é feio, nem de resto especialmente "bom" ou "mau", mas continua fisicamente reconhecível graças aos "olhos aveludados da raça... seu belo olhar queimava" [135].

132. Citado por CHARLOTTE WARDI, *Le Juif dans le roman français*, op. cit., p. 184.

133. Assim, *Le Fou de Bergerac, Le Pendu de Saint-Phollien, Les Fiançailles de M. Hire* (cf. *idem*, p. 13 e p. 209), *Treize mystères*, e muitas outras obras. Comumente, o aparecimento mais ou menos fugidio de um judeu permite que Simenon condense a atmosfera de inquietude.

134. A descrição das qualidades de Mooch e da ajuda discreta que dá a Jean Christophe ocupa duas páginas; a descrição de sua feiúra — sete linhas. A passagem termina com essas réplicas: (Christophe) diz:
— Que desgraça!... Que desgraça que você seja judeu!
Mooch sorriu, com uma ironia triste, e respondeu com tranqüilidade:
— É uma desgraça muito maior ser um homem.

Em seguida, numa passagem sobre um amigo falecido: "Era um desses jovens judeus, atrasados de inteligência e de ardor generoso, que sofrem com o duro meio que os cerca, que se atribuíram a tarefa de reerguer sua raça, e através de sua raça, o mundo, que se devoram a si mesmos, que se consomem em todas as partes e ardem, em algumas horas, como uma tocha de resina". E nesse contexto, o comentário do autor: "Paga-se caro o privilégio de pertencer a uma raça demasiado velha. Carrega-se um fardo esmagador de passado, de provações, de experiências aborrecidas (...) O Tédio, o imenso tédio semita, sem relação com nosso tédio ariano...", *Dans la maison*, ed. "Oeuvres complètes", Paris, 1932, pp. 95-99. Não devemos esquecer que o grande período literário de R. Rolland, nascido em 1866, precedeu a guerra.

135. Cf. *Thérèse Desqueyroux*, ed. "Livre de Poche", p. 84.

Em compensação, um terceiro prêmio-Nobel, Roger Martin du Gard, era literalmente fascinado pela feiúra dos judeus, no físico — tanto quanto pela sua sublimidade, no moral. Isso se anuncia já em *Jean Barois* (1914), onde se descreveu bastante os irresistíveis atrativos de Julia Woldsmuth — "tipo oriental (...) algo de sensual, terrivelmente sensual" — sublinhado por "mãos estranhas, mais claras dentro, de uma agilidade simiesca"[136]. Vamos aos homens. Na obra-prima, *Les Thibault* (1922-1940), os dois heróis, Jacques e Antoine, chegados à idade adulta, encontram cada um um amigo ou um "irmão mais velho" judeu — mas talvez fosse mais conveniente falar de uma "cópia", ou de uma "consciência"? Para Jacques, o revolucionário, é Skada, *o meditativo asiático*:

> Introduzir cada vez mais justiça em torno de si [pregava ele, com sua doçura insinuante] (...) O desmoronamento do mundo burguês se dará por si mesmo...
> Skada era um israelita da Ásia Menor, de uns cinqüenta anos. Muito míope, sobre um nariz arqueado, esverdeado, usava óculos de lentes tão espessas como lentes de telescópio. Era feio: cabelos crespos, curtos e colados num crânio ovóide; enormes orelhas; mas um olhar quente, pensativo, de uma inesgotável ternura. Levava uma vida de asceta[137].

A feiúra é menos triunfante, mas o distanciamento biológico também é acusado no caso do Dr. Isaac Studler, um israelita francês que também tem muito de asiático, já que é cognominado *o Califa*. Antoine Thibault, o médico, se cerca de seus conselhos, sonha com ele antes de morrer — e, discretamente, o explora. Cumpre acrescentar que Studler é tão sublime quanto Skada, embora o patriotismo (francês) o dispute ao pacifismo (judaico) em seu coração? Quanto ao físico,

> Studler... parecia ser o irmão mais velho de Antoine. O prenome Isaac convinha muito bem a seu perfil, à sua barba de emir, a seus olhos ardentes de mago oriental. (...) Tão logo se animava... o branco de seu olho cavalar se injetava com um pouco de sangue...

Em outro local, há referências a "seu grande olho molhado", ou mesmo a "seu olho de profeta"[138].

O encantamento exercido por tanto exotismo, ou por tanta feiúra (quase sempre, como deve ser, masculina), e cujos exemplos seria fácil multiplicar, com uma menção especial para Pierre

---

136. Cf. *Jean Barois*, ed. Paris, 1963 (chamada edição "Nobel"), p. 209, p. 239 e p. 211.
137. Cf. *Les Thibault*, 7.ª parte, "L'été 1914", Paris, 1936, t. I, p. 56 e p. 49.
138. *Idem*, t. I, p. 158; t. II, p. 125; t. III, p. 40, p. 238, e *passim*.

Benoit [139], foi suficiente para nele sucumbir Jean-Paul Sartre, mesmo no ensaio magistral onde, em seguida à grande perseguição nazista, ele se aplicava em denunciar os mitos seculares — pois, nas *Réflexions*... se descreve um "tipo semita acentuado... nariz curvo... orelhas desgrudadas... lábios espessos" [140], e mais adiante, as "características típicas do israelita francês: nariz recurvo, afastamento das orelhas etc." [141]. No moral, em compensação, a passagem acima não se ressente, a meu ver, senão de sua data, já que toda a primeira frase exprime uma verdade que eu acreditaria de bom grado ser permanente:

> Os judeus são os mais doces dos homens. São apaixonadamente inimigos da violência. E essa doçura obstinada que mantêm em meio às perseguições mais atrozes, esse senso da justiça e da razão que contrapõem como sua única defesa a uma sociedade hostil, brutal e injusta, é talvez a melhor parte da mensagem que nos transmitem e a verdadeira marca de sua grandeza[142].

Em todo o caso, em 1946, era duplamente difícil não forçar a nota. Um caso muito mais extremo que o de Martin du Gard

---

139. Com efeito, esse acadêmico descrevia da seguinte forma o principal personagem masculina, Isaac Cochbas, em *Le Puits de Jacob*:
"Privado da sedução de seu olhar magnífico, ele não passava de um pobre aborto cambado, vestido com um ridículo terno cinza onde flutuavam as pernas magras, os braços terminados em mãos ossosas de tísico, todas semeadas de manchas vermelhas". No que concerne ao "magnífico olhar", lê-se um pouco mais adiante: "Falando assim, ele tirara seus óculos. Agar continuava como que medusada. Os olhos de Isaac Cochbas acabavam de aparecer-lhe. Olhos de míope, mas aveludados e negros, admiráveis de tristeza e de profundidade. Espalhavam por esse rosto sem graça uma força luminosa". *Le Puits de Jacob*, Paris, 1925, pp. 59-60, p. 46.
Mas deve-se ler todo esse romance, que se poderia qualificar de breve enciclopédia dos rascunhos do primeiro após-guerra no que diz respeito às imagens da judia e do judeu.

140. *Réflexions sur la question juive*, coll. "Idées", Paris, 1954, p. 74.

141. *Idem*, p. 123. Sartre acrescenta que a personagem judia assim descrita precisou, por volta de 1934, ir à Alemanha nazista tratar de seus negócios e sua mãe acalentava sua ilusão: "Oh! estou muito tranqüila, ele não tem nada da aparência judia".
Em si, a questão não é simples, especialmente vista com nossos olhos do último quartel do século XX. Na França, o "tipo semita" parece pelo menos uma noção sem sentido, sobretudo depois do afluxo dos judeus norte-africanos, cujo estilo mediterrânico é totalmente diferente do de seus congêneres de origem alsaciana ou polonesa. Além disso, pode-se argüir com razão que a geração atual se desviou do "tipo" desses últimos — se houve tipo.
A esse propósito, lembro-me de uma discussão que sustentei em seu tempo com um amigo psicanalista, depois da publicação das *Réflexions*... Concordamos afinal concluindo que aquilo que se entendia por esse "tipo", no caso, era fundamentalmente um comportamento e uma mímica, da ordem daqueles que Sartre evocava ao falar da "dança dos garçons de café". Não haveria tipo de judeu senão naquela medida — cf. o do oficial de cavalaria, ou do médico etc.

142. *Réflexions*..., pp. 142-143.

foi o de Georges Duhamel, em quem Laurent Pasquier e Justin [= o Justo!] Weill são o Orestes e Pílades de sua crônica-rio dos *Pasquier*. Não que esse Justin seja uma personagem desencarnada (nem especialmente feio); os caprichos pueris desse idealista são descritos com o mesmo naturalismo que seus conflitos de judeu. Mas é verdade que, a partir de 1914, depois que ele se engajou, não se fala mais dele, e que, em 1925, Laurent Pasquier escreve à irmã: "Pensa, Cécile, que no próximo mês, 15 de julho, vai fazer sete anos que Justin morreu, na Champagne, durante a segunda batalha do Marne, morreu pela salvação de todos nós". Ora, na véspera de seu engajamento, esse Salvador "tem o ar de um velho judeu contador de moedas..."[143].

Assim, tudo se passa como se tantos méritos, tanta perfeição reclamassem, esperando talvez tornarem-se insuportáveis, um contrapeso que de ordinário os romancistas iam buscar no mito ariano, e a arte ameaçasse tornar-se mais verdadeira que a natureza. Mas, mesmo quando não é assim, ou quando o judeu é apenas episódico (como em Mauriac), continua reconhecível por seus olhos ou por seu olhar, sinais residuais mas infalíveis de sua *alteridade*. Eis, diga-se de passagem, uma ilustração muito admirável dos efeitos desse *narcisismo das pequenas diferenças* sobre o qual meditava Freud, no último período de sua vida [144].

A esse propósito, pode-se também citar Drieu La Rochelle, um dos raros autores a dar prova (enquanto romancista) de um melhor discernimento, falando do "terror infantil dos cristãos diante dos judeus" [145]. A seu lado, pode-se colocar Jules Romains, cuja obra *Les Hommes de bonne volonté* fervilha de judeus fictícios (Germaine Baader, Lucien Wormser, vulgo Mareil) e reais (Blum, Mandel, Jean Zay), deliberadamente descritos como seres humanos iguais aos outros. No máximo o que acontece é "Mareil" interrogar-se sobre sua judaicidade; aqui, se a balança está desequilibrada, é excepcionalmente para o outro lado. Cabe notar que Drieu e Romains casaram-se com judias; um detalhe a sugerir que se mostravam mais sóbrios, ou mais penetrantes porque, graças a essas relações de família, eles se inspiravam mais no que observavam ou *viam* do que no que imaginavam ou *liam*. Num terceiro caso muito conhecido de "casamento misto", pode-se atribuir a André Malraux uma tendência que prolonga até o fim a de Jules

---

143. Cf. *Chronique des Pasquier*, t. X, "La Passion de Joseph Pasquier", Paris, 1949, p. 401, e t. V, "Le désert de Bièvres", Paris, 1955, p. 230.

144. Em *Psicologia Coletiva e Análise do Eu*, 1921, cap. VI; *Mal-Estar da Civilização*, 1929, cap. V; e *Moisés e o Monoteísmo*, 1934-1938, primeira parte, cap. "D", no qual Freud lembra que os judeus "não são asiáticos de raça estrangeira, assim como o afirmam seus inimigos".

145. Em *Gilles*, ed. Paris, 1965, p. 26; citado por WARDI, *Le Juif dans le roman français, op. cit.*, p. 163.

Romains, pois nenhum judeu aparece em sua obra e, além disso, um aventureiro judeu serve de protótipo ao inimitável Barão Clapique, que sempre tem "o ar dissimulado", de *La Condition humaine* [146]. De qualquer modo, por ocasião da transmutação literária, o resultado, nada é tão propício à desmitização que o conhecimento direto, sobretudo quando se exerce no sentido bíblico do termo.

Resta-nos ainda, para completar este sobrevôo pela literatura, examinar três artistas que deram provas de um anti-semitismo virulento, embora sub-reptício. Trata-se de três figuras procedentes de grupos minoritários, duas protestantes e uma judia, todas as três em ruptura com o seu contexto de origem.

André Gide não colocava judeus senão de maneira episódica, e seu Dhurmer (*Les Faux-Monnayeurs*) era uma personagem tão desagradável quanto seu Lévichon (*Les Caves du Vatican*). Em 1911, projetava construir um romance em torno de um judeu "generoso, cavalheiresco mesmo, um pouco utópico (que) rivaliza com os sentimentos cristãos", mas (tal como Tolstói) [147] não o conseguiu [148]. Em sentido inverso, se se pode dizer, a doutora Sophie Morgenstern, que na década de 1930 praticava em Paris a psicanálise freudiana, torna-se em *Les Faux-Monnayeurs* a admirável "doutora polonesa" Sophroniska, de nome bem católico [149]. Além disso, embora Gide o romancista ou o contista continuasse aparentemente interdito diante dos judeus, o teórico e o purista os interditava de desempenharem seu papel nas letras francesas. Com efeito, foi na França em primeiro lugar, na véspera da Primeira Guerra Mundial, que ele enunciou um princípio retomado em 1920 sob uma forma elíptica pelo "irreverente" americano Mencken [150]: "Eles pensam em ídiche e escrevem em inglês", para achar sua forma definitiva em Goebbels: "Quando um judeu fala em alemão, está mentindo!" André Gide exprimia-se numa linguagem mais castiça:

...A mim me parece que as qualidades da raça judaica não são qualidades francesas; e se estes (os franceses) fossem menos inteligentes, menos tolerantes, menos valorosos em todos os pontos que os judeus, ainda assim resta o fato de que aquilo que têm a dizer só pode ser dito por eles, que a contribuição das qualidades judaicas para a literatura, onde nada vale exceto o que é pessoal, traz menos elementos novos, isto é, algum enriquecimento, e que ela [a literatura judaica? — L.P.[151]] corta

---

146. Essas indicações me foram fornecidas amavelmente por Mme Clara Malraux.
147. Cf. acima, pp. 78-79.
148. Cf. CHARLOTTE WARDI, *op. cit.*, p. 151.
149. Informações amavelmente confirmadas pelo Prof. Serge Lebovici, Sophie Morgenstern, que trabalhava com o Prof. Heuyer, se suicidou em junho de 1940.
150. Cf. acima, p. 227.
151. A incorreção sintáxica ou o lapso são evidentes, neste local do texto. Sendo "literatura" o substantivo feminino mais próximo, acreditei poder completar, depois de haver discutido com minha amiga Lucette Finas.

a palavra à lenta explicação de uma raça e falseia gravemente, intoleravelmente seu significado (*Journal*, 24 de janeiro de 1914) [152].

Em janeiro de 1948, após ter lido com olho muito crítico as *Réflexions* sartrianas, Gide concluía, a propósito dessa passagem e de seu contexto: "Não posso renegá-(las), porque continuo a acreditar que são perfeitamente exatas" [153].

Jacques de Lacretelle, em compensação, dedicou à condição dos judeus seu romance mais célebre *Silbermann* (1922). O clichê bioestético não deixa de aparecer, já que a descrição do físico ingrato e da inquietante "face um pouco asiática" de seu amigo de escola e protegido termina com esta frase: "O conjunto despertava a idéia de uma estranha precocidade: me fez pensar nos pequenos prodígios que executam habilidades nos circos" [154]. No moral, a criança judia, sem ser particularmente simpática, suscita nossa piedade, e cresce em nossa estima ao ser descrito no fundo da crueldade de seus condiscípulos católicos, e da hipocrisia dos parentes protestantes do narrador, voltado para seu passado. E isso ainda era demais para nosso homem, e o patrício huguenote se desforrou com *Le Retour de Silbermann* (1930), que na idade adulta se tornou uma personagem diabólica, e mais precisamente possuída pelo Demônio. Gravemente doente e profundamente deprimida, ela só aceita morrer depois de haver simbolicamente vomitado esta cultura francesa que tanto amara: "Como eu considerava essa figura um tipo tão estranho, pus-me a pensar que os diabos que haviam abandonado o cérebro de Silbermann no

152. Cf. *Journal 1889-1939*, ed. La Pléiade, p. 397. A longa diatribe em questão tomava Léon Blum (na sua qualidade de homem de letras) como ponto de partida.

153. Cf. *Journal 1939-1949*, op. cit., p. 320. Nele Gide falava igualmente de Blum, desta vez elogiosamente, pois acabava de receber dele uma carta amigável. Quanto às *Réflexions* de Sartre, ele as julgava arbitrárias e confusas, embora fizesse uma exceção à passagem que citei acima, "os judeus são os mais doces dos homens" etc. Comentava dessa forma essa passagem:

"Bravo, Sartre! Estou de todo o coração com você. Mas de qualquer modo existe uma 'questão judaica', angustiante, obsedante, e que não está perto de ser resolvida".

154. Cf. *Silbermann*, seguido de *Le Retour de Silbermann*, Paris, 1946, p. 12. Na p. 152, faz-se referência ao "rosto pouco asiático", de Silbermann, e aos pensamentos inquietos que inspira ao narrador. Parece-lhe, com efeito, que seu amiguinho judeu, despedido por Mme Lacretelle, vai apunhalá-la imediatamente. É o "infantil terror dos cristãos" de que falava Drieu La Rochelle.

Na p. 12, a descrição da feiúra característica da criança ocupa umas doze linhas: "Era pequeno e de exterior fraco. Seu rosto, que vi bem porque se voltava e falava com seus vizinhos, era bem formado, mas bastante feio, com maçãs salientes e um queixo agudo. A tez era pálida, tirando para o amarelo..." etc.

minuto supremo eram nossas princesas racinianas e todo um cortejo de heróis lendários vestidos à francesa"[155].

Essas princesas e esses heróis, a talentosa Irène Némirovski, nascida em Kiev, os prezava a ponto de se fazer cristã em sua maioridade. Em sua obra-prima, *David Golder* (1929), um tubarão das finanças judio-russo e seu círculo são evocados sem piedade, mas não eram sem uma considerável dose de exatidão. No final do romance, a propósito de um amigo de Golder, ela se entrega a uma rápida generalização:

> Mais tarde Soifer iria morrer sozinho, como um cão, sem um amigo, sem uma coroa de flores em seu túmulo, enterrado no cemitério mais barato de Paris, por sua família que o odiava, e a quem ele odiava, a quem ele deixava no entanto uma fortuna de trinta milhões, realizando assim até o fim o incompreensível destino de todo bom judeu nesta terra[156].

O destino de Irène Némirovski foi morrer em Auschwitz (1942).

E eis como, no curso de anos em que os judeus desempenhavam sem obstáculo aparente um papel de primeiro plano em todos os domínios da existência, a sociedade francesa da época aplicando-se de ordinário, em virtude de convenções que remontavam, por cima de Panamá e do caso Dreyfus, à monarquia de julho, a não observar suas particularidades, "a não ver neles os judeus"[157], uma parte da imprensa e da literatura quase unânime se aplicavam, pelas mais variadas maneiras, em cultivar, transpor e engrossar os mitos imortais[158].

Nos fatos, a silhueta do judeu bolchevique, ameaçando a propriedade e a ordem estabelecida, se esfumava pouco a pouco, sobretudo depois da normalização geral e da retomada das relações diplomáticas com Moscou; mas em 1935-1936, a ameaça muito mais forte do Blum expropriador — Blum, Blumel, Moch e companhia — veio tomar seu lugar. A denúncia onomástica, uma arma tão simples quanto segura[159], dispunha então de excelentes munições.

---

155. *Le Retour de Silbermann*, ed. cit., p. 255.

156. *David Golder*, ed. Paris, 1963, p. 187.

157. Cf. a esse respeito o tomo anterior desta *História, De Voltaire a Wagner, op. cit.*, p. 226.

158. Cf. *De Voltaire a Wagner*, pp. 298-299. Relendo o artigo em questão, que visa os autores românticos, grandes e pequenos, crê-se perceber melhor a continuidade de uma tradição, ou antes de uma prática: "Quando a imaginação se esgota, eles alinhavam uma história de judeus. Não há um aprendiz romancista, nem o menor fabricante de folhetim que não tenha em sua mala a pintura fantástica do judeu de antigamente..." etc.

159. Em nossos dias, essa arma serve de sinal principal de reconhecimento aos racistas franceses, especialmente nas colunas do diário *Le Parisien libéré*, que assinala em toda ocasião que o construtor de aviões Marcel Dassault, antes de 1939, se chamava Bloch, que a mãe Mme Simone Veil, ministro da Saúde, se chamava Jacob etc. É evidente que a arma

Havia outras. "Tudo menos Blum!" — *um homem que representa tão intensamente um povo que a maldição divina condenou a permanecer apátrida,* lembrava o Deputado Xavier Vallat na Câmara [160]. Sobretudo a partir de 1933, o espectro do mártir perseguido de além-Reno veio juntar-se ao do perseguidor-carrasco de Moscou, para abrir perspectivas ainda mais terríveis. "Tudo menos a guerra!" Ora, podia-se conceber que, ameaçado como estava por Hitler, o judeu internacional não se esforçasse para provocar uma mobilização geral? Por conseguinte, eia, ao judeu! É assim que, entre muitas outras coisas, se pode compreender a conversão pública ao anti-semitismo de Céline, depois de 1933. Decerto, fazendo flecha de todo pedaço de pau, Céline não deixava de amaldiçoar os judeus com auxílio de argumentos tanto clássicos — "uma vez bem seguros de que eles vos possuem até os últimos leucoblastos, então se transformam em déspotas, os piores arrogantes atrevidos que jamais se viram na História" — quanto modernos — "Fumo em nossos judeus, desde que seu Buda Freud lhes entregou as chaves da alma" [161]. Mas antigo combatente e verdadeiro êmulo de Vacher de Lapouge [162] urrava seu verdadeiro terror, como segue:

> No ponto em que estamos do extremo perigo racial, biológico, em plena anarquia, cancerização de lixo, em que mergulhamos à vista d'olhos, estagnantes, o que fica, o que subsiste da população francesa deveria ser para todo real patriota infinitamente precioso, intangível, sagrado. A preservar, a manter ao preço de quaisquer baixezas, compromissos, astúcias, maquinações, blefes, acordos, crimes. Só o resultado importa. Ao diabo, com o resto! Razão de Estado! A mais dissimulada, a mais astuciosa, a menos gloriosa, a menos lisonjeira, mas que nos evite outra guerra. Nada custa desde que se trate de durar, de manter. Evitar a guerra

era aplicada numa escala muito mais vasta sob o governo Blum, na época da Frente Popular. Em seu princípio, ela remonta, isso também é evidente, à difamação do nome judeu, desde os primeiros séculos cristãos. Ver também, no que diz respeito a 1914-1918, acima, pp. 248-251.

160. Cf. HENRI GUILLEMIN, *Nationalistes et "nationaux" (1870-1940), op. cit.,* pp. 295-297.

161. Cf. *Bagatelles pour une massacre,* Paris, 1937, p. 73 e p. 306.

162. Sob o título *Dies irae — La fin du monde civilisé,* o antropólogo iluminado Georges Vacher de Lapouge escrevia, em 1923:

"...Esses mal-descendentes do macaco, que ainda estão no limiar de sua vida espiritual, são a grande massa da humanidade. Têm direito ao fuzil e à cédula de voto. Sua barriga tem suas necessidades, mas seu cérebro não as tem (...) A Europa senil não aprendeu nada, nada esqueceu. O outrora continua. Rouba-se, mata-se, no varejo e no atacado. Cabotina-se. Peregrina-se, come-se jesuíta em conserva. Explica-se Cícero. A sífilis reina e o botequim governa". (*Europe,* outubro de 1923, pp. 59-67). Todo o artigo deve ser lido, para se convencer de uma filiação que acredito ignorada.

Para Vacher de Lapouge, essa decadência do gênero humano se explicava pela da raça ariana: "numa população mestiça, a raça inferior expulsa a outra" etc. Ver sobre ele, acima, p. 42, e *O Mito Ariano,* pp. 257-259.

acima de tudo. A guerra para nós, do jeito em que estamos, é o fim da música, é o empurrão definitivo para o necrotério judeu.

A mesma teimosia em resistir à guerra que demonstram os judeus nós temos para nela nos precipitar. Eles são animados, os judeus, de uma tenacidade atroz, talmúdica, unânime, de um espírito de perseverança infernal, e nós lhes opomos apenas mugidos esparsos.

Iremos à guerra dos judeus. Nós somos bons apenas para morrer...[163].

O estilo de demência exprime aqui os terrores que não o eram menos, e que não precisava ser anti-semita para ter. Mas que conjuntura para os recrutamentos! Uma conjuntura em que

> o anti-semita arrisca ter facilmente razão sobre todo o mundo. Se faço guerra a Hitler, trabalho para os judeus; se faço acordo com ele, traio a causa deles; de qualquer maneira, eu os singularizo:
> Os judeus assim definidos reagem cedo ou tarde como judeus, e renovam, mesmo que seja para defenderem seu corpo, seus velhos laços. (...) Uma tal aliança, que transcende todas as fronteiras, semeia desconfianças que se tornam "arianas", em virtude do contraste, e isolam de novo os judeus; é este o círculo vicioso hitlerista[164].

E para além desses encadeamentos psico-históricos, a burguesia, os abastados tinham outras motivações, outros medos, que acabamos de evocar. Assim como escrevia François Mauriac pouco antes de morrer, "a geração de hoje não poderia conceber o que a Rússia soviética daqueles anos e a Frente Popular de Madrid encarnavam para a burguesia francesa".

Nessas condições é que se preenchia rapidamente a falha entre o imaginário e o real. A "disparidade" sobre a qual nós nos interrogamos chegava ao fim. A agitação antijudaica ganhava a rua, comícios anti-semitas respondiam a comícios anti-hitleristas. A sociedade francesa, uma segunda vez, saiu de sua reserva e, sobretudo quando o sangue começou a correr além dos Pireneus, esqueceu as convenções relativas aos judeus.

Vimos então *La Croix*, que no entanto em 1927 abjurara o anti-semitismo, propor sob a pena de seu cronista, Pierre L'Ermite, uma explicação simples da guerra da Espanha:

> Os espanhóis tinham tudo para ser felizes. Banhados de azul, sem grandes necessidades, podiam sonhar sob o sol, viver de sua indústria, se alimentar de seu solo e tocar bandolim...
> Um dia, sessenta judeus chegam de Moscou. São encarregados de mostrar a esse povo como ele é infeliz: Se vocês soubessem como vivemos

---

163. Cf. *L'École des cadavres*, 1938, ed. Paris, 1942, p. 65. Agradeço meu amigo Pierre Freidenberg por ter-me cedido as passagens pertinentes do anti-semitismo celiniano.

164. Cf. L. POLIAKOV, *De l'antisionisme à l'antisémitisme*, Paris, 1969, p. 57.

melhor em nosso país". E eis que esta nação cavalheiresca se põe, de pés e mãos atados, a serviços da longínqua Rússia, que não é de sua raça...[165].

Vimos então o semanário *Je suis partout*, que em 1930-1935 se mantivera nos limites da decência, voltar-se efetivamente para o "judeu em toda a parte"[166], publicar dois números especiais sobre os judeus que foi preciso reimprimir, citar longamente Céline — "Nós o recitamos, nós o clamamos, fizemos dele nosso novo Baruch" —; chamar Jacques Maritain de "maculador da raça", e mesmo conceder algum mérito a Stalin, por ocasião dos grandes expurgos: "Para esse homem do povo brutal e rude, a pátria tem um sentido, um sentido que jamais teve e que não poderá ter jamais para os Trotski, os Radek e os Yagoda"[167].

Vimos Georges Bonnet, Ministro dos Negócios Estrangeiros, antecipar as discriminações raciais ao infligir uma afronta a seus colegas judeus Georges Mandel e Jean Zay, para melhor homenagear Joachim von Ribbentrop[168]. Como dessa forma fora denotado o suicídio da III República, vimos enfim outro de seus colegas, mais conhecido como uma glória das letras francesas, exigir a instituição de um Ministério da Raça. Jean Giraudoux, pois é dele que se trata, adiantava as seguintes considerações:

[Os judeus estrangeiros] trazem de todos os lugares por onde passam o mais-ou-menos, a ação clandestina, a concussão, a corrupção, e são ameaças constantes ao espírito de precisão, de boa fé, de perfeição que era o do artesanato francês. Horda que se arranja para ser desprovida de seus direitos nacionais e desafiar assim todas as expulsões, e que sua constituição física, precária e anormal, leva aos milhares aos hospitais que ela abarrota...[169]

Vê-se que o argumento biológico de rigor não fora esquecido.

---

165. Citado por JEAN CHAVANDÈS, *Été 1936, La victoire du Front Populaire*, Paris, 1966, pp. 339-340.

166. Cf. acima, p. 62.

167. Cf. PIERRE-MARIE DIOUDONNAT, *Je suis partout (1930-1944), Les maurrassiens devant la tentation fasciste,* Paris, 1973, pp. 251-252, pp. 224-225, p. 252 e p. 255.

Os números especiais eram intitulados "Les Juifs", 1938, e "Les Juifs et la France", 1939, cf. idem, p. 251.

168. Tratava-se então de uma falha no protocolo diplomático. Quando da visita a Paris do ministro nazista dos Negócios Estrangeiros, Mandel e Zay foram os únicos ministros franceses a não serem convidados para o jantar costumeiro, no Quai d'Orsay. "No dia seguinte, 7 de dezembro de 1938, Georges Bonnet confia a seu homólogo alemão todo o interesse que se tinha na França pela solução do problema judaico"; cf. B. BLUMENKRANZ et al., *Histoire des Juifs en France*, Toulouse, 1972, p. 374.

169. Cf. JEAN GIRAUDOUX, *Pleins Pouvoirs*, Paris, 1939, pp. 76 e s. Na época, Giradoux era comissário para a propaganda do governo Daladier.

Conclusão

Era bastante natural que, escrevendo na França, lhe dedicasse um lugar tão grande: quase um quarto, creio, desse livro. Uma vantagem dessa minúcia foi colocar em evidência, para além do próprio fato, geralmente ignorado, da violenta onda de anti-semitismo do primeiro após-guerra, pontos ainda muito desconhecidos, especialmente a ligação entre essa onda e a exacerbação simultânea das angústias racistas em geral. Por outro lado, os dados que reuni quando tratei dos Estados Unidos mostram a universalidade desse fenômeno. Ele se explica, em primeiro lugar, pela defasagem corrente, da ordem de duas gerações, entre a aceitação pelos especialistas de uma teoria nova, e sua difusão entre as massas, principalmente quando interessa de uma forma qualquer a vida política. Como a teoria ariana era acreditada no mundo científico por volta de 1860-1880, era natural que exercesse seus verdadeiros estragos no início do século XX, e especialmente depois de 1918. É evidente que inúmeros outros fatores entraram em jogo então, a começar pela constatação de que a supremacia da Europa acaba de chegar ao fim: daí, na véspera do abandono das posições mundiais adquiridas, um aumento das ondas racistas, marcado pela voga das visões apocalípticas como *O Declínio da Grande Raça* de Madison Grant, ou *O Declínio do Ocidente* de Oswald Spengler — e a esses se poderia acrescentar *Os Citas* de Alexandre Blok, anunciando à Europa que perdera para sempre a muralha dos peitos russos, no seu flanco leste. Será preciso acrescentar que as novas realidades mundiais, e em primeiro lugar uma propaganda comunista que a partir de Moscou se exerce na escala do planeta, pesavam então com todo o seu peso sobre o curso das políticas ocidentas?

Ficamos reduzidos, desse forma, ao espectro do "bolchevismo judaico", e às vagas de anti-semitismo que descrevemos com mais vagar no caso dos países anglo-saxões e da França. Hoje, constitui uma página das mentalidades ocidentais não só virada mas escondida, pode-se dizer, pelo fenômeno nazista, que até alivia retroativamente a consciência (pelo menos no que diz respeito ao período entre as duas guerras) das nações que se opuseram ao III Reich, ao preço de seu sangue ou de sua liberdade. E no entanto, é jogando a carta do anti-semitismo ao mesmo tempo que a da chantagem da guerra que Hitler reduzia as veleidades de resistência. "Se os judeus não existissem, teria sido necessário inventá-los" — para melhor chegar a dominar a Europa, senão o mundo. Teria sido necessário inventar um Hitler, se fosse o caso, porquanto ei-lo promovido, no que diz respeito ao anti-semitismo, ao papel de bode expiatório dos pecados, das cegueiras ou das fraquezas que tornaram possível o cataclismo mundial? A observação vale para as democracias do Ocidente, aquelas sobretudo de que acabo de falar, mas vale também, quaisquer que sejam as variantes, para os países do Leste europeu. Singularmente para a Polônia, cuja política exterior foi tributária da "questão judaica" ao mesmo grau que a política interna. Mas também para a União Soviética, onde a judeofobia continuava a grassar de maneira clandestina, apenas menos onipresente que em nossos dias, onde seus portadores ganharam a partida; e com certeza para uma Alemanha cuja vida pública estava totalmente impregnada dela, antes que a obsessão se estendesse a partir de 1933, da maneira como se sabe na vida diária. É no retorno a esses dois epicentros do anti-semitismo nos tempos modernos que vou concluir o presente trabalho, esperando poder voltar a esses anos cruciais, se tiver os meios, no início de um quinto e último volume dessa *História do Anti-semitismo*.

Da Rússia, meu falecido amigo Alexandre Kojeve me dizia um dia, ao regressar de nosso país natal comum, que ela tinha um pé no século XIX e outro no XXI. Creio que a observação se pode estender ao passado, na medida em que a Rússia dos czares, por atrasada que estivesse dos pontos de vista do desenvolvimento econômico e da cultura científica, já prenunciava revolucionárias inovações políticas e institucionais oriundas da Primeira Guerra Mundial, que tão profundamente marcaram nosso mundo tal como está. Tenho em vista sobretudo o regime triangular formado pelo chefe autocrático, pela polícia inquisitorial e pelo partido monolítico, regime que se esboçava na Rússia dos dois últimos czares, para encontrar no Ocidente sua forma última, sob a denominação genérica de fascismo. A historiografia começou a perceber essa prioridade institucional [1]. É claro que convém levar

---

1. Cf. G. BRUNN e V. MAMATEY, *The world in the 20th century*, Boston, 1962, p. 894.

em conta as dessemelhanças, sobretudo no que concerne ao primeiro lado do triângulo, considerados os contrastes entre os czares autocráticos e os chefes carismáticos. No tocante às técnicas político-policiais de provocação, infiltração e intoxicação, mundialmente empregadas em nossos dias, os grandes espíritos da Okhrana, o inventor dos *Protocolos*, General Ratchkóvski, ou o do "socialismo policial", Coronel Zubatov, já as tinham levado a um alto grau de perfeição. Alguns dos discípulos e dos milhares de agentes que formaram, serviram de inspiradores ou de informantes tanto para seus ex-colegas da *Entente* quanto para seus êmulos na Alemanha, e suas imitações ou seus fantasmas abriam seu caminho até o grande público, como o vimos. Pode-se acrescentar-lhes a miuçalha da base do triângulo, as centenas de milhares de militantes da União do Povo Russo e das organizações concorrentes, os ativistas das Santas Legiões, dos Cem Negros, dos Camisas Amarelas de Odessa, os pogromistas, os praticantes das expedições punitivas e dos assassinatos políticos, esses precursores dos Camisas Negras ou Marrons. Em que se transformaram todos esses homens, depois da queda do czarismo?

A este propósito também, pude fornecer alguns dados, esparsos nos diversos capítulos: de um ponto de vista mais sistemático, e apesar de todas as incertezas que subsistem (o número dos membros da União do Povo Russo não foi avaliado em cifras que vão de dez mil a três milhões? [2]). É preciso distinguir entre dois grandes casos:

I. Uma atividade anti-revolucionária e *ipso facto* anti-semita, seja abertamente na própria Rússia, enquanto se prolongavam as guerras civis, seja na emigração. Sobre este último ponto, tentei mostrar sobretudo como os emigrados sem pátria, sem recursos e muitas vezes desesperados, chegaram a exercer, graças aos acontecimentos, uma influência considerável sobre a opinião pública dos Estados vencedores. Gostaria de acrescentar algumas observações, que acredito instrutivas, sobre sua mentalidade.

Nos Estados Unidos, Boris Brasol, num de seus livros acerca dos quais ele pensava "que fariam mais mal aos judeus do que dez *pogroms*", atribuía ele também o dilaceramento de sua pátria a uma aliança contranatural entre o pangermanismo, o "panbritanismo" e o panjudaísmo. Fixava o ano de 1906 como uma grande ocasião perdida: se Guilherme II e o Papa Pio X houvessem dado seqüência ao projeto de aliança antijudaica aprovado por Nicolau II, o curso da história mundial teria mudado.

2. Cf. os trabalhos de HANS ROGGER, e notadamente "The Formation of the Russian Right", *California Slavic Studies*, III, 1964, p. 86.

Será que Brasol acreditava no que escrevia? Em Paris, o ativista Nicolau Markov anotava para uso próprio que *Les Dernières nouvelles*, o grande diário liberal da emigração russa, era impresso na sinagoga portuguesa da rue Buffault[3], por conta dos Sábios de Sião.

São para mim quase que lembranças da juventude, pois a comunidade de sorte da emigração aproximava e misturava entre si russos brancos e "judio-russos" brancos, mesmo no que concerne à minoria atuante dos militantes de toda cor, qualquer que seja o amargor das lembranças ou o enraizamento das incompreensões. Ouçamos Vladimir Chulgin, o anti-semita cavalheiresco, aquele que tomara a defesa de Beilis: vejamo-lo apostrofar seus interlocutores (e talvez seus amigos); observemos como em suas obras os judeus comparsas se tornam em algumas linhas os judeus autores da revolução, para acabarem como judeus regentes do mundo, como "judeus, nossos senhores":

> Nos perguntam: "O que é que lhe desagrada em nós?" Eu me permitirei responder pelos neo-anti-semitas nascidos com a revolução, bem como em nome dos onze anos de permanência nos lemes da administração do poder soviético:
>
> — O que nos desagrada em vocês é que têm tido um papel muito grande na revolução, que revelou ser *uma mentira e uma impostura* grandiosas. A nós nos desagrada que se tenham tornado *a coluna vertebral e a ossatura do partido comunista*. Desagrada-nos que, graças à sua organização e coesão, graças à sua tenacidade e vontade, tenham consolidado e reforçado durante longos anos o empreendimento *mais louco e mais sanguinário* que o gênero humano conheceu desde a criação do mundo. Desagrada-nos que tal experiência tenha sido feita *segundo a doutrina do judeu Karl Marx*. Desagrada-nos que esta horrível história se tenha desenvolvido *no costado dos russos* e que tenha causado a nós outros russos, coletiva ou individualmente, perdas indizíveis. Desagrada-nos que vocês, os judeus, um grupo relativamente pouco numeroso da população da Rússia, tenha desempenhado nesse ignóbil caso *um papel absolutamente desproporcional*. Desagrada-nos que, de fato, se tenham tornado *nossos senhores*. Desagrada-nos que, depois que se tornaram nossos senhores, tenham agido como senhores pouco amenos...
>
> E nos perguntam o que nos desagrada em vocês![4]

Chulgin descrevia, em seguida, a judeofobia das massas na União Soviética, esse "veredicto do povo" que, dizia ele, ameaçava atrair "desastres terríveis" tanto para o povo russo quanto para o povo judeu. Dessa maneira estendia a este último uma mão que pretendia ser conciliatória[5]. Mas é quase evidente que,

---

3. A sinagoga fica no n.º 28-30 da rue Buffault; a redação de *Les Dernières nouvelles* estava instalada no n.º 9 da mesma rua. Cf. "Mes notes" de MARKOV, manuscrito cedido pela "Wiener Library" de Londres. Sobre Nicolau Markov, chamado "Markov II", o fundador da "União de Miguel Arcanjo", ver acima, pp. 120-121.
4. Cf. *O Que Nos Desagrada...*, op. cit., pp. 47-49.
5. Ver p. 156.

fora do gueto dos emigrados, somente os extremistas do anti-semitismo sabiam se fazer ouvir a fim de influir no curso mundial das coisas, notadamente no campo de ação privilegiado que doravante a Alemanha lhes oferecia.

Menção especial deve ser feita, primeiramente, a esses russos de origem alemã, acerca dos quais vimos de passagem [6] que haviam desempenhado no partido bolchevique um papel que não era superado relativamente senão pelo dos judeus. Muito maior, qualitativamente falando, foi sua contribuição ao partido nazista, especialmente em seus primórdios. No caso, tratava-se sobretudo dos bálticos, presentes em Munique em número tão grande que, segundo uma proposta do próprio Hitler, o *Völkischer Beobachter* deveria se chamar "Münchener Beobachter — edição báltica" [7]. Ao lado de Alfred Rosenberg, o ideólogo do partido, devemos colocar Max von Scheubner-Richter, seu melhor pedinchão, que lhe garantia, entre outras ajudas financeiras, as do "pretendente" russo Cirilo Romanov e de sua mulher Victoria von Coburg. Scheubner-Richter foi morto por ocasião do *putsch* nazista de novembro de 1923, dos quais foi um dos grandes organizadores; mas Arno Schickedanz, Otto von Kursell e Georg von Manteuffel, originários como ele de Riga, militaram no *entourage* de Rosenberg até o fim [8].

Em sua grande biografia de Hitler, Joachim Fest fala "desses numerosos germano-bálticos que, em ligação com alguns emigrados russos de extrema direita, exerceram uma ação não-negligenciável sobre o N.S.D.A.P. em seus inícios" [9]. Parece ter perdido de vista que esses homens foram, antes de 1917, súditos leais do czar. A descrição de Henri Rollin, contemporâneo do III Reich, parece mais adequada:

> Aos russos emigrados para a Alemanha, o Führer não devia, já em seus inícios, apenas teorias políticas ou místicas, capazes de atingir a imaginação das massas: devia-lhes igualmente a alavanca indispensável de toda propaganda: o dinheiro.

Rollin descrevia, em seguida, como o devotamento da russa Gertrude von Seidlitz permitiu, entre outras coisas, transformar o *Völkischer Beobachter* em jornal diário. Deixando de lado a obscura questão das primeiras fontes financeiras de Hitler, apressemo-nos a acrescentar que os "bálticos" não foram seguramente

---

6. Ver pp. 164-165.
7. Cf. WALTER LAQUEUR, *Russia and Germany, A Century of Conflict*, Londres, 1962, p. 51.
8. *Idem*, pp. 50-78 e *passim*.
9. FEST, *Hitler...*, op. cit., t. I, p. 160. HENRI ROLLIN, *L'Apocalypse de notre temps, Les dessous de la propagande allemande...*, Paris, 1939, p. 159.

os únicos a servir de ideólogos ou de iniciadores aos ativistas alemães. No domínio da ação direta, a obsessão contra os Sábios de Sião não foi estranha, em março de 1922, ao crime de Chabelski-Bork e Taboritski (o assassínio de Vladímir Nabokov), seguido em junho de 1922 pelo de Kern e Techow (o assassínio de Walter Rathenau). No campo da doutrina, o Coronel Fiodor Vinberg, o senhor de Chabelski, desenvolvia na época idéias simples, tiradas sobretudo de H. S. Chamberlain; pode-se lembrar sua distinção entre o elevado anti-semitismo dos czares, humanitário e ineficaz, e um anti-semitismo prático que riscaria do mapa do globo os judeus, se apenas Deus tivesse piedade dos pobres cristãos. O historiador W. Laqueur, junto ao qual fomos buscar o essencial desses dados, pensa que, através de Rosenberg, Vinberg fornecia idéias a Hitler [10]. Poder-se-ia mencionar também o ucraniano Grigori Schwarz-Bostunitch, o perito científico da SS no domínio da "questão judaica". Mas é tempo de chegar ao caso da fermentação anti-semita na União Soviética, isto é, a um problema muito mais amplo, e muito mais difícil de esclarecer. Nessa conclusão, vamos nos contentar com apanhados.

II. No que concerne aos sentimentos das massas populares russas e dos combatentes vermelhos no curso da guerra civil, a arte de Isaac Babel nos deixou em *Cavalaria Vermelha* um quadro impiedoso, apenas velado por um humor negro gritante. Cabe notar que a ação dos relatos se situa na Ucrânia ou na Polônia, mas que as personagens evocadas são todas russas [11]. É a boa mulher que tenta passar sal de contrabando e que, interceptada pelo soldado Balmachev, censura-o por não pensar na Rússia, por pensar apenas em "salvar os judeus Lenin e Trotski". (No conto *Do Sal*: ninguém se espante ao saber que, nas novas edições soviéticas dessa narrativa, os nomes de Lenin e de Trotski foram censurados, de sorte que a réplica da especuladora estaca em "salvar os *jids*".) É o dito soldado Balmachev quem denuncia ao juiz de instrução militar a traição do presidente de distrito Bojdermann e do Doutor Jawein, "judeus de sua nacionalidade", culpados de terem mandado tirar as armas dos feridos, no hospital de Kozin (em *Traição*). O soldado Kurdiukov denuncia igualmente os judeus de Maikop, que, referindo-se a uma ordem de Trotski, haviam tentado impedir o linchamento no local de um prisioneiro branco: "E o que se viu na cidade de Maikop? Viu-se que a retaguarda não parti-

10. Cf. LAQUEUR, *op. cit.*, pp. 109-118, e também H. ROLLIN, *op. cit.*, pp. 154-157.

11. Segui a tradução de M. PARIJANIN, *Cavalerie rouge*, Paris, 1959, deixando-me guiar pela bela e escrupulosa tese de MARC RITTEL, *Thèmes et milieux juifs dans l'oeuvre d'Isaac Babel*, Université de Paris, III, 1971. Agradeço a Marc Rittel por me ter cedido esse trabalho inédito.

cipa totalmente do sentimento do *front*, e que em toda a parte há traição e está cheio de judeus, como no Antigo Regime" (*Carta*) [12].

É sobretudo o apocalíptico mujique combatente de *Zamostié*:

> E no grande silêncio, ouvi um acesso longínquo de gemidos. Um cheiro de assassínio oculto rodava em torno de nós.
> — Estão matando, disse eu.
> — A quem estão matando?
> — O polonês está inquieto, disse o mujique, o polonês está degolando os judeus...
> Passou seu fuzil da direita para a esquerda. Sua barba virou totalmente de lado, me olhou com olhos afetuosos e disse:
> — É comprida, essas noites na linha de frente, não acaba mais, essas noites... E vem logo a vontade de conversar com alguém, e onde buscar, aquele com quem conversar?
> O mujique obrigou-me a aceitar seu fogo para meu cigarro.
> — Os judeus, disse ele, são culpados diante de todo o mundo, diante de nós e diante de vocês... Depois da guerra, restará uma quantidade bem pequena... Quantos existem no mundo, os judeus?
> — Dez milhões, respondi recolocando o freio em meu cavalo.
> — Não ficarão duzentos mil, exclamou o mujique, e me tocou o braço, temendo que eu partisse. Mas montei na sela e galopei para o local em que estava o estado-maior.

Em *Guedali*, Babel chega a não dar razão, através desse talmudista, nem a revoluções nem a contra-revoluções. Guedali raciocina desse modo:

> A revolução é a boa obra das pessoas boas. Mas as pessoas boas não matam. Portanto, a revolução é feita pelas pessoas más. Mas os poloneses são também pessoas más. Que decidir pois Guedali: onde está a revolução e onde está a contra-revolução?

Nas narrativas de Babel, somente os combatentes e chefes de guerra judeus conseguem atrair a afeição dos russos, como o agonizante comandante Ilia, que em sua mochila guardava o retrato de Maimônides ao lado do de Lenin (*Ilia, Filho do Rabino*), ou o fraco talmudista anônimo que se tornou "atamã de mujiques, eleito por eles e a quem amam" (*Afonka Bida*).

Não se pode duvidar que Babel captava, embora aumentando-a com a lente, uma realidade profunda, na medida em que o sangue e os *pogroms* vinham estimular as superstições judeófobas, e que a população civil não devia normalmente ter em seus corações nem a raça nova dos chefes de guerra judeus, nem a dos novos burocratas. Mas é digno de nota que a vasta produção ocidental — centenas de obras e de estudos, e mesmo revistas especializadas — que desde os meados deste século estuda a con-

---

12. O macabro ridículo do relato é realçado pelo fato de que o "branco" que os judeus querem regularmente levar à justiça militar acaba sendo o próprio pai de Vassili Kurdiukov, o autor da carta.

dição dos judeus soviéticos, não se detenha nesses medos supersticiosos ou nesses furores anti-semitas, quando no máximo os menciona. No mais das vezes, são vistos convencionalmente através do prisma das medidas educativas ou coercitivas do novo poder, da guerra implacável declarada ao anti-semitismo por Lenin; mais geralmente, essa literatura histórica é consagrada sobretudo à prodigiosa confusão, como não a conheceu nenhum outro grupo nacional ou étnico, que um regime comunista enquanto tal impunha aos judeus.

Recorrendo a outras fontes, é justo que nos informemos, em meio a um estudo sobre a Igreja ortodoxa, que, no "Sobor" (concílio) reunido em Moscou em janeiro de 1918, o arquimandrita Vostokov podia declarar impunemente, para os aplausos da assistência: "Derrubamos o czar e nos sujeitamos aos judeus" [13]. No campo oposto, é um jornal ídiche que nos informa como, em 1919, um ferroviário objetava ao Presidente Kalinin: "Somente quando não houver mais judeus nas fileiras do partido bolchevique é que nos tornaremos todos partidários do poder soviético" [14]. Devemo-nos reportar ao órgão publicado pelos judeus russos emigrados para Paris, a fim de constatar não sem alguma surpresa que esse estado de espírito ainda podia ser abertamente alardeado em Moscou em 1921-1922. Uma ilustre marxista russa, Catherin Kuskova, que Lenin expulsara da União Soviética, tratava dos "novos" anti-semitas, sob o título de "Qui sont-ils et comment faire?" Ela desenvolvia suas recentes lembranças:

... Eis uma professora primária: "Compreendam então, as crianças me odeiam, gritam bem alto que eu ensino numa escola judaica. Judaica por quê? Porque é proibido ensinar o catecismo e se pôs na rua o pope. — Mas será minha culpa? A ordem não vem do Comissariado de Instrução? — Todo o mundo aqui é judeu, e foram eles que nomearam a gente!"
Eis alunos e alunas. De origem "radical". Um círculo de estudos. De que se fala? Da opressão judaica. Em geral, a juventude é muito mais anti-semita que os mais velhos. Nas escolas, as desordens com os alunos judeus são freqüentes. Não falarei nem mesmo desses adultos que dizem a todo o momento: "Basta, basta! Eles se mostraram como são, já nos atormentaram o suficiente!"

Kuskova citava, em seguida, uma passagem de uma circular dos novos poderes, destinada a explicar que uma pletora de funcionários judeus era inevitável, levando em conta as reticências da maioria da *intelligentsia* russa: "Se isso desagrada a alguns, convém 'curá-los' desses sentimentos de desagrado". Escrevia concluindo:

13. Cf. JOHN S. CURTISS, "Church and State", in *The Transformation of Russian Society*, Cyril E. Black, ed., Cambridge-Mass., 1960, p. 414.
14. S. AGURSKY, "Un voyage sur 'la révolution d'Octobre'", *Die Kommunistische Welt*, n.º 5, agosto de 1919. Esse artigo me foi assinalado por M. Agursky.

Assim pois, à pergunta: quem são esses anti-semitas?, respondo: trata-se de amplas camadas da população, inclusive *inteligentes* do tipo culto, inclusive mesmo certos *inteligentes* judeus... É um mal endêmico da Rússia soviética...[15]

Mas, em tal conjuntura, em que se haviam transformado e como operavam essas tropas "cem-negros" que, no espaço de um minuto, vimos infiltrarem-se já na primavera de 1917 no partido bolchevique, com armas e bagagens?[16] Atualmente, possuem uma posteridade ideológica bastante disparatada, que publica revistas *samizdat* semiclandestinas e alardeia por vezes um racismo primário que chega até a elogiar Hitler[17]. Mas essas ressurgências nada mais têm a ver, sem dúvida, com os "partidários" de 1917-1920. Procurei os vestígios desses protofascistas, sem muito êxito até agora, em fontes de acesso difícil isto é, nas centenas de livros e artigos dedicados de 1918 a 1931 pelo regime comunista à luta contra o anti-semitismo. À profusão de brochuras de 1917-1921, que reproduziam especialmente textos e apelos apaixonados de Lenin, segue-se, a partir de 1926, uma vaga de obras mais ambiciosas, freqüentemente destinadas aos quadros ou "agitadores" encarregados de educar as massas populares. Num deles, *O Anti-semitismo e os Anti-semitas, Perguntas e Respostas,* de G. Ledatt, com a tiragem de 50 000 exemplares e já marcado — data de 1929 — pela fraseologia staliniana, as diversas categorias dos propagadores eram descritas assim:

> Atualmente, constatamos uma nova onda de anti-semitismo em nosso país... O micróbio do anti-semitismo penetrou mesmo em certos elos atrasados ou decompostos do partido e do Komsomol... O incremento do anti-semitismo está diretamente ligado à intensificação da luta de classes em nosso país... Os elementos capitalistas perdem na economia uma posição após outra. Mas ainda conservam muitas forças, e sobretudo muita influência sobre as camadas intermediárias.

Ledatt denunciava, a seguir, os *lichentsy*, os soviéticos destituídos de seus direitos eleitorais, em número de quase três milhões. Atacava especialmente os pequenos comerciantes, o clero (em número de 350 000) e outros *"ci-devant"* *: "Numa fábrica de Gomel, um processo intentado contra os anti-semitas revelou que antigos agentes de polícia e soldados, e mesmo monges encontraram asilo nesse local. Esses elementos haviam subjugado um grupo de operários fiéis ao passado..." Em Leningrado, eram

---

15. Cf. *La tribune juive*, n.° 140, 1922.
16. Ver acima, pp. 168-169.
17. Esses "dissidentes nacionalistas", protegidos, ao que parece, pelos meios militares, são corretamente qualificados de "Cem Negros", como outrora. Cf., a esse respeito, D. M. POSPIELOVSKY, "Nationalism as a Factor of Dissent in the Contemporary Soviet Union", *Canadian Review of Studies in Nationalism*, vol. II, n.° 1, e "Russian Nationalist Thought and the Jewish Question", *Soviet Jewish Affairs*, VI, 1976, n.° 1, pp. 3-17.

* Pessoas comprometidas com o Antigo Regime (Revolução Francesa). (N. do T.)

príncipes e coronéis que teriam conseguido se infiltrar não só nas fábricas, mas até no secretariado do Partido. E assim por diante. Mas a indicação mais interessante desse catecismo anti-semita se encontrava no final, sob o título: *É verdade que os judeus governam a União Soviética?* "Afirmava-se outrora que todos os comunistas eram judeus", lia-se nesta manchete; mas, como o número dos membros do partido havia ultrapassado um milhão e meio, "contentam-se agora em dizer que mais da metade o são". Ao que Ledatt opunha dados recém-publicados por Ordjonikidze: 11 judeus (de 104 membros) no Comitê Central, 12% de funcionários judeus em Moscou, 9% em Leningrado etc.

O aborrecido é que aqueles judeus continuavam de certa maneira a contar em dobro, triplo, ou mais. Algumas palavras são necessárias aqui para descrever a grande metamorfose do judaísmo russo. No plano econômico, como não se podiam mais exercer os ofícios seculares de comerciantes e intermediários, o problema do ganha-pão se erguia diante das dezenas de milhares, por baixo, de chefes de família. No plano cultural, se a desjudaização se acelerava a ponto de, em 1926, o Presidente Kalinin exortar os cidadãos judeus a "salvaguardar sua nacionalidade" [18], — na ala oposta, o retorno às fontes sob suas formas "hebraicas" da religião ou do sionismo era combatido com uma violência crescente — tanto mais que essa luta se estendia ao domínio político: com efeito, não se tratava apenas da continuação, sob o novo regime, do velho confronto intrajudeu entre "Bundismo" e "Sionismo", mas também do medo de proporcionar tropas supletivas ao imperialismo britânico, em sua praça de armas da Palestina [19]. Outro aspecto da questão político-cultural refletia a intenção de fazer justiça à "nacionalidade judaica" tal como às outras — daí a promoção do ídiche, a criação de escolas e tribunais judaicos, e o esboço de um "território judaico" (colônias agrícolas na Criméia ou região autônoma do Birobidjã, no Extremo Oriente). A transplantação geográfica que se esboçava dessa maneira prosseguia numa escala muito mais ampla de maneira espontânea: centenas de milhares de judeus emigravam, em busca de meios de existência, para a Rússia propriamente dita, e sobretudo para suas duas capitais. Assim é que, em Moscou, contavam-se em 1926 mais de 150 000 judeus (cinco vezes mais que membros

---

18. Discurso citado pelo *Pravda* de 26 de novembro de 1926; cf. L. POLIAKOV, *De l'antisionisme à l'antisémitisme,* Paris, 1969, p. 44; nessa obra, os dados acima são desenvolvidos e documentados.

19. Em 1918-1920, numerosos escritos e discursos demonstravam esse medo; cf. RAN MARON, "The Bolsheviks and the Balfour Declaration 1917-1920", *The Wiener Library Bulletin,* N.S., XXIX, 1976, n.° 37/38, pp. 20-29.

CONCLUSÃO

judeus no partido bolchevique da U.R.S.S. inteira!). Como ganhavam a vida? As estatísticas nos informam [20] que cerca da metade dos chefes de família haviam conseguido se empregar a serviço do Estado soviético (não se percebe o que poderiam ter feito de diferente). Eram, portanto, os 12% de que falava Ordjonikidze; como o relativo facilmente se tornava absoluto, quando se trata de judeus, era nessas condições a prova manifesta, para milhões de russos, do poder dos Sábios de Sião — que se deixava também encarnar, sobretudo após a morte de Lenin, em Trotski em Moscou, e em Zinoviev em Leningrado. Esse reinado judeu, profetizado por Dostoiévski e tantos outros, havia pois chegado finalmente, tal como o descrevia Chulgin em Paris, ou tal como o viviam por sua conta milhões de alemães, vamos ver a seguir, sob a "Judenrepublik" de Weimar.

Mas, em tal conjuntura, estaríamos muito enganados em supor que, nesses anos de industrialização forçada e de coletivização, comportamentos ou expressões antijudaicas deviam parecer ao novo *homo sovieticus* quase tão perigosos quanto as atividades chamadas anti-revolucionárias? Os especialistas ocidentais levantaram os sintomas da nova judeofobia russa: injúrias, trotes, processos públicos "educativos" (por exemplo, 38 processos por anti-semitismo em Moscou, em janeiro-setembro de 1928 [21]); podemos citar também os escândalos descritos por Ledatt e outros autores soviéticos sobretudo nas escolas, onde crianças judias foram martirizadas, ou mesmo crucificadas, a fim de representar às avessas o drama do Gólgota [22]. Estaríamos muito enganados em supor que se tratava apenas da parte visível do *iceberg*, que a efervescência das paixões anti-semitas era, ao contrário, tanto mais intensa quanto continuava comumente contida e secreta; e que enfim os trotes e perseguições em sentido inverso, a angústia dos escolares russos para os quais Cristo continuava sendo autenticamente o Salvador, aqueles nos quais pensava Soljenitsin no capítulo "O Cosmopolita sem Fogo nem Lugar"

---

20. Cf. os dados do recenseamento de 1926, comentados na brochura *Os Judeus na U.R.S.S.* (em russo), Moscou, 1929.

21. Cf. *De l'antisionisme à l'antisémitisme, op. cit.*, p. 47.

22. Em 1928, o "caso do lago", que a princípio as autoridades escolares haviam tentado abafar, foi levantado num jornal de Moscou. Na cidadezinha de Ostachkov, cinco alunos arrastaram um condiscípulo judeu para as margens do lago Seliguer, tomado pelo gelo, e o amarraram a uma árvore, dizendo: "*Jid*, vocês crucificaram a Cristo. Agora nós vamos te crucificar". Mas, algum tempo depois, eles mudaram de opinião e desamarraram sua vítima, evitando-lhe provavelmente a morte lenta. Soube-se ainda que, dos cinco aprendizes de carrasco, um era filho de padre, outro o filho de um ex-oficial.

Levantei essa notícia na "Carta 16" das "Instruções às Escolas" intituladas *Sobre a Luta Contra o Anti-semitismo nas Escolas*, Moscou, 1929.

do *Primeiro Círculo* [23], exprimiam uma verdade diferente e complementar? Em todo o caso, pode-se concluir com certeza, mantendo presente ao espírito o fenômeno novo do afluxo dos judeus à Rússia interior, pelo aprofundamento do sentimento de uma alteridade recíproca, pela vulgarização da dicotomia do *vós* e *nós*, paralelamente ao processo de desjudaização e parcialmente depois dele — um paradoxo aparente de que a história da emancipação dos judeus oferece muitos exemplos [24].

Será preciso acrescentar que há poucas questões tão difíceis de explorar quanto os sentimentos de uma maioria silenciosa, sobretudo quando ela se converte numa maioria amordaçada? A evolução do problema no seio dos meios dirigentes é mais fácil de documentar. O desaparecimento súbito e quase total, em 1931, da literatura pró-judaica bem-pensante coincide com o advento da era integralmente stalinista: no mesmo ano, o ditador colocava uma pausa por dez anos, declarando que o anti-semitismo era um vestígio do canibalismo [25]. Em seguida, sobre o fundo das tragédias e massacres a frio dos anos 1930, os Grandes Expurgos comportaram sua parte incerta de anti-semitismo, preludiando a paranóia racista ou, no testemunho de sua filha, "aversão semelhante a nenhuma outra" [26]

23. Nesse capítulo, Soljenitsin, depois de evocar com indignação as campanhas anti-semitas stalinianas, faz com que o Major Adam Roitman, um policial relativamente humano, recapitule seu passado: "Um episódio de sua infância, profundamente escondido em sua memória e que ele esquecera durante vários anos, voltou com uma clareza impiedosa à superfície de seu espírito ensombrado, em plena noite. Aos doze anos, Adam, arvorando a gravata vermelha dos Pioneiros, com a voz trêmula de dignidade ferida, pedia que um agente dos inimigos de classe fosse expulso dos jovens Pioneiros e do sistema escolar soviético. Mitka Chtitelman falara antes dele e Michka Luksemburg depois dele. Todos haviam denunciado seu colega Oleg Rojdestenski como culpado de anti-semitismo, de freqüentar a igreja e de ter uma origem de classe estrangeira... enquanto falavam, lançavam olhares exterminadores para o rapaz trêmulo que estava em julgamento.

"(...) Adam Roitman não era o instigador. Haviam-no arrastado a esse caso, mas, mesmo depois de muitos anos, tanta vilania fazia-o corar de vergonha.

"O círculo do mal! O círculo do mal! E não há meio de romper esse círculo..." *Le Premier cercle*, trad. Paris, 1958, p. 425.

Acho que um episódio dessa natureza é menos típico do passado soviético que "o caso do lago" acima, mas seria talvez uma empresa sobre-humana querer tirar uma medida exata dos segmentos desse "círculo do mal" das crianças.

24. Cf. acima, pp. 232-233, e sobretudo meu volume anterior, *De Voltaire a Wagner*, pp. 219-285.

25. Entrevista concedida em novembro de 1931 por Stalin ao correspondente da Agência telegráfica judaica. Em Moscou, foi publicada pelo *Pravda* de 30 de novembro de 1936; a única obra "anti-semita" publicada em seguida durante a guerra, da autoria do acadêmico V. V. Struvé, era devidamente intitulada *O Anti-semitismo Fascista — um Vestígio do Canibalismo*, Moscou, 1941.

26. Cf. SVETLANA ALLILUYEVA, *Only One Year*, Londres, 1969, p. 162.

CONCLUSÃO

de Stalin envelhecido, enquanto as massas populares aterrorizadas e sujeitadas se calavam como antes.

No verão de 1941, a corrida germânica lhes permitiu enfim designar em alto e bom som o bode expiatório: os sobreviventes concordam em nos dizer que, com as primeiras derrotas e evacuações, as línguas se desataram e o anti-semitismo começou a manifestar-se sem vergonha nem entrave. Uma represália justa? (Lembremo-nos do papel dos "bálticos" russos na Alemanha.) Mas não procuremos desmontar aqui os mecanismos liberadores ou compensadores subjacentes; ouçamos antes uma testemunha 100% desjudaizada, filho de um coronel do exército vermelho:

> Meu pai foi enviado à Academia Militar de Moscou. Acabava de terminar seus estudos, quando a guerra rebentou, e ele partiu para o *front*, enquanto nossa família era evacuada. Ia começar uma nova etapa de nossa vida.
>
> E foi durante a guerra, nos Urais, que ouvi pela primeira vez, na boca dos moleques de rua, a palavra *jid*. "Você é um *jid*?" me perguntaram meus colegas de brincadeiras. Respondi logo negativamente, porque em primeiro lugar eu não sabia o que queria dizer isso, e em segundo porque o tom em que a pergunta foi feita indicava que se tratava de alguma coisa de mau...
>
> Eu me lembro de que, em Tachkent, que chegou a designar para os anti-semitas o local onde "os judeus se emboscaram durante a guerra", tínhamos por vizinho um policial do N.K.V.D., que escondia seu irmão, um desertor. Temendo sair à rua, passava seu tempo conosco, as crianças, fazendo desenhos pornográficos e contando histórias obscenas. Calma e pausadamente, ele se comprazia em nos explicar por que os judeus eram maus: eram preguiçosos e covardes, não queriam nem trabalhar nem combater, arranjavam empregos vantajosos e roubavam tudo o que podiam. Eu não conseguia dizer-lhe simplesmente que minha mãe trabalhava da manhã à noite, que meu pai se achava no *front* desde o primeiro dia da guerra e que vivíamos na miséria, enquanto ele preguiçava numa longínqua retaguarda, bem alimentado graças às rações especiais do N.K.V.D. Mas um belo dia, a existência despreocupada em que vivia foi inopinadamente perturbada quando meu pai, ferido na primeira linha de combate, veio juntar-se a nós, para ser cuidado num hospital de Tachkent. Que metamorfose! — o pobre desertor não deixava mais seu quarto, deslizava para o banheiro comum como um rato, e quando nos encontrava se expandia em bajulações e rapapés. Mas depois ele pôde se vingar. Quando meu pai voltou ao *front*, ele roubou as conservas americanas que meu pai nos tinha deixado, e quando minha avó lhe censurou, ele lhe mostrou um machado: "Cala essa boca de *jidovka*, ou te matarei! [27]

E eis como, entre este desertor e Stalin, a União Soviética tomava o caminho que leva à caça às bruxas judaicas, no quadro de uma concepção místico-policial do mundo elevada à enésima potência.

Erich Maria Remarque, o célebre autor de *Nada de Novo no Front Ocidental*, encarnava a mensagem pacifista de seu *Caminho*

---

27. Cf. ILYA ZILBERBERG, "From Russia to Israel, A Personal Case-History", *Soviet Jewish Affairs*, n.º 3, maio de 1972, pp. 44-45.

de Volta no confronto entre o Capitão Heel e o enfermeiro Max Weil. Heel é um heróico combatente, amado por seus homens: em 1919, coloca-se a serviço das novas autoridades para manter a ordem; no fim da narrativa, no curso de uma manifestação, mata, a bem dizer sem querer nem saber, o revolucionário judeu a quem sempre detestara. No início, quando em novembro de 1918 o exército alemão toma "o caminho de volta", eis Heel e Weil, frente a frente:

> Heel dirige-se a cada um de nosso grupo e aperta-lhe a mão. Quando se aproxima de Weil, diz-lhe: "Está chegando a sua era, Weil..."
> — Será menos sangrenta — responde Max tranqüilamente.
> — E menos heróica — replica Heel.
> — Não é o que existe de supremo na vida — diz Weil.
> — Mas é o que existe de melhor — responde Heel. — De outra forma o que fazer?
> Weil hesita por um instante. Em seguida diz: — Alguma coisa que hoje soa mal, senhor capitão: a bondade e o amor. Aí também existe heroísmo.
> — Não — responde Heel imediatamente, como se houvesse refletido muito. — Aí só existe martírio (...).
> Fala com violência, como se quisesse convencer-se a si mesmo. Em alguns dias, tornou-se amargo e envelheceu alguns anos. Mas Weil se transformou também rapidamente. Ele sempre fora um homem apagado, e ninguém sabia o que tinha na barriga. Agora de súbito floresceu, e se torna cada vez mais decidido. Ninguém jamais poderia pensar que podia discorrer dessa forma. Quanto mais Heel se torna nervoso, mais Max se acalma. Com voz doce e firme ele disse: "Para o heroísmo de alguns, a miséria de milhões de homens é um preço elevado demais"[28].

Imagens baratas — mas que refletem bastante fielmente, sob mais de um aspecto, as realidades alemãs das últimas semanas de 1918. E em primeiro lugar, a dos efêmeros Conselhos de Soldados, lugar natural dos Max Weil (por convicções antimilitaristas, ou porque troteados pelos Heel?). Em seguida e sobretudo, a dos meios que devem tomar imediatamente as grandes decisões políticas, quando Guilherme II fugiu, os marinheiros se amotinavam enquanto o exército ameaçava se decompor, e os aparelhos desmantelados do Estado e do alto comando não queriam outra coisa senão passar as rédeas do poder a quem quisesse pegá-las, no respeito da ordem pública. Mas como o diz muito bem o historiador contemporâneo Helmut Heiber, "a vontade de poder faltava aos partidos"; a social-democracia era inibida também pela mentalidade prussiana de sujeição, pela "Untertanenmentalität"[29]. Foi então que judeus ao mesmo tempo burgueses e oposicionistas, os Paul Cassirer, os Hugo Haase, os Leo Kestenberg, os Otto Landsberg e outros, de nomes

---

28. ERICH MARIA REMARQUE, *Der Weg zurück*, ed. Frankfurt am Main, 1975, p. 29.
29. Cf. *Weltgeschichte des 20 Jahrhunderts*, t. 3, *Die Republik von Weimar*, Munique, 1976, pp. 8-9.

totalmente esquecidos, aproveitaram a ocasião e se constituíram nos salvadores dos móveis alemães [30], suscitando implacáveis rancores entre seus proprietários [31] — que, refeitos de seus sustos, puderam retomar no início de 1919 as rédeas da administração ou da economia ou reintegrar suas cidadelas universitárias, legitimando se necessário seu eclipse passageiro através da tese do complô judaico.

A esse respeito, um outro historiador alemão, Werner Kienitz, põe em evidência o contraste entre essas semanas caóticas, quando, como escreve prudentemente, "o número de políticos judeus que surgem nas altas esferas do Estado parece considerável", e os quatorze anos propriamente weimarianos, quando desapareceram quase todos da superfície, pelo menos no que diz respeito às posições parlamentares e governamentais expostas. Entre os 387 ministros sucessivos de uma república que contou entre 1919 e 1933 dezenove ministérios, não houve no todo mais de cinco ministros de origem judaica! [32] O clima dos dias de derrota é melhor descrito pelo jornal do Conde Harry Kessler, "o aristocrata vermelho", um grão-senhor para quem não existia questões nem de raça nem de classe. Observava em 20 e 21 de novembro de 1918:

> Tem-se a sensação de que não foram homens mas um sistema que se desfez, um sistema que não conhecia senão os meios da violência nua e que soçobra no momento em que esses meios lhe escapam (...) Apesar de tudo, a guerra foi uma colossal especulação cujo fracasso suscita o malogro de todo o resto; o maior *krach* de todos os tempos.

Esse *krach* imperial, efetivamente, teve os judeus como liquidantes. Vimos como generais e industriais quiseram então oferecer a capitulação por Albert Ballin, que preferiu o suicídio [33]. Em Berlim, nos informa o Conde Kessler, esperava-se nesses dias incertos poder renovar os velhos contatos franco-alemães entre socialistas: pensou-se primeiramente em Hugo Haase (assassinado em outubro de 1919); finalmente, o alsaciano René Schickelé e Paul Cassirer (que se suicidou em 1926) partiram para a Suíça... [34] Não estava entendido que todos os judeus "se mantêm entre si", e não

---

30. Cf. HARRY KESSLER, *Tagebücher 1918-1937*, Frankfurt am Main, 1961, p. 26.

31. Os sentimentos do Tenente Graeff, cf. acima, p. 141: "Seria desonroso para o povo alemão ser salvo por um semita", tinham precedentes que remontam pelo menos à Guerra de Trinta Anos:

"Antes ficar doente, se for essa a vontade divina, que curar-se com a ajuda do diabo", exclamava o clero de Frankfurt em 1652; e o de Halle, na mesma época: "Antes morrer em Cristo do que ser curado por um doutor judeu e Satanás". Cf. minha exposição "Le Diable et les Juifs", in *Entretiens sur l'Homme et le Diable*, sob a direção de Max Milmer, Paris, Haia, 1965, p. 192.

32. Cf. "Die Zeit der Weimarer Republik", in *Monumenta Judaica, Beiträge zu einer Geschichte der Juden in Deutschland*, Köln, 1963, pp. 403-404.

33. Cf. acima, p. 146.

34. Cf. *Tagebücher*, 13 de novembro de 1919, p. 26.

se vê despontar a fábula franco-inglesa da conspiração revanchista judio-pangermanista?[35] Os judeus alemães de toda convicção alimentavam, com efeito, uma ambição que, por honrosa que fosse, podia ser invocada em apoio, e o que o socialista Eduard Benstein escrevia em 1916, o sionista Nahum Goldmann repetia em fevereiro de 1919; isto é, que cabia aos judeus fazer o papel de intermediários de boa vontade entre as nações[36].

Acrescentemos-lhe algumas expressões provocadoras — do gênero das do pintor dadaísta Herzfelde, "espezinhar na lama tudo o que até então fora caro aos corações alemães", ou do panfletário Kurt Tucholsky, um ex-combatente cuja sátira tinha por alvo os antigos combatentes[37]; e sobretudo o desencadear de uma segunda vaga, a dos judeus que vieram empalmar a revolução na Baviera, os Axelrod, Eisner, Landauer, Leviné, Muhsam, Toller, outras tantas cópias de Max Weil, massacrados em seguida enquanto revolucionários, difamados enquanto judeus. Com a calúnia se ampliando como mancha de óleo na escala européia, eis como a figura de proa, o folhetinista muniquense Kurt Eisner, era pintado em *Le Temps*: "Um ancião frágil e lastimoso, um Shylock de casaco lustrado... Judeu galiciano... a cabeça coberta com um barrete imundo"[38]. Quando as tropas de Noske e Groener desbarataram a revolução a 1.° de maio de 1919, Munique tornou-se naturalmente a capital da reação, onde Ludendorff primeiro e Hitler depois puderam aparecer à vontade.

Poder-se-ia evocar também o confronto histórico de 18 de novembro de 1919 entre o deputado socialista Oskar Cohn e o Marechal Paul von Hindenburg, quando este último tirou literalmente do bolso a "Dolchstosslegende", a legenda da punhalada (nas costas do exército invencível[39]), que veio confluir tumultuosamente com a da "Judenrepublik". Observemos, portanto, que, ao contrário do clandestino anti-semitismo soviético, que correspondia a surdo protesto das massas, o dos alemães, doravante, era imposto de cima, integrava-se num código de valores cujos garantes eram fornecidos pelo exército e pelas universidades. Mas, em tais condições, o espetáculo dos judeus derrubando monarcas, ridicularizando o exército

---

35. Cf. acima, pp. 276-277.

36. Cf. WERNER JOCHMANN, "Die Ausbreiung des Antisemitismus", in *Deutsches Judentum in Krieg und Revolution, 1916-1923*, Tübingen, 1971, p. 446, nota 128.

37. KESSLER, *Tagebücher*, 28 de novembro de 1919, p. 114, e SAUL FRIEDLANDER, "Die politischen Veränderung der Kriegszeit", in *Deutsches Judentum...*, p. 37.

38. Citado por S. FRIEDLANDER, *idem*, p. 51.

39. Interrogado por O. Cohn, na qualidade de membro de uma comissão de inquérito, Hindenburg tirou do bolso e leu uma nota preparada de antemão, descrevendo como o exército imperial teria sido "apunhalado pelas costas". Cf. HELMUT HEIBER, "Die Republik von Weimar", *op. cit.*, pp. 65-66.

sacrossanto, instalando-se na cadeira de Bismarck como o fez Hugo Haase [40], é racionalmente redutível à categoria de fator secundário. O primário, já descrevemos sua gestação, vimos como, no verão de 1918, pangermanistas e generais decidiam fazer que Israel endossasse as desgraças da Alemanha [41]. A maneira como urdiram em seguida suas campanhas pode ser qualificada como obra-prima da organização alemã.

E em primeiro lugar, fenômeno sem precedentes nos anais da agitação antijudaica, todos os partidos, ligas e grupelhos que se dedicavam a essa ação souberam coordenar patrioticamente suas atividades. A reunião, em fevereiro de 1919, em Bamberg, de uma "Convenção Anti-revolucionária" terminou com a fundação do "Deutschvölkischer Schutz-und Trutzbund" (como traduzir?... talvez simplesmente por A Liga [42]), encarregado das operações no principal *front*. Durante os meses seguintes, essa Liga serviu de núcleo para a "Comunidade das Uniões Alemãs Racistas", "Gemeinschaft deutschvölkischer Bünde" que agiram doravante de combinação, para abrir os olhos das massas populares. Dispomos de algumas cifras: em 1920, a "comunidade" contava perto de 300 000 membros ativos, distribuiu 7,6 milhões de brochuras, 4,7 milhões de prospectos, 7,8 milhões de selos-vinhetas [43]. E certamente, graças a ela, mas também espontaneamente fora dela, uma imensa literatura iniciava os alemães nos mistérios judeus de seu destino. É interessante observar que um primeiro escrito, que data de março de 1919 e considerado como um "escrito-programa" [44], o *Livro das Dívidas de Judá*, já fazia vibrar a corda sadomasoquista, descrevendo os artifícios com que os judeus conseguem seduzir ou hipnotizar os arianos. Esse tema do "pecado contra o sangue" foi retomado e desenvolvido no mesmo ano pelo velho "grão-mestre" Fritsch em pessoa, sob o título de *O Enigma das Boas Fortunas Judaicas*. Ele assinou esse tratado com um pseudônimo [45]; uma citação permite talvez compreender por quê:

> Uma mocinha de boa família, mal saída da adolescência, sai à rua; um judeu fixa-a com os olhos ou lhe murmura alguma coisa; ela permanece toda confusa, pára e não pode desviar seu olhar do judeu. Pouco depois ela o segue à sua loja...
> Surge a pergunta: são artes secretas talmúdicas? (...) Quem resolverá esse enigma? É o olhar (talvez o que os italianos chamam *jettatura*), ou a extraordinária inteligência e experiência talmúdicas conhecem recipro-

---

40. KESSLER, *Tagebücher*, 13 de novembro de 1919, p. 29.
41. Cf. acima, pp. 145-146.
42. No sentido particular do século XVI francês.
43. Cf. W. JOCHMANN, estudo citado, pp. 456-460.
44. W. JOCHAMANN qualifica esse *Judas Schuldbuch* de "Programmschrift", *idem*, p. 459.
45. Cf. F. RODERICH-STOLTHEIM, *Das Rätsel des jüdischem Erfolges*, Leipzig, 1919, e a análise que dele faz SAUL FRIEDLÄNDER in *Deutsches Judentum...*, pp. 63-64.

cidades secretas, de alguma forma forças simpáticas misteriosas? Ou se deve levar em conta a energia dos judeus...

Tratava-se seguramente de uma propaganda eficaz; acrescentemos que este gênero de violação psicológica para uso dos humildes, que fez as delícias de Julius Streicher e de Adolf Hitler, possui em nossos dias adeptos na União Soviética, sob a égide das autoridades militares [46]. Um outro tema que se sobressai na Alemanha de 1919 era o do canibalismo judaico: um folheto "educativo" [47] descrevia as salsichas fabricadas com carne de crianças, e contava com a confusão das massas populares — mas sobretudo com sua fome; com efeito, mais tarde, a propaganda do III Reich se absteve de retomar tal tema.

A confusão daqueles tempos também encontra reflexo na propaganda de alto coturno dirigida aos meios cultos: as filosofias parisienses do absurdo do segundo após-guerra já eram familiares aos *desperados* intelectuais alemães do primeiro. Tomemos um escrito de Hans Blüher, mestre de pensamento dos movimentos de juventude, autor em 1912 de um tratado sobre esses movimentos "na qualidade de fenômeno erótico" [48]. Seu longo título — *Secessio Judaica, Fundamentos Filosóficos da Situação Histórica do Judaísmo e do Movimento Anti-Semita* (1922) — continuava de acordo com as estudiosas tradições universitárias. Mas eis o que nele se lia:

Não serve de mais nada "refutar" a "fábula da punhalada nas costas". Tudo se pode refutar e tudo se pode demonstrar. Mas cada alemão já tem no sangue esse fato experimental: prussianismo e heroísmo caminham juntos, judaísmo e derrotismo caminham juntos. Cada alemão sabe que o espírito que depois de nossa derrota nos faz desprezar é o espírito judaico... Nisso, nenhuma prova "pró" ou "contra" pode mudar algo, mesmo que cem mil judeus fossem mortos pela pátria. O alemão saberá logo que a questão judaica constitui o núcleo de todas as questões políticas...

Eis portanto uma réplica ao apólogo do *Caminho de Volta* de Remarque. A inversão ganha tragicamente em sabor quando se ouve Blüher dizer que um judeu pode ser a rigor um *bom alemão*, nunca um *alemão*, e quando se pensa na fórmula muito conhecida da Segunda Guerra Mundial quanto à inexistência de bons ale-

---

46. Em 1970, as edições militares de Moscou (Voienisdat) publicavam o longo romance de IVAN CHEVTSON, *Liubov i nenavist* ("Amor e Ódio"), consagrado sobretudo à descrição das técnicas com que os judeus seduzem as mulheres russas. Na perspectiva da produção literária soviética, esse livro pode ser qualificado de altamente pornográfico. Cf. W. BERGMAN, "Soviet antisemitic pornography", *Soviet Jewish Affairs*, n.º 2, 1971, pp. 119-125.

47. Opúsculo n.º 14 do "Ausschuss für Wolksaufklärung"; cf. H. PROSS, *Die Zerstörung der deutschen Politik*, Dokumente 1871-1933, Frankfurt am Main, 1959, p. 254.

48. HANS BLÜHER, *Die deutsche Wandervögelbewegung als erotisches Phänomen*. Cf. também *Die Rolle der Erotik in der männlichen Gesellschaft*, 1917.

mães senão quando estão mortos... Acrescentemos que Blüher falava com muito respeito do sionismo e dos filósofos Martin Buber e Gustav Landauer, e que *Secessio Judaica* significava sob sua pena a expulsão já encetada dos judeus por seus povos-hospedeiros, a despeito do amor fatal que lhes dedicavam. Vê-se que este ideólogo das fratrias germânicas desejava ser equitativo, e que seu prognóstico só pecava por falta.

Haveria muitíssimo mais a dizer sobre os numerosos pastores luteranos que aderiram ao "Schutz-und Trutzbund", continuando a germanizar o cristianismo, proclamando que "a alma alemã foi violentada pelo Antigo Testamento" (pastor Andersen, em Flensburg), que "o pensamento racista é a grande esperança" (pastor Johnsen, em Berlim), ou transliterando Cristo em *Krist* (artigo anônimo de "Hammer"[49]). Mas, na presente conclusão, eu não poderia tratar convenientemente desse neognosticismo sob a capa de patriotismo, imensa questão que forma, a meu ver, o nó do problema alemão na primeira metade do século XX, e que já foi entremostrada em outras obras"[50]. Espero poder voltar a esse assunto em outra oportunidade.

Todas essas contradições germânicas dos anos pré-hitleristas, gostaria ainda de ilustrá-las com uma referência ao impossível terrorismo alemão, que (um século e meio antes do "bando de Baader"...) soube ser apenas niilista, como o sugerem notadamente *Os Reprovados* de Ernst von Salomon: quem ler atentamente este livro célebre é obrigado a concluir que o autor e seus amigos Kern e Techow assassinaram Rathenau por excessiva admiração e mais exatamente porque precisavam impedir a cura da Alemanha por um doutor semita...[51]

Quais foram os resultados de todas essas propagandas? No plano político imediato, um deles foi estender o domínio hitlerista a toda a Alemanha. Com efeito, "quase todos os grupos do partido nacional-socialista que foram constituídos fora da Baviera antes do *putsch* de 1923 foram fundados por membros do "Schutz-und Trutzbund" (Werner Jochmann[52]). Uma represália justa, com cer-

49. Ver a obra perspicaz do jornalista católico RAOUL PATRY, *La religion dans l'Allemagne d'aujurd'hui*, Paris, 1926, p. 138, p. 163, p. 167.
50. Cf. *De Voltaire a Wagner*, pp. 323-363, e *O Mito Ariano*, especialmente pp. 221-239 e 299-323.
51. Eis as expressões que von Salomon coloca na boca de Kern, o chefe: "Eu não poderia suportar que das malditas ruínas desse tempo ele tirasse ainda uma vez alguma grandeza. Que Rathenau faça o que os indiscretos chamam de política de execução. Em que isso nos diz respeito, nós que lutamos por objetivos mais altos. Não lutamos para que o povo se torne feliz. Lutamos para impor-lhe um destino. Mas se esse homem dava ainda uma vez uma crença a esse povo, se lhe devolvia mais uma vez uma vontade... pois bem isso, eu não poderia suportá-lo (...) O sangue desse homem deve separar irreconciliavelmente o que deve ser separado para sempre". *Les Réprouvés*, trad. fr., Paris, 1931, pp. 244-248.
52. In *Deutsches Judentum, op. cit.*, p. 485.

teza, pois Hitler estreou na política no verão de 1919, na qualidade de informante do Comandante Mayr, oficial encarregado de depurar a Baviera reconquistada, no espírito "Schutz-und Trutzbund" de rigor [53]. Quanto aos efeitos exercidos pela propaganda anti-semita sobre o povo alemão em seu conjunto, os autores falam disso *a posteriori* em termos tão impressionantes quanto imprecisos. A testemunha Ernst von Salomon escrevia, em 1951, que "todo o movimento nacionalista era anti-semita, em graus variáveis"; o historiador francês Pierre Sorlin fala da "massa do público" (1969); o historiador alemão Werner Jochmann, de uma "grande parte da população" (1971); Golo Mann (filho de Thomas Mann), de "muitos milhões" (1962) [54]. (No entanto, não esqueçamos que houve também muitos milhões alérgicos ao mito da raça: a quase totalidade da classe operária, as centenas de milhares de berlinenses que acompanharam o esquife de Walther Rathenau.)

Por outro lado, Golo Mann acentuava vigorosamente os primeiros anos da República de Weimar:

> A terrível confusão moral e a selvageria sob o signo da derrota, a miséria total e a mudança de classe social de milhões de homens em conseqüência da inflação, esses acontecimentos que ultrapassavam totalmente o entendimento do homem médio forneceram pela primeira vez um eco poderoso ao grito "os judeus são a nossa desgraça". *Ousarei afirmá-lo: jamais as paixões anti-semitas provocaram tanto furor na Alemanha quanto no curso dos anos 1919-1923. Foram então muito mais furiosas que de 1930 a 1933 ou de 1933 a 1945* [55].

O diagnóstico alcança longe, e leva especialmente à reflexão se se considerarem essas coisas na perspectiva subjetiva dos judeus, nos tempos da república estatutariamente liberal de Weimar. Com efeito, seria radicalmente falso imaginar que suas vidas, com exceção de algumas categorias ou profissões, eram então psicologicamente insustentáveis ou penosas. Meu testemunho pessoal — pois de 1921 a 1923 fui escolar em Berlim — me parece a esse respeito paradoxalmente significativo.

De fato, na escola (ginásio) que freqüentava, no bairro burguês do Kurfürstendamm, um quarto dos alunos eram judeus: não distribuídos nas três classes paralelas, mas concentrados (em companhia de uma dezena de cristãos) numa só: "gueto" que nos parecia natural. Por outro lado, o docente mais pressionado era o rabino

---

53. Cf. ERNST DEUERLEIN, "Hitlers Eintritt in die Politik und die Reichswehr", *Vierteljahreshefte für Zeitgeschichte*, VII, 1959, pp. 177-227.

54. SALOMON, *Le Questionnaire*, trad. fr., Paris, 1953, p. 108; SORLIN, *L'antisémitisme allemand*, Paris, 1969, p. 67; JOCHMANN, p. 495; GOLO MANN, *Der Antisemitismus*, Frankfurt am Main, 1962, p. 27.

55. Cf. SAUL FRIEDLANDER, *Deutsches Judentum*, p. 49, citando uma conferência feita por Golo Mann numa reunião do Congresso Judaico Mundial, sob o título "Alemães e Judeus, um Problema Insolúvel", Bruxelas, 4 de agosto de 1966. Os grifos são do autor.

que nos ensinava, matéria obrigatória, a lei de Moisés; e nossas convicções infantis eram patrioticamente alemãs num grau que hoje me parece embaraçoso. Mas era esse o clima que reinava na classe, em nossa "Quarta", com grande temor, devo dizê-lo, de meus pais, refugiados russos. Os romances históricos de Felix Dahn eram minha leitura preferida, o filme *Fredericus Rex* me deixou uma forte impressão, o grotesco "padre ginasta" Jahn tornou-se meu herói [56]. Quando o governo Poincaré, no início de 1923, mandou ocupar a bacia do Ruhr, sonhei em tornar-me aviador e bombardear o palácio do Elysée. Era nosso professor principal, "Oberstudienrat" Hoffmann, ou eram nossos manuais que nos transmitiam esse fervor? — Em todo o caso, nós o tínhamos de uma maneira que acredito representativa para uma boa parte dos judeus da Alemanha. Esse ambiente pode ser ilustrado bem pelo entusiasmo de meu melhor amigo, judeu de origem russa como eu, após uma visita à residência de Hoffmann: "Sua mulher é uma verdadeira germânica! É grande e loura!"

Com exceção de uma confusa desordem (éramos crianças guerreiras à moda alemã), não me lembro, na escola, de nenhum incidente anti-semita. Mas na rua eram numerosos. No asfalto, os moleques traçavam cruzes gamadas em grande número, às quais replicavam timidamente algumas estrelas de Davi. Acontecia-me de ser empurrado por outros moleques: "Meu camarada, tu és judeu?" — ao que eu achava mais hábil responder que isso não era da conta deles. As coisas ficavam nisso. Mas que o ano de 1923 foi o do início de uma epidemia de profanação das sinagogas e dos cemitérios — três em 1923, dezessete em 1924, cento e setenta e três ao todo, de 1923 a 1932 [57] — essa é uma outra história.

Procurando interpretar essas estranhas lembranças, digo a mim mesmo que o anti-semitismo alemão desse tempo era a componente antitética, manifesta ou latente segundo as conjunturas, de uma exaltação germanômana pela qual as crianças judias das classes humildes, a exemplo de Walther Rathenau, se deixavam, elas também, inundar (não poderia tratar aqui das contradições dos adultos; mas, como se sabe, somente uma pequena minoria soube ler os sinais na parede). Não sei se o Professor Hoffmann, a quem devo minha iniciação nos jogos ao ar livre e nas alegrias da natureza, no curso das excursões a que nos levava, militava de seu lado numa *Bund* qualquer. Mas o fato é que os meios docentes e mais geralmente intelectuais serviam naqueles anos de viveiro aos religionários do anti-semitismo. Ingenuamente, um autor judeu atribuía então a voga dos *Protocolos* e a crença no complô de Israel a uma fraqueza da ciência alemã: "Nenhum grande cientista alemão (com exceção do fale-

---

56. Sobre o "Turnvater" Friedrich-Ludwig Jahn, ver o vol. III: *De Voltaire a Wagner*, pp. 326-332.
57. Cf. as estatísticas detalhadas publicadas por H. PROSS, *Die Zerstörung der deutschen Politik, op. cit.*, pp. 260-261.

cido Strack) se ergueu para denunciar a falsificação... [58] Mas se os cientistas não queriam se misturar com isso, era em virtude do clima geral, sobretudo do clima universitário: já havia passado o tempo dos grandes liberais, dos Mommsen e dos Virchow...[59]

Citemos a esse propósito a notável tese (inédita) de Gabrielle Michalski, defendida em Paris em 1975 [60]. Nela se encontram dados sociológicos muito sugestivos: em 1922 em Munique, 51% dos estudantes provinham da "classe média proletarizada", e 25% eram filhos (ou filhas) de "aposentados"; restavam 21% pertencentes à "classe média alta" e 3% de filhos de operários. Mas é evidente que esses números, eloqüentes em si, têm uma relação apenas longínqua com um grande desígnio que Mme Michalski resume nesses termos: "Após a Primeira Guerra Mundial, assistimos a verdadeiras orgias anti-semitas, que dominam igualmente as universidades. O objetivo: submeter a juventude às diretrizes políticas da classe dirigente. O ódio aos judeus torna-se 'um dever de consciência' ". Entre os textos evocadores que ela cita em apoio, em grande número, eis um, muito mais lapidar, da autoria de um professor de filosofia da universidade de Greifswald: "O Anti-semitismo Faz Parte da Consciência Alemã".

Eis pois, dez anos antes do III Reich, o superego coletivo anti-semita, e parecem distantes, as maquinações da Okhrana, ou as paranóias dos senhores de guerra alemães. No entanto, tudo fica: o artigo provocador do *Times*, em maio de 1920, sem o qual os *Protocolos* teriam sem dúvida permanecido letra morta na Alemanha como alhures, a educação político-policial de Hitler, prolongada pelas lições de seus "bálticos"; e sobretudo, o maniqueísmo ou a causalidade linear comuns a uma concepção policial do mundo e à mania de perseguição de que foram objeto então os germanômanos.

Se, na República de Weimar, os judeus em geral sofreram apenas problemas psicológicos, tiveram de abandonar cedo, como o vimos, o cenário político. Ao mesmo tempo, o exército e a universidade, as duas velhas cidadelas, reforçavam suas defesas. Ora, se em 1919 os jovens judeus não aspiravam a se manter de uniforme, continuavam a ocupar as cátedras e outras posições universitárias. Empresa desesparada, nos informa Max Weber, que escrevia logo após a guerra, a propósito das ambições científicas dessa ordem: "Se se trata de um judeu, diz-se a ele naturalmente: *lasciate ogni speranza*" [61]. Esses estudantes tinham outros motivos de desespero: citemos o filho de Thomas Mann:

58. B. SEGEL, *Die Protokolle der Weisen von Zion kritisch beleuchtet*, Berlim, 1924, p. 38.
59. Cf. acima, p. 23.
60. G. MICHALSKI, *L'antisémitisme dans les universités allemandes de 1919-1925*, Université Paris VIII. Para as citações que seguem, cf. p. 61, p. 63, p. 67.
61. Cf. MAX WEBER, *Le savant et le politique*, Coll. "10/18", Paris, 1959, p. 61.

CONCLUSÃO

A existência do fenômeno anti-semita me foi revelada, quando eu ainda era criança, pelo caso de um estudante judeu que, após ter regressado da guerra, foi excluído da associação patriótica da qual fora um dos fundadores e que, por ocasião de uma festa comemorativa, se suicidou num quarto vizinho [62].

As paixões revanchistas dos estudantes alemães encontravam diferentes expressões. Em Berlim, seus protestos ou ameaças impediam que as autoridades universitárias organizassem uma cerimônia em memória de Rathenau, no dia seguinte ao seu assassinato. Alguns meses depois, decretavam por maioria de dois terços que um republicano alemão não poderia ser um alemão leal [63]. Nas universidades de Munique (novembro de 1921) e de Leipzig (setembro de 1922), procedimentos semelhantes obrigavam Albert Einstein a cancelar suas conferências sobre a teoria da relatividade. É digno de nota ver esse gênio, homem livre que era, sucumbir por sua vez às representações ambientais: "Apesar de tudo, escrevia ele a seu amigo Max Born, deve-se compreender o anti-semitismo como uma coisa real, que repousa em autênticas qualidades hereditárias, mesmo que isso muitas vezes seja desagradável para nós judeus" — e preconizava a organização de coletas que permitissem aos cientistas judeus prosseguir suas pesquisas fora das universidades. De seu lado, Max Born lhe descrevia como o diretor de seu instituto de física rejeitara a candidatura de um terceiro futuro prêmio Nobel, que ele sugerira como assistente: "Gosto muito de Otto Stern, mas seu intelecto judeu é tão destrutivo!" [64] Recordemos que, em 1919, "o estado dos conhecimentos" em biologia não permitia refutar "objetivamente" estes juízos, para denunciar cientificamente a prostituição nascente da ciência. Mas logo a física, imperial ciência-piloto, vinha fornecer elementos de apreciação objetivos ao debate.

Esse caso vai longe: com efeito, pela primeira vez na história moderna, uma facção política ia se valer da ciência para codificar à sua maneira a verdade científica; ademais, pouco a pouco, o debate veio encarnar-se, meio século depois, nas duas figuras de proa da física contemporânea, Albert Einstein e Werner Heisenberg. E esse simbolismo aumentou com o fato de que, se moralmente ou humanamente a posteridade tende a dar razão a Einstein, o pacifista e o internacionalista, no plano científico o consenso dos cientistas pende em favor da lassidão de Heisenberg, autor das "relações de incerteza". Dessa forma, abordamos uma última vez, sob um ângulo inesperado e por assim dizer em suas últimas trincheiras, esses problemas da causalidade que são o quadro fundamental de todo conhecimento, nos quais está enraizado o anti-semitismo sob suas for-

---

62. GOLO MANN, *Der Antisemitismus*, op. cit., p. 16.
63. KESSLER, *Tagebücher*, 15 de novembro de 1921, p. 347.
64. Carta de Einstein de 9 de novembro de 1919 e carta de Born de 16 de julho de 1920; Cf. *Albert Einstein, Hedwig und Max Born, Briefwechsel 1916-1955*, prefácio de Werner Heisenberg, 1969, p. 36 e p. 55.

mas delirantes ou fortes, e que Einstein soube tratar com uma penetração e um rigor não igualados até hoje.

A bem dizer, ia-se travar, historicamente falando, um combate triangular. É verdade que, em seu início, na Berlim de 1920, opunham-se apenas dois campos: de um lado, o triunfador da relatividade, apoiado pela velha guarda dos físicos alemães, Planck, von Laue, Sommerfeld, e, do outro, um obscuro especulador que dispunha de meios importantes, Paul Weyland, que soube recrutar outros cientistas de renome, notadamente os prêmios Nobel Phillip Lenard e Johannes Stark, para combater a teoria da relatividade na qualidade de *blefe judaico*. Doutrinariamente, a campanha anti-relativista recorria a uma epistemologia "trinitária" da qual Houston Stewart Chamberlain fora o principal codificador:

> Todo conhecimento humano repousa sobre três formas fundamentais — o Tempo, o Espaço, a Causalidade (...); em resumo, o triplo que forma unidade nos rodeia de todos os lados, constitui um fenômeno primordial e se reflete até no detalhe (...) Quem interpreta mecanicamente a natureza empírica percebida pelos sentidos, tem uma religião idealista, ou não a tem de modo algum... O judeu não concebia qualquer espécie de mecanismo; desde a criação *ex nihilo* até o futuro messiânico sonhado, ele somente percebia o arbitrário, atuando livremente no exercício de uma onipotência absoluta. Assim ele jamais descobriu o que quer que seja.
>
> E é por isso que [concluía orgulhosamente Chamberlain] adquirimos uma quantidade de conhecimentos e uma soberania sobre a natureza de que nenhuma outra raça de homem jamais dispôs [65].

É fora de dúvida que voltarei, em meu último volume, a uma polêmica rica em escândalos e em retomadas, no curso da qual foram proferidas ameaças de morte contra Einstein, e a respeito da qual o biógrafo mais recente do autor da relatividade, o inglês Ronald Clark, escreve: "A constante ascensão do anti-semitismo [germânico], no período entre as duas guerras, era devida, em parte pelo menos, à facilidade com que seus partidários podiam concentrar seus ataques contra Einstein e contra a 'nova física' " [66]. Apesar da riqueza de dados que produz em apoio desse julgamento, Clark me parece no caso confundir um *signo* com uma *causa* (não deixa de ser verdade que se houve, na primeira metade do século XX, um campo trabalhado por judeus por excelência, de Minkowsky e Weyl a Oppenheimer e Teller, foi o dessa nova física). Em 1933, com o advento dos nazistas ao poder, o combate adquiriu toda a sua amplitude e tornou-se efetivamente triangular. Vimos então, em face dos fáceis triunfos de Lenard, Stark e outros campeões da "física germânica", se constituir o campo novo da substituição, isto é, os jovens físicos alemães devidamente arianos, formados no curso dos

---

65. Cf. *La Genèse du XIXe siècle*, trad. fr., Paris, 1913, pp. 750-754 e 1058-1060.

66. Cf. RONALD CLARK, *Einstein, His Life and Times*, New York, 1972, p. 316.

difíceis anos da guerra e de Weimar, e ligados em sua grande maioria a Hitler, mas inclinados a travar batalha em nome do interesse mais bem compreendido da ciência e da pátria — aqueles, em suma, para os quais a relatividade tornou-se um filho a conservar, e seus autores judeus, a água do banho a jogar fora... [67] O ardente Werner Heisenberg que, antes de passar pela filosofia e pelas ciências, fizera fogo em Munique contra a revolução, se constituiu no porta-voz dessa terceira facção. Tinha de reserva um trunfo grande: sua família mantinha laços de amizade com a de Heinrich Himmler [66].

Frente à prosa "anti-relativista" que doravante inundava as revistas alemãs, Heisenberg, depois de fazer campanha nos meios científicos, tentou uma parada publicando no *Völkischer Beobachter*, de 28 de fevereiro de 1936, um artigo sobre a inexorabilidade das aberturas operadas pela física do século XX. Para seu desapontamento, o oficioso nazista se distanciava no mesmo número desse artigo; ou melhor, fazia-o acompanhar por um outro de Joahnnes Stark. No ano seguinte, foi a vez do braço secular, isto é, dos SS, se misturar no debate: seu órgão consagrava uma página inteira aos "judeus brancos na física", e Heisenberg era comparado ao intratável pacifista Carl von Ossietzky; não se podia brandir com mais clareza a ameaça do campo de concentração [69]. Forçoso foi pois ao campeão da "física judaica" escrever a Himmler, e fazer que sua mãe interviesse junto à dele. Sem demonstrar grande açodamento, o "Reichsführer — SS" prescreveu um inquérito, ao fim do qual decidiu que o audacioso cientista era *recuperável*. Tomava-o portanto sob sua proteção, e propunha um encontro "de homem para homem", mas lhe recomendava, num pós-escrito, que doravante procurasse fazer distinção entre "os resultados científicos" e "a posição política" dos físicos [70].

E foi essa a engrenagem — a antiga engrenagem em que se deixam prender os filósofos, quando tentam bancar os espertos com os tiranos. É evidente que as obrigações de Heisenberg eram primeira-

---

67. Cf. a locução alemã "Das Kind mit dem Bade ausschütten", jogar a criança com a água do banho.
68. Utilizei, para uma pesquisa que se tornara difícil devido à reticência dos autores em se estenderem sobre diversas iniciativas tomadas em 1933-1945 por Heisenberg: S. A. GOUDSMIT, *Alsos, The failure in German science*, Londres, 1947; D. IRVING, *The Virus House, Germany's Atomic Research...*, Londres, 1967; R. JUNGK, *Heller als tausend Sonnen...*, Stuttgart, 1956; JOACHIM LEITHAUSER, *Werner Heisenberg*, Berlim, 1957; HERMANN ARMIM, *Heisenberg*, Hamburgo, 1976.
Meu amigo Georg Heintz, de Worms, se deu o trabalho de me ceder o número do *Völkischer Beobachter* que trazia o artigo de Heisenberg.
69. Cf. *Das Schwarze Korps*, 15 de julho de 1937. Internado em 1933 num campo de concentração, onde morreu em 1938, Carl von Ossietzky recebera em 1935 o prêmio Nobel da Paz.
70. Cf. os documentos publicados por GOUDSMIT, *Alsos..., op. cit.*, pp. 116-119.

mente com a ciência; ou, como o resumiu seu colega e ex-amigo holandês Samuel Goudsmit, "ele não lutava contra os nazistas porque eram maus, mas porque eram maus para a Alemanha, ou ao menos para a ciência alemã" [71]. Ele se exercitou portanto no jogo duplo, se expandia, principalmente no estrangeiro, em expressões pró-nazistas, e dirigiu diligentemente durante as hostilidades uma das duas equipes alemãs encarregadas de aperfeiçoar os explosivos atômicos, sem dúvida estimulado, como grande animal científico que era, pelo desejo de "ver" e de... lograr êxito, o que não lhe foi dado, como todos sabem [72].

Seguiu-se a derrota, a prisão, a reflexão — e a retomada. Em abril de 1957, Heisenberg foi o iniciador de um apelo dos físicos alemães contra a bomba atômica. Em setembro de 1958, dominou com toda a sua estatura de cientista-filósofo à moda das Luzes os "Encontros Internacionais de Genebra" sobre *O Homem e o Átomo* [73]. No mesmo ano, publicava em New York um ensaio, *Physics and Philosophy*, onde o historiador acredita discernir um vestígio das velhas concepções "trinitárias", pois às duas constantes muito conhecidas de Planck (quantum de ação) e de Einstein (velocidade da luz), propõe acrescentar uma terceira constante desconhecida (comprimento, ou massa). Esse debate continua aberto [74]. Por outro lado, assumiu em parte o lugar vago com a morte de Einstein, com a diferença de que não irrita com suas expressões ou seus atos seus compatriotas, que ele compartilha ao contrário como outrora suas aspirações ou suas dores, e que esses são unânimes em ver nele uma glória internacional; e que pode, portanto, trabalhar pela paz e harmonia entre os homens, sem ser ameaçado de morte por isso, ou suscitar comunidades de combate contra "as relações de incerteza".

Mas o que, nessas condições, parece tão surpreendente quanto revelador são os diálogos platônicos de *A Parte e o Todo* (1969), a obra magistral na qual Heisenberg recapitula toda a sua vida, suas lutas e suas dúvidas científicas e políticas, reconstituindo as conversas que manteve com os amigos de juventude e de maturidade, com seus mestres, seus pares e alunos. Vinte e cinco interlocutores desfilam dessa maneira diante de nós, amigos e estudantes desconhecidos, uma meia dúzia de prêmios Nobel, uma dezena de outros cientistas, e até mesmo Konrad Adenauer. Mas, se prestarmos mais atenção, alguma coisa está faltando, porque tudo se passa como se

71. *Idem*, p. 115.
72. Cf. D. IRVING, *The Virus House...*, op. cit., passim.
73. Cf. a exposição de Heisenberg, e sobretudo as discussões dos dias 4 e 5 de setembro de 1958, in *L'homme et l'atome*, Neuchâtel, 1958, pp. 37-53 e 189-201.
74. *Physique et philosophie*, trad. fr., Paris, 1961, p. 190. Sobre a questão, os físicos nucleares que consultei, e especialmente Jean Adam, do C.E.R.N., e Sidney Galès, do C.N.R.S., se mostraram reservados, sem se pronunciarem formalmente contra a possibilidade da existência de uma "terceira constante".

Heisenberg tivesse aprendido muito bem a lição do III Reich: "Não se deve se arriscar com os judeus". Em todo o caso, não o vemos dirigir a palavra nem a seu mestre Max Born, que tanto fizera por ele, e que em 1954 voltou para morrer na Alemanha, nem a seus alunos Felix Bloch ou Rudolf Peierls, cuja partida, em 1933, garante ter lamentado amargamente. Tudo se passa, portanto, como se para conversar de física ou de filosofia, os judeus, sem dúvida marcados por seu ignominioso destino, deixassem de ser interlocutores válidos. Por uma última derrisão, Einstein, o não-conformista, que era impossível não introduzir nesse clube exclusivo, nele fazia figura de "ariano de honra". Pode-se acrescentar que as palavras que Heisenberg lhe coloca na boca parecem autênticas: o autor da relatividade se constitui aí, como o fez durante toda a sua vida, quase como fideísta, o defensor de um determinismo estrito, de uma lei suprema se se quiser: "Deus não joga dados com o mundo" (e é por isso que, segundo a opinião dominante de jovens físicos nucleares, Einstein teria estragado a segunda parte de sua vida, consagrando-a à pesquisa da fórmula do "campo unificado").

"Judeus e Alemães, um Problema Insolúvel?"[75] A fórmula é de Golo Mann; em outra ocasião, esse historiador foi ainda mais longe. Tentando fazer compreender aos novos barões do Ruhr a natureza profunda do anti-semitismo, arriscava uma conclusão como somente o filho de Thomas Mann podia permitir-se, na Alemanha:

> Tal como a influência econômica e cultural, a influência política dos judeus foi tema de recriminações, já sob Bismarck e sob Guilherme II, mas sobretudo na República de Weimar. Para milhões de burgueses alemães, foi ela a "Judenrepublik", um negócio não-alemão, um negócio estrangeiro. Se hoje a "Bundesrepublik" tem mais chance, se nesse edifício, e apesar do seu caráter muito fragmentário, uma maioria de alemães se sente muito mais em casa do que em qualquer época da república weimariana, isso se deve certamente em boa parte a que não existem praticamente mais judeus na "Bundesrepublik". O que acabo de dizer soa cinicamente, e representa com efeito uma observação extremamente perigosa e grave. Mas essa observação deve ser feita. Os surpreendentes êxitos da república de Bonn e os sucessos externos que daí resultam, a relativa distensão que caracteriza atualmente a vida pública alemã, tudo isso tem algo a ver com o fato de que os judeus alemães fugiram ou foram massacrados. Nessa medida, pode-se qualificar os atos de expulsão e genocídio como atos vitoriosos. Mas o que é que isso prova?...

Essa audaciosa pedagogia data de 1960[76]. Se é verdade que o desaparecimento dos judeus garante o equilíbrio da "Bundesrepublik", então esse remédio de cavalo não parou de dispensar seus benefícios, pois em 1977, eis que ela se tornou aos nossos olhos "o homem são da Europa". Não que a sombra de Israel não

---

75. É o título da conferência pronunciada por Golo Mann numa reunião do Congresso Judaico Mundial, a 4 de agosto de 1966, em Bruxelas.
76. Conferência pronunciada pelo Professor Mann no clube Rhein-Ruhr, a 14 de junho de 1960, cf. *Der Antisemitismus, op. cit.*, p. 28.

continue a plainar sobre a Alemanha. A memória seletiva de Werner Heisenberg pode servir de ilustração; se querem outra, ao nível das *mass media,* eis em novembro de 1976, uma pesquisa do magazine *Quick,* sobre o tema: "Trinta anos depois, quanto tempo ainda devemos expiar por Hitler?" Uma sondagem diz que os alemães, 93% contra 3%, acham que é tempo de passar um risco sobre o passado. Quanto ao texto da pesquisa, é dirigido muito mais aos franceses, aos italianos, holandeses, e mesmo aos ingleses, mas tal como Heisenberg, os redatores de *Quick* preferem não falar dos judeus [77], e é em vão que se procuraria sob sua pena as palavras anti-semitismo, genocídio ou Auschwitz. É que, sobre esse passado, o risco ainda não foi passado; e que é na medida em que a lembrança dos judeus ainda pesa sobre a Alemanha que sua ausência é sentida como um alívio.

---

77. Se não é para evocar a *vindita judaica*: em "quadros", nove personalidades dão seu parecer, e os três judeus (Yitzhak Rabin, Simon Wiesenthal, Werner Nachmann) se mostram forçosamente mais reservados que os seis políticos alemães que defendiam, todos, o perdão integral. Quanto ao próprio artigo, *Quick* fez vibrar a corda sensível, descrevendo o estado lamentável de Rudolf Hess e de alguns outros velhos, ainda presos por crimes de guerra. *Quick,* 25 de novembro de 1976, pp. 14-21; agradeço o Professor F. Raphael, da Universidade de Estrasburgo, que me indicou esse artigo.

HISTÓRIA NA PERSPECTIVA

Nova História e Novo Mundo
  Frédéric Mauro (D013)
História e Ideologia
  Francisco Iglésias (D028)
A Religião e o Surgimento do Capitalismo
  R. H. Tawney (D038)
1822: Dimensões
  Carlos Guilherme Mota (D067)
Economia Colonial
  J. R. Amaral Lapa (D080)
Do Brasil à América
  Frédéric Mauro (D108)
História, Corpo do Tempo
  José Honório Rodrigues (D121)
Magistrados e Feiticeiros na França do Século XVII
  Robert Mandrou (D126)
Escritos sobre a História
  Fernand Braudel (D131)
Escravidão, Reforma e Imperialismo
  Richard Graham (D146)
Testando o Leviathan
  Antonia Fernanda Pacca de Almeida Wright (D157)

Nzinga
  Roy Glasgow (D178)
A Industrialização do Algodão em São Paulo
  Maria Regina C. Mello (D180)
Hierarquia e Riqueza na Sociedade Burguesa
  Adeline Daumard (D182)
O Socialismo Religioso dos Essênios
  W. J. Tyloch (D194)
Vida e História
  José Honório Rodrigues (D197)
Walter Benjamin: A História de uma Amizade
  Gershom Scholem (D220)
De Berlim a Jerusalém
  Gershom Scholem (D242)
O Estado Persa
  David Asheri (D304)
Nordeste 1817
  Carlos Guilherme Mota (E008)
Cristãos Novos na Bahia
  Anita Novinsky (E009)
Vida e Valores do Povo Judeu
  Unesco (E013)

História e Historiografia do Povo Judeu
   Salo W. Baron (E023)
O Mito Ariano
   Léon Poliakov (E034)
O Regionalismo Gaúcho
   Joseph L. Love (E037)
Burocracia e Sociedade no Brasil Colonial
   Stuart B. Schwartz (E050)
De Cristo aos Judeus da Corte
   Léon Poliakov (E063)
De Maomé aos Marranos
   Léon Poliakov (E064)
De Voltaire a Wagner
   Léon Poliakov (E065)
A Europa Suicida
   Léon Poliakov (E066)
Jesus e Israel
   Jules Isaac (E087)
A Causalidade Diabólica I
   Léon Poliakov (E124)
A Causalidade Diabólica II
   Léon Poliakov (E125)
A República de Hemingway
   Giselle Beiguelman (E137)
Sabatai Tzvi: O Messias Místico I, II, III
   Gershom Scholem (E141)
Os Espirituais Franciscanos
   Nachman Falbel (E146)
Mito e Tragédia na Grécia Antiga
   Jean-Pierre Vernant e Pierre
   Vidal-Naquet (E163)
A Cultura Grega e a Origem do Pensamento Europeu
   Bruno Snell (E168)
O Anti-Semitismo na Era Vargas
   Maria Luiza Tucci Carneiro (E171)
Jesus
   David Flussser (E176)
Em Guarda Contra o "Perigo Vermelho"
   Rodrigo Sá Motta (E180)
O Preconceito Racial em Portugal e Brasil Colônia
   Maria Luiza Tucci Carneiro (E197)
A Síntese Histórica e a Escola dos Anais
   Aaron Guriêvitch (E201)
Nazi-tatuagens: Inscrições ou Injúrias no Corpo Humano?
   Célia Maria Antonacci Ramos (E221)

Mistificações Literárias: "Os Protocolos dos Sábios de Sião"
   Anatol Rosenfeld (EL003)
O Pequeno Exército Paulista
   Dalmo de Abreu Dallari (EL011)
Galut
   Itzhack Baer (EL015)
Diário do Gueto
   Janusz Korczak (EL044)
Xadrez na Idade Média
   Luiz Jean Lauand (EL047)
O Mercantilismo
   Pierre Deyon (K001)
Florença na Época dos Médici
   Alberto Tenenti (K002)
O Anti-Semitismo Alemão
   Pierre Sorlin (K003)
Os Mecanismos da Conquista Colonial
   Ruggiero Romano (K004)
A Revolução Russa de 1917
   Marc Ferro (K005)
A Partilha da África Negra
   Henri Brunschwig (K006)
As Origens do Fascismo
   Robert Paris (K007)
A Revolução Francesa
   Alice Gérard (K008)
Heresias Medievais
   Nachman Falbel (K009)
Armamentos Nucleares e Guerra Fria
   Claude Delmas (K010)
A Descoberta da América
   Marianne Mahn-Lot (K011)
As Revoluções do México
   Américo Nunes (K012)
O Comércio Ultramarino Espanhol no Prata
   Emanuel Soares da Veiga Garcia (K013)
Rosa Luxemburgo e a Espontaneidade Revolucionária
   Daniel Guérin (K014)
Teatro e Sociedade: Shakespeare
   Guy Boquet (K015)
O Trotskismo
   Jean-Jacques Marie (K016)
A Revolução Espanhola 1931-1939
   Pierre Broué (K017)

Weimar
   Claude Klein (K018)
O Pingo de Azeite: A Instauração da Ditadura
   Paula Beiguelman (K019)
As Invasões Normandas: Uma Catástrofe?
   Albert D'Haenens (K020)
O Veneno da Serpente
   Maria Luiza Tucci Carneiro (K021)
O Brasil Filosófico
   Ricardo Timm de Souza (K022)

Schoá: Sepultos nas Nuvens
   Gérard Rabinovitch (K023)
Dom Sebastião no Brasil
   Marcio Honorio de Godoy (K025)
Manasche: Sua Vida e Seu Tempo
   Nachman Falbel (LSC)
Em Nome da Fé: Estudos In Memoriam de Elias Lipiner
   Nachman Falbel, Avraham Milgram e Alberto Dines (orgs.) (LSC)

Impresso nas oficinas
da Linergraph em outubro de 2007